SERVICE MARKETING

서비스 마케팅

안광호 · 이문규 · 김해룡

法 文 社

故 이문규 교수께 이 책을 바칩니다.

초판을 발행한 지 3년의 세월이 훌쩍 지났다. 처음의 부족함과 아쉬움을 다소나마 메우려는 심정으로 개정작업을 준비하던 작년 1월, 우리는 저자 중 한 사람인 이문규 교수를 불의의 사고로 하늘로 떠나보내는 아픔을 겪었다. 그리고 그해 어느 봄날 슬픔이 조금은 잦아들 무렵, 우리는 이문규 교수를 기억하며 혹은 그와의 일상을 추억하며 개정작업을 시작하였고 1년이 지난 지금에서야 개정판을 세상에 선보이게 되었다. 이 작업에는 이문규 교수의 제자인 김해룡 교수가 동참하였다.

「서비스 마케팅 & 매니지먼트」라는 제목으로 출판되었던 초판과 달리 개정판은 「서비스 마케팅」이라는 제목으로 출간하였다. 시장지향적인 서비스 경영은 서비스 마케팅이라는 용어로 설명될 수 있으며, 서비스 마케팅 역시 어느 한 부서의 책임이 아닌 전사적인 과제가 되어야 하기 때문이다. 개정판은 초판의 기본적인 틀과 내용은 유지하되 다음과 같은 두 가지 특징을 담아내기 위해 노력하였다.

첫째, 무엇보다 독자들이 이 책의 내용을 쉽고 재미있게 읽을 수 있도록 주력하였다. 이를 위해 책의 전체적인 내용들을 꼼꼼히 살펴 수정했으며, 본문에서 불필요하거나 다소 딱딱한 주제들은 과감하게 덜어내었다. 각 장별로 내용과 전달력이 부족했던 부분을 수정/보완하고 오래된 설명들 역시 최신의 것으로 바꾸었다.

둘째, 독자들이 「서비스 마케팅」 본문을 효과적으로 학습하는데 도움을 주고자 노력하였다. 초판에는 없던 도입사례를 각 장에 추가하여 독자들이 해당 장을 읽기 전에 최대한 그 장의 주제에 대해 흥미를 갖고 학습에 임할 수 있도록 하였다. 특히 도입사례에서 저자들은 각 장에 적합한 13개의 최신 주제들을 선별하고 사례작성에 심혈을 기울였다. 독자들은 도입사례를 읽으면서 서비스기업들이 마케팅 의사결정과정에서 그 장에서 소개될 주요 개념들을 실제로 어떻게 적용하는지 미리 살펴볼 기회를 갖게 될 것이다. 동시에 본문 중의 <Marketing Focus>는 최근 서비스 현장에서 보이는 흥미로운 사례를 깊이 있게 다루었다. 저자들은 최근의 서비스 마케팅 트렌드와 사례들을 중심으로 본문의 내용과 관련사진들을 대폭 교체하고 적소에 배치함으로써 독자들의 본문학습을 지원하였다. 그리고 많은 광고물과 사진들을 관련내용 가까이에 배치시켜 독자들의 이해를 돕고 본문을 읽어나가다 잠깐 휴식을 취할 수 있도록 했다.

본서를 집필하는 과정에서 인하대 석사과정의 윤지명 조교와 건국대 박민수 박사는 원고정리와 사진수집을 위해 수고를 했다. 촉박한 일정에도 불구하고 멋진 편집과 디자인으로「서비스 마케팅」개정판의 완성도를 높여준 법문사 노윤정 차장님에게 감사인사를 드린다. 그리고 본서의 출판을 위해 전폭적인 지원을 아끼지 않은 법문사 사장님 및 임직원에게 진심으로 감사의 말씀을 드린다. 1년간 개정작업이 힘들고 지칠 때 안식처가 되어준 가족들에게도 고마움과 사랑을 전한다. 마지막으로 하늘에서 늘 지켜보며 응원을 해주었을 이문규 교수에게 존경과 그리움의 마음을 전하고 싶다.

2015년 2월

크리에이티브마케터 이문규 교수를 추억하며

안광호, 김해룡

제3장 서비스 마케팅전략: 표적시장선정과 서비스 포지셔닝

제 10 장 서비스 인적자원관리

제13장 고객관계관리: 고객가치, 고객만족, 고객충성도의 창출

제 **1** 장

서비스 마케팅의 이해

한샘 : 부엌가구 제조 기업에서

라이프스타일을 선도하는 서비스기업으로 변신중

부엌가구 제조 기업으로 시작한 한샘이 디자인과 고급화로 성공한 한샘 키친에 이어 인테리어 직매장과 온라인유통에 이르기까지 사업을 확장하며 매출 1조원대의 서비스 기업으로 변모하고 있다. 1970년대 부엌가구 전문회사로 출발한 한샘은 국내에 현대식 부엌을 본격적으로 소개하면서 부엌가구 제조기업 중 선두로 자리 잡았다. 한샘은 2002년 매출액 4,700억 원을 기록하며 최대 호황을 누렸으나 이후 건설경기의 후퇴와 경쟁이 심화되면서 2005년 매출이 3,500억 원으로 급감하는 위기에 봉착하게 되었다. 당시 한샘은 전형적인 B2B 사업모델로 건설업체를 통해 내장형(빌트인) 부엌가구를 공급하는 제품납품 기업에 머물고 있었기 때문에 건설경기에 따른 시장의 수요변화에 민감할 수밖에 없었다. 이에 한샘은 제조업 중심의 한계를 절감하고 변화에 본격적으로 착수하게 된다. 그 결과 한샘은 디자인가치를 중심으로 고객들의 라이프스타일 공간을 창출하는 서비스유통 기업으로 진화하고 있다. 서울대학교 디자인학부 교수에서 한샘의 최고경영자로 변신한 권영걸 사장은 한샘 브랜드 아이덴티티에 대해 다음과 같이 말한다.

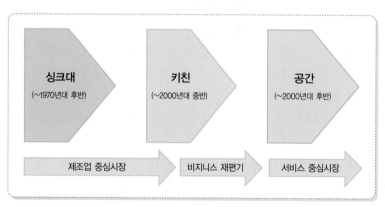

그림 1-1 한샘 브랜드 패러다임의 변화

"한샘은 가구를 만드는 기업에서 삶을 디자인하는 기업으로 나아갈 것입니다. 제품을 디자인하는 기업에서 공간을 디자인하는 기업으로, 가치를 창조하는 기업으로 나아갈 것입니다."

한샘의 성공적인 변화는 고객중심으로 재편한 비즈니스모델에서 시작되었다. 건설업체와의 가격협상이 중심이었던 B2B방식을 탈피하고 선택한 모델은 고객의 의견을 수렴하고 함께 설계하며 한샘의 브랜드가치를 전달해가는 B2C모델이었다. B2C 시장으로의 변화를 통해 한샘은 디자인가치의 중요성을 더욱 절감하였을 뿐 아니라 제품과 서비스를 연계한 프로세스 전반에 걸친 변화의 필요성을 깨닫게 되었다. 이 과정에서 특히 영업과 유통방식의 대대적인 변화를 시도하게 되었는데, B2B방식의 특판 영업을 대폭 축소하는 대신 B2C에서의 직영매장과 대리점을 통한 매출을 대폭 늘렸다. 특판 매출은 2010년 1,126억 원에서 2011년 869억 원, 2012년 802억 원으로 줄어 전체매출 비중이 약 10%에 그치게 되었다. 반면 B2C 부엌가구 및 인테리어 매출비중은 2008년 68%에서 2012년 77%로 높아졌다.

키움증권 박중선 애널리스트는 한샘에 대해 다음과 같이 평가하였다. "업계에서 선도적으로 B2C 비중을 조기에 높여서 건축자재 시장의 변화를 주도하고 있다."

B2C 시장에서 한샘의 유통은 전략적인 움직임을 보여 왔다. 인테리어 시장에서 대리점 영업의 정체를 극복하기 위해 2008년부터 한샘IK라는 제휴전략을 도입하였는데, 고객들은 주로 집 근처의 인테리어 업체를 이용한다는 사실에 주목하였다. 한샘IK는 전국에 있는 다수의 논브랜드 인테리어 업체 중 우수업체를 제휴네트워크로 활용하는 방식으로 고객과의 밀착접점을 형성하는데 크게 기여하였다. 그 결과 한샘IK는 2013년 1,000여 개 주요업체와 제휴하여 1,207억 원의 매출을 기록하였다. 중저가 제품은 한샘IK를 통해, 고가 제품은 대리점을 통하는 방식을 통해 기존 대리점들과의 마찰도 피했다. 최근 한샘 유통전략의 핵심은 대도시 거점지역에 대형 인테리어 직영점을 확보하는 것과 온라인 쇼핑몰의 강화에 있다. 이들 모두 글로벌 기업인 이케아의 국내시장 진출을 염두에 둔 대비책이다.

이케아에 맞설 가격경쟁력의 확보를 위해 온라인 한샘몰을 강화하고 있다. 이케아의 타깃 층인 20-30대를 온라인을 통해 공략한다는 전략을 갖고 저가라인 및 프로모션을 강화함으로써 2013년 800억 원의 매출을 기록하였다. 서울, 경기, 부산 등 6개 지역에 마련한 한샘플래그샵은 지역을 대표하는 대형 종합인테리어매장으로 '가구가 아닌 공간을 판다'는 한샘의 콘셉트를 대표하는 유통매장이다. 이를 통해 한샘의 현재 모습은 제조업에서 유통서비스 회사에 더욱 가까워졌다.

한샘의 서비스모델이 고객지향적으로 자리잡기까지에는 많은 시행착오가 필요할지도 모른다. 그러나 과거 B2B방식의 제조업의 한계를 깨닫고 브랜드가치를 발굴하는데 성공했던 한샘이기에 앞으로의 서비스 기업으로의 성공적인 진화를 기대해본다. 이케아라는 글로벌 브랜드와의 진검 승부가 더욱 기대되는 이유이다.

한샘 인테리어 플래그샵
(목동점)

참고   1. 김해룡(2012), 5Brand Rules, KMAC.
     2. 이현주(2013), 한경비즈니스, 914호.

서비스에서의 차별적 우위는 이제 서비스산업에만 국한되지 않고 모든 기업들에게 수입창출의 새로운 기회를 제공하고 있다. 선도적인 대형컴퓨터 제조업체였던 IBM은 최근 들어 고객솔루션 제공기업으로 리포지셔닝 하면서 세계에서 가장 큰 서비스기업으로 자신을 소개하고 있다. 고객에게 통합솔루션을 제공하는데 초점을 맞추고 있는 IBM은 총수입의 반 이상을 제품지원 서비스, 전문컨설팅 서비스, 컴퓨터네트워크 서비스 등의 광범위한 서비스를 통해 창출하고 있다. 2001년 IBM의 전 CEO였던 거스너(Louis V. Gerstner)회장은 "하드웨어와 소프트웨어는 서비스로 포장되어 팔릴 것이다"라고 말하면서, 앞으로 하드웨어나 소프트웨어 대신 서비스가 IT산업을 이끌고 나갈 것으로 예상했다.

이처럼 세계경제에서 서비스산업이 차지하는 비중이 매우 높고 그 비중이 갈수록 증가할 뿐 아니라 제조기업들에게 있어서도 서비스 제공물의 개발이 고객가치 창출의 주요원천으로 부상됨에 따라, 서비스 마케팅과 서비스 경영적 접근은 모든 기업들에게 새로운 이익 및 경쟁우위를 창출할 기회를 제공하게 될 것이다. 따라서 이장에서는 서비스의 정의 및 특성을 중심으로 서비스 마케팅의 기본개념과 서비스 지향적인 기업경영에 대해 설명하고 있다. 산업혁명 이후에 개발된 전통적 마케팅은 주로 유형적 재화에 초점을 맞추고 있으며, 제품, 가격, 유통, 촉진으로 구성되는 4P 마케팅 믹스 역시 재화의 설계와 판매에서 근간이 되었다. 그러나 무형적 특성을 가진 서비스상품의 생산과 마케팅은 물리적 재화의 그것과는 다른 시각과 접근방식이 요구된다.

1.1 서비스에 대한 정의

우리는 일상생활에서 서비스라는 용어에 익숙하다. 흔히 식사 후 종업원이 '커피는 서비스로 드려요'라고 건네는 말이나 자동차 기름을 넣은 후 '서비스로 세차해 드려요'라는 말을 듣는다. 그리고 '본 가전제품을 구매한 고객에게는 1년간 무상으로 보증 서비스를 제공해 드려요'라는 표현을 듣기도 한다. 이러한 말들에서 우리는 서비스가 마치 거래과정에서 발생되는 부수적 가치로만 인식되고 있다는 것을 짐작하게 된다.

그러나 기존의 서비스 연구자들은 다양한 관점에서 서비스를 정의하고 있다. 미국마케팅학회(American Marketing Association)는 서비스를 '판매목적으로 제공되거나 혹은 제품판매와 연계해 제공되는 모든 활동, 편익, 만족'으로 정의한다. 래스멀(Rathmell)은 서비스를 '시장에서 판매되는 무형의 상품'으로 정의하며, 자이태멀(Zeithaml), 비트너와 그램러(Bitner & Gremler)는 서비스를 '행위(deeds), 과정(process), 그리고 그 결과물인 성과(performance)가 결합된 것'으로 본다. 이유재 교수는 서비스를 '고객과 기업과의 상호작용을 통해 고객의 문제를 해결해 주는 일련의 활동'으로 정의하고 있다. 그리고 러

블락과 워츠(Lovelock & Wirtz)는 서비스를 '시장 내 판매자와 구매자가 가치를 교환하기 위해 서로 수행하는 경제적 활동'으로 정의한다.

서비스는 무형적이다.

이러한 정의들을 통해 살펴보면 서비스 구매자는 특정시간에 발생된 서비스 제공자의 성과(performance)를 구매함으로써 자신이 원하는 결과물(desired result), 즉 가치를 획득하는 것으로 볼 수 있다. 실제로 많은 기업들이 가망고객들의 욕구를 충족시키는 해결책(solution)으로서 자신의 서비스를 커뮤니케이션하고 판매한다. 그 과정에서 기업은 다양한 가치창출 요소들(value-creating elements)을 고객들에게 제공하게 되고, 고객들은 자신의 돈, 시간, 노력을 지불하고 그 대가로 서비스를 구입함으로써 자신이 원하는 가치를 경험하게 된다. 가령, 고객에게 인식되는 항공서비스의 가치는 목적지까지 정확한 시간에 운항하는 것(핵심 서비스) 이외에 마일리지 서비스, 인터넷을 이용한 편리한 티켓팅, 친절한 기내서비스, 안락한 기내시설 등의 다양한 부가가치창출 요소들에 대한 경험을 통해 발생된다.

이러한 정의들이 갖는 또 다른 공통점은 서비스가 무형적 특성(intangibility)을 갖는다는 것이다. 무형적이라는 것은 소비자들이 구매한 서비스 상품에 대해 감촉을 느낄 수 없다는 것이다. 소비자는 감촉을 느낄 수 없는 어떤 것의 구매에 대해 불안하게 생각할 수 있다. 그러므로 서비스의 무형적 특성은 마케터가 극복해야 할 마케팅/운영 과제이며, 이는 서비스의 전달, 촉진, 가격결정에 영향을 끼친다. 가령, 서비스 제공자는 고객들이 서비스에 대해 감촉을 간접적으로 느낄 수 있도록 제공되는 서비스를 보다 유형적으로 만들려고 노력할 수 있는데, 은행신용카드가 이에 해당된다. 소비자가 상품구매를 위해 신용카드를 사용하는 것은 은행으로부터 신용대출 서비스를 제공받는 것과 같은데, VISA 등의 신용카드는 신용구매를 가능하게 하는 유형적·신뢰적 수단이 됨으로써 신용대출 서비스가 갖는 무형성의 결점을 극복하였다.

대한항공은 고객들에게 다양한 부가가치창출 요소들을 제공한다.

따라서 본서는 서비스를 '조직체가 고객들에게 무형적인 형태의 부가가치를 제공하기 위해 수행하는 모든 경제적 활동을 포함하는 것'과 같이 넓은 의미에서 정의하고자 한다. 앞서 서비스 기업은 물론 제조업체들에서도 새로운 고객가치 창출을 위해 서비스 지향적인 마케팅과 기업경영이 중요하다는 점을 강조한 바 있다. 서비스 지향적 마케팅과 기업경영이란 고객접점에서 무형적인 서비스 전달과정의 차별화에 마케팅노력을 집중하는 것이다. 이를 통해 기업은 경쟁우위를 획득할 수 있고 고객들에게 탁월한 서비스를 제공함으로써 고객가치를 창출할 수 있다.

1.2 서비스 마케팅의 중요성

제조업에 기반을 둔 전통적 마케팅에서 벗어나 마케터가 서비스 마케팅과 서비스경영적 사고를 도입 · 실행하는 것이 왜 중요한가? 서비스 마케팅의 전략적 중요성은 크게 서비스중심적 경제의 대두, 서비스산업의 경쟁격화, 그리고 제조기업의 서비스기업화 및 서비스기반 차별화에서 기인한다.

⋮⋮ 서비스중심적 경제

우리는 현재 서비스사회에 살고 있다고 해도 과언이 아니다. 국가경제 및 세계경제에서 서비스산업이 차지하는 비중이 상당히 높고 그 비중이 계속 증가하고 있다. 미국의 경우 2009년 서비스부문은 국내총생산(GDP)의 75%와 총 고용인구의 80%이상을 차지한다. 이 자료는 서비스산업만을 포함한 것으로서, 제조업이 제공하는 서비스는 제외된 것이다. 우리나라의 경우에도 서비스 부문이 국내총생산에서 차지하는 비중은 미국 등 OECD 선진국가들의 평균수준인 70%대에는 못 미치지만 2000년대 후반 들어 약 60%를 차지하면서 제조업 수준을 상회하고 있다.

이처럼 국내 및 글로벌 시장에서 서비스시장이 급성장하고 세계경제에서 서비스부문이 차지하는 비중이 높아짐에 따라 서비스기업들은 경쟁우위를 획득 · 유지하는데 있어 마케팅의 중요성을 인식하게 되었다. 이에 따라 서비스부문의 기업들은 포장소비재 분야에서 뛰어난 마케팅역량을 가지고 있는 P&G, 제네럴 푸드(General Foods) 등에서 마케팅전문가들을 스카우트했다. 그러나 그들은 포장소비재산업에서 축적한 마케팅전문지식과 체험을 금융, 통신, 항공 등 서비스영역에 그대로 이전할 수 없음을 알게 되었다. 즉 서비스를 마케팅하고 경영하는데 있어 유형제품에 기반한 전통적 마케팅/경영 방식과 다른 접근방식이 필요함을 인식하게 된 것이다. 이러한 인식에 따라 학계와 실무계가 협력하여 서비스영역에 맞는 마케팅/운영 실무를 개발하고, 서비스부문에 대한 연구가 활발하게 진행되고 있다.

서비스산업의 경쟁격화

서비스산업에 대한 규제가 완화되고 전문서비스 분야에서 서비스 제공자들 간의 경쟁이 치열해짐에 따라, 서비스마케터는 경쟁우위를 창출하고 차별화를 추구하기 위한 방안으로 서비스 마케팅/경영을 필요로 하게 되었다.

지난 수십 년간 항공, 금융, 통신 등에 대한 정부규제가 점진적으로 완화됨에 따라 서비스 기업들은 그동안 정부에 의해 통제되었던 마케팅의사결정을 스스로 내릴 수 있게 되었다. 예컨대, 정부에 의해 엄격하게 통제되어 왔던 요금, 항로, 여행사 수수료 등을 자율적으로 결정할 수 있게 된 것이다.

한편 의사, 변호사, 회계사 등 전문서비스제공자들은 전문적 지식에 기반해 사업을 수행해 왔고, 고객중심적 사고나 마케팅적 접근에 대해 부정적 반응을 보였다. 그러나 전문서비스시장에 많은 수의 서비스제공자들이 진입해 경쟁이 치열해 짐에 따라 경쟁자와 차별하기 위한 방법으로 서비스 마케팅/경영을 도입할 필요성을 갖게 되었다. 이에 따라 전문서비스제공자들은 고객욕구의 이해, 높은 품질의 서비스 개발·제공, 차별적인 경쟁포지션 구축 등과 같은 주요 서비스 마케팅 개념들을 도입하고 있다.

제조업체의 서비스기업화와 서비스에 기반한 차별화 추구

제조업체는 제조중심의 사업만으로는 더 이상 지속적인 성장과 수익을 실현하는데 한계가 있고, 우수한 제품을 제공하는 것만으로 지속적 경쟁우위를 달성할 수 없음을 인식하게 되었다. 이에 따라 자동차, 컴퓨터 등의 제조기업들은 새로운 수입창출서비스영역들을 개발하고 높은 품질의 고객서비스를 제공하는 등 서비스중심 기업으로 변모하고 있다.

GE, IBM에서 휴렛-패커드, 지멘스에 이르는 일부 선진 제조업체들이 서비스를 통해 이익을 창출하거나 기업성장을 실현해야한다고 인식함에 따라, '탈제조업' 또는 '서비스 기업화'현상이 가속화되고 있다. 제조업체들이 서비스 기업화와 서비스제공물에 기반한 고객가치 창출을 추구하게 된 것은 고객들이 고품질의 우수한 제품뿐 아니라 통합적 솔루션과 같은 높은 고객서비스를 기대하고 있기 때문이다.

제조업체의 서비스 기업화의 대표적인 사례로 GE를 들 수 있는데, 1990년대 중반

서비스중심 기업으로 변신
후 새로운 고객가치창출에
성공한 IBM

GE의 전회장 잭 웰치(Jack Welch)는 애프터서비스, 금융서비스, 방송, 경영컨설팅, 의료 및 공공서비스 등의 서비스부문으로 사업영역을 확대함으로써 GE의 기업성장을 가속화시켰다. 그 결과 전통적으로 제조업체라는 인식이 강한 GE는 매출의 상당부분을 GE캐피털, NBC유니버설 등 서비스부문에서 창출하게 되었다. 웰치에 의해 시작된 GE의 서비스기업화는 새로운 CEO인 제프리 이멜트(Jeffry Immelt) 회장으로 이어지고 있는데, 그는 '우리고객이 더 성공할수록, 우리도 더 성공하게 될 것이다'라고 말한다. GE는 기업고객들에게 보다 광범위한 전문기술과 서비스를 제공함으로써 그들이 보다 생산적이고 경쟁력 있는 기업이 될 수 있도록 지원하고 있으며, 서비스와 고객 중심의 전략, 기술, 그리고 세계화는 GE성장을 주도하는 네 가지 중요영역이다. 이와 같이 GE, IBM 등과 같은 제조기업들이 서비스중심 기업으로 변신함에 따라 이들은 서비스를 마케팅하고 경영하기 위한 전략과 접근방법을 필요로 하고 있다.

1.3 서비스의 특성

서비스 마케팅전략을 논할 때에는 유형적인 제품과 다른 서비스의 특성을 이해하는 것이 중요하다. 서비스는 다음과 같은 네 가지 측면에서 유형제품과는 근본적으로 다르다. 서비스는 무형성(intangibility)이 높아 소비자가 구매 전(후)에 평가하기가 어렵고, 생산과 소비가 동시에 발생하는 비분리성(inseparability)을 가지고 있어서 서비스 접점관리와 종업원들의 역할이 중요하며, 품질의 불균질성(inconsistency), 혹은 이질성으로 인하여 소비자들이 서비스의 품질을 예측하기 힘들고, 이용하지 않으면 사라져 버리는 소멸성, 혹은 재고불능성(inventory problem) 때문에 수요와 공급을 조절하기가 어렵다. 그만큼 서비스 마케팅이라고 하는 것이 힘들고 지금까지 기업이 경험을 통하여 익숙하게 된 유형적인 제품마케팅과는 다른 전략 수립이 필요한 것이다. 이 네 가지 특성이 영어의 'I'로 시작한다 하여 이를 4Is라고 부른다. 이러한 서비스의 특성과 이에 대응하는 마케팅전략에 대해 구체적으로 살펴보면 다음과 같다.

⠿ 무형성(intangibility)

소비자는 코카콜라의 맛을 보거나 샤넬 향수의 향을 맡아볼 수 있다. 이와 같이 유형제품의 경우에는 소비자는 구매 전에 경쟁제품들을 비교할 수 있으며, 구매 후에 자신이 지불한 대금을 증명할 어떤 유형의 것을 소유하게 된다. 그러나 서비스의 경우 소비자는 구매 전까지 서비스를 보거나 만져볼 수 없다(즉 성능을 평가할 수 없다). 그리고 서비스를 구매했음을 보여줄 구체적 대상이 없다. 이러한 무형적 특성은 서비스 기업이 극복해야 할 주요한 과제이다.

서비스기업은 다음과 같은 방법을 통해 서비스를 보다 유형적으로 보이게 하여 무형성을 극복할 수 있다. 첫째, 서비스제공자는 소비자들로 하여금 가치 있는 무엇인가를 제공받고 있다는 실체적인 단서(증거)를 갖도록 노력한다. 예를 들어, 항공사는 최신 기종의 비행기를 도입함으로써 최고의 서비스제공을 약속할 수 있고, 대형병원들은 명의로 알려진 의사나 최신 의료장비 등을 통해 고객들이 최고의 의료서비스를 제공받고 있음을 강조한다. 둘째, 광고를 통해 제공되는 서비스를 유형화한다. 유명인을 광고모델로 활용하거나 서비스 상품을 드라마화(dramatization)하여 보여주는 전략이 주효하다. 예를 들어, LIG보험은 신뢰적 이미지를 가지고 있는 탤런트 김명민을 광고모델로 이용함으로써 서비스의 신뢰성을 유형화하였다. 아메리칸 익스프레스(American Express) 신용카드는 광고를 통해 자사의 서비스를 이용하지 않은 소비자가 불쾌한 경험을 겪는 장면을 드라마화하였다. 셋째, 브랜드를 통해 이미지를 구축하고 명성(reputation)을 관리하는 것이 필요하다. 유형적인 심볼(symbol)을 서비스와 연계시키는 것도 한 가지 방법인데, 미국의 대표적인 증권회사인 메릴 린치(Merrill Lynch)사는 재무적 성공을 상징하는 황소(bull)를 기업의 심볼로 이용하여 강력한 기업 이미지를 구축하였다. 미슐렝 가이드(Michelin guide)에 선정되어 높은 별점을 부여 받은 레스토랑들은 전 세계 이용객들이 언제나 믿고 찾을 수 있다. 고객들의 구전을 관리하고 적극적으로 활용하는 것 역시 서비스의 유형화 전략에 중요하다.

탤런트 김명민을 광고모델로 이용함으로써 서비스 신뢰성을 유형화한 LIG 손해보험

서비스 무형성에 대한 FedEx의 대처

사람들은 개인별로 차이가 있지만, 누구나 새로운 제품을 구입하는 데에 있어서 어느 정도의 위험부담을 감수하게 된다. 따라서 소비자들의 소비 욕구를 자극하고 제품을 판매하기 위해서는 이러한 불안을 감소시키는 서비스를 갖

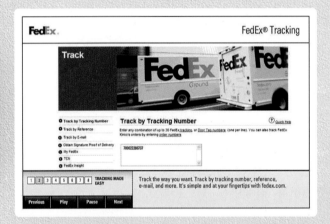

추는 것이 중요하다. 더욱이 서비스업의 경우 유형재와는 달리 무형성의 특징 때문에 소비자들이 지각하는 위험은 더욱 높을 수 밖에 없다. 따라서 이러한 무형성을 낮추기 위해서 서비스 업체들은 서비스 과정을 소비자들이 관찰하고 확인할 수 있도록 하거나 안전함의 이미지를 각인 시켜줄 수 있는 로고 디자인을 선보인다든지 함으로써 유형의 근거(tangible cue)를 제시하고 있다. 페덱스(FedEx)는 이러한 안심보장 마케팅을 실천에 옮긴 회사이다. 최근의 택배회사들마다 제공하고 있는 전자 트래킹 서비스(e-tracking service)는 1982년부터 페덱스가 도입한 파워십

프로그램(Powership Program)에서 시작되었다고 할 수 있다. 즉, 소포를 보내는 사람이 파워십 프로그램에서 제공된 전자저울, 터미널 등을 이용해서 스스로 포장하고, 소포를 만들어놓으면 배달원들이 오전에 한 번, 오후에 한 번 가져가는 것이다. 내 물건이 어디쯤 가고 있는지 궁금하면 컴퓨터로 웹사이트에 들어가 일련번호를 치면 된다. 그러면 소포의 위치와 도착 예정시간까지 나오니 위험부담을 덜 수 있게 되는 것이다.

페덱스의 로고 역시 소비자들이 지각하는 위험을 감소시키는 데 일조하고 있는데 그 이유는 다음과 같다. 실제로 페덱스는 정부 기관

과는 연관성이 있는 깃은 아니지만, 'federal' 이라는 단어를 사용함으로써 정부기관이 주는 안전성을 느낄 수 있게 한다. 그리고 'Express' 에 숨겨져 있는 화살은 신속성을 표현하고 있다. 원래 이 회사 이름은 '페더럴 익스프레스(Federal Express)'였나고 한나. 그런네 이듬이 너무 길어 소비자들이 '페텍스(FedEx)' 로 간략히 부르기 시작했고, 거기에서 아이디어를 얻어 회사명을 아예 '페텍스'로 개명한 것이다. 페덱스의 이름과 로고 디자인은 흔히 브랜드 관리의 성공사례 꼽히기도 한다.

출처: 이문규(2008), 크리에이티브 마케터, 갈매나무
사진출처: http://www.fedex.com

⠿ 생산과 소비의 비분리성(inseparability of production and consumption)

서비스는 흔히 생산과 소비가 동시에 이루어지므로 이 둘을 분리하기 힘들다. 가령, 내과의사는 환자의 이야기를 듣고, 증상의 원인을 파악한 다음 처방을 내리며(생산), 환자는 증상을 설명하고 의사의 치료를 받는다(소비). 그러므로 유형 제품과는 달리 서비스

의 경우에는 소비가 발생될 때 서비스 제공자가 그 자리에 존재해야 한다. 결국 서비스에서 중요한 것은 고객의 면전에서 서비스 제공자가 직접 제공하는 서비스의 질이며, 이는 고객의 반복구매에 큰 영향을 미친다. 따라서 서비스 접점의 특성에 부합하는 우수한 종업원들을 선발하고 교육훈련을 강화하는 것이 무엇보다 중요하다. 세계적인 화물운송업체 페덱스 (FedEx)는 종업원들의 만족에서 좋은 서비스와 기업의 수익이 창출된다는 P-S-P (People-Service-Profit) 철학을 강조하면서 종업원들의 교육훈련에 아낌없이 투자하고 있다. 또한 생산과 소비가 동시에 발생하는 과정에서 고객들의 참여나 다른 고객들과의 상호작용 역시 세심하게 살필 필요가 있다. 한편 이러한 서비스 특성은 유통과 관련된 시사점을 제공한다. 유형제품의 경우에는 소비자가 원하는 시간과 장소에 상품을 공급하기 위해서 수송·저장과 같은 유통기능이 중요하다. 그러나 서비스는 재고로 유지될 수 없으므로, 시간 및 장소효용을 창출하는 수단인 수송과 저장은 별로 중요하지 않다. 대신 고객들이 서비스를 쉽게 이용할 수 있도록 다양한 지역에 서비스지점을 설치하는 것이 필요한데, 커피숍이나 미용실 등 많은 서비스 업체들이 직영, 프랜차이즈 시스템 등 유통경로를 통해 여러 지역에 빠르게 진출하고 있다.

세계 어느 곳을 가더라도 스타벅스 매장을 쉽게 찾아볼 수 있다.
(상) 전 세계 스타벅스 진출 국가 지도
(하) 스타벅스 국내 600호점 (월곡)

⣿ 불균질성(inconsistency)

페리오치약과 같은 유형제품을 구매하는 소비자는 매번 동일한 품질의 제품을 구매할 것으로 기대한다. 그러나 서비스의 전달과정은 주로 사람에 의존하므로, 일관되고 표준화된 서비스가 제공되기 어렵다. 의사에 따라 의술에 차이가 있을 수 있으며, 미용사의 머리손질이 방문 때마다 달라질 수 있다. 형편없는 서비스를 경험한 소비자는 그 서비스를 반복구매하지 않을 것이며 주위사람들에게 부정적 구전을 퍼뜨릴 것이다. 미국의 FedEx는 자체항공기의 소유와 (모든 소포들을 미국의 멤피스에 집결시킨 다음 최종목적지로 배달하는) 혁신적 수송체계(hub-spoke concept)의 도입을 통해 정시배달을 보장함으로써 항공화물 배달분야에서 선도기업이 되었다. 이준 헤어숍의 각 체인점은 소비자들에게 동일한 가격으로 표준화된 헤어컷을 제공함으로써 미용서비스를 표준화하고 있다.

서비스 마케터는 서비스 제공물을 표준화하기 위해 다음과 같은 노력을 기울여야 한다. 첫째, 보다 신뢰성 있는 서비스를 제공하기 위해, 서비스 프로세스를 표준화하고 관련된 교육에 많은 투자를 한다. 아메리칸 익스프레스 신용카드사는 분실한 카드에 대한 처리속도가 느림을 발견하고, 카드처리에 있어서의 구체적 성과기준(예를 들어, 단순한 신상적 질문으로부터 보다 복잡하고 세분화된 질문에 이르기까지)을 마련하였다. 그 결과, 잃어버린 카드를 대체하는데 소요되는 시간이 평균 2주로부터 2일로 단축되었다. 둘째, 서비스제공자를 사람에서 기계로 대체함으로써 비일관적인 서비스가 제공될 가능성을 낮춘다. 은행은 현금자동입출금기(ATM: Automatic Teller Machine)의 도입으로 창구직원의 비표준적인(비일관적인) 서비스를 개선하고 있다.

⣿ 재고불능성(inventory problem)

서비스는 판매될 때까지 저장될 수 없다. 소비자가 서비스가 제공되는 시점에 이를 소비하지 않으면, 그 서비스는 사라져 버린다. 비행기좌석은 재고로 저장될 수 없으며, 채워지지 않은 좌석은 그대로 사라져 버리고 만다. 항공사는 어제의 비행에서 재고로 남은 빈 좌석을 내일의 초과수요를 채우기 위해 재고로 유지할 수 없는 것이다. 의사들이 예약시간을 지키지 않은 고객들에게도 비용을 부과하는 것은 서비스의 이러한 소멸성 때문이다(서비스 제공시점에 환자가 없으면 서비스가치가 상실되기 때문이다).

수요가 지속적이고 안정적이면 서비스의 재고불능성은 크게 문제가 되지 않는다. 그러나 수요의 변동이 심하면, 서비스제공자는 효율적인 자원활용을 위한 의사결정(예를 들어, 비수기의 비행기 운항 횟수를 얼마로 할 것인가)을 내리기 어렵게 된다. 그러므로 서비스 마케터는 최적의 자원배분을 위해 수요·공급의 특성을 분석해야 한다. 다음은 안정적인 서비스 수요를 확보하기 위한 방법들이다.

• 서비스가격의 차별화 : 전화회사나 극장은 수요가 별로 없는 시간에 서비스를 이용하는 고객들에게 보다 낮은 요금을 적용함으로써 성수기의 초과수요를 비수기로 이전

부지런한 당신을 위한
마스타카드의 특별한 혜택

Ⅰ. 부지런한 여행객들을 위한 단 일주일간의 초절정 특가!
· 얼리버드 특가 기간: 2014. 5. 26 ~ 2014. 6. 1
· KLM 네덜란드 항공 한국 홈페이지에서 항공권을 결제한 모든 고객에게 특별 요금으로 항공권 예매 기회를 제공합니다.

Ⅱ. 마스타카드 결제 고객들을 위한 특별한 경품 이벤트!
· 경품 이벤트 기간: 2014. 5. 26 ~ 2014. 6. 22
· KLM항공 한국 홈페이지에서 마스타카드로 항공권을 결제한 모든 고객에게 추첨을 통해 여행 아이템을 푸짐하게 씁니다!

항공사들은 일찍 구매하는 고객들에게 할인혜택을 주는 얼리버드 프로그램을 통해 사전에 고객을 확보하고 있다.

시키고자 한다.

• 비수기 수요의 개발 : 스키리조트는 눈이 없는 기간 동안에 인공 잔디 슬라이드를 설치하거나 리프트를 이용하여 아름다운 경관을 볼 수 있게 함으로써 수요를 창출한다.

• 보완적 서비스의 제공 : 많은 은행들이 보통예금이나 저축예금과 같은 기본적인 서비스를 보완하기 위해 다양한 투자성 서비스를 제공한다. 최근 들어 증권회사들이 종합금융기관으로 변신하고 있다. 그 동안의 주식중개 중심의 증권사 영업이 다양한 금융상품들의 도입으로 영역이 확대되고 있다. 수수료 자유화로 주식매매를 통해 얻는 수수료 폭이 크게 줄어들게 됨에 따라 증권회사들은 다양한 금융상품들을 개발·취급하고 있다. 즉, 수익증권뿐만 아니라 종금사에서나 볼 수 있었던 기업어음(CP), 양도성 예금증서(CP), 환매조건부 채권매매(RP) 등의 상품도 판매되고 있다.

• 예약시스템의 도입 : 예약판매는 수요의 사전확보에 유용한 방법으로, 항공사, 철도, 호텔, 식당 등에서 이용되고 있다.

• 유연한 공급체계 도입 : 수요에 따른 생산계획의 변동이나 성수기 및 비수기를 고려한 탄력적인 인력운용(임시직원 채용 및 교육을 통한 전환배치 등)을 시행한다.

〈표1-1〉은 유형적 재화와 서비스가 어떠한 점에서 크게 차이가 나는지를 비교하고, 이의 관리적 시사점과 구체적 마케팅과업은 무엇인지를 정리한 것이다.

서비스 특성	관리적 시사점	마케팅과업
무형성	• 서비스는 저장될 수 없다. • 서비스는 특허를 통해 보호받기가 어렵다. • 서비스는 진열되거나 커뮤니케이션하기 어렵다.	• 실체적인 단서 제공 • 서비스 커뮤니케이션전략(광고 및 구전마케팅) • 브랜드 이미지 구축과 명성관리
생산과 소비의 비분리성	• 서비스 제공과정에 고객이 개입한다. • 서비스 제공과정에서 고객들이 서로에게 영향을 미친다. • 직원이 서비스성과에 영향을 미친다. • 대량생산이 곤란하다.	• 종업원 선발 및 교육훈련 • 고객상호작용 관리(고객참여 및 다른 고객영향력 고려) • 서비스지점 제공(접근성 강화)
불균질성	• 서비스제공에 대한 고객만족은 직원의 행위에 의해 영향을 받는다. • 서비스 품질은 통제 불가능한 여러 요인들에 의해 영향을 받으므로 품질통제가 어렵다. • 제공된 서비스가 계획되거나 마케팅커 뮤니케이션 된 것과 일치하는지 알기 어렵다.	• 서비스 프로세스 표준화 • 서비스 자동화
재고 불능성	• 재고로 보관할 수 없어 수요와 공급을 맞추기 어렵다. • 생산과정에서 바로 소비되므로 반품되거나 재판매될 수 없다.	• 수요조절전략(서비스 가격차별화, 비수기수요 개발, 보완적 서비스제공, 예약시스템) • 유연한 공급체계 수립(생산계획조정, 탄력적 인력 운용)

표 1-1

서비스 특성에 따른 시사점 및 마케팅과업

1.4 서비스 마케팅 믹스

서비스 마케터와 운영자는 계획된 서비스포지션과 서비스 콘셉트를 세분 시장 내 목표고객들에게 실제로 전달하기 위해 마케팅 믹스 프로그램을 개발·실행해야 한다. 마케팅 믹스(marketing mix)는 표적시장을 대상으로 계획된 서비스포지션을 실행에 옮기기 위해 혹은 고객가치를 창출하기 위해 마케터가 통제할 수 있는 마케팅수단들의 집합을 말한다. 여기서 믹스가 의미하는 바는 '각각의 마케팅수단들이 상호관련성을 가지고 있으며 다른 마케팅수단들이 수행하는 역할에 일정부분 의존하며, 주어진 시점에 표적 세분시장에 가장 적합한 마케팅수단들의 조합이 존재한다'는 것이다.

⁝⁝⁝ 전통적 마케팅 믹스

유형제품에 대한 마케팅 프로그램을 개발하는데 전통적으로 사용되어 온 마케팅 믹스는 제품(product), 유통(place), 촉진(promotion), 그리고 가격(price) 등 4Ps로 구성된다. 제품, 유통, 촉진, 가격에 대한 올바른 의사결정은 서비스 마케팅/운영의 성공에도 여전히 중요하다. 즉 서비스 마케터는 표적고객에게 차별화된 가치를 제공하고 경쟁자보다 고객욕구를 너 잘 충족시키는 서비스 콘셉트를 개발하고, 고객의 수요 욕구를 충족시키는 핵심서비스와 핵심서비스의 가치를 높이는 보완적(보조적) 서비스요소들로 구성된 서비스 제공물을 제공해야 한다. 그리고 고객이 원하는 장소와 시간에서 편리하고 신속하게 서비스 제공물을 제공하고, 지각된 상품가치에 상응한 가격을 책정함으로써 서비스 기업과 고객 간의 가치교환이 원활하게 이루어지도록 해야 한다. 나아가 서비스 마케터는 고객에게 필요한 정보와 자문을 제공하고, 표적고객들에게 서비스 브랜드의 장점을 설득하고, 특정시점에 기업이 원하는 행동을 취하도록 촉진하는 등의 효과적인 마케팅 커뮤니케이션 활동을 수행해야 한다. 그러나 4Ps에 기반한 전통적 마케팅 믹스 프로그램을 서비스에 적용할 경우에 마케터는 서비스가 갖는 차별적 특성을 고려해 마케팅 믹스 프로그램을 수정할 필요가 있다.

⠿ 확장된 마케팅 믹스

서비스 마케터는 유형적 재화와 비교해 서비스 상품이 가지고 있는 차별적 특성을 반영해 확장된 마케팅 믹스 프로그램을 설계해야 한다.

서비스에 적용되는 확장된 마케팅 믹스(expanded marketing mix for services)는 전통적인 4Ps에 프로세스(process), 물리적 증거 혹은 환경(physical evidence or environment), 사람(people), 그리고 생산성과 품질(productivity and quality)을 추가한 8Ps로 구성된다([그림 1-2] 참조).

• 프로세스(process) : 서비스과정은 서비스 전달/운영시스템, 즉 서비스를 제공하는데 필요한 실행절차와 활동의 흐름을 말한다. 고객이 체험하는 서비스 제공 절차 혹은 서비스운영의 흐름은 그들이 서비스 성과를 판단하는데 주요 기준이 된다. 현명한 관리자는 어떤 서비스를 제공하는가에 못지않게 서비스를 어떻게 제공하느냐도 고객만족에 중요한 영향을 미친다는 것을 알고 있는데, 이는 많은 경쟁자들에 의해 제공되는 일상적인 서비스 상품(가령, 헤어 서비스나 패스트푸드점)의 경우에 특히 그러하다. 따라서 효과적인 서비스 제공과정의 설계와 실행은 높은 품질의 핵심 서비스요소의 개발 못지않게 중요하다. 고객들은 종종 공동생산자로서 서비스 제공과정(본서는 서비스 전달과정, 서비스 생산과정, 혹은 서비스 과정을 동일한 의미로 사용함)에 적극적으로 관여하기도 한다. 서비스 제공(생산)과정은 표준화되거나 혹은 고객의 욕구에 맞추어 고객화될 수 있는데, 서비스 기업은 이들 가운데 하나를 전략적으로 선택할 수 있다. 그러나 기업이 어떤 접근방법을 선택하든, 이는 고객이 서비스 상품을 판단하는데 있어 단서로 작용할 수 있다. 예를 들

그림 1-2 서비스 마케팅 믹스(8Ps)

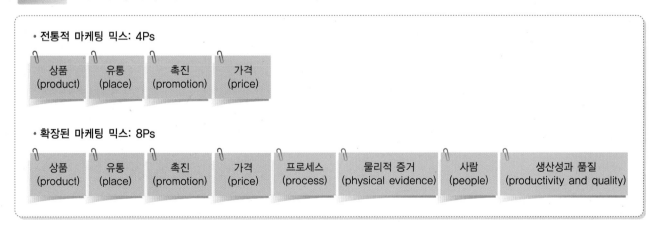

어, 성공적인 항공사인 사우스웨스트 항공과 싱가포르 항공은 서로 다른 서비스 제공과정 모형을 가지고 있다. 사우스웨스트 항공은 운항횟수가 많은 단거리 국내항공에 주력하고 음식제공과 좌석예약이 없는, 표준화된 기본적 항공서비스('no-frills')를 저가격으로 제공한다. 이에 반해 싱가포르 항공은 업무목적의 여행자들에 초점을 맞추어 이들의 개별적 여행욕구를 충족시키는데 노력을 기울인다. 이에 따라 서비스 제공과정은 상당히 고객화되어 있고 직원들은 고객들의 개별적 욕구에 맞추어 비표준적인 서비스를 제공할 수 있는 권한을 위임받는다.

• 물리적 증거 혹은 환경(physical evidence or environment) : 이는 서비스접점에서 서비스의 전달이나 커뮤니케이션을 촉진시키는(혹은 저해하는) 유형적 요소들을 말하는데, 건물, 설비, 차량, 실내장식, 직원복장, 팸플릿, 명함, 간판, 그리고 다른 시각적 단서 등이 이에 해당된다. 이러한 물리적 증거는 기업의 서비스 품질을 판단하는데 있어 유형적 단서가 된다. 서비스 기업들은 물리적 증거를 신중하게 관리할 필요가 있는데, 이는 고객의 인상형성에 상당한 영향을 미칠 수 있기 때문이다. 가령, 통신서비스 기업이 고객에게 보내는 대금청구서, 수선차량의 외관 등과 같은 유형적 요소가 서비스 품질을 지각하는데 있어 중요한 단서가 될 수 있다.

• 사람(people) : 이는 서비스 전달과정에 참여하여 구매자의 지각에 영향을 미치는 모든 행위자를 말하는데, 현장(접점)직원, 고객, 그리고 서비스 환경 내의 다른 고객들을 포함한다. 기술적으로 상당한 발전이 이루어졌음에도 불구하고, 여전히 많은 서비스들이 서비스 전달과정에서 고객과 접점직원간의 직접적인 상호작용을 요구한다. 이러한 상호작용은 고객이 서비스 품질을 지각하는 과정에 강한 영향을 미친다. 특히 컨설팅, 카운슬링, 교육 등과 같이 관계기반서비스(relation-related services)의 경우 서비스 제공자의 외모, 태도, 그리고 행동이 바로 서비스자체를 대변할 정도로 고객의 서비스 성과 지각에 매우 중요할 수 있다. 서비스 품질에 대한 만족/불만족은 현장 종업원에 대한 고객의 평가를 반영한다는 것을 알기 때문에, 성공적인 서비스 기업들은 종업원의 선발과 훈련, 그리고 그들에 대한 동기부여에 상당한 노력을 기울인다. 그리고 고객들은 자신이 지각하는 서비스 성과에 영향을 미칠 뿐 아니라 다른 고객들이 서비스 성과를 경험하는데 긍정적 혹은 부정적 영향을 줄 수 있다. 가령, 환자들이 의사가 처방한 건강관리지침을 따르느냐 따르지 않느냐에 따라 서비스 성과가 달라질 수 있다. 이와 마찬가지로 고객들은 공연장이나 야구장에 참석한 다른 고객들의 서비스 경험을 강화시키거나 저하시킴으로써 그들이 지각하는 서비스 품질에 영향을 미칠 수 있다. 따라서 능동적인 마케터는 고객의 역할을 설정하고 이들의 행동을 관리하려고 노력한다.

• 생산성과 품질(productivity and quality) : 서비스 생산성과 품질은 동전의 앞과 뒤로 간주되어야 한다. 서비스 조직은 생산성과 품질 간에 균형이 유지되도록 관리해야 한다. 생산성의 향상은 원가절감을 위한 기본전략이지만, 서비스 마케터는 부적절하게 서비스 제공물의 일부를 제거함으로써 고객의 분노를 유발시키지 않도록 유의해야 한다. 고객의 시각에서 서비스 품질을 향상시키는 것은 상품차별화를 위해, 그리고 고객만족 및 충성도를 형성하기 위해 매우 중요하다. 그러나 서비스 품질을 향상시키기 위한 투자를 함에 있어 마케터는 특정의 서비스차원에서 품질을 향상시킴으로 인해 예상되는 추가적인 비용상승과 수익증대를 함께 고려해야 한다. 만약 고객들이 품질향상에 따른 비용상승에 대해 추가적인 지불을 원하지 않는다면, 기업은 손실을 입게 될 것이다.

만약 기업이 서비스 생산성과 서비스 품질을 동시에 향상시킬 수 있다면, 그 기업은 높은 마케팅성과를 실현할 수 있다. 때에 따라 기술의 발전이 이러한 기회를 제공하기도 하지만, 기술혁신은 사용자 친화적이어야 하며 고객이 가치 있게 생각하는 혜택을 제공해야 한다.

1.5 효과적인 서비스 마케팅전략의 개발을 위한 개념적 틀

서비스 마케터는 체계적이고 일관성 있는 과정을 통해 서비스 마케팅전략을 개발할 필요가 있는데, [그림 1-3]은 서비스 마케팅전략을 수립하기 위한 주요절차를 보여준다. [그림 1-3]은 서비스 마케팅전략의 개발과정을 구성하는 요소들이 상호의존적 관계를 가지며, 한 구성요소의 결정이 다른 구성요소들의 결정과 일관성을 가져야 함을 시사한다.

건전한 서비스 마케팅전략은 시장, 고객, 경쟁자에 대한 확실한 이해를 토대로 수립되어야 한다. 또한 서비스 마케팅전략은 기업이 보유한 자원과 역량을 토대로 실행할 수 있는 것이어야 하며, 실행과정을 쉽게 측정할 수 있는 현실적인 목표를 설정해야 한다.

소비자의 욕구에 한발 더 다가가는 스타벅스

미국의 대표적 커피전문점 스타벅스가 내년부터 자국에서 커피와 샌드위치 등 자사 제품을 배달하는 서비스를 시작한다. 미국 경제전문지 포브스와 일간지 USA 투데이는 31일 "하워드 슐츠 스타벅스 최고경영자(CEO)가 모바일 전자상거래(e-커머스) 강화로 수익을 올리려고 커피를 배달하기로 했다"고 보도했다. 슐츠 CEO는 전날 실적 발표 전화회의에서 배달 서비스 개시를 선언하면서 "(매장에서) 줄을 서서 커피를 기다리지 않고 커피를 고객의 책상에 매일 배달하는 것을 상상해 보라. 과장해서 말하면 이것이야말로 우리 회사의 'e-커머스' 버전"이라고 기대감을 나타냈다.

스타벅스는 모바일에 기반을 둔 주문·결제 배달 애플리케이션을 준비해 내년 후반기 중 특정 지역에서 본격 서비스에 들어간다. 스타벅스는 이에 앞서 고객이 커피를 미리 주문해 원하는 때에 매장에서 가져가는 모바일 선주문 서비스를 본사가 있는 워싱턴 주 시애틀 주변에서 올해 말부터 시범 운영할 방침이다. 스타벅스 전체 매출의 15%가 모바일 결제로 이뤄지는 것으로 알려졌다.

지난달 30일 끝난 2014회계연도 4분기 실적에서 스타벅스는 미국과 아시아에서의 매출 호조로 5% 신장했으나, 영업이익은 월스트리트 전문가의 예상치(42억4,000만 달러)에 약간 못 미친 41억8,000만 달러에 그쳤다. 미국 언론은 "스타벅스가 이익을 높이고자 배달이라는 더 적극적인 방법으로 소비자에게 다가가기로 한 것"이라고 분석했다.

출처: 한국일보(2014.11.)

- 고객에 대한 이해 : 서비스 마케팅전략의 개발은 고객의 욕구와 서비스 환경 내에서의 고객행동을 이해하는 것으로부터 시작된다. 우선적으로 마케터는 소비자들이 어떻게 정보를 탐색하고, 서비스 성과에 대한 기대를 형성하고, 그리고 경쟁 서비스 기업들 중 특정 서비스 기업을 선택하는 지를 이해해야 한다. 또한 서비스접점(service encounters), 즉 고객과 서비스 기업 간에 상호작용이 이루어지는 진실의 순간을 계속 주시해야 한다. 이러한 관찰을 통해 마케터는 고객들의 기대가 충족되고 있는지, 그 결과로 만족/불만족해 하는지, 그리고 우리기업의 서비스를 재구매하려고 하는지 등을 파악해야 한다.

- 서비스 마케팅전략과 마케팅 믹스프로그램의 개발 : 서비스 마케터는 목표고객에게 의미 있는 가치제안(value proposition)을 개발해야 하는데, 이는 경쟁자들과 차별화된 편익과 솔루션의 집합을 말한다. 다음으로 개발된 가치제안을 목표고객에게 전달하고 상당수의 목표고객들을 유인할 수 있도록 하기 위해, 마케터는 경쟁 서비스 상품과 비교된 차별적 포지션을 선정해야 한다.

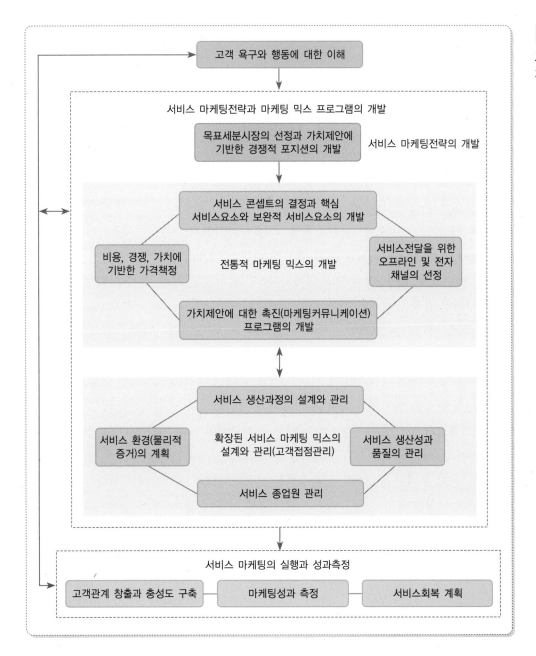

그림 1-3

서비스 마케팅 개발과정의
개념적 틀

목표고객과 서비스 상품 포지션이 결정되면, 마케터는 마케팅 믹스 프로그램을 개발
하는 단계로 넘어간다. 서비스 기업은 먼저 구체적인 고객욕구와 시장기회를 반영한 차
별적 서비스 콘셉트를 결정하고, 이를 토대로 서비스 상품제공물을 개발한다. 서비스
상품제공물은 핵심 상품요소와 보완적 상품요소들로 구성된다. 마케터는 서비스 제공
물을 고객에게 편리한 장소를 통해 유통시켜야 하는데, 다양한 오프라인 채널과 전자채

널을 경로대안으로 고려할 수 있다. 또한 서비스를 창출·전달하는데 드는 비용을 회수하고 기업이 원하는 적정수준의 이익을 실현할 수 있는 현실적인 가격을 책정해야 한다. 물론 고객들이 이러한 가치교환을 통해 얻게 될 편익이 지불된 비용(서비스를 구매하는데 든 시간과 노력도 포함함)보다 높지 않은 것으로 지각한다면, 그들은 그 서비스 상품을 구매하지 않을 것이다. 서비스 기업이 선정한 가치제안은 효과적인 마케팅커뮤니케이션을 통해 적극적으로 촉진되어야 한다.

서비스 마케터는 전통적 마케팅 믹스요소(제품, 가격, 유통, 촉진) 이외에 서비스가 갖는 차별적 특성으로 인해 고려되어야 하는 추가적인 마케팅 믹스요소들에 대해서도 계획을 수립해야 한다. 서비스는 생산과정에 고객이 참여하고, 서비스 제공자와 고객간에 상호작용이 이루어지는 특성을 갖기 때문에 서비스 마케터는 서비스과정에 대한 설계와 관리, 서비스 환경(물리적 증거)의 설계와 관리, 인적자원 관리, 생산성 및 품질관리에 대한 추가적인 결정을 내려야 한다.

즉, 서비스 마케터는 고객이 수행해야 할 역할과 서비스 생산(제공)과정의 각 단계에서 고객이 갖게 되기를 원하는 경험들을 토대로 효과적인 서비스과정을 설계해야 한다. 그리고 서비스 기업에 대한 인상과 서비스 성과에 대한 지각에 긍정적인 영향을 미칠 수 있는 물리적 환경을 설계해야 하며, 원가질감과 고객충성도 및 수익성에 공헌할 수 있도록 서비스 품질과 생산성을 향상시키는 방안을 강구해야 한다. 또한 서비스 접점에 있는 종업원들이 뛰어난 서비스 성과를 전달할 수 있도록 인적자원 관리자는 충성도가 높고, 숙련되며, 동기 부여된 종업원들을 육성하는 교육프로그램을 개발해야 한다.

계획된 마케팅전략과 마케팅 믹스 프로그램은 실행에 옮겨지게 되는데, 그 과정에서 실제 마케팅성과와 마케팅목표 간의 갭을 확인하고 그 원인을 파악하여 마케팅전략과 마케팅 믹스 프로그램을 수정해야 한다. 수익성목표는 올바르게 선정된 목표 세분시장 내 고객들과 호의적 관계를 창출하고, 그들의 충성도를 구축·강화하는 방법들을 찾음으로써 실현된다. 마케팅 프로그램의 실행과정에서 서비스 실패가 발생하면, 서비스 마케터는 신속하고 적절한 서비스회복 프로그램을 도입함으로써 기존고객을 유지해야 할 것이다.

마케팅 성과측정은 적절한 피드백 시스템을 통해 미래의 마케팅전략 및 마케팅 믹스 프로그램을 개발하는 데 투입요소가 되어야 한다.

1.6 서비스지향적 전략과 경영

⣿ 제조업 관점의 전략과 문제점

　제조업 관점의 전통적 경영전략과 서비스 관점의 경영전략은 그 접근방식에서 상당한 차이를 보인다. 전통적으로 제조기업들은 다음과 같은 경험원칙에 기반해 경쟁우위를 확보하려고 한다.

- 생산비용과 관리비용의 절감을 통해 단위당 제품원가를 낮춘다.
- 매출을 증대시키기 위해 광고, 영업, 판매촉진 등의 전통적인 마케팅 노력을 위한 예산을 증대시킨다.
- 신제품 개발 노력을 강화한다.

　제조분야에서 이러한 경영원칙은 설득력이 있어 보이는데, 그 이유는 이들이 유형재화에 맞추어 개발되었기 때문이다. 유형제품의 생산비용이 감소하면 더 낮은 가격을 책정할 수 있거나 더 높은 마진을 얻을 수 있다. 그리고 보다 비용효율적인 기술이나 공정

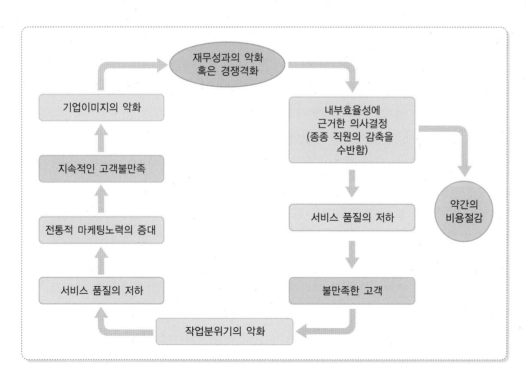

그림 1-4

제조업 관점에 기반을 둔
전략적 관리의 문제점

이 사용되더라도 생산과정을 통해 얻은 산출물이 변하지 않으므로 유형제품의 품질은 동일하게 유지된다. 따라서 전통적인 제조업에서는 내부효율성과 외부효율성의 상호관계가 그렇게 중요하지 않은데, 그 이유는 고객들이 생산과정을 통해 얻게 되는 물리적 산출물(즉, 생산된 유형재화)만을 토대로 만족여부를 결정하기 때문이다. 여기서 내부효율성(internal efficiency)이란 생산자원과 관리자원의 효율적 사용정도를 말하는데, 전통적인 의미의 생산성을 의미한다. 외부효율성(external efficiency)은 고객이 지각하는 기업운영의 외부적 효과성, 즉 고객이 지각하는 서비스 품질을 말한다.

그러나 서비스기업에 제조기업들이 사용하는 경영원칙을 그대로 적용하면 서비스 및 서비스 생산의 차별적 특징들로 인해 [그림 1-4]와 같이 이익실현에 부정적 영향을 미칠 수 있다.

예를 들어 서비스 기업이 재무성과가 나빠지거나 시장경쟁이 더욱 치열해지는 상황에서 제조업 관점의 전통적인 경영원칙을 적용해 내부효율성을 향상시키려 한다고 가정하자. 이 경우 서비스 기업은 종종 서비스 운영에 드는 높은 노동비용을 절감하기 위해 종업원 감축, 고용동결, 셀프서비스의 증대, 인력을 기계로 대체함 등과 같이 인력과 관련된 전략적 결정을 내린다.

제조분야의 경우에는 이러한 결정이 산출물에 대한 부정적 영향 없이 생산 효율성을 향상시키고, 비용을 감소시킬 수 있다. 그러나 서비스분야에서는 이러한 긍정적 효과가 발생되지 않을 수 있는데, 그 이유는 서비스는 내부효율성뿐 아니라 외부효율성도 함께 고려해야 하기 때문이다.

즉, 내부효율성을 높이는 의사결정이 고객이 지각하는 서비스 품질에 부정적인 영향을 미칠 수 있다. 서비스의 경우에는 내부효율성과 외부효율성이 밀접한 상호관련성을 갖는데, 그 이유는 서비스의 소비가 과정소비이며, 고객은 가치의 공동생산자 및 공동창출자로서 생산과정에 참여하기 때문에 과정의 결과물뿐 아니라 과정자체의 구성요소에 대해서도 지각하게 되기 때문이다. 서비스 기업이 제조업 관점에서 내부효율성만을 추구하게 되면, 이는 고객을 소원하게 만들고, 고객의 전반적 품질지각(외부 효율성)을 악화시키고, 결과적으로 고객의 발길을 돌리게 만든다. 또한 서비스 전달과정에 불만족을 느끼는 고객은 이를 종업원들에게 표현하게 되며, 접점종업원은 고객의 이러한 부정적 반응에 영향을 받아 자신의 업무에 더 이상 만족감을 느끼지 못하는 등 근무분위기가 악화될 수 있다. 작업장의 분위기가 악화됨에 따라 서비스 전달과정의 품질은 지속적으로 악화될 수 있다.

따라서 제조업 관점에 기반을 둔 전략적 관리에 수반되는 함정에 빠지지 않기 위해 서비스 기업은 생산과 운영에서의 원가절감을 추구하는 내부효율성 목표가 외부효율성과 수익에도 영향을 미친다는 사실과 고객이 지각하는 서비스 품질이 최종적으로 수익과 이익을 창출한다는 것을 인식해야 한다. 즉 내부 효율성 관리에 있어 수익창출에 기여하는 비용은 증가시키고 수익창출에 영향을 주지 않는 비용은 절감해야 하는 것이다. 따라서 서비스 기업은 고객관계와 고객이 지각하는 서비스 품질(외부효율성)을 강화시키는데 초점을 맞춘 서비스지향적 전략을 추구할 필요가 있다.

서비스지향적 전략

[그림 1-5]는 기업이 서비스지향적 전략을 추구할 때 발생되는 긍정적 결과들을 보여준다. 경쟁격화로 수익성이 악화됨에 따라 기존의 경영전략을 변경해야 할 필요가 있는 항공사를 예로 들어 설명해 보자. 기업은 전략적 사고를 함에 있어 비용측면의 고려와 내부효율성 향상에만 매달려서는 안 된다. 그 대신 경영자는 고객과의 상호작용과 고객관계에 사고의 초점을 맞추어야 한다. 즉, 의사결정이 외부적 효율성(고객이 지각하는 서비스 품질)과 고객관계에 미치는 효과에 초점을 맞추어야 하는 것이다.

물론 원가 및 내부효율성도 전략개발 과정에서 함께 고려해야 하지만, 내부효율성 향상은 고객과의 접촉이 이루어지지 않는 조직내 부서의 효율적 관리에서 우선적으로 고려되어야 한다. 그리고 수익증대에 기여하는 비용과 기타비용을 구분해야 하며, 수익증

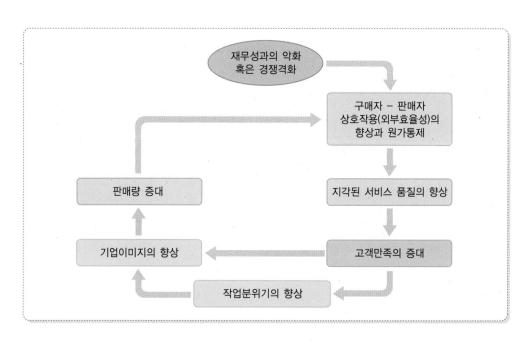

그림 1-5

서비스지향적 전략의 긍정적 효과

대에 기여하는 비용은 과감히 지출되어야 한다. 그리고 고객과의 상호작용이 이루어지는 부서·업무에 대해서는 비용적 측면보다는 외부효율성과 서비스 품질의 향상에 우선순위가 주어져야 한다. 가령, 서비스접점에서 구매자-판매자 상호작용을 개선하는 것(예컨대, 기내 좌석 사이즈의 확대, 음식품질의 개선, 기내 서비스의 개선, 종업원들을 대상으로 한 적절한 고객접촉방법의 훈련 등)은 고객의 관점에서 볼 때 서비스 품질의 향상으로 지각될 것이다. 외부효율성에 기반을 둔 의사결정은 비용의 증가를 수반할 수 있지만, 이러한 의사결정이 수익향상에 미치는 긍정적 효과가 추가적인 비용부담을 상쇄시킬 것으로 판단되는 한, 기업은 수익창출에 기여하는 비용을 기꺼이 늘릴 수 있어야 한다. 따라서 비용증가에 따른 수익창출효과를 측정하기 어렵다는 사실이 외부효율성에 미치는 효과에 대한 판단을 의사결정과정에서 배제시키는 것을 정당화시킬 수는 없다. 종종 서비스 품질의 향상이 추가적 비용의 발생을 수반하지 않고 이루어질 수 있음에 유의해야 한다. 중요한 것은 고객관계, 고객들이 지각하는 품질수준, 그리고 과정관련 품질차원의 중요성 등을 확실히 이해하고, 이를 향상시키는데 적극적인 투자가 이루어져야 한다는 것이다.

[그림 1-5]에서 보면 서비스 품질의 향상은 고객만족수준을 높이는데, 이는 두 가지 긍정적 효과를 발생시킨다. 그 하나는 내부적 효과이고 다른 하나는 외부적 효과이다. 기업 내부적으로 고객만족의 증대는 작업분위기를 향상시킬 것이다. 고객만족의 증대는 종업원들이 고객들과 접촉하는 과정에서 감지될 것이다. 이러한 긍정적 분위기는 경영자가 추구하는 서비스지향적 전략에 의해 지원될 수 있다. 서비스 접점과 서비스 품질을 향상시키는데 초점을 맞춘 의사결정은 경영자가 종업원들에게 수익창출 권한을 부여할(이양할) 의지가 있고, 이를 적극적으로 지원하려고 함을 시사한다. 경영자의 이러한 전략적 자세는 기업 내부환경과 종업원 동기부여에 상당한 긍정적 영향을 미친다. 이와 같이 서비스지향적 전략에 의한 고객만족 증대는 내부 효율성을 증대시키게 된다.

고객만족의 증대는 외부적 효과도 유발한다. 긍정적인 구전이 이루어지고, 기존 고객들이 서비스 제공자와의 거래를 늘리고, 신규고객이 유인될 것이다. 그리고 긍정적인 고객경험과 긍정적인 구전은 기업이미지를 강화시킨다.

마지막으로 기업이미지의 향상은 판매량 증대에 긍정적 영향을 미치게 된다. 내부효율성, 외부효율성, 그리고 서비스 품질이 동시에 통제된다면, 판매량의 증대는 재무성과에 긍정적 영향을 미치고 기업의 경쟁적 포지션을 향상시킬 것이다. 이러한 긍정적 추세는 선순환적으로 지속되는데, 기업분위기의 향상이 구매자-판매자 상호작용을 더욱 더 향상시키고, 기업은 이러한 추세를 지원하는데 사용될 재무적 자원을 더 많이 확보할 수 있게 된다.

⠿ 서비스 경영과 서비스 마케팅

서비스 경영이란 서비스 관점에서 의사결정과 관리가 이루어지는 것으로서, 경영과
정은 서비스의 특징과 서비스 경쟁의 성격에 맞추어 이루어진다. 서비스 경영은 시장 지
향적 접근방식을 채택하기 때문에 종종 서비스 경영은 서비스 마케팅을 대체하는 용어
로 사용된다. 때에 따라 이들을 묶어 서비스 마케팅 및 경영이란 용어가 사용되기도 하
는데, 본서도 시장 지향적, 고객 지향적 관점에서 마케팅과 경영이 이루어져야 한다고
제안하고 있다. 서비스 경영은 서비스 맥락에서 마케팅이 기업 내 특정 부서의 고유한
기능이 아니라 전사적 기능을 수행해야 함을 시사한다. 기업은 마케팅을 포함한 모든 비
즈니스 기능을 관리함에 있어 고객에 초점을 맞추어야 한다. 즉 시장 지향적 경영이 이
루어져야 하는 것이다. 서비스 경영은 제공물의 핵심요소가 서비스이거나 혹은 유형 제
품이든 상관없이 서비스 차별화가 시장성공에 있어 핵심요소임을 인식하고 서비스에서
의 경쟁우위를 달성하기 위한 기업운영방식을 추구한다.

서비스 경영은 다음과 같은 차별적 특징을 갖는다.

- 고객가치는 조직의 제공물을 소비·사용하는 과정에서 창출됨을 인식하며, 어떻
  게 정보, 유형재화, 다른 유형적 요소들을 서비스와 결합시키는 것이 고객가치창
  출에 기여하는지를 잘 안다.
- 고객관계에서 고객이 지각하는 총체적 품질이 고객가치창출에 어떻게 기여하며,
  총체적 품질지각이 변화되는 과정을 정확히 이해한다.
- 조직구성원들은 고객에 의해 지각된 품질을 생산·전달하고 고객가치를 창출·강
  화하기 위해 조직의 자원들(즉, 사람, 기술, 유형자원, 시스템)을 어떻게 결합해야 하는
  지를 이해한다.
- 목표로 정한 지각된 품질 수준과 고객가치를 성취할 수 있는 방향으로 조직을 개
  발·관리해야 함을 이해한다.
- 고객이 기대하는 품질과 가치를 실현하고 관련당사자(조직, 고객, 기타 다른 이해 관계
  자들)가 추구하는 목표가 충족될 수 있도록 조직을 운영한다.

한마디로 요약하면 서비스 경영이란 사업을 운영함에 있어 조직전체가 고객에 의해
지각된 서비스 품질을 최우선으로 삼는 것이다. 여기서 조직이란 사람, 기술, 물리적 자
원, 운영시스템, 정보관리 등과 같이 서비스생산에 관련된 자원들의 집합을 의미한다.

샌스베리(Sainsbury's)가 세 살 어린아이에게 얻은 교훈

기업이 딱딱하고 사무적인 태도로 고객을 응대하는 것은 우수한 고객서비스와는 먼 개념이다. 비록 고객의 사소한 제안이라도 센스있게 받아들일 줄 아는 것과 고객과의 소통을 통해 약간의 별난 재미를 만들어 낼 줄 아는 것이야말로 진정한 고객 서비스팀이 갖춰야 할 덕목이다. 이런 고객지향적인 서비스팀이 만들어낸 훌륭한 기회를 다음의 샌스베리 슈퍼마켓의 이야기에서 살펴보도록 하자.

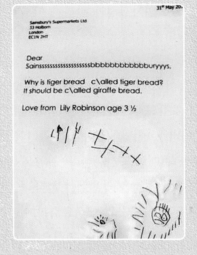

릴리 로빈슨이라고 하는 세 살 반이 된 여자아이는 샌스베리에서 판매하는 호랑이 빵이라고 불리는 제품에 대해 혼란스러워 했다고 한다. 왜냐하면 이 아이의 눈에는 전혀 호랑이처럼 생기지 않았고 마치 기린처럼 보였기 때문이다. 릴리는 부모님의 도움으로 샌스베리의 고객 서비스 부서에 편지를 보내왔다.

놀랍게도 고객지원팀의 매니저였던 크리스 킹은 릴리의 눈이 정확하다고 감탄하며 이름의 기원을 설명해 주었다:

"릴리에게,…

이 빵은 호랑이의 줄무늬보다는 기린의 반점을 훨씬 더 닮았기 때문에 호랑이 빵을 기린 빵으로 이름을 바꾸는 것은 정말 훌륭한 아이디어라고 생각해. 아마도 아주 아주 옛날에 이 빵을 처음 만든 사람이 호랑이처럼 생겼다고 생각해서 그렇게 이름을 지었나 봐. 엉뚱한 사람이지?…"

릴리의 엄마는 고객지원팀으로부터 온 편지를 재미있다고 생각해서 블로그에 올렸고 오래지 않아 이 깜찍한 서신은 빠르게 확산되어 샌스베리가 이 제품을 훨씬 더 적절한 "기린 빵"으로 바꾸어야 한다는 목소리가 커져 갔다.

고객이 옳다는 것을 알고 있는 것에서 그치지 않고 제대로 실천하는 것은 이 경우에도 좋은 결과를 가져다 주었다. 이런 특별한 기회를 놓치지 않아 샌스베리의 "기린 빵"은 많은 사람들이 관심 있어 하는 재미있는 제품이 되었다. 어린 소녀의 충고를 귀 기울여 듣고 제품의 이름까지 바꾼 덕분에 샌스베리 슈퍼마켓은 고객들이 목소리를 듣는다는 인식을 고객들에게 심어주고 더욱 친근하게 인식될 수 있었다.

출처: http://www.helpscout.net/10-customer-service-stories/#one

서비스 경영은 동태적 관점을 취하는데, 그 이유는 고객이 추구하는 편익이 시간의 경과에 따라 계속 변하며, 이에 따라 편익의 제공에 의해 창출된 지각된 품질과 가치도 함께 변하기 때문이다. 또한 서비스 경영/마케팅 활동은 고객관계의 관리에 초점을 맞추어 수행되어야 한다. 고객관계와 관련된 여러 이슈들은 마케팅 부서를 포함한 여러 부서들이 공유해야 할 관심영역이기 때문에 마케팅 활동(4P 중심의 전통적 마케팅활동과 상호작용적 마케팅활동)은 조직 전체에 걸쳐 퍼져 있으며, 전반적 조직구조도 마케팅을 지원하는 방향으로 설계되어야 한다. 마케팅 부서가 일부 마케팅과업을 자체적으로 계획 · 실행할 수 있지만, 마케팅과정의 관리는 전체 기업경영에서 핵심적 부분이 되어야 하는 것이다. 이러한 이유로 인해 시장 지향적 서비스 경영이 서비스 마케팅과 동일한 의미로 사용되기도 한다.

서비스 경영을 추구하는 기업은 그 기업의 형태가 서비스 기업이든 제조 기업이든 상관없이 경영의 초점이 다음과 같이 이동된다.

- 제품에 기반을 둔 가치창출 즉, 사전에 생산된 제품의 교환에 따른 가치창출(value-in-exchange)에서 고객의 소비 · 이용과정에서 창출되는 총체적 가치, 즉 사용가치(value-in-use)로 이동된다.
- 단기적 거래에서 장기적 관계로 이동된다.
- 핵심제품(재화 혹은 서비스) 품질의 향상에서 고객관계를 통해 고객이 지각하는 총체적 품질의 향상으로 이동된다.
- 기술적 솔루션의 생산(즉, 제품 혹은 서비스의 기술적 품질)을 조직의 핵심프로세스로 삼는 것에서 총체적 품질 지각의 개발과 고객가치의 지원을 핵심프로세스로 삼는 것으로 이동한다.

제 2 장

서비스 소비자 행동

신한카드 고객참여에서 빅데이터 경영까지:

고객가치창출을 위한 Big To Great 전략

신한카드의 역사는 2007년 LG카드와의 통합 전후로 나뉜다. 국내 카드산업은 IMF 경제위기 및 카드대란 사태를 겪으면서 2000년대 초반 대규모 구조조정을 경험하였다. 이 과정에서 국내 카드사 최초로 백만 명 고객을 모집했던 LG카드는 무리한 공격경영에 따른 유동성 위기를 극복하지 못한 채 2004년 신한금융그룹에 인수되었고, 2007년 10월 통합 신한카드가 공식 출범하였다. 이후 카드업계는 2008년 또 한 번의 세계 금융위기를 겪으면서 성숙기 시장의 포화와 정부의 각종 규제강화에 직면하게 되었다. 그 결과 저성장·저이윤 국면이 지속되는 성장패러다임의 급격한 변화를 맞이하였다. 이 과정에서 출범 초기 통합으로 인한 혼재된 이미지를 극복하고 「New 신한카드」 구축에 주력하였던 신한카드는 「카드업의 미래를 선도하는 고객의 진정한 생활파트너」라는 비전을 제시하면서 고객가치창출에 집중하게 된다. 앞서 설명하였듯이 신규확장보다는 내실 있는 성장이 중요해진 시장상황에서 고객가치에 기반을 둔 상품개발이야말로 신한카드 성공에 필수적이었기 때문이다.

신한카드는 우선 고객지향적인 상품개발 프로세스구축에 공을 들였다. 2008년부터 '고객패널제도'를 운영하면서 고객들을 기능적인 가치제안에 적극 참여시켰는데, 고객패널제도는 고객들이 접점서비스를 경험한 후 그 품질을 평가하고 서비스 개선 및 상품개발에 아이디어를 제공하는 것이다. 2009년 카드업계에 새 바람을 일으켰던 '하이포인트 나노카드', '에스모어카드' 등의 히트상품들은 고객패널이 직접 참여해서 만든 카드들이다. 특히 나노카드는 소비자가 혜택을 받고자 하는 가맹점을 직접 골라 만드는 DIY카드로 맞춤형 카드의 시초가 되었다. 이러한 노력을 통해서 '생활파트너'라는 비전을 충실히 수행해 나갔다.

신한카드는 동시에 고객들의 경험적 가치창출에도 주력하였다. 경쟁사인 현대카드가 슈퍼 시리즈라는 빅이벤트를 통해 문화와 스포츠 마케팅의 관심을 유도하였다면, 신한카드는 고객중심경영의 취지에 맞게 모든 고객을 위한 문화체험을 강조하면서 차별화를 시도하였다. 수도권을 벗어나 전국을 찾아가는 투어 콘서트인 'LOVE콘서트', 프로축구 및 야구경기장에 고객을 초대하는 'LOVE데이' 등 LOVE 브랜드 중심의 체험마케팅을 지속적으로 펼치고 있다. 업계최초로 착한 브랜드인 '아름人'을 출범하여, 기부전용사이트 운영, 도서관 운영, 청소년 및 문화예술지원과 같은 따뜻한 금융을 실천하고 있기도 하다. 이러한 고객가치창출을 위한 노력을 토대로 신한카드는 2010년 10월 업계 최초로 신용카드 회원 수 1,500만 명을 돌파하면서 업계 1위의 카드사로 올라섰다. 2014년 현재에도, 외형 및 손익 측면에서 경쟁사 대비 확고한 1위의 시장지위를 유지하고 있다.

2014년 신한카드는 시장 1위의 자리에 안주하지 않고 더 나은 고객가치창출을 위한 도전에 나서고 있다. 2013년 통합 2기 신한카드의 새로운 수장으로 취임한 위성호 사장은 취임사에서 다음과 같은 변화를 예고하였다. "이제 우리는 급변하는 환경 속에서 새로운 시각과 창조적 도전을 통해 Big To Great로 나아가는 근본적인 변화를 시도할 때입니다. 단순한 규모의 리더를 뛰어 넘어 시장과 고객 모두 인정하는 차별적인 선도사업자로 새롭게 도약해야 합니다." 이러한 근본적인 변화를 위해 신한카드가 내세운 무기가 바로 빅데이터 경영이다. 신한카드는 업계최초로 2013년 2월 빅데이터 센터를 출범하였으

Macro Trend와 Micro Trend를 조합한 남/녀 각 9개 Trend Code

신한카드
빅데이터 분석을 통한
트렌드 코드 9

며, 이를 통해 2,200만 고객기반의 빅데이터를 바탕으로 2013년 '큐브'와 '콤보'라는 신개념 맞춤상품을 성공적으로 출시하였다. 그리고 2014년 6월 빅데이터 기반의 소비패턴 및 분석모델인 '코드9'을 발표하였다. 신한카드는 2,200만 빅데이터 분석을 통해 세대와 계층을 초월하여 유사한 소비의 자아상을 공유하는 9개의 트렌드 코드 집단이 존재함을 확인하였으며 이를 '코드9'으로 명명한 것이다. 신한카드 위성호 사장은 발표 기자간담회에서 다음과 같이 말하고 있다. "업계 리더로서 고객들을 위한 신한카드의 방식을 제시하고자 한다. 최다 고객인 2,200만 빅데이터를 바탕으로 향후 신한카드의 모든 상품은 오늘 발표하는 상품체계를 통해 출시될 것이다." 이종석 신한카드 빅데이터 센터장 역시 "그동안 카드사들이 대량의 기성복을 만들어 왔다면 향후에는 고객니즈를 반영한 맞춤복을 제공하겠다는 것으로 2,200만 고객 한 분 한 분에게 맞춤형 솔루션을 제공하겠다는 것이 신한카드의 빅데이터 경영의 뜻"임을 강조하고 있다.

신한카드는 '코드9'을 통해 세분화, 차별화된 패턴분석으로 남성과 여성, 세대, 직업을 파고들어 소비자 개개인에 적합한 가치 있는 상품을 제공하겠다는 전략이다. 남성 '코드9'은 루키(사회초년생), 프렌드 대디(여행 등 체험활동 많은 아빠), 스마트 세이버(합리적 소비추구), 리얼리스트(웰빙에 관심 있는 편리한 생활을 추구하는 중년) 등 9개 집단이며 여성 '코드9'은 잇걸(활발한 소비와 대외활동), 프리마돈나(문화와 여가를 즐기는 싱글 직장인), 알파맘(자녀교육에 매진하는 엄마), 줌마렐라(자신을 꾸미고 여가활동에 투자하는 여성) 등 9개 집단이다.

상품개발과정에 고객들을 적극적으로 참여시키고, 다양한 문화체험을 통해 브랜드 경험을 강화하는 한편, 업계 최초로 빅데이터 경영을 통해 신한카드만의 고객이해와 고객중심경영에 박차를 가하고 있는 노력들이 진정한 고객생활 파트너로서 신한카드의 비전달성과 고객가치창출에 기여할 수 있을지 주목해 보자.

참고 1. 김해룡(2012), 5Brand Rules, KMAC.

소비자 행동에 대한 연구는 서비스 마케팅의 경우에도 매우 중요하다. 서비스 제공자, 즉 서비스 마케터의 궁극적인 목표는 소비자의 욕구나 기대를 만족시킬 수 있는 서비스를 제공함으로써 고객가치를 창출할 수 있고 이를 통해 서비스 기업은 수익을 올리는 것이기 때문이다. 이 목표를 달성하기 위해 서비스 마케터는 소비자가 그들의 서비스를 어떻게 선택하고, 소비하며, 또한 평가하는가에 대해 잘 이해해야 한다. 이러한 서비스 소비자의 구매의사결정과정에 관한 이해가 서비스 마케팅의 기초가 되기 때문이다. 그렇다면 서비스에 대한 소비자 행동은 유형재에 대한 그것과 어떻게 다른가? 기본적으로 서비스에 대한 소비자 구매의사결정과정은 유형재의 경우와 유사하다. 그러나 앞장에서 설명한 바와 같이 서비스는 유형의 제품과는 성격이 다르기 때문에, 이러한 서비스 특성이 소비자 행동에 영향을 미칠 수 있다. 예를 들면 서비스는 무형적이기 때문에 제품에 비해 평가하고 선택하는 과정에서 소비자는 더 큰 위험부담을 느낀다. 이 장에서는 이러한 서비스 특성에 따른 소비자 구매의사결정과정에 대해 심도 있게 살펴보고 이에 대한 서비스 마케팅전략에 대해 설명하기로 한다.

2.1 탐색재, 경험재, 신뢰재

오래 전 경제학자들은 기업이 시장에 제공하는 재화, 즉 상품을 다음과 같이 세 가지 유형으로 분류하였다. 이 분류는 소비자들이 상품, 즉 제품이나 서비스의 품질을 언제, 어떻게 평가할 수 있는가에 따른 것으로서 소비자 행동을 결정하는 중요한 요인이 된다.

탐색재(search product)

소비자가 품질을 구매 전(before purchase)에 평가할 수 있는 상품을 탐색재라고 한다. 패션제품이나 가전, 자동차, 가구 등 유형재는 우리가 구매 전에 눈으로 보고, 테스트 해봄으로써 그 품질을 어느 정도 가늠할 수 있다. 따라서 이러한 탐색재의 성격을 탐색속성(search attribute 혹은 search quality)이라고 한다. 탐색재는 이러한 특성 때문에 소비자 입장에서 비교적 평가하기 쉽다.

경험재(experience product)

소비자가 품질을 구매 후(after purchase), 소비과정 중(during consumption)에 평가할

수 있는 상품을 경험재라고 한다. 음식점이나 미용실과 같은 서비스의 경우, 우리가 직접 경험해 보기 전에는 어디가 잘하는지 알기 힘들다. 이러한 경험재의 성격을 경험속성(experienceattribute 혹은 experience quality)이라고 한다. 경험재는 이러한 특성 때문에 탐색재에 비해 평가하기 어렵다.

⠿ 신뢰재(credence product)

소비자가 구매 후에도 그 품질을 평가하기 어려운 상품을 신뢰재라고 한다. 병원이나 카센터 등과 같이 전문적인 지식을 필요로 하는 서비스의 경우, 우리가 서비스를 제공 받은 후에도 그것이 잘 되었는지 잘못 되었는지 판단이 힘들다. 따라서 그저 전문가를 믿을 수밖에 없다. 이러한 의미에서 신뢰재라고 일컬어진다. 이러한 신뢰재의 성격을 신뢰속성(credence attribute 혹은 credence quality)이라고 한다. 신뢰재는 이러한 특성 때문에 소비자 입장에서 평가하기가 가장 힘들다.

자동차 수리는 전문적인 지식을 요한다.

이와 같은 구분은 [그림 2-1]에 그 예와 함께 잘 요약이 되어 있다.

[그림 2-1]에서 볼 수 있듯이 탐색재와 경험재, 그리고 신뢰재 등의 구분은 한 연속선(continuum) 상에서 파악할 수 있는 것이다. 다시 말해서 유형재-무형재, 제품-서비스의 구분은 종류의 문제가 아니라 정도의 문제(matter of degree)인 것이다. 따라서 어떠한 유형적인 제품도 무형의 서비스적인 요소를 내포할 수 있고(예: 자동차나 가전제품과 A/S), 반대로 서비스도 유형의 요소를 활용할 수 있다(예: 병원서비스와 의료기기). 이렇게 보면 모든 상품은 탐색속성과 경험속성, 그리고 신뢰속성을 동시에 가지고 있다고 할 수 있

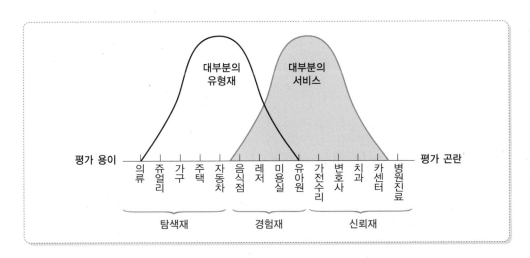

그림 2-1

상품의 유형

평가 용이 ─ 의류 쥬얼리 가구 주택 자동차 음식점 레저 미용실 유아원 가전수리 변호사 치과 카센터 병원진료 ─ 평가 곤란

탐색재　　경험재　　신뢰재

다. 예를 들어 레스토랑의 경우, 우리가 눈으로 보고 판단할 수 있는 속성(예: 주차장의 차나 레스토랑 안의 손님의 수, 내외부 시설과 디자인)도 있고, 경험을 해 보아야 알 수 있는 속성(예: 음식의 맛, 종업원들의 서비스)도 있으며, 경험해 보아도 잘 알지 못해서 그저 믿을 수밖에는 없는 속성(예: 위생 상태)도 있는 것이다. 따라서 우리는 이러한 구분을 정도의 문제로 이해해야 한다. 한 상품이 어떠한 속성을 많이 가지고 있는가에 따라 소비자들의 행동이 달라진다.

[그림 2-1]에서 볼 수 있듯이 탐색재와 경험재, 그리고 신뢰재 등의 구분은 한 연속선(continuum) 상에서 파악할 수 있다. 다시 말하면, 서비스의 경우, 소비자 입장에서 그 품질에 대한 평가가 결코 용이하지 않다는 것이다. 어떤 서비스는 경험을 해보아야 알 수 있고, 또 어떤 서비스는 경험을 해보아도 알 수 없는 것도 있다. 따라서 서비스의 선택 구매에 있어서 소비자들이 느끼는 위험부담(perceived risk)은 탐색재와 같은 유형의 상품을 선택할 때에 비해 훨씬 크다. 서비스 마케터의 입장에서 소비자들이 느끼는 이러한 위험부담을 불식시켜 주지 않는다면 구매가 이루어질 수 없다.

경제학자가 제안한 이러한 상품 분류법에 서비스 마케팅의 중요한 법칙이 숨어 있다. 이러한 법칙은 바로 그 명칭에서 찾을 수 있는데, 우선 경험재에 대해 살펴보자. 경험재 서비스를 마케팅 함에 있어서 가장 중요한 법칙은 소비자들에게 즐거움 경험과 체험(experience)을 제공해야 한다는 것이다. 고급 레스토랑에서 우리가 기대하는 것은 허기를 채워줄 수 있는 한 끼의 식사 이상의 것이다. 좋은 분위기와 즐거운 시간, 그리고 고급스러운 서비스를 원하는 것이다. 이러한 즐거움을 줄 수 있는 체험 요소를 찾아서 개발해야 한다.

또한 신뢰재에 관해 살펴보자. 신뢰재 서비스를 마케팅 함에 있어서 가장 중요한 법칙은 말 그대로 고객과의 신뢰(trust)관계의 형성이다. 신뢰관계가 형성되지 않고는 소비자들이 서비스 선택에 따르는 위험부담을 줄일 수 없고, 한 번 이용을 해본 서비스라 할지라도 다시 이용한다는 보장이 없는 것이다. 서비스 마케터는 어떻게 소비자들에게 신뢰감을 주고 장기적인 관계를 구축해 나아갈 것인가? 이 또한 서비스 마케팅의 영원한

그림 2-2

서비스 소비자 행동과정

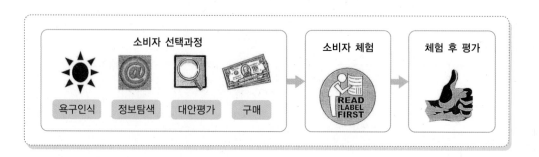

숙제이다.

이러한 서비스의 특성을 염두에 두고 서비스 구매에 따른 소비자 행동을 살펴보기로 하자. 서비스 소비자 행동은 [그림 2-2]에서 볼 수 있듯이 크게 세 단계로 나뉜다. 첫 번째 단계는 소비자가 그들의 어떤 욕구를 충족하기 위해 정보를 구하고 대안을 평가해서 선택 구매에 이르게 되는 소비자 선택(consumer choice)의 단계이고, 두 번째 단계는 소비자가 구매한 서비스를 체험하는 소비자 체험(consumer experience)의 단계이며, 세 번째 단계는 소비자가 서비스를 경험한 후 만족, 혹은 불만족을 결정하게 되는 체험 후 평가(postexperience evaluation)의 단계이다.

2.2 소비자 선택

소비자들의 서비스에 대한 구매 전 행동은 그들의 유형재에 대한 그것과 유사하다. 즉, 욕구의 인식(need recognition), 정보의 탐색(information search), 대안의 평가(alternative evaluation), 그리고 구매(purchase)의 순으로 이어진다. 여기서는 소비자 구매 행동을 이러한 순서로 살펴보기로 하자.

⠿ 욕구의 인식

소비자들은 현재의 상태와 이상적인 상태에 큰 차이가 있다고 생각할 때 문제를 인식하게 된다. 매일 반복되는 바쁜 일상에 지친 사람들은 한번쯤 낯선 곳으로의 여행을 꿈꾸게 되는데, 이러한 현재와 이상적인 상태의 차이에서 소비자들이 느끼는 결핍이 바로 욕구의 인식이다. 서비스를 통해서 충족하고자 하는 소비자들의 욕구는 유형제품의 그것과 유사하다. 소비자 기본 욕구를 설명함에 있어서 자주 적용되는 매슬로우(A. Maslow)의 욕구계층설(hierarchy of needs)을 통해서 소비자들의 서비스에 대한 욕구를 살펴보자. 매슬로우는 인간의 기본 욕구를 다음과 같이 다섯 개의 카테고리로 구분을 하였다: ① 생리적 욕구(physiological needs)는 음식 섭취나 수면과 같은 인간의 기본적인 생물학적인 욕구이다. 레스토랑, 커피숍 등이 소비자들의 이러한 생리적 욕구를 충족시켜 주는 서비스의 좋은 사례가 된다. ② 안전 욕구(safety and security needs)는 위험으로부터

대한항공 광고는 체험을 통한
자아실현 욕구를 자극한다.

보호 받고자 하는 욕구를 말한다. 노년층을 위한 실버타운, 의료 서비스 등이 이에 속하는데, 소비자 안전에 관련된 이러한 서비스 상품 시장은 계속 증가할 전망이다. ③ 사회적 욕구(social needs)는 다른 사람들에게 받아들여지고 싶은 소속감에 대한 욕구이다. 페이스북, 카카오톡과 같은 소셜네트워킹 서비스(SNS)가 활성화된 이유도 이 때문이라 볼 수 있다. ④ 자아 욕구(ego needs)는 자존심과 성공, 성취감에 대한 욕구를 말한다. 호텔이나 금융권에서는 부자 고객들에 대해 고급 VIP 서비스를 제공해 줌으로써 그들의 자존심을 세워주고 자아 욕구를 충족하고자 하고 있다. ⑤ 자아실현 욕구(self-actualization needs)는 자아 욕구에서 한 단계 더 나아가 삶을 풍요롭게 하는 즐거운 체험에 대한 욕구를 말한다. 그래서 사람들이 자신만의 취미를 갖고 인생의 쾌락을 추구해 나아가는 것이 아닐까 한다. 매슬로우는 사람들이 생리적 욕구의 충족부터 시작해서 여러 형태의 욕구를 순차적으로 충족하고자 한다고 주장하였다.

❖ 정보의 탐색

서비스에 대한 욕구를 인식한 후 소비자들은 그 욕구를 채울 수 있는 서비스를 찾기 위해 정보 탐색에 들어간다. 정보 탐색은 구매하고자 하는 서비스가 비싸고 자신에게 중요한 경우(예: 유럽 여행 패키지, 아파트 리모델링), 매우 적극적이고 활발한 반면, 늘 구매하는 서비스의 경우(예: 주유소, 점심식사 음식점) 비교적 빨리 자동적으로 이루어진다. 또한 이러한 정보탐색은 내부정보 탐색(internal search)과 외부정보 탐색(external search)으로 구분할 수 있다. 내부 정보탐색은 욕구를 충족시켜줄 서비스상품에 대한 정보를 기억으로부터 회상하는 것을 말한다. 그리고 외적정보 탐색은 외부원천으로부터 서비스상품에 대한 정보를 찾는 것을 말한다. 여기서는 소비자가 늘 이용하는 서비스가 아니라, 새로 어떤 서비스를 구매할 경우, 외부에서 어떠한 방법으로 정보를 구하는지에 대해 살펴보자.

소비자들이 찾는 정보원(source of information)에는 사람이 직접 정보를 전달해 주는 개인적 정보원(personal source)과 매스 미디어를 통한 광고와 같은 비개인적 정보원(nonpersonal source)이 있다. 소비자가 유형의 제품을 구입할 때는 개인적 정보원과 비개인적 정보원을 적극적으로 활용한다. 이러한 정보원들이 제품의 탐색속성에 대해 많은 정보를 제공해주기 때문이다. 그러나 서비스의 구매는 유형제품의 구매에 비해 소비자 입장에서는 많은 위험부담이 따르는 상황이다. 따라서 소비자는 이러한 위험부담을

야구 '팬심' 빅데이터로 읽다…
SAS, 뉴욕메츠에 분석 솔루션 공급

SAS코리아는 본사가 미국의 프로 야구팀인 MLB 뉴욕 메츠 구단에 자사 분석 솔루션을 공급하며 팬 데이터 분석을 위한 파트너십을 체결했다고 밝혔다. 앞으로 SAS는 데이터 주도적 접근을 통해 구단 팬들 개개인의 행동패턴 및 성향, 선호도 등을 파악해 메츠 구단에 양질의 고객개발을 경험을 제공해 나갈 계획이다.

SAS는 메츠 구단이 팬들에 대한 다각적인 시야를 확보할 수 있도록 SAS의 분석기술을 적용한 팬 참여 허브(Hub)를 구축했다. 팬 참여 허브를 통해 메츠 구단은 소셜 미디어, 모바일, 이메일 등의 데이터를 분석해 다양한 선수와 게임에 대한 팬들의 선호도 측정이 가능해졌다. 또한 메츠 구단은 이렇게 파악한 팬들의 관심사를 바탕으로 리그 및 팀의 온라인 사이트, 소셜 미디어 채널 및 공개 포럼 등을 기획해 팬들과 교류하고 유용한 정보를 제공해 나갈 예정이다.

루 드파올리 뉴욕 메츠 부사장겸 CRO(Chief Revenue Officer)는 "야구 비즈니스의 경우 데이터양이 끊임없이 증가하므로 항상 새로운 분석 방법이 요구된다"며 "SAS와의 파트너십을 통해 보다 개인적 차원에서 팬 데이터를 분석함으로써 다양한 취향을 가진 팬들과 보다 효과적인 소통

을 할 수 있게 될 것으로 기대한다"고 밝혔다.

한편 SAS는 국내 FC서울을 비롯해 미국 프로 농구팀인 올랜도 매직(Orlando Magic), 캐나다 프로 아이스하키 팀인 토론토 메이플 리프스(Toronto Maple Leafs) 및 미국 프로축구리그(Major League Soccer) 등 전 세계 유수의 프로 스포츠 팀들과 파트너십을 구축하며 스포츠 비즈니스 발전에 기여하고 있다.

SAS를 도입한 프로 스포츠 팀들은 팬들에 대한 인사이트 획득 및 관계 개선 뿐 아니라 구단 운영 및 선수관리, 마케팅에도 데이터 분석을 적극 활용하고 있다. 조성식 SAS 코리아 대표는 "최근 선수의 능력 향상, 팀의 승률 예측, 경기 전략 수립 등 스포츠 비즈니스의 다양한 영역에서 데이터 분석의 활용도가 높아지고 있다"며 "다양한 산업에 적용된 SAS의 분석 솔루션은 스포츠 비즈니스 부문에서도 단연 두각을 나타내고 있고 SAS코리아 또한 국내 스포츠 산업에서 데이터 분석의 역할을 확대하기 위해 노력할 것"이라고 밝혔다.

출처: CCTV뉴스(2014.11.)
사진출처: MLB 뉴욕메츠 공식 홈페이지 –
http://newyork.mets.mlb.com/

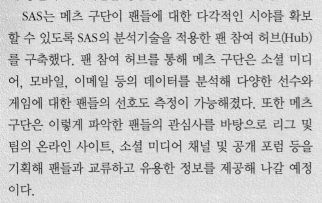

줄이기 위해서라도 사전에 어디가 잘하는지, 서비스에 대한 정보를 구하는 것이 중요하다. 이를 위해 소비자는 주로 개인적 정보원, 즉 구전정보(word-of-mouth information)에 의존하게 된다. 그 이유는 다음과 같다.

첫째, 테마파크의 시즌 광고를 떠올려 보자. 이러한 비개인적 정보원은 서비스의 탐색 속성(예: 놀이시설 종류)에 대해서는 어느 정도의 정보를 제공해 주지만 서비스에 있어서 정말 중요한 경험 속성(예: 재미)에 대해서는 많은 정보를 줄 수 없다. 따라서 소비자

는 그들이 찾는 서비스를 이미 경험해본 주변의 사람들에게 물어서 이러한 경험 속성에 대한 정보를 얻을 수 있는 것이다.

둘째, 서비스의 경우, 비개인적 정보원이 존재하지 않거나 소비자가 그러한 정보원으로부터의 정보를 구하기 힘든 경우가 많다. 지역적으로 존재하는 작은 업체들이 많은 소비자 서비스의 경우(예: 소매점, 음식점, 미용실 등), 비용 등의 문제로 인해 매체 광고가 어려운 형편이다. 오랫동안 전문가 서비스(예: 의사, 변호사, CPA)의 광고가 허용되지 않았기 때문에, 이제 그것이 허용되어 광고 되더라도 소비자들에게 익숙하지 않은 탓도 있다.

셋째, 소비자가 서비스 구매 전에 구할 수 있는 정보가 그리 많지 않기 때문에 그들이 느끼는 위험부담은 높은 수준이다. 따라서 이러한 위험부담을 줄이고 구매의사결정에 따른 복잡성을 줄이기 위해 소비자는 유경험자들의 의견을 존중하는 것이다. 특히, 경험 속성이나 신뢰 속성이 높은 서비스의 경우, 경험 있는 사람이나 전문가들의 구전정보는 큰 도움이 된다.

최근 서비스 정보원에 대해 흥미로운 연구가 펼쳐지고 있다. 바로 인터넷과 소셜 미디어(social media)이다. 인터넷은 비개인적 정보원이지만 일반 대중 매체와는 달리, 소비자가 원하는 정보를 찾을 수 있고, 비전문가, 특히 유경험자들에 의해 정보가 만들어지며, 쌍방향적 의사소통이 가능한 매우 효과적인 매체이다. 거의 개인적 정보원을 인터넷이라고 하는 매체에 옮겨 놓은 것과 같다. 따라서 소비자는 최근 원하는 서비스(예: 미국 여행)가 있을 경우, 이에 관련된 정보를 인터넷 정보, 블로그, 카페, 업체 평가 웹사이트, 여행 후기 웹사이트, 여행시 홈페이지 등 인터넷을 통해 읽는다. 기업은 내체광고를 하는 것에 비해 인터넷에 소비자(유경험자)들의 자연스러운 의견을 올림으로써 잠재고객을 끌어들이는 데 있어서 비용대비 효과를 올릴 수 있을 것이다.

소셜 미디어의 발전과 보급도 주목할 필요가 있다(〈표 2-1〉). 소셜 미디어는 오프라인 구전에 비해 정보의 전달속도가 빠르고 전달범위가 넓으며 많은 정보를 전달할 수 있고 이미지나 동영상도 전달할 수 있어 최근 강력하고 효과적인 정보원으로 떠오르고 있다.

페이스북을 활용한
성형외과 광고 사례

유 형	특 성	예
SNS (Social Network Service)	자신의 공간에 프로필을 작성, 타인과 상호교류	Facebook, MySpace, Cyworld
MIM (Mobile Instant Messaging)	무료로 채팅이나 통화, 사진 동영상 공유	KakaoTalk, Line, WeChat, WhatsApp
블로그	자신의 온라인 일지	Naver Blog
마이크로 블로그	단문의 블로그	Twitter
커뮤니티	정보, 사진 동영상 공유	Youtube, Flickr
온라인 백과사전	내용을 수정, 추가할 수 있는 온라인 백과사전	Wikipedia

표 2-1

소셜 미디어의 유형

대안의 평가

소비자는 서비스에 대한 정보를 놓고 몇 가지 대안을 생각한다. 오늘 점심은 어디서 먹을까? 지난번에 갔던 칼국수 집에 갈까? 중국 음식점에 갈까? 아니면 새로운 음식점을 찾아볼까? 이렇게 소비자의 욕구가 발생했을 때 선택 대상으로 생각하게 되는 대안들을 고려상품군(evoked set 혹은 consideration set)이라고 한다. 서비스의 경우, 고려상품군에 속하는 대안의 수는 일반적으로 제품에 비해 적다. 어떤 서비스에 대한 정보를 얻는 일은 제품에 대한 정보를 얻는 일에 비해 그다지 수월하지 않기 때문이다. 또한 유형제품의 경우에는 소매점에서 한 번에 많은 수의 대안들을 보고 비교할 수 있지만, 서비스의 경우에는 소비자가 직접 그 서비스 장소에 가야 하는 경우가 많기 때문이기도 하다. 그리고 경쟁 때문에 어떤 일정한 지역에서 동일한 서비스를 제공하는 업체가 그다지 많지 않다. 여러분들이 사는 지역에서 은행이나 내과 병원의 수를 한 번 생각해보고 이것과 백화점이나 할인점에 가면 얼마든지 볼 수 있는 의류 브랜드, 식료품 브랜드 등을 비교해보기 바란다. 이러한 이유 때문에 서비스 고객들은 아주 한정된 몇 개의 대안을 가지고 선택을 하게 된다.

대안을 평가해서 선택하는 방법에는 여러 가지가 있다. 그 중에서 가장 많이 쓰이는 방법은 마틴 피쉬바인(Martin Fishbein)의 다속성 평가모형(multi-attribute model)이다. 다속성 평가모형에 의하면 어떤 대상(여기서는 서비스)에 대한 평가(overall evaluation)는 그 대상의 속성평가(attribute evaluation)에 속성중요도(attribute importance)를 고려하여 가중합계를 낸 값이라고 한다. 예를 들어 한 여성 고객 K씨는 사랑하는 남편의 생일날 깜짝 선물을 준비하려고 백화점에 가려 한다. 어느 백화점을 갈까를 생각하니 4개의 대안이 떠올랐다. 이 4개의 백화점이 이 고객의 고려상품군인 셈이다.

K씨가 이 4개의 백화점을 평가하기 위해 가장 먼저 필요한 것은 바로 평가기준

표 2-2

다속성 모형에 기반한 백화점
대안평가

	속성중요도	현대	롯데	신세계	AK
상품 품질	9	8	9	8	8
상품 구색	6	7	8	6	7
서비스 품질	5	6	7	9	8
편리한 위치	8	9	6	7	7
		216	212	209	210

(evaluative criterion)이다. 다속성 모형에서는 이러한 평가기준을 서비스의 속성(attribute)이라고 말한다. 그런데 이러한 평가기준, 즉 속성들이 K씨에 대해 모두 똑같이 중요하지는 않다. 다시 말해서 속성의 중요도가 사람마다 모두 다르다는 의미이다.

이제는 K씨가 각 백화점을 속성별로 평가한다. 그 결과 속성평가가 나오는데, 한 백화점에 대한 전체평가는 속성평가에 속성중요도를 가중치로 매겨 곱해서 전체를 합산한 값으로 결정된다. 이것을 수량화하자면 〈표 2-2〉와 같은 형태가 된다. 결과적으로 이 경우 K씨는 본인이 생각하는 바 가장 점수가 좋은 현대백화점을 선택하게 되는 것이다.

전 세계 레스토랑 이용고객들은 Zagat서베이의 전문가 평가를 활용할 수 있다 (www.zagat.com)

기업은 다속성 모형을 서비스 리서치에 활용하여 서비스 마케팅 전략을 수립할 수 있다. 〈표 2-2〉에 나와 있는 수치가 한 개인의 생각만을 담은 것이 아니라 백화점을 이용하는 수백, 수천 명들의 의견을 수렴한 결과라고 생각해보자. 물론 기업에서는 서베이 방법론을 이용하여 이러한 자료를 구할 수 있다. 이러한 서베이를 실무에서는 소비자 U&A (Usage and Attitude) 서베이라고 한다. 예를 들어 한 백화점에서는 이러한 자료를 놓고 소비자들이 부여한 전체평가를 비교해 봄으로 그들의 현재의 위치, 경쟁적 위치를 파악할 수 있다. 또한 속성별로 속성평가를 비교해 보면 당사의 강점과 약점을 금방 알 수 있다. 그리고 속성중요도 정보를 통해서 향후 이 백화점이 나아가야 할 전략적 방향을 결정할 수 있다.

그런데 서비스는 그 무형성 때문에 구매 전, 경험 전에 이러한 다속성 모형적인 평가가 어려울 수 있다. 대부분의 서비스 속성이 경험 속성이나 신뢰 속성인 까닭에, 구매 전에 서비스 속성에 대해 소비자들이 평가하는 것이 용이하지 않기 때문이다. 따라서 여기서 이야기하는 속성은 구매 전에도 어느 정도 정보를 파악하고 평가할 수 있는 탐색 속성에 초점을 맞추고 있다고 생각하면 된다. 그렇지 않은 경우에는 소비자들의 기대(expectation)가 반영된 속성별 이미지 평가가 될 수 있다.

이처럼 구매 전 정보 취득의 어려움 때문에 서비스 고객들은 이러한 합리적인 방법보다는 주먹구구식에 가까운 방법으로 서비스를 선택하는 경우도 많다. 예를 들어 자신이 가장 신뢰하는 사람이나 그 분야에 전문성을 가지고 있다고 생각하는 사람의 말을 무조건 따른다든지, 어느 정도 수용가능한 대안이 나타나면 그냥 그것을 선택해버리고 더 이상의 고민을 하지 않는다든지 등 여러 방식이 있을 수 있다. 사실 무형성이 높은 서비스에 대한 소비자 정보처리, 구매 전 서비스 평가 등에 대해서는 아직 연구할 이슈들이 많이 남아 있다.

▦ 구　매

소비자들의 사전평가를 통해서 선택·구매가 이루어진다. 제품의 경우에는 생산과 소비가 시간, 장소적으로 엄연히 구분되어 있다. 우리는 공장에서 수 개월 전에 만들어진 컴퓨터를 매장에서 구입하여 집에서 이용하는 것이다. 그러나 서비스의 경우에는 선택과 구매, 생산, 이용과 경험 등의 과정이 모두 동시에 일어난다. 따라서 레스토랑을 선택한 경우 동시에 음식을 맛보고 여러 가지 서비스를 제공 받는 것이다. 이때 우리는 경험해보지 못한 서비스에 대한 비용을 미리 내거나 아니면 내기로 약속한 상태에서 서비스를 받기 때문에 서비스 구매에 따른 불안감과 긴장감, 위험부담은 일반적으로 높다. 위험부담 혹은 지각된 위험(perceived risk)은 소비자들이 구매를 함에 있어서 잘못될 수 있는 결과에 대해 미리 걱정하는 것을 말한다. 서비스는 기본적으로 무형적이고, 그 품질이 그때그때 다르고 저장해 둘 수 없기 때문에 소비자들이 느끼는 위험부담은 제품에 비해 클 수밖에 없다.

특히 전문가 서비스와 같은 신뢰재의 구입에 따른 소비자들의 위험부담은 더욱 크다. 의사, 약사, 변호사, CPA, 컨설턴트 등의 서비스는 고도의 전문지식을 필요로 한다. 일반인들은 그러한 전문적인 지식이나 기술을 가지고 있지 않기 때문에 전문가를 그저 믿을 수밖에 없다. 또한 높은 비용으로 장기 계약을 해야 하는 산업재 서비스(business-to-business service)의 경우(예 네트워크 통합, 조경, 리모델링, 컨설팅 서비스), 기업이 계약 전에 느끼는 위험은 그 비용만큼 클 것이다.

따라서 서비스 마케터의 입장에서는 소비자들이 느끼는 이러한 위험부담을 줄여줘야 구매를 성사시킬 수 있다. 서비스 제공자가 소비자들이 느끼는 위험부담을 줄일 수 있는 방법은 무엇일까? 여기서 그 몇 가지에 대해 살펴보고자 한다.

우선 서비스 제공자는 그들이 제공하는 서비스에 대해 가능한 범위에서 품질보증(guarantee)을 해주어야 한다. 즉, 서비스 구매 후 소비자가 만족하지 못하고 불평하면 책임지고 그 문제를 해결해주어야 한다. 서비스가 잘못되었을 경우에는 가능한 수단을 모두 동원해서 서비스 복구(service recovery)를 해주어야 한다. 물론 아무리 서비스 복구를 잘 한다고 해도 한 번 기분 상한 소비자들을 100% 만족시키기는 힘들다. 그러나 이러한 노력이 소비자들이 느끼는 구매 전 위험부담을 줄일 수 있다.

서비스의 무형성이 소비자 위험지각을 높이는 주요 원인이므로 이러한 무형성을 낮출 수 있는 유형의 근거(tangible clues)를 제시해야 한다. 소비자들이 좋은 이미지로 기억할 수 있는 서비스 업체의 로고 디자인을 선보인다든지 서비스 과정을 소비자들이 관찰하고 확인할 수 있게 해주는 것이다. 예를 들어 FedEx나 UPS와 같은 택배회사는 소포를 부칠 때 고객에게 소포의 트래킹 넘버(tracking number)를 부여하고 제공한다. 고객들은 이 번호로 인터넷에서 언제든지 소포의 위치를 파악할 수 있다. 우리나라 우체국에서도 국제우편을 부치면 소포의 위치와 배달여부를 고객에게 휴대폰 문자로 전해준다.

소비자들에게 무료 시용(free trial) 기회를 주는 것도 좋은 방법이다. 동네에 새로운 음식점, 미장원이 생겼을 때 일정을 잡아서 고객들에게 서비스를 한 번 시용할 수 있게 해주면 고객이 느끼는 위험부담도 줄이고 재구매율도 높일 수 있다.

서비스의 표준화(standardization)도 좋은 방법이다. 기업에서는 종업원들에 대한 서비스 교육을 철저히 해서 그들의 서비스가 하나하나 표준화될 수 있도록 해야 한다. 특히 프랜차이즈 서비스의 성공여부는 서비스 표준화에 달려있다. 가맹주가 가맹점과 종업원들에 대해 강도 높은 교육을 통해 일관성 있는 서비스가 제공되지 않으면 소비자들은 위험부담이 커져서 서비스를 이용할 수 없게 되는 것이다. 산업재 서비스의 경우에는 그 계약문서에 서비스가 제대로 수행되지 못했을 때의 벌칙조항을 포함시킴으로써 계약자가 맡아야 하는 위험부담을 줄일 수 있다.

2.3 소비자 체험

소비자들은 서비스를 구매하거나 구매하기로 계약을 맺은 후 서비스를 경험하게 된다. 이를 소비자 경험, 혹은 소비자 체험(consumer experience)이라고 한다. 위에서 설명한 것처럼 서비스는 주로 경험 속성과 신뢰 속성이 강하기 때문에 그 선택과정이 매우 힘들고 위험부담이 크다. 따라서 소비자가 실지 서비스를 어떻게 경험하고 체험하느냐가 그 서비스에 대한 만족도와 재구매의도를 결정한다. 소비자에 대한 체험 마케팅을 강조하는 어떤 학자는 "체험이 곧 마케팅이다(The experience is marketing)"라는 주장을 펼치기도 하였다. 이러한 서비스 체험은 즐겁고 흥미로우며 기억에 남을 만한 체험에만 집중하지 않고 보다 일반적으로 소비자들이 서비스 구매 후 갖는 경험에 대해 논의할 필요가 있다. 소비자가 세탁소에 옷을 맡긴다든지 카센터에 자동차 수리를 맡기는 일도 여러 가지 소비자 체험을 수반하기 때문이다.

지금까지 고객 체험과 그 중요성에 대해 많은 연구와 저술이 이루어졌다. 제품이나 서비스 마케터들의 중요한 목표가 고객들에 대해 기억에 남을만한 체험을 안겨주는 것이다. 이 장에서는 체험상품으로서의 서비스 특징과 체험에 영향을 미치는 요인들에 대해 살펴보기로 한다. 모든 서비스는 체험이다. 서비스마다 그 시간적 길이나 복잡성, 흥미로움 등에서 차이는 있겠지만 결국 모든 서비스는 소비자 체험을 통해 제공된다. 따라서 서비스 마케터의 입장에서 효과적인 서비스 프로세스를 관리하고 즐거운 소비자 체험을 끌어내는 것이 서비스 마케팅 성공의 관건이다. 즐거운 소비자 체험을 위해 연극에 비유되는 서비스의 특징을 살펴보는 것도 흥미롭다. 뿐만 아니라 앞으로의 서비스 체험은 기술의 변화와 소비자 참여에 따라 크게 변화할 수 있다는 사실에 주목해야 한다.

⋮⋮⋮ 프로세스로서의 서비스

우리가 서비스를 이해할 때 중요한 것은 서비스는 제품과 같이 한 번에 구매되는 것이 아니고 몇 가지 단계를 순차적으로 밟아 나아가는 프로세스라는 점이다. 많은 서비스에 있어서 구매는 이러한 일련의 단계와 활동으로 이루어져 있다. 복잡한 프로세스 서비스의 하나로서 종합병원에서 진료를 받는 경우를 살펴보자. 고객이 의사와 직접 이야기를 하는 과정(예: 진료 과정)도 있지만, 고객이 스스로 밟아야 하는 과정(예: 약 처방에 따라 약국에서 약 받는 과정)도 있고, 제3자가 개입되어야 하는 과정(예: 검사실에서 검사 받는 과정)도 있다. 대부분의 경우, 소비자 체험이라고 하는 것은 이렇게 여러 사람들이나 기관과의 상호작용을 통해 이루어진다. 특히 서비스가 어떤 일련의 서비스 수행과정을 수반할 경우, 서비스 마케터는 소비자들의 편의와 좋은 체험을 위해서 모든 서비스 과정이 함께 진행될 수 있도록 하는 것이 유리하다. 예를 들어 종합병원의 경우, 진단과 검사, 치료와 처방이 한 장소에서 순조로이, 순차적으로 이루어질 수 있도록 관리하면 환자들에게 얼마나 편리하고 좋을까? 서비스 프로세스에 대해서는 8장에서 상세히 다루고 있다.

서비스 마케팅이 증강현실을 만났을 때

기내에서 앞좌석과의 공간 경험을 제공하는 루프트한자

독일 항공사인 루프트한자는 승객들에게 프리미엄 이코노미석과 앞좌석과의 공간에 대해 가상으로 경험할 수 있도록 증강현실을 기반으로 설계된 새로운 모바일 애플리케이션을 개발했다. 사용자들은 특정 이미지나 형상에 의존하는 것보다 경험을 활성화하기 위해 공간을 스캔하고 무언가를 그려볼 수 있게 됐다. 프리미엄 이코노미석이 팝업창으로 뜨면 소비자는 의자를 회전시켜 시트의 기능을 확인하고 얼마나 여유 공간이 있는지를 가상 객체로 알아볼 수 있다. 이 앱은 디지털 에이전시인 스페이스(Space)가 개발했으며 아이폰과 안드로이드 기기에서 활용할 수 있다.

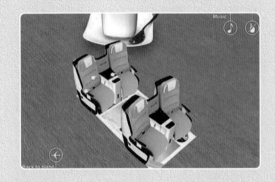

패션매장도 디지털체험으로 변모한다.

패션과 정보기술(IT)의 결합이 제품에서만 이뤄지는 것은 아니다. 최신 IT를 활용해 소비자들에게 보다 편리한 쇼핑경험을 제공하기도 한다. 서울 강남역에 있는 '빈폴 딜라이트점'은 국내 첫 디지털 패션 매장이다. '디지털 미러'는 거울 앞에선 고객이 제품을 입고 한 바퀴 돌면 그 모습을 저장해 옷을 입었을 때 뒷모습까지 보여준다. 무선 주파수 인식 기술(RFID)을 접목한 '디지털 옷걸이'를 들면 제품에 대한 가격·소재, 모델이 입은 사진 등이 바로 앞에 달려 있는 대형 TV 모니터에 나타난다. 또 고객이 있는 곳에서 즉시 결제가 가능한 '무선 결제 단말기'를 도입해 고객이 돈을 낼 때 길게 줄을 서는 일도 줄였다. 첨단 IT의 시연에 이곳을 찾은 해외 관광객도 늘고 있다는 게 매장 측의 설명이다. 미국의 픽앤텔은 매장을 소셜네트워크서비스(SNS)와 연계하는 서비스를 제공하고 있다. 대형 전신거울에 자신의 모습을 비춰 사진이나 동영상으로 촬영하고, 이를 친구들과 SNS로 공유할 수 있다. 이를 본 친구들은 '좋아요'나 '싫어요'를 선택할 수 있는데 '싫어요'를 선택할 경우 색상이나 스타일·가격 등 맘에 들지 않는 이유를 입력할 수 있다.

이런 IT서비스는 오프라인과 온라인을 융합해 매장의 가치를 상승시켜주는 것은 물론 고객의 충성도를 높일 수 있다는 이점이 있다. 빈폴 딜라이트점의 매출은 디지털 패션 매장으로 변신한 이후 50%가량 늘었다

출처: CIO Korea(2014.10.), 중앙일보(2014.12.)

연극과 같은 서비스

　서비스 수행과정을 한 편의 연극(드라마)에 비유해 볼 수 있다. 이것은 미국의 피스크 (R. Fisk)와 그로브(S. Grove) 교수에 의해 제안된 것인데 고객들에 대하여 즐겁고 인상적인 체험을 디자인함에 있어서 매우 유용한 비유라고 할 수 있다. 예를 들어, 월트 디즈니 (Walt Disney)사는 디즈니월드나 디즈니랜드에서 수행되는 그들의 서비스를 '퍼포먼스 (performance)'라고 부르고, 서비스 수행에 있어서 '캐스트 멤버(cast member)', '온스테이지(onstage)', '쇼(show)' 등과 같은 연극, 영화에서 이야기되는 용어들을 자주 사용한다. 서비스를 연극으로 간주하고 있는 좋은 사례이다.

　이처럼 서비스 기업이나 연극기획자들은 공통적으로 아주 잘 마련된 서비스 매장 혹은 무대에서, 잘 훈련된 종업원 혹은 유능한 배우들의 행동을 통해 고객 혹은 관객들에게 좋은 인상을 심어주고자 노력하고 있는 것이다.

서비스는 종종 연극에 비유된다.

　여기서 서비스 마케터는 연극기획자, 감독, 안무지도자, 작가 등과 같은 역할을 수행한다. 그리고 이러한 연극 무대에서 가장 중요한 역할을 하는 것은 배우들이듯이, 서비스의 성공적인 수행을 위해서 종업원들은 각자의 역할에 열정을 가지고 최선을 다해야 한다. 서비스는 물건 장사가 아니라 사람 장사라는 말을 많이 한다. 그만큼 서비스의 경우 종업원들의 역할이 중요하다는 이야기이다. 이러한 인적자원을 어떻게 관리해 나아가는가가 서비스의 성공과 실패를 좌우한다.

　연극의 성공을 위해서 무대도 중요한 역할을 한다. 무대 장치, 조명, 음향, 심지어는 극장 내외부의 시설, 디자인과 환경요소들도 연극의 감성을 전달하는 데 큰 역할을 하는 것이다. 개인병원의 경우를 생각해보라. 감기가 심해서 병원에 갔는데 내부시설이 낙후되고, 인테리어도 형편없으며 어두컴컴하고 냄새가 난다면 아무리 친절한 간호원, 유능한 의사가 있다 하더라도 그 병원에 대해 믿음이 가겠는가? 요약하자면, 서비스수행은 서비스 종업원들(배우)이 매장(무대)에서 고객(관객)들에게 펼쳐 보이는 연기인 셈이다.

기술의 발전과 서비스 체험

　기술의 발전은 소비자들에게 서비스가 전달되는 방식에 큰 변화를 가져왔다. 은행 서비스의 경우를 생각해보자. 과거에는 지점의 창구에서 종업원들과의 직접적인 상호작용을 통해서만 가능했던 서비스들이, 이제는 자동화 창구(ATM), 텔레뱅킹, 인터넷과 모

유니클로 고객은 가상 드레스룸에서
옷을 바꿔 입을 필요가 없다.

바일뱅킹을 통해 충분히 제공되고 있다. 이처럼 셀프서비스 기반의 테크놀로지(SST)가 발전함에 따라 고객들이 서비스를 체험하는 접점은 더욱 다양해진 것이다. 기업들은 이러한 다중 인터페이스(multi-interface)를 통한 서비스 체험에 적극적으로 대응해야만 한다.

기술의 발전이 가져온 서비스 체험의 또 한 가지 큰 변화는 바로 디지털 체험이다. 디즈니랜드는 모바일 앱, 디지털 게임과 같은 다양한 방식의 디지털 서비스를 통해 고객들에게 새로운 체험을 제공해주고 있다. RFID, 증강현실(augmented reality)과 같은 다양한 디지털 기술로 무장한 오프라인 매장들 역시 과거와 같이 단순히 서비스를 사고파는 장소를 넘어 고객들과 상호작용이 가능한 맞춤형, 융합형 디지털 체험매장으로 진화하고 있다.

⠿ 소비자 참여

소비자들의 서비스 프로세스 참여가 그들의 체험에 지대한 영향을 미치는 경우도 있다. 컨설팅, 카운슬링, 그리고 교육 서비스의 경우, 고객들의 적극적인 참여 없이는 무의미해진다. 고객들이 원하는 것이 무엇인지, 문제가 무엇인지를 정확하게 이야기해주고, 서비스 프로세스에 있어서 적극적인 참여와 자료 제공 없이는 서비스가 제대로 이루어질 수가 없기 때문이다.

최근 소비자 참여는 비단 이러한 종류의 서비스뿐만 아니라 일반적인 소비활동에 있어서 한층 개선된 소비자 체험을 위해 중요한 요소가 되었다. 미래학자 앨빈 토플러(A. Toffler)의 예언대로 이제 정말 프로슈머(prosumer) 시대가 된 것이다. 즉, 생산자와 소비자의 영역이 불분명해지고 소비자가 생산 과정에 참여하고 생산자와 협력해서 자신들이 원하는 상품, 자신들이 원하는 체험을 추구하는 세상이 된 것이다. 소비자의 입장에서 그들이 스스로 만들어 내는 데 참여한 상품, 그들이 적극적으로 참여한 서비스에 대해서는 더욱 애착을 가지게 되고, 좋아하게 되고, 자주 찾게 된다. 따라서 소비자 참여는 소비자들에게 좋은 체험을 제공하고자 하는 마케터들의 시각에서 바람직한 현상이다. 따라서 서비스 마케터는 소비자들이 보다 자발적이고 적극적으로 서비스 수행에 참여할 수 있도록 그들을 교육하고 권장하며 고무시켜 주어야 한다.

소비자들의 즐겁고 기억에 남을 만한 체험을 위해서는 서비스 현장에서의 다른 소비

위키피디아: 소비자들의 적극적인 참여를 통한 만족의 극대화

"만인을 위한, 만인에 의한 백과사전"을 기치로 지난 2001년 출범한 위키피디아(Wekipedia)는, Web 2.0 시대의 새 장을 개척한 온라인 백과사전이다. 위키피디아는 개별 소비자가 이용자인 동시에 생산자로서 인터넷을 이용하는 사람이면 누구나 콘텐츠의 개발과 갱신 그리고 사용이 가능한 쌍방향 서비스를 제공하고 있다. 이는 예전에 소수의 전문가와 기업들만이 콘텐츠를 생산하던 방식에서 벗어나 지식과 정보를 가지고 있는 사람이라면 누구나 콘텐츠를 생산할 수 있다는 Web 2.0 시대의 대표적인 모델을 활용한 방식이다. 이러한 방식은 기존에 수동적인 역할을 지니고 있던 인터넷 사용자들이 능동적이며 적극적인 참여를 통해서 새로운 인터넷 서비스환경을 조성하였다는 데 큰 의미가 있다.

뿐만 아니라 위키피디아는 하나의 단체 혹은 기업이 제공하는 것이 아닌 다수의 대중 모두가 참여하여 콘텐츠를 제공함으로써 신뢰성과 정확성을 보다 높일 수 있었다. 모든 정보가 빠르게 변화하는 요즘 시대에 정보의 갱신은 필수적이며, 빠르고 정확한 갱신을 위해서는 소수보다는 다수가 정보를 작성하는 것이 효율적이다. 사실 위키피디아는 서비스 제공 초기에 악의적인 편집으로 인해서 부정확한 정보가 대중에게 전달될 것이라는 우려가 있었지만, 다수의 이용자들이 자연스럽게 정보를 갱신해 나가면서 더욱 정확하고 신뢰성 높은 콘텐츠를 제공할 수 있었다.

그리고 위키피디아의 성공의 또 다른 요인 중 하나는 바로 방대한 정보의 양이라 할 수 있다. 정보가 너무나도 방

대하고 빠르게 늘어나는 현 시점에서 기업과 전문가들의 정보 생산력에는 한계가 있었다. 이미 언급했듯이, 이러한 문제를 해결하는 데에는 다수의 참여가 필요했고, 위키피디아는 다수가 능동적으로 참여하는 서비스 제공 시스템으로 방대한 정보의 수요와 공급이 적절한 균형을 이룰 수 있도록 하였다. 높아지는 수요에 대응하여 소비자의 자발적 참여를 통한 콘텐츠 공급은 위키피디아의 탄탄한 기반을 형성해 주는 중요한 역할을 하였다.

출처: 웹2.0의 시초, 위키피디아 백과사전,
http://webconsult.tistory.com

자들(other customers)도 큰 역할을 하는 경우가 많다. 음식점이나 교회, 클럽, 바, 스포츠 경기장 등에서 다른 고객이 거의 없다고 가정해 보자. 재미가 있겠는가? 야구 경기를 TV로 시청하지 않고 경기장에 직접 가서 보는 이유는 다른 사람들과 같이 응원하고 열광하는 가운데 신나는 체험을 할 수 있기 때문이 아니겠는가? 어떤 사람은 생소한 지역

에서 음식점을 고를 때, 주차장에 있는 차의 수나 음식점에 있는 손님의 수로 그 음식점의 인기도를 짐작한다고 한다. 일단 어느 정도 사람 수가 있어야 한다. 그렇다고 해서 사람이 너무 많아서 오래 기다려야 한다든지 서 있기 조차 힘들다든지 해도 문제이다.

고객 간의 상호교류를 위해 찾는 서비스(예: 클럽이나 바)의 경우에는 다른 고객의 수뿐만 아니라 외모나 나이, 성별, 차림새, 지적 수준, 취향, 가치관 등도 중요한 요인이 된다. 고객 상호 간 이러한 측면에서의 적합성(customer compatibility)이 있어야 하기 때문이다. 이러한 유형의 서비스 마케터들은 고객 간의 적합성을 위해 어느 정도 동질성이 있는 고객들을 끌어들이고 유지함이 필요하다. 이러한 다른 고객 효과에 대해서는 9장 서비스 물리적 증거관리에서 추가적으로 살펴보기로 하겠다.

2.4 체험 후 평가

소비자들은 서비스를 경험한 후 이에 대해 만족, 혹은 불만족을 느끼게 되며 앞으로 다시 이 서비스 제공자를 찾을 것인가 다른 쪽으로 전환할 것인가를 결정하게 된다. 마케팅 학자들은 전통적으로 소비자들의 구매 전 행동, 선택행동에 초점을 맞추어 왔고, 구매 후 행동에 대해서는 상대적으로 간과해 왔다. 그러나 소비자들의 구매 후 체험과 심리상태가 그들의 차후 선택행동에 지대한 영향을 미친다는 사실을 깨닫게 되었다. 특히 경험재 또는 신뢰재의 특성을 지닌 서비스의 경우 그러한 영향력은 더욱 클 수밖에 없다. 이제 서비스 소비자들의 체험 후 평가단계에서 나타나는 심리상태나 행동들에 대해 살펴보도록 하자.

⠿ 고객만족

고객만족에 대해 많은 연구를 한 리처드 올리버(Richard Oliver) 교수는 "고객만족이란 제품이나 서비스가 고객이 기대한 수준을 기분 좋게 충족시켰을 때 발생되는 소비자 반응(fulfillment response)"이라고 정의하고 있다. 쉽게 이야기하자면, 만족이란 고객의 욕구나 기대를 충족했을 때 나오는 반응이고, 불만족이란 이러한 것들이 충족되지 않았을 때 발생하는 반응이다. 물론 만족이라고 하는 개념은 상황에 따라 단순하고 수동적인 욕구충족(contentment)이 될 수도 있고, 놀이공원에서 놀이기구를 탈 때 느끼는 감정과 같은 즐거움(pleasure/delight)이 될 수도 있으며, 위험이나 부정적인 일을 피했을 때 느끼는 안도감(relief)이 될 수도 있다.

고객만족은 대개 어떤 한 시점에서 측정되기 때문에 우리가 정적인 개념(static concept)으로 오해하기 쉬운데 사실은 시시각각 상황에 따라 가변적인 동적인 개념(dynamic concept)이다. 소비자는 서비스를 이용하면서 시작부터 끝날 때까지 여러 차원에 대해 다양한 수준의 만족도를 체험하게 된다. 이러한 체험이 종합되어 서비스에 대한 전체적인 만족도를 형성하는 것이다.

서비스 마케팅 연구에 의하면, 고객만족도와 충성도 간에는 정(正)의 관계가 있다고 한다([그림 2-3] 참고). 특히, 이러한 관계는 고객만족도가 높은 경우 더 강하게 나타난다. 따라서 기업은 고객들이 그저 만족하는 수준에 그칠 것이 아니라 그들을 감동시키고 더욱 기쁘고 즐겁게 해주어야 한다. 물론 이러한 관계의 법칙에는 그 역(逆)도 통한다. 즉, 불만족한 고객은 우리를 다시 찾아오지 않을 것이다.

고객만족은 고객충성도를 증가시킬 뿐만 아니라 우리 기업의 브랜드 가치를 높인다. 다시 말해서 소비자들이 기업에 대해 신뢰하게 되고 좋은 이미지를 갖게 된다. 그와 동시에, 만족한 고객들은 우리 기업에 대해 긍정적인 구전을 한다. 그 결과 더 많은 고객들이 우리 서비스를 이용하게 되어 시장점유율이 증가한다. 높아진 시장점유율, 고객충성도, 브랜드 자산 등이 시너지 효과를 내어 우리의 수익률은 더욱 증가한다. 이러한 고객

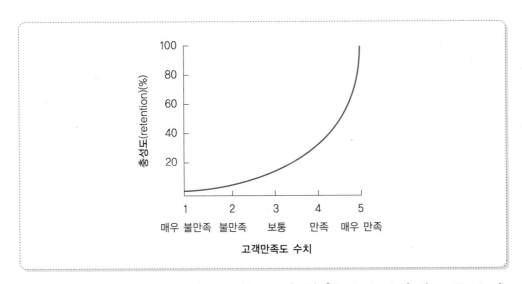

그림 2-3

고객만족도와 충성도 간의 관계

출처: Heskett, J. L., W. E. Sasser, and L. A. Schlesinger (1997), "The Service Profit Chain: How Leading Companies Link Profit and Growth to Loyalty, Satisfaction, and Value," New York, The Free Press.

그림 2-4

고객만족의 결과변수

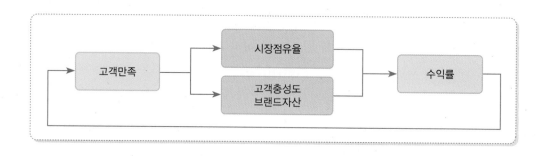

만족의 결과를 요약하면 [그림 2-4]와 같다. 따라서 기업의 고객만족을 위한 노력은 단순한 비용이 아니라 미래 수익률을 높이고자 하는 중요한 투자인 것이다.

고객충성도

마케터의 궁극적인 목표는 지금의 소비자와 영원히 같이 가는 것이다. 라이헬드(F. Reichheld)와 새서(E. Sasser)의 서비스 기업 연구에 의하면 고객의 브랜드 전환비율을 5%만 낮출 수 있다면 기업의 순이익은 25%에서 85%까지 크게 증폭시킬 수 있다고 한다. 이것을 고객충성도 효과(customer loyalty effect)라고 한다. 다시 말하면 단골고객 (regular customer)의 효과라고도 볼 수 있다. 이 효과는 서비스 마케터에게 큰 의미를 갖는다. 쉽게 설명하자면 지금 현재 고객들만 잘 유지 보존해도 기업은 생존, 성장할 수 있다는 이야기이다. 이 얼마나 매력적인 이야기인가? 따라서 기업은 그들의 고객들과 장기적인 관계를 맺고 유지하려고 노력한다. 이를 위해 관계마케팅의 각종 전략과 전술, 고객관계관리(CRM: Customer Relationship Management) 전략 등이 등장하고 발전하게 되었다.

근본적으로 한 고객이 어떤 서비스를 단골로 이용하는 이유는 무엇일까? 여러분이 단골로 가는 음식점, 미장원, 이발소 등을 생각해보라. 여러분은 그곳에 왜 단골이 되었는가? 여러 가지 요소가 작용을 했을 것이다. 우선 그 서비스 제공자의 서비스에 대해 만족하고 있고, 자주 가다 보니 이제는 서로 아는 사이가 되었으며 정이 들어서 다른 곳으로 옮기기 싫은 경우, 즉 긍정적인 요소가 있을 것이다. 이와 동시에, 다른 곳으로 옮기자면 복잡하고 시간도 들고 귀찮아서, 또 다른 곳으로 옮기려 해도 마땅한 대안이 없어서, 그리고 다른 곳으로 옮겨도 그곳이 이 집보다 특별히 잘한다는 보장이 없기 때문에 위험부담이 커서 옮기지 못하는 경우, 즉 부정적인 요소도 작용할 것이다.

서비스 마케터에게 좋은 소식과 나쁜 소식 두 가지가 있다. 먼저 좋은 소식은, 서비스의 경우 본질적인 무형성 때문에 서비스에 대한 정보가 유형재에 대한 정보에 비해 구하기 힘들다. 또한 서비스를 전환하는 데 따르는 여러 가지 수고, 위험 부담, 즉 전환비용(switching cost)이 제품 브랜드를 바꿀 때에 비해 훨씬 높다. 주거래 은행이나 병원을 옮긴다고 생각해보라. 얼마나 끔찍한가? 그래서 현재의 고객들은 그저 웬만하면, 현재의 서비스 제공자가 큰 과오가 없는 한 이를 고수하려는 경향이 높다. 전환비용이 극히 높아 고객들이 좋으나 싫으나 한 서비스 기업을 이용할 수밖에 없는 경우도 있다. 이때 서비스 기업은 거의 포획시장(captive market)을 즐길 수도 있게 되는 것이다.

서비스기업은 충성고객을 원한다.

서비스 마케터에게 나쁜 소식이란 바로 이러한 사실에 기인한다. 서비스의 경우 본질적으로 전환비용이 높기 때문에 지금 현재의 고객이 모두 서비스에 만족해서, 긍정적인 이유 때문에 높은 충성도를 보이는 것이 아니라는 사실이다. 실로 많은 경우, 지금 현재의 서비스 제공자가 좋아서가 아니라 다른 곳으로 가지 못해서 어쩔 수 없이 관성적으로 이용한다. 이러한 경우의 고객충성도를 가(假)충성도(spurious loyalty)라고 한다. 서비스 마케터는 그들의 단골고객들이 적극적인 이유로 그들을 찾는지, 소극적인 이유로 그들을 찾는지를 잘 파악하고 현실을 직시할 수 있어야 한다. 왜냐하면 가충성고객은 서비스 전환의 여건만 주어지면 언제든지 다른 곳으로 떠날 수 있는 고객들이기 때문이다.

한 아파트 지역에 주유소가 한 곳 밖에는 없었다. 그래서 이 주유소는 시장을 거의 독식하다시피 했다. 노력할 필요도 없이 입지적인 이점 때문에 서비스가 좋지 않아도 주민들은 편의성을 추구하기 위해 그 주유소를 이용할 수밖에 없었기 때문이다. 이제 사정은 달라졌다. 다른 기업에서 운영하는 주유소가 깨끗하고 현대적인 시설과 친절한 서비스로 이 동네에 입점했기 때문이다. 사람들은 이제 원래의 주유소를 이용할 필요가 없어졌다. 그 주유소는 곧 폐점하여 거의 폐허가 되었다. 끔찍한 이야기 아닌가?

사실 소비자들은 서비스 제공자와 인간적인 관계를 원한다. 특히 고객과 서비스 직원 간의 개인적인 상호작용이 높은 서비스(예: 병원, 은행, 미용실)의 경우에는 더욱 그러하다. 소비자들이 한 헤어 스타일리스트를 고집하는 이유는 자신이 원하는 스타일과 자신의 요구사항을 지속적으로 이야기를 해줌으로써 가장 만족할 만한 결과를 얻기 위함이다. 다시 말해서 고객은 서비스 제공자를 교육시킴으로써 그들의 요구를 관철하고자 하는 것이다. 물론 초기에 이러한 노력을 해도 별 성과가 없으면 곧 다른 곳으로 옮겨갈 가능성이 높다. 이렇게 한 고객을 단골고객으로 만들기 위해서는 초기에 잡는 것이 중요하다. 초기에 그 사람의 욕구를 잘 파악해서 서비스를 고객화(customization), 개인화(personalization)를 해준다면 그야말로 긍정적인 이유에서의 고정고객이 될 것이다.

⠿ 구전 커뮤니케이션

소비자들의 구매 후 만족도는 그들의 구전 행동에 지대한 영향을 미친다. 만족한 고객들은 서비스에 대해 긍정적인 구전을 할 것이고, 불만족한 고객들은 부정적인 악소문을 퍼뜨릴 것이다. 앞에서도 살펴보았지만 서비스 소비자들은 서비스를 구매할 때 주로 구전 정보에 의존하기 때문에 고객들의 이러한 구매 후 구전 커뮤니케이션 활동은 서비스 기업의 존속과 성장에 큰 영향을 미치게 된다. 특히 인터넷과 모바일의 발전과 보급으로 인해 온라인을 통한 구전 커뮤니케이션의 영향력은 한층 증대되었다. 따라서 인터넷 커뮤니티 사이트, 블로그, 안티 사이트 등을 통한 온라인 구전에 대해 기업에서 어떻게 대응하고 관리해 나아가는가 하는 이슈가 최근 첨예하게 등장하고 있다. 좋은 입소문을 내기 위해서는 즐겁고 기억에 남을 만한 소비자 체험을 제공하는 것이 중요하고, 이에 따라 소비자 만족이 이루어져야 한다. 혹시 소비자 불만 사항이 생기면 즉각적인 서비스 복구를 통해 부정적인 입소문을 최소화해야 한다. 무엇보다 이러한 소비자들의 불평 또는 불만사항이야말로 기업이 그들이 제공하는 서비스에 대하여 얻을 수 있는 중요한 피드백임을 명심하고, 다양한 고객의 소리(voice of customers)를 접할 수 있는 커뮤니케이션 채널들을 운영하는 것이 필요하다. 소비자들의 불평행동과 관련된 몇 가지 특징들에 대해서 추가적으로 살펴보도록 하자.

불만의 귀인

우리는 어떤 뜻하지 않는 상황이 발생했을 때 그것에 대한 원인을 생각한다. 누구 때문에 그렇게 되었을까? 예를 들어 미장원에 머리를 하러 갔는데 헤어스타일이 원하는 대로 나오지 않았다. 누구 탓인가? 또 예를 들어, 모처럼 가족들과 레스토랑에 갔다. 그날따라 사람이 많아 오래 기다려서 겨우 자리를 얻었는데 웨이터가 주문한 음식을 바쁘게 가져오다 넘어져 음식을 내 앞에서 다 쏟았다. 누구 잘못인가? 이렇게 소비자가 불만족의 원인을 규명해 나아가는 과정을 소비자 귀인행동(consumer attribution)이라고 한다. 마케터의 목표는 물론 소비자들에게 만족을 가져다주는 것이지만, 최악의 경우 불평불만이 발생하더라도 그 원인을 그들에게서 찾는 상황이 발생하는 것(외적구인)을 미연에 방지하는 것이다. 서비스 불만의 원인을 마케터에 두게 되면 고객의 입장에서 같은 업체로 다시 가지 않게 되기 때문에 소비자 귀인은 재구매의도에 큰 영향을 미친다.

다행히 대부분의 서비스의 경우, 고객들이 참여하는 부분이 많기 때문에 결과가 잘못 나오게 되면 고객 자신의 탓으로 귀인하는(내적구인) 경우가 많다. 특히 고객이 서비스 제공자에게 준 정보에 의존하는 서비스의 경우(예: 의료, 컨설팅 서비스), 무엇인가가 잘못되었을 때 고객은 우선 자신이 원하는 것을 제대로 정확하게 전달했는가를 생각하기 때문이다. 이러한 유형의 서비스 제공자는 보다 적극적으로 고객이 준 정보와 고객의 활발한 참여가 성공적인 서비스의 성과를 가져온다는 사실을 초기에 강조함으로써 서비스 실패에 따른 그들에 대한 귀인을 사전에 방지할 수 있다.

소비자들이 어떠한 서비스 상황에서 그들의 불만족을 어디에 귀인하고 왜 그렇게 하는가라는 이슈는 고객만족과 고객충성도를 지향하는 서비스 마케터에 있어서 매우 중요한 이슈이고 서비스 마케팅의 중요한 연구과제이다.

감성 일반화(affect generalization)

사람들은 어떤 기대하지 않았던 일을 당했을 때 위에서 설명한 것처럼 그 원인을 찾고자 하고, 또 원인이 밝혀지면 자신이 가지고 있던 감성(혹은 감정)을 그 원인이 속한 전체 그룹에 적용하고자 한다. 이것을 감성 일반화라고 한다.

K씨는 내일 아내의 생일을 맞아 깜짝 선물을 준비하러 동네 한 화장품 매장에 갔다. 점원이 친절하게 설명을 해주어 30대 아내의 피부에 맞을 만한 고급 브랜드를 구입했다. 가격은 좀 비쌌지만 그래도 아내의 기뻐하는 모습을 그리며 조금 무리를 했다. 다음 날 아내에게 그 비장의 화장품을 선물하니 일단은 환하게 웃으며 기뻐해 주어 좋았다. 그러나 다음 순간, 아내가 가격을 확인했을 때, 아뿔사! K씨는 바가지를 쓴 것을 알았다. 어떻게 화장품에 대해 잘 모르는 남자가 갔다고 나에게 바가지를 씌울 수 있었을까? K씨는 생각할수록 화가 났다. 내일 해가 뜨는 대로 당장 그 매장에 가서 따질 생각이다.

위 시나리오는 우리가 가끔 겪을 수 있는 일을 묘사한 것이다. 이때 K씨는 화가 나서 그 잘못을 어제 자신에게 화장품을 판 그 점원에게 돌리고 말 수도 있지만, 더욱 격분한 나머지 그 매장 전체, 아니면 동네 화장품 매장 전체를 싸잡아서 비난할 수도 있다. 이렇게 소비자 귀인과 감성 일반화는 동시에 발생한다. 마케터의 입장에서는 일단 이러한 서비스 실수나 실패가 발생하지 않도록 해야 하고, 그래도 일단 불가피하게 발생했다면 그 원인을 서비스 제공자에게서 찾지 않도록 사전에 소비자에게 충분한 정보와 서비스를 제공해야 하며, 그 원인이 점원에게 있는 것이라면 빨리 솔직하고 정직하게 사과하고 감성 일반화가 발생하지 않도록 서비스를 복구해 주어야 한다.

물론 이러한 감성 일반화 현상은 반드시 소비자가 서비스 제공자에 대해 부정적인 인상을 얻었을 때만 발생하는 것은 아니다. 의외로 소비자가 서비스 제공자에 대해 긍정적인 인상을 받았을 때 감성 일반화가 더욱 흔히 발생한다. 이러한 현상을 긍정성 편향효과(positivity bias)라고 한다. 폭스(V. Folks)와 파트릭(V. Patrick)의 연구에 의하면 소비자가 한 서비스 요원에 대해 긍정적인 인상을 받았다면 그 기업의 다른 서비스 요원도 좋게 생각하는 반면, 한 서비스 요원에 대해 부정적인 인상을 받았을 때에는 그 감정을 다른 서비스 요원에게 일반화 하지 않으려 하는 경향이 있다는 사실을 발견했다. 이것은 서비스 마케터의 견지에서 보면 좋은 소식이다. 그러나 위에서 말했듯이 서비스 실수나 실패를 미연에 방지하는 것이 최상책이다.

제 **3** 장

서비스 마케팅전략: 표적시장선정과 서비스 포지셔닝

호텔체인기업 스타우드의 포지셔닝 전략:
멀티브랜드를 통한 차별화된 체험창출

소비시장이 과거에 비해 더욱 세분화되고 있다. 기업들도 이에 대처하기 위해 수많은 브랜드들을 시장에 선보이고 있지만 그다지 차별화된 가치를 창출하지 못하고 있다. 차별화를 외치며 등장한 비슷비슷한 브랜드들 덕분에 시장은 오히려 무차별화되고 있고, 그 속에서 고객들은 가격에 의해 반응하게 된다. 시장분화에 대처하는 스마트한 브랜드가 필요한 시대에 세계적인 호텔체인기업인 스타우드(Starwood Hotels & Resorts Worldwide, Inc)가 멀티브랜드를 통한 차별적인 포지셔닝 구축에 성공적인 모습을 보이고 있다.

미국에서 시작한 스타우드체인은 전 세계 약 100개 국가에서 직영, 위탁, 임대 등의 다양한 방식을 통해 약 1,000여 개의 호텔을 성공적으로 운영하고 있다. 스타우드체인의 성공에는 차별화된 브랜드포지셔닝 전략이 자리 잡고 있다. 현재 스타우드는 모두 9개의 호텔브랜드를 운영하고 있다. 얼듯 생각하면 같은 지역 내에 있는 스타우드 브랜드들 간 경쟁으로 인해 매출의 자기잠식(cannibalization) 현상이 우려되지만, 다국적 소비재 기업의 마케팅 전문가 출신인 프리츠 반 파센(Frits van Paasscjen) 회장은 스타우드 성공요인을 다음과 같이 분명하게 강조하고 있다. "우리의 장점은 브랜드마다 색다른 개성과 차별화된 체험을 제공한다는 것"이다. 차별된 9개의 멀티브랜드를 통한 포지셔닝 전략의 승리인 셈이다.

기존 호텔시장의 브랜드들은 저마다의 차별적인 포지셔닝을 취하고는 있었지만 대개는 가격대에 의존한 차별화에 머물러왔다. 호텔에 매겨진 별(★)의 개수가 상징적으로 보여주듯이 가격이 비싼 호텔은 시설과 서비스가 좋다는 식이었다. 스타우드체인은 이러한 시장구도에서는 고객들에게 차별화된 체험을 전달하기 어렵다는 점을 간파하고 호텔 브랜드만의 개성창출에 주목하였다. [그림 3-1]에서 보듯이 스타우드체인의 9개 브랜드들은 가격대와 브랜드개성이라는 틀 안에서 차별적으로 자리잡고 있다. 먼저 가격대에서는 기존의 고급 호텔(예: 쉐라톤)보다 더 고급시장으로 확대하였으며, 브랜드개성 측면에서는 전통과 현대라는 차별적인 라인업을 구성하였다.

1998년 스타우드가 성공적으로 런칭한 호텔 W는 최고급이면서도 전통보다는 첨단 트렌드와 뉴욕의 라이프스타일을 지향하는 젊은 브랜드로 자리잡고 있다. 반면 W와 어로프트(Aloft)는 디자인과 감각을 중시하는 면에서는 같은 계열이지만 가격대에서는 큰 차이가 난다. 어로프트는 2008년

그림 3-1 스타우드체인 브랜드포지셔닝

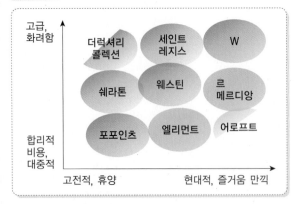

출처: 조선 Weekly BIZ.

서로 다른 가격대에서 비슷한 스타일을 즐길 수 있는 W / 어로프트

런칭한 새로운 브랜드로 도시적이면서 활기찬 분위기를 지향하는 감성호텔이다. W호텔의 스타일을 좀 더 저렴한 가격대에 즐길 수 있는 셈이다.

반 파쎈 회장은 이러한 멀티브랜드 포지셔닝의 필요성에 대해서 다음과 같이 이야기하고 있다. "호텔업은 손님 한 사람 한 사람과의 각별한 관계 형성이 중요합니다. 물론 최상의 서비스가 우선이겠지만 (중략) 특히 개성이 강한 요즘 소비자들은 자기와 맞는 세분화된 브랜드에서 각별한 느낌을 갖습니다. (중략) 갈수록 눈높이가 높아지고 있는 소비자들을 만족시키기 위해서는 정서적 교류가 필요합니다. 개성 있는 브랜드는 이러한 과정에서 강력한 역할을 해 줍니다."

스타우드체인은 이러한 차별적인 포지셔닝이 실제 고객들에게 차별화된 가치로 이어질 수 있도록 세심하게 신경 쓰고 있다. 예를 들어 1,000개의 호텔에 투입되는 물품을 동일하게 함으로써 대량구매를 통한 비용절감이 가능함을 알지만, 이는 호텔 브랜드마다의 개성을 해치고, 더 나아가 고객들의 차별화된 체험과 가치를 훼손시킨다는 점을 명확히 알고 있다. 반면 고객충성도 프로그램과 같이 브랜드들간의 시너지를 발휘할 부분에서는 철저하게 공유하고 있다.

참고 1. 조선 Weekly BIZ(2010.9.4.) 기사.

서비스 기업이 상대해야 할 소비자들은 그 수가 너무 많고, 넓게 흩어져 있으며, 그들의 욕구와 구매행동도 매우 다양하다. 나아가 각 세분시장을 공략하는 서비스 기업의 능력도 매우 다르다. 이에 따라 서비스 기업은 자신이 가장 잘 대응하고 수익을 낼 수 있는 세분시장을 선정한 다음 표적세분시장 내 고객들과 적절한 관계를 구축/강화하는 고객지향적 마케팅전략을 수립해야 한다. 이와 같이 서비스 기업들은 전체 시장을 상대로 하는 매스마케팅(mass marketing)에서 표적시장 마케팅(target marketing)으로의 이동을 통해 자신이 가장 잘 창출할 수 있는 가치에 관심을 보이는 소비자들에게 집중하는 것이다. 이러한 서비스기업의 표적시장 마케팅 전략은 시장세분화(segmentation), 표적시장 선정(targeting), 그리고 서비스 포지셔닝(positioning)의 세 단계로 구성되는데, 각 단계를 나타내는 단어의 머리글자를 따서 STP마케팅이라고도 부른다.

3.1 STP마케팅

"다른 기업의 서비스(제품)를 제쳐두고 하필 당신 회사의 서비스(제품)를 사야 하는 이유가 무엇입니까?" 포지셔닝의 개념을 주창했던 잭 트라우트(J. Trout)는 이러한 질문에 명확하게 답할 수 있는 것이 전략적이라는 말로 마케팅에서 차별화의 중요성을 강조한바 있다. STP마케팅은 바로 이러한 차별화를 위한 서비스 기업의 전략적 과정을 설명하고 있다.

시장세분화(market segmentation)는 전체시장을 독특한 욕구, 특징, 그리고 행동을 가진 보다 작은 구매자집단으로 나누는 과정이다. 따라서 서로 다른 각각의 세분시장에는 차별적인 마케팅 믹스가 요구된다. 시장세분화 단계에서 마케터는 서비스 시장을 세분화하는데 사용되는 여러 가지 기준변수들을 확인하고, 그에 따라 분류된 각 세분시장의 고객프로파일을 조사해야 한다.

표적시장의 선정(targeting 혹은 selection of target segments)은 각 세분시장의 매력도를 평가하고, 진입 가능한(용이한) 하나 혹은 그 이상의 시장을 선정하는 것이다. 서비스 마케팅전략의 마지막 단계는 서비스 포지셔닝(positioning)인데, 이는 표적시장 소비자들의 마음속에 경쟁 서비스와 비교하여 상대적으로 명확하고, 독특하며, 바람직한 위치를 차지하는 가치제안을 계획하고, 전달하는 과정을 말한다.

이하에서는 각 단계에 대해 자세히 설명하기로 한다.

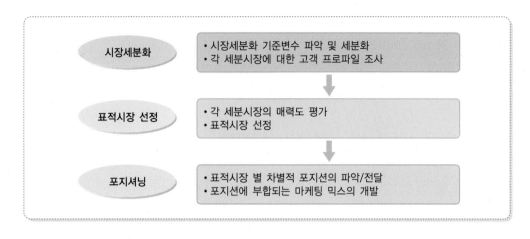

그림 3-2
서비스 마케팅전략의 단계

3.2 시장세분화

서비스 시장은 여러 구매자들로 구성되며, 그들은 필요, 자원, 구매태도, 그리고 구매습관 등에서 서로 다르다. 따라서 서비스 기업은 시장세분화를 통해 크고 이질적인 시장을 보다 작고 동질적인 세분시장으로 나눔으로써, 각 세분시장의 독특한 욕구에 맞는 서비스 제공물을 가지고 차별적으로 이들 세분시장에 접근할 수 있다.

시장세분화는 모든 상황에 효과적인 하나의 방법만 있는 것은 아니다. 어떤 서비스에 대해서는 효과적인 세분화 기준이 되는 것이 다른 서비스에는 그다지 효과적이지 못 할 수 있다. 예를 들면 호텔과 같은 서비스의 경우에는 소득이 효과적인 세분화 변수가 될 수 있지만, 모바일 통신서비스에 있어서는 오히려 사용량이나 사용빈도가 시장을 세분화하는 데 유용할 수 있다. 따라서 서비스 마케터는 시장을 세분화할 수 있는 다양한 변수를 사용하여 세분화를 실시한 후 시장구조를 가장 잘 나타내는 세분화 변수를 채택해야 한다. 일반적으로 시장세분

항공시장은 저가 및 고가시장으로 세분화되어 차별적인 서비스가 제공된다.
(상) 저가항공사 진에어 기내 서비스, (하) 대한항공 A380 기내 서비스

화에 사용되는 기준(변수)들은 지리적 변수, 인구통계학적 변수, 사이코그래픽 변수, 소비자행동적 변수로 대별할 수 있다.

::: 지리적 변수(Geographic Variables)

서비스 기업은 시장을 국가, 지방, 도시 혹은 동네 등의 지역에 따라 세분화할 수 있는데, 어떤 기업은 자사서비스의 판매가 유리한 하나 혹은 몇 개의 지역에 대해서만 마케팅활동을 할 수 있고, 또 다른 기업은 전 지역을 자사서비스에 대한 시장으로 고려하고 각 지역의 소비자 욕구를 파악하여 이에 맞는 마케팅 프로그램을 개발할 수 있다. 가령, 스타벅스와 커피빈 등의 고급 커피숍 체인은 대도시 중심으로 마케팅활동을 전개한다.

일부 서비스 기업은 경쟁기업들에 의해 아직 공략되지 않은 지리적 영역을 개발하려고 노력한다. 가령, 미국에서 가장 큰 간이식사(casual-dining)체인 중 하나인 애플비(Applebee's)는 경쟁이 치열한 대도시와 교외에서 벗어나 소도시 중심으로 매장을 개설함으로써 성장하고 있다. 애플비 체인점은 5만 명도 되지 않는 소위 STAR (Small-Town Applebee's Restaurant)라고 불리는 시장으로 확장하고 있는데, 미국에 5만 명 미만이 사는 도시가 2,200개 정도 있음을 감안할 때 이 식당체인은 성장할 수 있는 많은 여지를 가지고 있다.

서비스 시장의 경우 다음과 같은 이유로 인해 지리적 시장세분화가 중요한 의미를 갖는다. 첫째, 생산과 소비가 동시에 발생하는 서비스의 특성상 시장 수요를 효과적으로 창출할 수 있는 최적의 물리적인 입지를 선택하는 것이 매우 중요하다. 앞서 애플비의 사례에서 알 수 있듯이 어떤 지역으로 진출할 것인가는 해당 서비스 기업의 의사결정에 매우 중요하다. 둘째, 제품에 비해 서비스는 유동성(流動性)을 가지고 있기 때문에 글로벌 시장으로의 진출이 자연스럽다. 항공, 여행, 물류, 방송 등과 같이 세계 각 국가와 지역으로의 진출이 필연적인 서비스들의 경우 지리적 시장세분화는 특히 중요하다.

경쟁사들이 진출하지 않은 지역을 공략해 성공한
애플비 레스토랑

⠿ 인구통계학적 변수(Demographic Variables)

서비스 기업은 시장을 연령과 생애주기, 성별, 가족크기, 소득, 직업, 교육수준 등의 인구통계학적 변수에 따라 세분화할 수 있다. 가령, 미용실은 성별과 연령에 따라 시장을 세분화하고, 보험회사는 연령과 소비자의 생애주기단계에 근거하여 시장을 세분화할 수 있다.

인구통계학적 변수는 고객집단을 세분화하는 데 가장 흔히 사용되는데, 그 이유는 소비자의 욕구와 필요, 사용량 등이 인구통계학적 변수와 밀접한 관련이 있고, 인구통계학적 변수가 다른 변수들에 비해 시장을 나누기 쉽고 세분시장을 측정하기 쉽기 때문이다. 설령 고객이 추구하는 편익이나 구매행동 등과 같은 세분화 변수에 의해 시장이 정의되었다고 하더라도, 각 세분시장의 크기를 평가하고 표적세분시장에 효율적으로 도달하기 위해 그 세분시장의 인구통계학적 특성들을 알아야 한다.

연령과 생애주기

일반적으로 소비자들의 욕구와 구매행태는 연령에 따라, 그리고 결혼여부 등의 생애주기단계에 따라 다르게 나타난다. 따라서 서비스 기업은 각각의 연령대 혹은 생애주기단계에 따라 변화되는 욕구를 파악하여 그에 맞는 서비스 제공물과 마케팅 믹스 프로그램을 개발할 수 있다. 예를 들면 신용카드서비스 업체들은 연령대별 세분화를 통해 젊은 20-30대 소비자를 위한 체크카드 서비스를 제공하였으며, 생명보험회사들은 출산예정인 부부들을 대상으로 신생아 보험상품을 개발하여 큰 성공을 거두기도 하였다.

그러나 서비스 마케터는 연령이나 생애주기의 단계에 따른 세분화를 사용할 때 틀에 박힌 생각(stereotype)에서 오는 오류를 조심해야 한다. 예를 들어, 같은 70대라고 하더라도 휠체어가 필요한 사람도 있지만, 주말마다 야구장에 가서 경기를 관람하거나 테니스를 즐기는 사람도 있다. 또한 30대 여성이라고 하더라도 자녀가 초등학교에 다니는 경우도 있지만 독신으로 지내는 경우도 있다. 따라서 나이가 종종 개인의 생애주기, 건강, 일, 가정상황, 욕구, 그리고 구매력을 예측하는 데 유용하지 않은 지표가 될 수 있다.

고령화 시대에 발맞춰 진화하는 유통업체

독일 남부 바이에른주(州)에 있는 소도시 잉골슈타트에는 50대 이상이 많이 가는 수퍼마켓이 있다. 가게 이름도 '에데카(Edeka) 50+'이다.

독일의 대형 수퍼마켓 체인 중 하나인 에데카는 잉골슈타트에 50대 이상의 은퇴자가 많다는 점에 착안해 2008년 5월, 1만평이 넘는 매장을 고령자 전문 유통점으로 확 바꿨다. 선반의 높이는 다른 매장보다 20㎝ 낮은 1.6m로 조정했고, 계산대도 일반 매장보다 낮게 설치했다. 쇼핑카트는 휠체어와 연결해 이용할 수 있게 하거나, 몸이 불편한 사람도 쉽게 끌 수 있도록 다양한 모델을 준비했다. 또 카트에 돋보기를 부착해 깨알만한 글씨의 제품 설명서를 금방 확대해 볼 수 있게 했다. 눈이 부시지 않는 매장 바닥, 넓은 통로, 손쉬운 주차시설, 혈압계 등을 갖춘 휴식코너 등 세심한 부분까지 신경을 썼다. 매장 직원들도 고객과

비슷한 50세 이상으로 바꿨다. 이 매장은 오픈하자마자 지역 주민들에게 폭발적인 반응을 일으켰다. 오픈 후 첫해 연 매출이 50%나 늘었다.

'에데카 50+'는 저성장 시대에서 유통업체들이 살아남는 방법을 보여주고 있다. 도시의 활력이 떨어지는 대신 은퇴자가 늘어나면서 소비자 시장이 크게 변화한 점을 간파해 고령자들을 주력 고객층으로 삼고 그들의 눈 높이에 맞춰 새 성장 동력을 찾은 것이다.

유통업체는 소비층의 사소한 변화에도 민감하게 반응해야 하기 때문에 끊임없이 진화해야 한다. 이를 위해 자신들의 고객이 누구이고, 고객의 소비 행태가 어떻게 바뀌고 있는지, 잠재 고객을 끌어들이기 위한 방안은 무엇인지 철저한 검토가 필요하다.

출처: 조선비즈(2011.11.)

성별

남성과 여성에 따른 시장세분화는 전통적으로 의류, 화장품, 잡지와 같은 제품뿐 아니라 병원, 미용실, 스파 등 서비스에서도 자주 사용되어 왔다. 최근에는 소비시장에서 여성의 중요성이 강조되면서 서비스에서 성별 세분화는 더욱 활용가치가 높아지고 있다. 케이블 TV채널 온스타일은 여성들의 라이프스타일을 안내하는 역할을 수행하면서 20-30대 여성들에게 큰 호응을 얻었다. 백화점 여성전용 주차장과 같이 다양한 부가서비스 영역에서도 성별 세분화가 활용되고 있다.

성별에 따른 시장세분화는 서비스 기업들에게 새로운 시장창출의 기회를 제공해 줄 수 있다. 예를 들면 특별히 남녀 구분이 없는 서비스에서 남성 혹은 여성만을 겨냥한 서비스 상품을 출시할 수 있다. 기존의 서비스에서 충족되지 못한 반대 이용자들의 욕구를

겨냥한 시장도 새로운 기회가 될 수 있다. 미용실의 경우 이용을 꺼리거나 불편해하는 남성들을 위해 남성전용 미용실로 세분화되었고, 헬스클럽의 경우에는 반대로 여성고객들을 위한 여성전용 서비스로 세분화되었다.

남성과 함께 운동하기 불편해하는 여성들을 위한 여성전용 피트니스센터

소득

소득에 따른 세분화는 금융서비스, 여행, 자동차, 의류, 화장품 등과 같은 다양한 제품과 서비스에서 오래 전부터 사용되어 왔다. 소득은 곧 구매력을 나타낼 수 있기 때문에 소비자간 소득차이는 확실한 세분화 변수가 될 수 있다. 특히 고가제품과 서비스에 대하여 소득은 시장성의 유무를 판단할 수 있는 확실한 척도로서 작용한다. 금융서비스와 여행분야의 마케터는 부유층(VIP) 고객들을 겨냥한다. 가령, 신용카드 회사들은 VISA의 시그니쳐(Signature) 카드, 마스터카드(MasterCard)의 월드(World) 카드, 아메리칸 익스프레스의 슈퍼엘리트 센츄리언(Super Elite Centurion) 카드 등과 같이 각종 특전으로 가득 찬 초우량 신용카드를 개발/제공한다. 탐스러운 검은 색상의 센츄리언(Centurion) 카드는 아멕스(AMEX) 카드 사용금액이 연간 25만 달러 이상이 되는 고객들만을 선별하여 이들에게만 발급된다. 이 카드를 발급받는 선별된 일부 고객들은 카드를 소유하는 특전의 대가로 연간 2,500달러의 수수료를 지불해야 한다.

부유층(VIP)을 겨냥한 VISA's 시그니쳐 카드

⣿ 사이코그래픽 변수(Psychographic Variables)

서비스 마케터는 구매자들을 라이프스타일, 개성(personality)과 같은 사이코그래픽 변수에 따라 서로 다른 세분시장으로 나눌 수 있다. 이러한 사이코그래픽 변수에 의한 세분화가 중요한 이유는 동일한 인구통계학적 집단에 속한 사람들이라고 하더라도 심리묘사적 특성에서 서로 다를 수 있기 때문이다.

서비스 마케터는 종종 그들의 시장을 소비자의 생활양식에 따라 구분하고, 특정 생활양식을 추구하는 소비자 집단에 어필하는 마케팅전략을 사용한다. 라이프스타일에 따른 시장세분화는 일반적으로 광고를 통해 특정 라이프스타일 집단에 속한 사람의 생활을 묘사함으로써 같은 라이프스타일에 속하거나 속하고 싶어 하는 소비자들로 하여

로버트 드니로가 출연한
아멕스 카드 광고

금 동질성을 느끼게 하여 서비스의 구매를 유도하는 방식을 사용한다. 예를 들어, 아메리칸 익스프레스는 광고를 통해 고객의 생활양식에 맞는 카드임을 약속한다. "아멕스 카드는 나의 생활이고 나의 카드이다"라는 캠페인은 고객들이 동일시하고 싶어 하는 프로서퍼(surfer) 해밀턴(Laird Hamilton), TV스타 드제네러스(Ellen DeGeneres), 영화배우 드니로(Robert DeNiro), 윈슬럿(Kate Winslet) 등과 같은 유명인사들의 생활양식의 한 단면을 보여준다.

⠿ 소비자행동적 변수(Behavioral Variables)

서비스 기업은 서비스 상품에 대한 지식, 태도, 사용상황, 사용률 등과 같은 소비자행동과 연관이 있는 변수들을 사용하여 시장을 세분화할 수 있다. 일반적으로 서비스 마케터는 소비자행동적 변수를 기준변수로 하여 시장을 세분화한 다음 세분시장 고객들의 특성변수(가령, 소비자의 인구통계학적 특성과 라이프스타일)를 파악함으로써 고객들의 프로파일을 확인할 수 있다.

소비자를 세분화할 수 있는 행동적 변수로는 사용상황(가령, 출장목적의 호텔투숙객과 가족여행목적의 호텔투숙객), 상품으로부터 추구하는 편익(가령, 원금보장성 펀드 혹은 원금손실의 위험이 높지만 수익성이 높은 펀드), 사용경험(사용경험이 전혀 없는 소비자들, 과거에 사용한 경험이 있지만 지금은 사용하지 않는 소비자들, 향후에 잠재적으로 사용할 가능성이 있는 소비자들, 처음으로 구매하여 사용하고 있는 소비자들, 그리고 정기적으로 사용하고 있는 소비자들), 사용률(소량사용자, 중량사용자, 대량사용자), 충성도 수준, 상품에 대한 태도(열성적, 호의적, 보통, 부정적, 적대적), 혹은 구매자의 상태(상품에 대한 인지여부, 지식이나 관심의 정도, 구매의사의 강도) 등이 있다.

13장 고객관계관리에서 좀 더 자세히 살펴보겠지만, 일반적으로 서비스 기업은 고객의 가치(customer value) 또는 고객의 공헌이익(customer's profit contribution) 등과 같은 측정변수를 중심으로 고객을 세분화하기도 한다. 고객의 공헌이익에 따라 전체고객을 좀 더 작은 고객집단으로 세분화하기 위해 사용되는 유용한 방법 가운데 하나가 RFM 분석이다. RFM에 기반을 둔 고객세분화는 고객의 구매이력에 관련된 세 가지 주요변수를 사용하여 개별고객의 수익공헌도에 따라 우량고객과 비우량고객으로 세분화하는데, 세 가지 주요변수는 ① 얼마나 최근에 고객이 구매를 했는가(Recency), ② 일정기간 동안 얼마나 자주 구매를 했는가(Frequency), ③ 일정기간 동안 얼마나 많이 구매했는가

(Monetary value) 등이 있다.

예를 들어, 페덱스(FedEx)는 수익성을 토대로 고객들을 수익성이 좋은 고객집단

SKT의 RFM을 통한 고객세분화

수익성이 높은 기존고객 유지를 위해서는 그들이 속한 집단을 먼저 구분해야 한다. 이때 고객세분화를 위해 많이 사용하는 방법이 구매량(RFM: Recency, Frequency, Monetary)을 기준으로 구분하는 것이다. 이것은 한번 구매 시에 얼마나 많은 제품을 구매하고, 얼마나 자주 구매하며, 최근 구매가 언제인지에 따라서 고객을 분류하는 방법이다. 이 세 가지 방법을 한꺼번에 사용하여 고객을 세분화하기도 하고, 때에 따라서는 필요한 기준만 사용하여 구분하기도 한다.

고객세분화

SKT는 레인보우 포인트(Rainbow point) 4,500점 이상인 고객을 VIP고객으로 선정하였는데, 이는 예전에 실시하던 콜 플러스 포인트(Call plus Point)와는 차이점이 있었다. 기존의 콜 플러스 포인트는 단순히 사용요금 1,000원당 5점씩을 누적하는 제도였다. 하지만 새롭게 시작된 레인보우 포인트는 기존의 콜 플러스 포인트에 거래기간에 따라 차등한 점수를 추가적으로 부여하였다. 예를 들어 1년 미만의 경우에는 100점, 1년 이상 2년 미만은 200점, 2년 이상 3년 미만은 300점과 같은 식으로 거래 기간이 1년씩 늘어날 때마다 포인트도 100점씩 추가되도록 하였다. 또한 SKT가 주최하는 각종 이벤트에 참가할 때마다 특별한 포인트도 추가로 제공하였다.

여기에서의 기준은 RFM과 비슷하다. 단지 서비스의 특성상 한번 구매하면 지속적으로 거래관계를 맺기 때문에 조금 변형된 방식이 도입되었다. 먼저, 요금에 따른 포인트

적립은 얼마나 많이 통신을 사용하느냐에 따른 것으로 구매량을 기준으로 한 것이다. 또한 거래기간이 길수록 높은 포인트를 부여하는 것은 고객이 얼마나 자주 구매했는가에 해당하는 것으로 볼 수 있다. 이처럼 고객세분화의 기준은 산업이나 제품의 특성에 따라서 조금씩 달라진다.

장기고객 차등화

SKT의 고객세분화에서 특히 주요하게 볼 것은 거래기간에 따라 다르게 부여되는 포인트이다. 이는 고객을 거래기간별로 세분화하여 이에 따라 알맞은 혜택을 제공함으로써 고객들과 지속적인 관계를 유지하기 위한 것이다. 하지만 지금처럼 번호이동성 제도의 도입으로 고객들의 경쟁사로의 이동이 잦아지고, 경쟁이 치열해지는 환경에서는 고객과 지속적인 거래관계를 맺기 위한 전략이 필요하다. 이를 위해 1년이라는 기준을 6개월 단위로 분할하고, 1년씩 균등하게 부여되는 점수를 장기고객에게 더 큰 혜택을 주는 등 더욱 차별화할 수 있는 방안의 고려가 필요하다.

출처: 이동진(2005), 전략적 관계마케팅, 박영사, pp. 177-178.

신한은행은 우수고객들을 대상으로 차별화된 Tops Club서비스를 제공한다.

(good), 나쁜 고객집단(bad), 매우 나쁜 고객집단(ugly)으로 분류한 다음, 수익성이 좋은 고객들에 대해서는 고객관계를 강화하는 데 특히 주의를 기울이고, 수익성이 나쁜 고객들에 대해서는 수익성을 제고할 수 있는 방안을 강구하고, 수익성이 매우 나쁜 고객에 대해서는 사용률을 줄이려고 했다.

서비스 기업이 단순히 사용량에 따라 시장을 세분화하는 대신 수익성에 따라 시장을 세분화하는 주요 이유는 각 고객집단으로부터 얻게 되는 수익과 이를 획득/유지하는 데 드는 비용을 추적함으로써 높은 이익을 제공하는 고객들에게 마케팅 노력을 집중할 수 있기 때문이다. 실제로 서비스 기업들은 고객에 따라 수익성 공헌도가 다르다는 것을 인식하고 있다. 특히 소수의 고객들이 기업의 매출 혹은 이익에서 가장 큰 부분을 차지한다는 것을 잘 알고 있는데, 이는 '80/20'법칙으로 불린다. 80/20법칙은 20%의 고객이 기업 매출 혹은 이익의 80%를 창출한다는 것이다.

이러한 인식에 따라 많은 서비스 기업들은 현재 및 미래 수익성에 근거하여 고객들을 몇 개의 고객계층(tiers of customer)으로 분류하고 있다. 마케터는 수익성 있는 고객계층들을 파악한 다음 각 계층에 적합한 서비스 제공물과 서비스 마케팅 프로그램을 제공한다. 고객의 20%는 고객계층의 상위층(top tier)을 형성하는데, 이들은 기업에게 가장 수익성이 있는 고객들이다.

고객의 구매이력에 관한 충분한 자료를 가지고 있는 서비스 기업은 고객들을 다음과 같이 피라미드 구조를 가진 둘 이상의 고객계층으로 분류하고, 각 고객계층에 적합한 보다 정교한 마케팅 믹스 프로그램을 개발할 수 있다.

• 플래티넘 고객계층(platinum tier) : 서비스 기업에게 가장 높은 수익성을 제공하는 고객들로, 서비스를 많이 사용하는 대량사용자(heavy user)이며 가격민감도가 낮다. 이들은 새로운 서비스 제공물을 기꺼이 수용하거나 시용구매하려고 한다.

• 골드 고객계층(gold tier) : 비교적 수익성이 높은 고객들이지만 플래티넘 고객층만큼 특정 서비스 기업에 대한 충성도가 높지 않다. 다량사용자이기는 하지만 위험을 분산시키기 위해 여러 서비스 기업들과 관계를 맺는 경향이 있다.

• 아이언 고객계층(iron tier) : 이들은 수익성은 낮지만 가망성이 있는 고객들로서, 생산설비를 가동하는 데 필요한 최소한의 구매만을 하며 서비스 기업에 대한 충성도가

낮다.

• 레드(납) 고객계층(lead tier) : 이들은 수익성이 낮고 가망성이 없는 고객들로서, 자신들이 창출하는 수익성 이상의 배려를 요구하기 때문에 초과비용을 발생시킨다.

서비스 마케터는 각 고객세분시장에 대해 차별적 마케팅 노력을 해야 하는데, 플래티넘 고객층과 같은 상

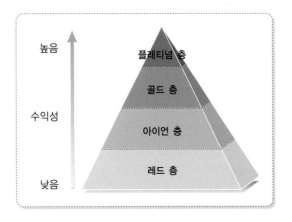

그림 3-3

수익공헌도에 따른 고객피라미드

위층 고객집단에 대해서는 특별한 대우를 해주고, 하위층 고객집단에 대해서는 더 높은 수익을 창출할 수 있는 서비스 제공물을 개발하거나 그들에게 봉사하는 데 드는 비용을 절감함으로써 좀더 수익성이 높은 고객으로 만들어야 한다.

3.3 표적시장의 선정

서비스 기업은 일단 전체시장을 몇 개의 시장으로 세분화한 다음 각 세분시장의 매력도를 평가하고, 어떤 세분시장을 표적시장으로 선택할 것인지, 그리고 몇 개의 세분시장을 공략할 것인지를 결정해야 한다.

⠿ 세분시장 매력도의 평가

세분시장의 매력도를 평가하는 기준은 다양하다. 본서에서는 세분시장의 규모(현재시장 및 성장률), 세분시장의 구조, 그리고 기업의 목표 및 자원 관점에서 서비스 마케터가 살펴보아야 할 기준들에 대해 설명하고 있다. 마케터는 각 세분시장의 매력도를 평가하기에 적합한 기준들을 선택한 후 객관화된 자료(예를 들면 현재 판매량) 또는 주관적인 평가를 통해 세분시장의 매력도를 평가하게 된다.

시장규모: 현재시장 및 성장률

기업은 제일 먼저 세분시장들에 대한 현재 판매량, 예상성장률 그리고 예상수익률에 대한 자료를 수집하고 분석하여야 한다. 즉, 기업이 선택할 수 있는 세분시장은 충분한 규모와 높은 성장률을 보이는 시장이어야 한다. 일반적으로 기업들은 큰 규모의 시장에 진입하기를 원할 것이다. 그러나 어느 기업에게나 큰 규모와 높은 성장률을 보이는 세분시장이 매력적인 것은 아니다. 소규모의 기업은 큰 규모의 세분시장을 감당하기에는 기술이나 자원이 부족하며 또한 규모가 큰 세분시장은 기업간 경쟁이 치열하기 때문에 소규모의 기업이 성공할 가능성이 낮을 수 있다. 따라서 이러한 기업들은 잠재적으로 높은 수익률을 얻을 수 있는 보다 작고 덜 빠르게 성장하는 시장을 선택하기도 한다.

시장구조

세분시장이 충분한 규모와 성장률을 가지고 있더라도 수익성 측면에서 덜 매력적인 시장일 수 있기 때문에 기업은 장기적인 세분시장 매력도에 영향을 주는 구조적 요인들을 고려해 보아야 한다. 일반적으로 그러한 구조적 요인 중에 가장 영향을 많이 주는 요인들은 시장에 있어서의 경쟁상황이다. 따라서 기업은 현재와 잠재적인 경쟁자들에 대한 분석을 실시하여야 하며 그 결과 해당 세분시장에 강하고 공격적인 경쟁자들이 많다고 판단되면 그 세분시장은 그다지 매력적이지 못하다고 판단하게 된다.

마케팅 관리자들은 또한 대체상품의 위협을 고려해야 한다. 실질적인 대체상품이 있거나 잠재적 대체상품이 있다면 그 세분시장은 덜 매력적이다. 대체상품들은 세분시장에서 얻을 수 있는 수익과 기업이 소비자들에게 제시할 수 있는 가격에 제한을 가하게 된다. 예컨대 이동통신사들의 문자서비스는 카카오톡과 같은 모바일 메신저가 시장에 출현하면서 타격을 받고 있다. 대체상품이 이미 출시되었거나 곧 출시될 것으로 보이는 시장은 매력적인 시장이라고 보기 어렵다.

구매자의 힘 또한 세분시장의 매력도에 영향을 미친다. 만약 세분시장에서의 구매자들이 판매자에 비하여 높은 구매자 교섭력을 가진다면, 가격 할인에 대한 압력을 줄 수도 있고, 기업에 대하여 보다 좋은 제품의 질이나 서비스 제시를 요구할 수도 있다. 마지막으로, 세분시장의 매력도는 공급자의 상대적인 힘에 의해 좌우된다. 세분시장에서 원료, 자재, 노동력 그리고 서비스 등의 공급자가 마음대로 가격을 올리거나 상품의 질 또는 수량을 낮출 수 있을 정도로 큰 공급자 교섭력을 가지고 있다면 그 세분시장은 덜 매력적이다. 공급자들은 그 규모가 매우 크고 독점적일 때, 대체상품이 거의 없을 때 또는 공급하고 있는 제품이 매우 중요한 원료일 때 강력한 힘을 갖게 된다.

기업의 목표와 자원

세분시장의 규모가 충분히 크며 성장률이 빠르고 시장 구조적으로도 매력적이라 하더라도 기업은 세분시장과 관련된 자사의 목표와 자원을 고려하여 시장의 매력도를 평가해야 한다. 세분시장이 그 자체로서 매우 매력적이더라도 기업의 주요 목표와 부합되지 않는 시장이라면 기업은 그 시장을 선택할 수 없을 수도 있으며, 경우에 따라서는 환경적, 정치적, 사회적 책임이라는 시각에서 볼 때 세분시장이 그다지 바람직하지 못하다면 기업은 그 세분시장에의 진입을 포기할 수도 있다. 예컨대 삼성이나 LG와 같은 대기업은 중소기업에서 운영하기에 적절하다고 생각되는 사업에는 이익을 낼 수 있다

신세계의 편의점 사업진출이 대기업 골목상권 침해논란을 가져온다

고 판단되어도 진입을 자제하는 경우가 있다. 그것은 법적인 규제 이외에도 그 시장에 진입했을 때 여론의 비난을 받아 기업의 이미지를 해치는 것을 두려워하기 때문이다.

일단 세분시장이 기업의 목표에 부합된다면 기업은 그 세분시장에서 성공할 수 있는 자사의 기술과 자원이 있는지를 평가해 보아야 한다. 만약 기업이 세분시장에서 성공적으로 경쟁할 수 없다고 판단된다면 그 시장에는 참여하지 말아야 한다. 기업이 세분시장에서 요구하는 만큼의 자원을 가지고 있다 하더라도 세분시장에서 경쟁적 우위를 누릴 수 있을 만큼 경쟁자들보다 기술이나 자원이 풍부하지 않은 경우에도 기업은 그 세분시장에의 진입을 신중히 고려해야 한다. 따라서 기업은 그 세분시장에서 경쟁자들보다 우위를 얻을 수 있고 시장에 참여했을 때 잃는 것(cost)보다 얻는 것(benefit)이 더 많다고 판단할 때 그 세분시장에 진입하여야 성공할 수 있다.

표적시장의 선정

서로 다른 세분시장들을 평가한 후, 기업은 어떤 그리고 얼마나 많은 세분시장들을 공략해야 할지를 결정해야 한다. 표적시장(target market)은 기업이 만족시키고자 하는 공통된 욕구와 특징을 공유하는 구매자들의 집합으로 구성된다.

구매자들은 독특한 욕구와 필요를 가지고 있기 때문에 서비스 기업은 이상적으로 각 구매자를 서로 다른 표적시장으로 보고 각 구매자에 대해 서로 다른 마케팅 프로그램을

기획할 수 있어야 한다. 그러나 대부분의 회사들은 너무 많은 수의 작은 규모의 구매자 집단에 대해 개별적으로 공략하는 것이 바람직하지 않다는 것을 파악하고, 보다 넓은 세분시장들을 표적시장으로 고려한다. 표적시장의 선정은 여러 가지 서로 다른 수준에서 수행될 수 있는데, 기업이 선택할 수 있는 시장공략전략에는 비차별적 마케팅전략, 차별적 마케팅전략, 집중 마케팅전략, 그리고 미시 마케팅전략의 네 가지가 있다. [그림 3-4]를 보면 기업들이 표적시장을 매우 넓게(비차별화 마케팅), 매우 좁게(미시 마케팅), 또는 이들의 중간(차별적 마케팅 또는 집중적 마케팅) 정도로 선정할 수 있다.

어떤 시장공략전략을 선택하더라도 마케터는 서비스가 갖는 고유한 특성을 고려해 목표고객에 접근해야 한다. 서비스 기업은 서비스 전달과정에서 고객들과 접촉하고 상호작용을 하기 때문에 각 고객의 다양한 욕구와 필요를 동시에 만족시키기 어렵다는 것을 인식해야 한다. 또한 표적세분시장의 구성원으로 포함된 고객들은 서비스제공자와의 관계에서 한 명의 개인으로 대우 받기를 원한다는 것도 인식해야 한다. 최근 들어 정보기술의 발달은 고객 개개인에 따른 서비스 제공물의 개발에 도움을 주고 있다.

그림 3-4
네 가지 시장공략전략

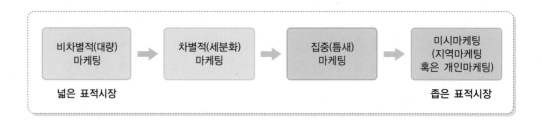

비차별적 마케팅

비차별적 마케팅(undifferentiated marketing) 혹은 매스마케팅(mass marketing) 전략을 사용함으로써, 기업은 세분시장간 차이를 무시하고 하나의 제공물로 전체시장을 겨냥할 수 있다. 매스마케팅전략은 고객욕구의 차이점보다는 공통점에 초점을 맞추게 된다. 기업은 대다수의 구매자들에게 소구할 수 있는 서비스 상품과 마케팅 프로그램을 설계한다.

앞 장에서 언급했듯이 대부분의 현대 마케터들은 이러한 전략에 의구심을 가지고 있다. 모든 고객들을 만족시키는 한 가지 서비스 상품이나 브랜드를 개발하는 것이 어렵기 때문이다. 더 나아가 매스마케터들은 종종 특정 세그먼트나 틈새시장(niche)의 욕구를 더 잘 만족시키는, 보다 집중화된 전략을 사용하는 기업들과 경쟁하는 데 어려움을 겪는다.

차별적 마케팅

차별적 마케팅전략(differentiated marketing)을 사용하는 기업은 하나 혹은 복수의 세분시장을 공략하기로 결정하고, 각 세그먼트 별로 서로 다른 제공물을 설계한다. 세분시장에 따라 서비스 상품과 마케팅을 변화시켜 제안함으로써 기업은 각 세분시장에서 더 높은 매출과 더 강력한 포지션을 기대할 수 있다. 여러 세분시장 내에서의 강력한 포지션 개발은 모든 세분시장들을 겨냥하는 비차별적 마케팅보다 더 많은 총매출을 가능하게 해준다.

그러나 각 세분시장 별로 차별적 마케팅을 실행하는 것은 추가적인 마케팅조사, 판매예측분석, 촉진기획, 채널관리를 요구하며 마케팅비용을 증가시키게 된다. 따라서 기업은 차별적 마케팅전략을 결정할 때 그로 인한 매출의 증가와 비용의 증가를 비교·검토해 보아야 한다.

집중적 마케팅

세 번째 시장커버리지(market-coverage) 전략인 집중적 마케팅(concentrated marketing) 혹은 틈새마케팅(niche marketing)은 기업의 자원이 제한적일 때 매우 매력적이다. 따라서 소규모 사업자들이 많은 서비스 시장의 특성상 집중적 마케팅은 효과적일 수 있다. 오늘날 인터넷에서 매장을 만드는 데 비용이 별로 들지 않게 된 것 역시 서비스 틈새시장을 공략하는 것을 더욱 매력적으로 만들어준다. 실제 많은 소규모 사업자들이 웹을 통해 작은 틈새시장을 공략함으로써 부를 실현하고 있다.

집중적 마케팅을 전개하는 기업은 틈새시장에서의 소비자 욕구에 대한 풍부한 지식과 축적된 특별한 명성을 이용하여 강력한 시장 포지션을 확보할 수 있다. 기업은 주의 깊게 정의된 틈새시장들의 욕구에 맞추어 상품, 가격, 그리고 촉진 프로그램을 조율함으로써 보다 효과적으로 서비스 상품을 판매할 수 있다.

일반적으로 규모가 큰 세분시장은 여러 경쟁자들을 불러들이지만, 틈새시장은 작지만 소수의 경쟁자가 있을 뿐이다. 따라서 틈새시장전략은 소규모 기업들로 하여금 대규모 경쟁자들이 중요하게 여기지 않거나 간과할 수 있는 틈새를 상대로 제한된 자원을 집중할 수 있게 함으로써 이들과 경쟁할 수 있는 기회를 제공한다. 기업은 큰 시장에서 작은 점유율을 추구하기 보다는 작은 시장 또는 틈새시장에서 큰 점유율을 추구하는 것이다. 또한 어느 정도 성장하게 되면 틈새시장 메이커(nicher)들 역시 보다 넓은 시장에서 경쟁하게 된다. 예를 들어, 사우스웨스트(Southwest) 항공사는 텍사스에서 주(州)내 여행자와 통근자를 대상으로 사업을 시작했지만, 지금은 미국에서 가장 큰 항공사 가운데 하나가 되었다.

서커스에 연극과 오페라적인 요소를 결합하여 중장년층 니치를 찾은 태양의 서커스

집중적 마케팅은 수익성이 매우 높을 수 있다. 동시에 집중적 마케팅은 평균보다 높은 위험도 수반한다. 하나 혹은 몇 개의 작은 틈새시장에 모든 사업을 의존하는 기업은 그 시장이 악화되면 위기를 맞을 수 있다. 또한 규모가 큰 경쟁자들이 보다 풍부한 자원을 가지고 틈새시장에 진입할지도 모른다.

따라서 차별화된 서비스 상품으로 '블루 오션(blue ocean)'과 같은, 남들이 생각하지 못한 틈새시장을 차지하기 위해서는 창의적인 사고와 마케팅으로 접근해야 한다. 태양의 서커스(Cirque du Soleil)는 목표시장을 어린이 층에서 연극과 오페라를 즐기는 중장년층으로 새롭게 옮겨가면서 큰 성공을 거두었다. 서커스의 스릴과 즐거움 위에 연극의 지적 세련미와 예술적 풍부함을 결합하여 새로운 니치를 찾은 것이다.

미시마케팅

차별적 마케팅과 집중적 마케팅을 사용하는 마케터는 다양한 세분시장과 틈새시장의 욕구에 맞춰 제공물과 마케팅 프로그램들을 조정하지만, 각 개별 소비자에게까지 제공물을 고객화하지는 않는다. 미시마케팅(micro marketing)은 특정 개인이나 지역의 기호를 만족시키기 위해 서비스 상품이나 마케팅 프로그램들을 맞추는 활동이다. 미시마케팅은 지역마케팅과 개인마케팅을 포함한다.

① 지역마케팅 : 지역마케팅(local marketing)은 도시, 인근 지역, 그리고 특정 지역매장 같은 지역 고객집단의 욕구에 브랜드와 촉진활동을 맞추는 것이다. 시티뱅크(Citibank)는 동네의 인구통계자료에 따라 각 지점마다 서로 다른 은행서비스조합을 제공한다. 지역마케팅은 약간의 단점이 있다. 이 방식은 규모의 경제를 감소시켜 생산과 마케팅 비용을 상승시킨다. 또한 회사가 지역(regional), 지방시장(local)의 다양한 요구조건을 맞추면서, 로지스틱스(logistics) 상의 문제가 생길 수 있다. 더 나아가서 만일 서비스 상품 또는 메시지가 지역에 따라 너무 달라지면, 브랜드의 전반적 이미지가 희석될 수 있다.

기업이 점점 더 세분화된 시장에 직면하게 되고 새로운 지원기술이 개발됨에 따라, 지역마케팅의 장점은 종종 단점을 넘어서게 된다. 인구통계요인과 생활양식 측면에서 현저한 지역, 지방 간 차이에 직면함에 따라 지역마케팅은 기업이 더 효율적으로 서비스 상품을 판매할 수 있도록 도와준다.

② 개인마케팅 : 극단적인 수준에서 미시마케팅은 개별고객의 욕구와 선호에 서비스

상품과 마케팅 프로그램을 맞추는 개인마케팅(individual marketing)이 된다. 개인마케팅은 일대일 마케팅(one-to-one marketing), 대량개별(고객)화(mass customization), 개인시장 마케팅 (markets-of-one marketing) 등으로 불리기도 한다.

매스마케팅의 광범위한 사용은 과거 수 세기 동안 소비자들이 개별고객으로 서비스를 받아왔다는 사실을 무색하게 했다. 재단 사는 맞춤형 양복을 만들었고, 구두수선공은 개인을 위한 신발을 디자인했고, 진열장 메이커는 주문을 받아 가구를 만들었다. 그러 나 오늘날 새로운 기술들은 많은 기업이 개별화된 마케팅으로 회 귀하는 것을 가능하게 해주고 있다. 더 강력한 컴퓨터, 상세한 데이터베이스, 로버틱 생 산(robotic production)과 유연 생산방식, 이메일과 인터넷과 같은 상호작용적 커뮤니케이 션 미디어는 모두 합쳐져서 "대량개별(고객)화(mass customization)"를 촉진시켰다. 대량 개별화 또는 고객화는 기업이 대량생산을 기반으로 하되 고객의 개별 욕구에 맞춰진 제 품이나 서비스를 디자인하기 위해 다수의 고객들과 일대일로 상호작용하는 과정이다.

인구통계자료를 토대로 각 지점마다 서로 다른 은행서 비스조합을 제공하는 시티 뱅크

인간의 상호작용 욕구를 고려하지 않는 대량생산과는 달리 일대일 마케팅은 고객과 의 관계를 전보다 더 중요한 것으로 만들었다. 대량생산이 20세기의 마케팅 원리였다 면, 대량개별화(고객화)는 21세기의 마케팅 원리가 되고 있다. 고객이 개별적으로 모셔지 던 과거의 좋은 시절에서 어떤 기업도 개별고객의 이름을 모르는 매스마케팅으로, 다시 개인화 시대로 회귀하는 순환과정을 거치는 것처럼 보인다.

3.4 서비스 포지셔닝

일단 어떤 세분시장에 진입할 것인지를 결정하고 나면 서비스 기업은 그 세분시장에 서 자사 서비스를 어떤 자리에 위치시킬 것인지를 결정해야 한다.

⠿ 포지셔닝의 의의

포지셔닝은 표적고객의 마음속에 자사 서비스의 차별적 포지션을 구축하기 위한

특급 호텔 능가하는 일등석 경쟁: 항공사 고급화 전략

아랍에미리트연합의 에티하드항공은 새로운 일등석을 선보인다. '석'(席)이라는 단어가 무색하게 넓고 화려하다. 방 세 개에 거실을 갖췄다. 샤워실도 딸려 있다. 영국의 고급호텔 사보이에서 교육받은 직원이 어떤 '분부'든지 들어줄 태세로 대기하고 승객 두 명당 한 명꼴의 전속 요리사가 함께한다. '레지던스'라는 명칭이 붙은 이 일등석의 면적은 125 평방피트(약 38㎡)다. 하늘 위의 호텔이다. 아랍에미리트의 수도인 아부다비와 영국 런던을 오갈 A380 비행기에 적용될 예정이다. 편도 비용만 2만달러(약 2,230만원)이나 전용기를 이용할 때 드는 10만달러(약 1억1,150만원)에 비하면 무척 저렴하면서도 서비스가 빼어나기에 수요가 충분하다고 에티하드항공은 판단하고 있다.

에티하드항공의 사례는 최근 세계 항공업계의 치열한 일등석 경쟁을 극단적으로 보여준다. 2008년부터 전세계를 궁지에 몰아넣은 불황에도 불구하고 일등석 수요는 크게 늘었기 때문이라고 영국의 파이낸셜 타임스가 최근 보도했다.

파이낸셜 타임스가 영국의 항공데이터조사회사 OAG에 의뢰해 조사한 결과에 따르면 올해 전 세계 항공사의 일등석 이용은 2009년보다 34%나 급증했다. 비즈니스석이 일등석으로 종종 불리는 미국과 중국의 국내선의 수치를 제외해도 21%가 증가했다. 유럽의 경우 2005년~2009년 일등석이 급감했으나 이후 급반등해 올해 일등석 수는 2005년의 두 배를 넘는다. 경기가 나빠졌으니 일등석 수요가 줄었을 것이라는 상식적 추정을 뒤집는 수치들이다.

일등석 수의 증가는 중국과 중동 항공 시장의 영향이 컸다. 세계 경제의 아랫목인 중국과 중동의 정치인이나 경제인들의 일등석 사랑은 불경기 속에서 되려 뜨거워졌다. 중국의 중국항공은 지난 5년 동안 일등석이 63% 늘었다. 동방항공은 127%나 급증했다. 중동의 카타르항공은 132%, 에미레이트항공은 32%가 각각 늘어났다. 카타르항공과 루프트한자 등 여러 항공사의 일등석 작업에 참여한 디자인회사 프리츠먼구드의 나이젤 구드 이사는 "중동과 아시아에서는 일등석이 항공사의 전반적인 품질을 의미한다"고 말했다.

중국이나 중동과 달리 유럽은 응달이다. 2009년 이후 에어프랑스의 일등석 수요는 47%나 급감했고, 영국항공은 23%가 줄었다. 2008년 글로벌 금융위기 이후 비용 절감이라는 시대적 요구에 맞춰 경영자들이 일등석보다 비즈니스석을 이용하고 있는 여파다. 일등석에 버금가는 비즈니스석이 등장하면서 일등석은 외면 받고 있다.

지역적 편차가 있다고 하나 일등석 이용의 증가는 치열한 경쟁을 의미한다. 그저 그런 일등석으로는 시장에서 살아남을 수 없다는 압박이 항공사들을 억누른다. 유럽 시장에서 고가의 일등석을 팔 수 없으니 아시아와 중동에 집중할 수 밖에 없다. 항공사마다 갖가지 일등석을 개발하고 있다. 에어프랑스는 최근 보잉 777-300의 일등석 수를 8개에서 4개로 줄였다. 보다 넓고 편안한 일등석을 제공해 돈 많은 고객을 유혹하겠다는 계산이 작용했다. '라 프리미어'(La Premiere 프랑스어로 '우선'이라는 뜻)로 불릴 이 일등석은 상하이 노선에서 첫 선을 보였다. 영국항공도 손바느질로 완성한 가죽재질의 새로운 일등석을 내년에 내놓을 예정이다.

일등석 경쟁은 비행기 밖에서도 이뤄지고 있다. 스파를 갖춘 라운지와 유명 요리사의 음식은 기본이다. 에어프랑스는 비행기를 갈아타는 일등석 승객을 전용 리무진으로 모신다. 루프트한자는 한 술 더 뜬다. 독일 프랑크푸르트에서 환승하는 일등석 손님은 대기하는 동안 고급 스포츠카 포르쉐를 운전하며 기분전환할 수 있다. 일등석 좌석을 명품 브랜드로 치장하거나 침대 관리를 유명 호텔이 전담하는 등의 아이디어도 쏟아지고 있다.

일등석 전성시대에 대한 경계 목소리도 있다. 항공시장을 주도해온 미국 항공업계는 일등석 전쟁의 열외이기 때문이다. 미국 항공사들의 국제선 일등석 이용은 2009년 이후 24% 줄었다. 영국의 교통 분석가 제랄드 쿠는 "고객을 위해 지나치게 돈을 많이 쏟아 부으면 수익도 낮을 수밖에 없다"며 "미국 항공업계가 어느 쪽으로 방향을 잡느냐에 따라 (일등석 시장의) 향배도 결정될 것"이라고 평가했다.

출처: 한국일보(2014.12.)

계획을 세우는 과정인데, 여기서 서비스 포지션(service position)이란 소비자들의 인식 속에 자사의 서비스가 경쟁사에 대비하여 차지하고 있는 상대적 위치를 말한다. 소비자들은 서비스 상품과 서비스 기업에 대한 많은 정보에 노출되어 있다. 따라서 소비자들은 구매의사결정을 내릴 때마다 해당 서비스를 재평가하기보다는, 구매의사결정을 단순화하기 위해 서비스 상품이나 서비스 기업들을 몇 개의 카테고리로 묶고, 이를 자신들의 마음속의 특정위치에 저장하는 경향이 있다. 결국 마케터는 표적고객에게 의미 있으면서 차별화된 가치제안(value proposition) 혹은 서비스 콘셉트(service concept)를 개발하고, 이를 표적고객의 마음속에 자리매김함으로써 경쟁우위를 확보할 수 있다. 여기서 가치제안 혹은 서비스 콘셉트는 기업이 고객에게 제공하는 서비스(제공물)에 대한 약속이다.

▓ 서비스 포지셔닝 전략의 유형

서비스 기업은 다양한 방법으로 자사의 서비스를 포지셔닝시킬 수 있다. 여기서는 주로 서비스의 속성/편익, 서비스의 가격/품질, 서비스의 사용상황(용도), 서비스사용자, 경쟁자 등의 기준에 근거한 포지셔닝 전략의 유형들에 대해서 살펴보도록 하자.

첫째, 서비스 기업은 특정한 서비스 속성 혹은 편익에 따라 포지셔닝시킬 수 있다. 특히 서비스 속성과 편익은 품질의 구성요소와 밀접한 관련을 갖는다. 따라서 마케터는 서비스품질의 주요차원을 파악하고, 각 차원을 구성하는 구체적인 서비스 속성들을 찾아낸 다음, 차별화가 가능한 서비스 속성에 기반해 서비스를 포지셔닝시킬 수 있다.

추후에 자세히 설명하겠지만, 파라슈라만 등(Parasuraman, Zeithaml, & Berry)은 서비스 품질이 유형성(tangible), 신뢰성(reliability), 응답성(responsiveness), 확신성(assurance), 공감성(empathy) 등의 다섯 가지 차원으로 구성된 것으로 제안했다. 우선 서비스 기업은 유형성 차원을 사용하여 포지셔닝시킬 수 있는데, 유형성은 물리적 시설, 장비, 인력 등의 외양을 말한다. 가령, 알래스카 항공(Alaska Airlines)은 넓고 여유 있는 좌석공간을 강조함으로써 유형성에서 차별적 포지션을 추구한다.

서비스 기업은 신뢰성 차원과 관련된 서비스 속성에 기반해 자신을 포지셔닝시킬 수 있는데, 신뢰성은 약속한 서비스를 정확하게 수행할 수 있는 능력을 말한다. 가령, 페덱스(FedEx)는 '절대로, 확실히, 하루 내에(Absolutely, Positively, Overnight)'라는 슬로건을 통해 서비스의 신뢰성에서 차별적 포지션을 추구하고 있다.

올스테이트 로고와 슬로건

어떤 서비스 기업은 응답성에 기반해 자신을 포지셔닝시킬 수 있는데, 응답성이란 고객을 도우려고 하는, 그리고 즉각적으로 서비스를 제공하려는 의지를 말한다. 예를 들어, 웰스파고(Wells Fargo) 은행은 광범위하게 설치된 ATM 시스템, 슈퍼마켓으로까지 확장된 은행서비스, 폰뱅킹 시스템, 온라인 콜 센터, 인터넷기반 서비스 등을 통해 고객이 원하는 장소와 시간에 바로 접근이 가능함을 강조함으로써 응답성에 기반한 경쟁우위를 추구한다. 서비스 기업은 확신성이라는 서비스 품질차원을 포지셔닝에 사용할 수 있는데, 확신성은 서비스제공자의 지식과 고객에 대한 정중함 등에 대해 믿음과 확신을 심어주는 능력이다. 예를 들어, 올스테이트(Allstate) 보험의 '올스테이트와 함께 있으면 든든합니다'라는 슬로건과 푸르덴셜(Prudential) 보험회사의 '바위 한 덩어리를 소유하십시요'라는 슬로건은 서비스제공자의 능력에 대한 고객의 확신과 믿음을 구축하는 데 초점을 맞추고 있다.

저가항공으로 포지셔닝에
성공한 라이언항공 기내

또 다른 서비스 기업은 공감성에 기반해 자신을 포지셔닝시킬 수 있는데, 공감성이란 고객 개개인에게 관심과 보살핌을 제공하는 것이다. 아마존은 고객 개인별 거래정보를 토대로 고객의 개별적 욕구에 부합되는 추천서비스를 제공함으로써 공감성 차원에서 차별적 포지션을 구축했다.

둘째, 서비스 기업은 가격/품질에 기반해 포지셔닝할 수 있다. 특히 저가(low-end) 및 고가(high-end)로 양극화된 소비시장에서 가격/품질에 대한 명확한 포지셔닝은 소비자들의 구매동기를 자극하는데 유용할 수 있다. 아일랜드의 라이언항공은 좁은 좌석과 기본 서비스만을 제공하는 대신 항공운임이 저렴한 항공사로 포지션 된 반면 싱가포르 항공은 고품질의 서비스를 제공하며 항공운임이 상대적으로 높은 항공사로 포지션 되었다.

셋째, 서비스 기업은 사용상황에 따라 포지셔닝할 수 있다. 예를 들어, 홀리데이 인(Holiday Inn)은 레저목적으로 여행하는 사람들을 대상으로 자신을 포지셔닝 한 반면 매리엇(Marriott) 호텔은 사업목적으로 여행하는 사람들을 위한 호텔로 포지셔닝하고 있다. 사용상황에 따른 포지셔닝 전략은 종종 TPO 포지셔닝 혹은 마

Time 포지셔닝에 성공한 맥도날드 맥모닝

케팅으로 불리기도 한다. Time(시간), Place(장소), Occasion(사용상황)에 따라 차별적인 고객가치를 제안함으로써 차별화된 마케팅을 펼치는 전략이다. 맥도날드는 맥모닝이라는 서비스 상품을 새롭게 출시하면서 아침식사 시장을 공략하였는데, 이처럼 TPO 포지셔닝 전략은 기존의 서비스를 새로운 시장으로 확대하는데 효과적일 수 있다.

넷째, 서비스 기업은 특정 사용자집단을 위한 서비스 상품을 제공하는 것으로 포지션할 수 있다. 가령, 아메리칸 익스프레스의 슈퍼엘리트 센츄리언(Super Elite Centurion) 카드는 부유한 상류층 고객들을 위한 카드로 포지셔닝 하고 있다. 미스터피자는 사업초기 '기름을 뺀 수타피자'라는 제품속성을 강조한 포지셔닝에서 '여성을 위한 피자(made for woman → love for woman)'로 슬로건을 변경하면서 여성 사용자에 대한 차별화된 가치제안을 강조하고 있다.

다섯째, 서비스 상품은 경쟁자에 기반해 포지셔닝할 수 있다. 렌터카 회사인 에이비스(Avis)는 '우리는 2위입니다. 그래서 최선을 다합니다'라는 비교광고 캠페인을 통해 렌터카 업계 1위인 허츠(Hertz)에 못지 않는 서비스를 제공하기 위해 노력한다는 메시지를 전달함으로써 고객들의 신뢰를 구축하는 데 성공했다. 한편 기존의 경쟁자와의 단순 비교에 그치지 않고 기존의 경쟁자들과는 전혀 다른 새로운 서비스임을 강조하는 카테고리 포지셔닝 전략을 생각해 볼 수 있다. 이러한 전략을 범주적 차별화(categorical differentiation)전략이라고 부르기도 한다.

유통가 타임 큐레이션

경기가 좋든 나쁘든 유통가에는 변하지 않는 속설(?)이 하나 있다. 특정 시간대에만 세일을 한다거나, 물량을 대량으로 방출하는 이른바 '타임 마케팅'은 유통가에선 빠지지 않는 고전 마케팅의 하나다. 가령 A백화점 본점의 경우 한 달 식품매출의 대략 3~5%가 '타임 마케팅'에서 나오고, 주택가로 갈 수록 타임 마케팅의 매출 효과는 두 자릿대까지 올라간다고 한다. 심지어 '타임 세일' 시간에만 백화점 식품매장을 배회하는 아줌마들도 심심찮게 많다.

하지만 최근에는 쇼핑의 영역이 온라인과 모바일로 넘어가면서 '타임'과 '큐레이션'의 콜라보레이션으로 진화되고 있다. 특히 '타임 세일' 개념에다 친절하게 정보까지 제공하다 보니 '타임 큐레이션'은 쇼핑 타임까지 바꿔놓는 힘까지 발휘하고 있다.

오픈마켓 11번가에 따르면 '쇼킹딜십일시'는 서비스 10개월 만에 매출이 무려 3.3배 늘었다. '쇼킹딜십일시'는 11시라는 시간 개념에 소비자가 구매결정을 하는 데 도움을 줄 수 있도록 동영상으로 정보를 제공하는 '타임 큐레이션'의 대표 주자 중 하나다. 특히 올해 1월부터 10월까지 큐레이션 쇼핑 '쇼킹딜십일시' 구매자 패턴을 분석한 결과 평일은 오전 11시, 휴일은 오후 11시에 구매율이 가장 높은 것으로 나타났다. 엄지족들의 쇼핑 시계를 '11시'로 돌려 놓은 것이다. 실제 '쇼킹딜십일시'의 이용 시간대별 비중은 평일은 오전 11시가 9.2%로 하루 평균(4.2%) 보다 배 이상 높았으며, 휴일의 경우에도 밤 11시가 9.0%로 가장 높았다. 11번가 관계자는 "직장인의 경우 평일에는 아침 출근 후 이메일 확인과 급한 업무를 처리한 후 쇼핑을 즐기는 것으로 분석된다"며 "주부들의 경우에도 아이들을 학교에 보내고 남편을 출근시킨 뒤 집안일을 끝내면 대개 오전 11시 전후로 짬을 내 필요한 물품을 구입하는 것으로 보인다"고

설명했다. 매일 오전 11시 룰렛게임을 통해 최대 99% 할인가에 구매 할 수 있다는 점을 내세운 게 힘을 발휘한 것이다. 11번 가 관계자는 "정다정 작가의 '야매토끼'와 이슈 상품을 연계한 스토 리텔링 서비스와 모바일 쇼호스트인 '쇼핑톡'을 활용해 쇼핑의 재미를 느낄 수 있는 펀핑(fun+shopping)을 실현한 게 큰 힘이 된 것으로 보인다"고 말했다.

이와 함께 '타임 큐레이션'의 힘은 남성 보다는 여성에게, 그리고 성별로는 30대에게 가장 크게 힘을 발휘하는 것으로 나타났다. '쇼킹딜십일시'의 구매자는 여성(57%)이 남성(43%)보다 높았으며, 연령대별로는 30대가 45%로 이용자의 절반 가량을 차지했다. 20대가 28%로 그 뒤를 이었으며, 40대가 19%, 10대와 50대 이상은 각각 2%, 6%에 그쳤다. 유행에 민감한 30대 여성일수록 '타임 큐레이션'에 민감하게 반응하고 있다는 것이다.

11번가 관계자는 "'지금' '이 시점에' 필요한 상품을 선별해 판매하면서 쇼핑에 민감하고, 반응속도가 빠른 여성 고객의 구매율이 높다"며 "보통 평일에는 여성의류와 유아용품(기저귀, 분유) 등이 상위에 오르는 것으로 보아 2030세대 여성이 큐레이션 쇼핑을 주로 이용하는 것으로 보인다"고 설명했다.

출처: 해럴드 경제(2014.11.)

⠿ 포지셔닝 전략의 수립과정

　기업이 포지셔닝 전략을 선택하고 실행하기 위해서는 경쟁사 대비 자사의 경쟁적 강점(또는 약점) 파악, 적절한 경쟁우위의 선택, 선택한 포지션의 전달이라는 과정을 거쳐야 한다.

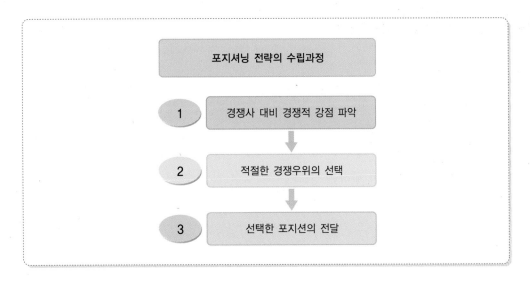

그림 3-5

포지셔닝 전략의 수립과정

경쟁사 대비 경쟁적 강점(약점) 파악

　소비자들은 일반적으로 그들에게 가장 높은 가치를 가져다주는 서비스를 선택하게 된다. 따라서 소비자들이 자사의 서비스 상품을 구매하도록 유도하고 지속적인 자사 충성고객으로 유지시키기 위해서 서비스 기업은 소비자들의 욕구와 구매과정을 잘 이해해야만 한다. 이를 통해 경쟁사 대비 자사만의 강점(또는 약점)을 명확히 파악할 수 있고, 경쟁사들보다 앞선 가치를 전달할 수 있다.

　그러나 치열한 가격경쟁이 벌어지는 오늘날의 시장에서, 서비스 마케터는 갈수록 경쟁사와 차별화된 서비스를 제공하기 어려워지고 있다고 토로한다. 결국 고객들은 여러 기업들이 제공하는 서비스들을 유사한 것으로 지각하게 되고, 서비스 가격에 주로 의존한 경쟁이 벌어지는 악순환이 반복되는 것이다.

　이러한 가격경쟁을 피하는 해결책은 차별화된 서비스 제공물, 서비스 전달과정, 이미지 등을 개발하는 것이다. 서비스 제공물은 경쟁사와 차별화시키는 혁신적 특성들을 포함할 수 있다. 일부 호텔들은 로비에서 승용차 렌트, 금융서비스, 비즈니스 센터 등의 서비스를 제공하고 있으며, 각 객실에 초고속 인터넷 연결망을 설치한다. 항공사들

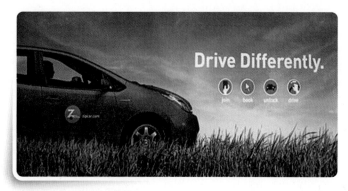

Zip Car는 카쉐어링(차량공유)
서비스로 기존의 렌터카와
차별화에 성공하였다.

은 상용고객우대제도와 특별서비스 등을 통해 서비스 제공물을 차별화시킨다. 서비스 전달과정에서도 차별화를 추구할 수 있는데, 더 능력 있고 신뢰성 있는 고객접촉 담당자의 확보, 탁월한 물리적 서비스 환경의 개발, 탁월한 서비스 전달과정의 설계 등이 그 예이다. 심벌과 브랜딩을 통한 이미지 차별화도 중요하다. 시카고 해리스 뱅크(Harris Bank of Chicago)는 사자를 심벌로 채택하고, 이를 문구용품, 광고, 신규 예금자에게 선물로 제공하는 사자인형 등에 활용한다. 미국의 집카(Zip Car)는 차량공유라는 혁신적인 서비스 콘셉트를 바탕으로 서비스 제공물과 전달과정을 차별화함으로써 기존의 렌터카들과 다른 카쉐어링 서비스 시장을 열어가고 있다. 집카의 회원들은 기존의 렌터카와는 다르게 시간제로 차량을 빌릴 수 있고, 인터넷이나 스마트폰으로 손쉽게 예약하고 원하는 장소에서 차량을 빌릴 수 있는 등 다양한 혜택을 즐길 수 있다.

지각도(Perceptual Map)

지각도란 소비자가 대안을 평가하는 데 중요하게 생각하는 차원(속성)에 따라 서비스나 브랜드의 상대적 위치를 도표상에 나타낸 것이다. 바꾸어 말하면 지각도는 자사 및 경쟁 서비스들이 소비자 마음속에 차지하고 있는 상대적 위치를 파악하기 위해 사용되는 분석도구이다. 지각도 작성은 ① 소비자가 서비스 상품, 브랜드 등에 대한 속성신념과 선호도를 형성하는 데 주요하게 고려하는 두세 개의 속성 차원(dimension)을 축으로 서비스에 대한 지각공간(service perceptual space)을 형성한 다음, ② 서비스들 간의 전반적인 유사성이나 선호도에 대한 소비자 조사를 근거로 각 서비스, 브랜드의 상대적 포지션을 기하학적인 거리로 환산하여 공간상에 표시하는 과정을 통해 이루어진다. 지각도상에 표시된 각 서비스들의 위치는 주요 속성에서 그 서비스가 얼마나 강점과 약점을 지니고 있는가를 보여주고, 나아가 서비스들 간의 거리를 토대로 소비자들이 어떤 서비스들을 더 유사하게 지각하는지를 판단하는 데 사용된다.

이하에서는 홍콩 내에서 이미 시장 포시션을 구축한 4성급의 팰리스(Palace) 호텔에 위협이 될 요소들을 파악하기 위해 팰리스 호텔 마케터가 포지셔닝 맵을 개발하는 과정에 대해 살펴보기로 한다. 포지셔닝 맵을 개발하기 위해 4개의 주요 속성이 선정되었는데, 객실료, 물리적 시설의 고급성, 인적서비스 수준, 입지 등이 그것이다.

경쟁상황을 묘사하기 위해 두 개의 포지셔닝 맵([그림 3-6]과 [그림 3-7])이 작성되었다.

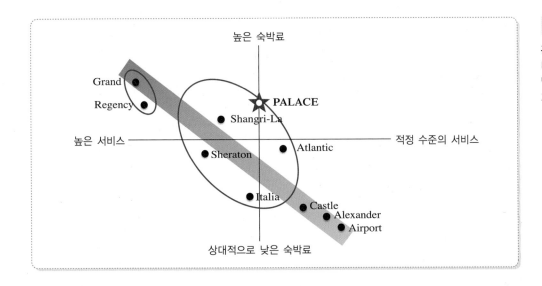

그림 3-6

홍콩시내에 위치한 주요 비즈니스호텔들에 대한 포지셔닝 맵 : 서비스 수준 차원 VS. 가격 차원

첫 번째 포지셔닝 맵은 가격과 서비스수준 차원상에서 10개 호텔의 경쟁적 포지션을 보여주며, 두 번째 포지셔닝 맵은 호텔입지와 물리적 시설의 고급스러움 차원상에서 10개 호텔들의 포지션을 보여주고 있다.

[그림 3-6]을 보면 가격속성과 서비스 수준 속성간에 확실한 상관관계가 있음을 확인할 수 있는데, 상대적으로 높은 수준의 서비스를 제공하는 호텔들이 상대적으로 숙박료가 더 비싸다는 것을 보여준다. 좌측상단에서부터 우측하단으로 이어지는 굵은 대각선은 두 속성간의 상관관계를 확실하게 보여준다(대각선의 하단부에 포지션 된 호텔들은 3성급으로 다소 서비스 수준이 떨어짐). 포지셔닝 맵을 통해 얻게 된 시사점은 팰리스 호텔이

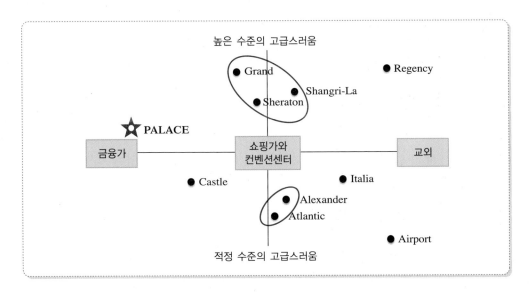

그림 3-7

홍콩시내에 위치한 주요 비즈니스 호텔들에 대한 포지셔닝 맵 : 호텔입지 차원 VS. 물리적 시설의 고급스러움 차원

고객들에게 제공되는 서비스 수준에 비해 숙박료를 상당히 비싸게 책정하고 있다는 것이다.

두 번째 포지셔닝 맵은 입지와 고급스러움 차원에서 팰리스 호텔이 경쟁호텔들과 비교해 어떻게 포지션되어 있는지를 보여준다. 이 포지셔닝 맵의 주요 시사점은 팰리스 호텔이 맵상에서 비교적 비어있는 공간에 위치하고 있다는 것이다. 팰리스 호텔은 금융가에 위치한 유일한 호텔인데, 이 사실이 서비스 수준(혹은 물리적 시설의 고급스러움)에 비해 상대적으로 높은 요금을 책정할 수 있는 능력을 설명해 준다.

적절한 경쟁우위의 선택

가능한 경쟁적 강약점 파악이 끝난 다음 기업은 그 다음 단계로 과연 어떠한 경쟁우위점을 선택할 것인지, 몇 개의 우위점을 가지고 차별적 포지셔닝을 시도할 것인지를 결정해야 한다.

① 포지셔닝에 사용할 차별점의 수

다수의 마케팅 관리자들은 표적시장에 오직 하나의 편익을 집중적으로 촉진시켜야 한다고 생각한다. 또한 소비자들은 많은 정보들 속에서 '1등'을 보다 잘 기억해내는 경향이 있기 때문에 많은 기업들은 각 브랜드마다 그 자체로서 '1등'이 될 수 있는 서비스 속성을 찾아내고자 노력한다. 기업들이 하나의 편익을 사용하여 효과적으로 포지셔닝하기 위해서는 사용되는 편익은 소비자들이 그 서비스를 구입할 때 매우 중요하게 고려하는 내용이어야 하며 확실히 타 경쟁사 대비 우위점이 있어야 한다.

응답성과 유형성 품질차원에서 차별적
우위를 가지고 있는 지피루브(Jiffy Lube)

다른 마케터들은 기업은 하나의 차별적 요인으로 포지셔닝시키기보다는 몇 개의 차별점을 이용해야 한다고 생각한다. 예컨대 카센터 지피루브(Jiffy Lube)사는 빠르고 효과적인 서비스와 편안하고 깨끗한 대기공간을 강조함으로써 응답성과 유형성 품질차원에서 차별적 우위를 가지고 있음을 주장한다. 현재 기업들은 보다 많은 수의 세분시장에 소구하기 위하여 자사 서비스의 다양한 차별점을 포지셔닝에 사용하고 있다. 그러나 기업들이 브랜드에 대한 다양한 주장을 할수록 소비자들이 신뢰하지 않을 수도 있으며 하나의 확실한 포지셔닝을 얻을 수 없는 경우도 있다.

② 차별점의 선택

서비스의 모든 차별점이 기업의 효과적 포지셔닝에 가치 있는 것은 아니다. 각 차별점은 소비자에게 편익을 제공함과 동시에 기업의 비용증대를 가져오기도 한다. 따라서 기업은 경쟁사들로부터 차별적 우위를 얻을 수 있는 경쟁적 강점이 어떤 것인지를 신중하게 선택하여야 한다. 차별점이 의미 있는 차별화를 위한 도구가 되기 위해서는 〈표 3-1〉과 같은 요건들을 만족시켜야 한다.

또한 마케터는 포지셔닝을 고려함에 있어 중요한 속성(important attributes)과 결정적

1. **중요성**: 차별점은 표적시장의 소비자들에게 확실히 가치가 있는 편익을 제공해야 한다.
2. **차별성**: 경쟁자들이 똑같은 차별점을 제공할 수 없거나 보다 확실히 차별된 방법으로 그 차별점을 제공할 수 있어야 한다.
3. **우수성**: 차별점은 소비자들이 같은 편익을 얻을 수 있는 다른 방법들보다 확실히 뛰어나야 한다.
4. **전달성**: 차별점은 소비자들에게 전달할 수 있어야 하고 보여줄 수 있어야 한다
5. **선점성**: 차별점은 경쟁자들이 쉽게 모방할 수 없어야 한다.
6. **가격 적절성**: 차별점은 구매자들이 구입을 꺼릴 정도로 가격의 인상을 초래하지 않아야 한다.
7. **수익성**: 차별점은 기업에게 이익을 제공할 수 있어야 한다.

표 3-1

성공적 차별화를 성취하기 위해 고려해야 할 요소

속성(determinant attributes)의 차이를 이해해야 한다. 서비스 기업은 표적고객이 중요하게 생각하는 서비스 속성에 근거해 차별적 포지션을 구축하려는 경향을 보인다. 그러나 경쟁 서비스들 간에 기본적인 중요속성(핵심 서비스속성)에서 큰 차이를 보이지 않을 수 있다. 가령, 이동통신 서비스에서 통화품질이 주요 속성이기는 하지만 KT, SKT, LG유플러스 간에 별 차이를 보이지 않는다면, 통화품질이 고객들에게 중요한 속성이라고 하더라도 포지셔닝에 사용하는 데 적절하지 않다. 따라서 보증서비스, 인터넷 접속의 용이성 등과 같은 부가적 속성들이 서비스 상품 선택의 결정적 요인이 될 수 있는데, 이와 같이 소비자의 선택을 실제로 결정하는 속성들을 결정적 속성이라고 한다. 마케터는 소비자의 선택에 영향을 미치는 결정적 속성들을 파악해, 이에 기반해 차별적 포지션을 추구해야 할 것이다.

이를 위해 마케터는 표적시장 내 고객들을 대상으로 서베이를 실시해 여러 서비스 속성들의 상대적 중요도를 파악하고, 나아가 어떤 속성들이 특정의 서비스 제공자를 선택하는 데 결정적 역할을 했는지를 조사해야 한다. 또한 서베이 조사에서 각각의 경쟁 서비스 상품이 결정적 속성들에서 어느 정도의 성과를 보인다고 지각하는지도 함께 확

인해야 한다. 이러한 조사결과는 서비스 속성에 따른 포지셔닝 전략을 개발하는 데 토대가 될 것이다.

선택한 포지션의 전달

일단 포지셔닝에 사용할 차별점이 선택되고 나면 기업은 표적소비자들에게 바람직한 포지셔닝이 될 수 있도록 차별점을 전달해야 한다. 이때 모든 기업의 마케팅 믹스 노력은 포지셔닝 전략을 뒷받침해야 하며 포지셔닝을 위해서는 기업의 실질적인 행동이 요구되는데, 만약 기업이 좋은 서비스로 포지셔닝을 시도한다면 우선 자사의 서비스의 질을 높여서 소비자들에게 전달해야 한다. 즉 기업은 포지셔닝 전략에 맞는 서비스 상품, 가격, 유통, 촉진의 마케팅 믹스를 기획하여야 한다. 일단 바람직한 포지셔닝이 이루어지고 나면 기업은 이를 지속적으로 유지할 수 있도록 서비스의 성능에 대한 주기적인 검사 등의 노력과 함께 경쟁사들의 전략 변화나 소비자의 욕구 변화에 대하여도 지속적으로 살펴보아야 한다.

제 **4** 장

서비스 상품관리

新서비스 콘셉트로

"공유(sharing)"가 뜨고 있다

최근 우버(Uber)만큼 국내외적으로 많은 논란의 대상이 되고 있는 신서비스도 없는 듯 하다. 우버는 2010년 미국 샌프란시스코에서 시작되어 현재 전 세계 42개국 160개 도시에서 운영중인 '주문형 개인기사 서비스' 또는 '모바일 차량중개 서비스'이다. 이용객들은 스마트폰에 깔린 우버앱을 이용해 차량을 호출하면 우버와 계약한 기사가 자기차량을 가지고 와 목적지까지 데려다 주는 서비스인데, 기존의 택시서비스에 직접적인 타격을 입히면서 불법 등 많은 논란을 불러오고 있다. 평소 이용하지 않는 자기차량을 공유한다는 의미에서 공유(sharing)서비스 콘셉트를 장착하고 급성장하고 있는 신개념 서비스이다.

우버서비스 이용화면

우버의 등장은 이미 예견된 수순일 수 있다. 트위터나 페이스북 같은 소셜네트워킹서비스(SNS)가 더 이상 새롭지 않을 만큼, 전세계적으로 타인과의 연결(connection)이라는 키워드는 우리 삶의 방식을 규정짓는 중요한 개념이 되어 버렸다. 더 나아가 특정 제품이나 서비스를 자신만 소유하지 않고 타인과 서로 공유하려는 경제의 규모가 급성장하고 있다. 한 연구기관의 발표에 의하면 전 세계 공유경제의 규모는 2013년 51억 달러의 규모에 이른다고 한다. 공유서비스 모델의 대표적인 성공사례인 집카를 통해 신서비스 개발전략의 성공포인트를 살펴보자.

신개념 차량공유서비스 집카(Zipcar)

집카의 공동창업자인 로빈 체이스는 최근 한 인터뷰에서 창업 아이디어를 다음과 같이 회상했다. "남편은 직장 일 때문에 차를 써야 했기 때문에 나는 내 일이나 아이들을 위해 차를 잘 쓸 수 없었다. 내가 원한 건 차량 정비 같은 성가신 일 없이 단지 가끔 차를 이용하는 것이었다." 체이스는 차량 소유에 따르는 비용 부담과 주차 문제에 대한 걱정을 없애고 필요할 때만 시간제로 차를 빌리고 반납하는 카 셰어링 사업을 시작하여 큰 성공을 거두었다. 2013년 글로벌 렌터카 기업인 에이비스(Avis)는 5억 달러에 집카를 인수하여 경쟁자의 공격을 피하는 길을 택했다.

집카 성공의 비결은 창업자 체이스의 회상대로 평소 고객들의 불편을 새로운 방식으로 해결하려는 창의적인 발상과 실행에 있다. 교재의 본문에서 다룰 차별적 서비스패키지(service package)의 개념을 적용하여 집카의 성공요인들을 구체적으로 살펴보자. 첫째, 집카는 기존 렌터카 업체들이 간과했던 틈새시장에 차별적인 핵심서비스(core service)를 제공했다. 집카는 여행, 출장 등 이유로 수일 내지 장기간 차량을 필요로 하는 고객이 아닌, 일상 생활에서 차가 없거나 보유할 필요가 없는 고객들의 잠시 수요에 주목하고, 신개념 차량 공유서비스를 제공하였다. 실제 2000년 집카의 첫 번째 운행은 보스턴이었고 현재에도 미국 등 주요 도시 및 대학가에서 운행 중에 있다. 둘째, 집카는 목표고객들의 핵심가치가 경제성이라는 사실을 간파하고 이를 위해 차별화된 가치강화적 보조서비스(enhancing services)를 제공했다. 회원(가입비 25달러 및 연회비 60달러)들이 시간당 8달러의 저렴한 이용료로 시간제로 차량을 빌리는 새로운 렌털방식을 제공한 것이다. 이를 통해 주말 쇼핑을 가거나 도심 출장 중 잠시 차량을 이용하려는 고객들이 저렴하게 집카를 이용할 수 있었다. 기존의 렌터카 서비스라면 고객들이 필요한 시간에 관계 없이 최소한 반일(12시간)이상의 비용을 지불해야만 했다. 셋째, 집카는 고객들이 서비스를 이용하는데 불편함이 없도록 활성적 보조서비스(enabling services)를 차별화하는데 성공하였다. 집카에 등록한 회원은 웹사이트나 앱을 이용해서 자신과 가장 가까운(편리한) 곳에 위치한 차량들을 검색하고 바로 예약할 수 있다. 회원가입 후 받은 마스터키를 이용하여 손쉽게 차량을 열고 이용할 수 있으며, 이용 후에는 도심 내 여러 곳에 위치한 지정장소에 반납하면 된다. 이용요금은 이용시간에 따라 자동으로 결제된다. 이러한 이용편의성은 기존의 렌터카 서비스의 이용과정을 혁신적으로 개선한 것인데, 예를 들면 보스턴에 있는 대형 렌터카업체들은 차량을 빌리고 반납할 수 있는 주요 접점이 몇 곳에 불과하지만, 집카의 경우 보스턴에만 지정된 장소가 200곳이 넘는다.

정보기술의 발전과 공유경제의 성장 속에서 다양한 서비스분야에서 집카에 이은 새로운 공유서비스들이 속속 생겨나고 있다. 그러나 단순히 공유 콘셉만으로의 승부는 결코 성공을 보장할 수 없다. 집카의 사례에서 보듯이 목표고객들을 대상으로 잘 기획된 총체적인 서비스상품 전략이 성공의 열쇠임을 명심하자.

집카 홈페이지

참고 1. 한국경제 S&F 경영학(2013.3.19.) 기사.

서비스 마케터는 표적고객의 욕구와 기대를 충족시킬 수 있는 차별화된 가치제안, 즉 서비스 콘셉트를 선택하고, 이에 기반한 최적의 서비스상품을 개발·전달해야 한다. 뿐만 아니라 경쟁적 마케팅환경에서 서비스 마케터는 새로운 서비스를 개발하고 기존 서비스를 강화하는 등 혁신적 노력을 통해 지속적인 성장을 추구해야만 한다.

본 장에서는 유형적인 제품과는 다른 관점에서 진행되는 서비스 상품, 즉 서비스 제공물의 개발과 관리, 신서비스의 개발과정에 대해서 살펴볼 것이다. 서비스만의 차별화된 브랜드관리에 대한 이해도 중요하게 다루고 있다.

4.1 서비스 제공물의 개발과 관리

서비스 마케터는 서비스 상품을 관리함에 있어 물리적 제품과의 차이를 이해해야 한다. 물리적 제품은 사전에 생산된 제품이 가지고 있는 여러 특성들의 묶음인 반면 서비스 상품은 생산과 소비가 동시에 이루어지는 과정과 그 결과물이다. 서비스 제공자의 관점에서 보면 서비스의 일부는 후방지원부서(back office)에서 생산되지만, 고객의 품질지각 관점에서 보면 서비스 상품은 고객이 공동 생산자로서 참여하는 과정에서 생산되며 전달된다. 따라서 서비스 마케터는 서비스 상품을 서비스 전달과정(service process) 및 이러한 전달과정의 결과물(outcome)과 관련이 있는 특성들의 집합으로 인식하고 관리해야만 한다. 결국 서비스 상품관리는 서비스 제공물의 관리인 셈인데, 서비

그림 4-1

항공서비스 상품에 대한 분자 구조모형

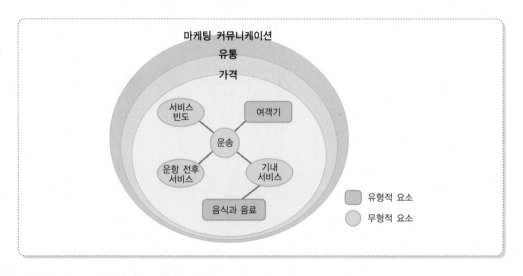

스 제공물(service offering)은 서비스 생산과정 및 이의 결과물과 관련된 특성들의 묶음으로 정의된다.

　서비스 상품은 고객가치를 창출하는 데 기여하는 유형적 요소와 무형적 요소의 묶음 (혹은 서비스 패키지)인데, 린 쇼스택(Lynn Shostack)은 서비스 상품의 구성차원을 시각화하여 관리하는데 도움이 되는 분자구조모형(molecular model)을 제안했다. [그림 4-1]은 항공서비스 제공물의 분자구조모형을 보여주는데, 중심에는 기본적인 핵심편익이 위치하고 있으며, 이는 다른 서비스 요소들과 연결되어 있다. 한 구성요소의 변화는 전체 서비스 제공물의 성격을 완전히 변화시킬 수 있다.

　분자구조모형은 서비스 상품에 관련된 유형적 요소와 무형적 요소를 파악하는 데 도움을 줄 수 있다. 항공서비스에서 운송 자체, 서비스 빈도, 운항 중 및 전후 서비스 등은 무형적 요소인 반면 여객기와 식·음료는 유형적 요소이다. 서비스 상품에서 무형적 요소의 비중이 증가할수록, 서비스의 특성과 품질을 알리는 유형적 단서를 제공할 필요성이 커진다. 따라서 서비스 마케터는 상품, 가격, 유통, 그리고 마케팅 커뮤니케이션 프로그램을 수립하는 데 도움을 얻기 위해서 서비스 상품을 유형적 요소와 무형적 요소로 분류할 필요가 있다.

　한편 서비스 제공물의 개발은 기본적 서비스 패키지(basic service package)의 개발과 확장된 서비스 제공물(augmented service offering)의 개발로 구성된다. 또한 기본적 서비스 패키지는 핵심서비스(core service 혹은 main service)와 보조적(보완적) 서비스 (supplementary service, auxiliary service, peripheral service 혹은 facilitator service)로 구성된다. 따라서 현명한 서비스 마케터는 목표고객들이 경험하게 될 서비스 제공물을 개발함

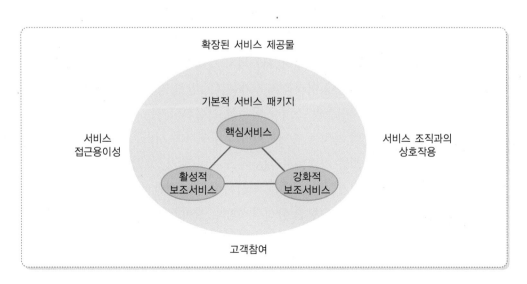

그림 4-2

서비스 제공물의 전체 구성요소

에 있어 총체적이고 계층적인 시각을 가질 필요가 있으며, 전반적인 서비스성과에 영향을 미치는 서비스요소들 가운데 어느 것에서 경쟁우위를 구축해야 할지를 검토해야 한다.

⁘ 기본적 서비스 패키지의 개발·관리

기본적 서비스 패키지의 개발은 핵심서비스와 보조적 서비스의 조합을 개발하는 것이다. 특정 서비스 산업(예: 건강관리산업, 운송산업 등)은 고객들에게 제공되는 핵심적 편익과 솔루션의 집합으로 정의된다. 그러나 이러한 핵심서비스를 제공하는 과정에서 기업은 핵심서비스의 사용을 원활하게 하고 고객의 전반적 경험에 추가적 가치와 차별화를 제공하는 보조적 서비스들을 함께 제공한다. 예를 들어, 호텔서비스는 숙박의 제공이라는 핵심서비스와 리셉션 서비스, 발레파킹(valet parking) 서비스, 룸 서비스, 레스토랑 서비스 등의 보조적 서비스를 포함한다.

핵심서비스는 서비스기업이 시장에 존재하는 이유를 말한다. 앞서 언급하였듯이 호텔은 숙박서비스를 제공하는 것이며, 항공은 운송서비스를 제공하는 것이다. 서비스기업은 복수의 핵심서비스를 제공할 수 있다. 가령, 항공사는 장거리 운송과 근거리 왕복비행(shuttle) 서비스를 제공할 수 있다. 마찬가지로 이동전화 서비스회사는 무선통화와 인터넷 접속을 핵심서비스로 제공할 수 있다.

한편 고객들은 핵심서비스뿐 아니라 다양한 보조적 서비스들도 추가적으로 제공받는데, 서비스 마케터는 이러한 보조서비스를 핵심서비스의 이용을 원활하게 만드는 요소(예: 호텔의 리셉션 데스크)인 활성적(촉진적) 보조서비스요소(enabling services)와 핵심서비스의 가치를 강화시켜주는 요소(예: 호텔 레스토랑)인 강화적 보조서비스요소(enhancing services)로 구분해 관리할 필요가 있다. 활성적 보조서비스요소들이 적절히 제공되지 못하면, 고객은 핵심서비스를 소비하는데 어려움을 겪게 된다. 반면 강화적 보조서비스는 핵심서비스의 소비나 이용을 활성화시키는 역할대신 핵심서비스의 가치를 증대시키거나 경쟁사의 서비스로부터 자사의 서비스를 차별화시키는 데 도움이 된다. 요약하면 기본적 서비스 패키지의 개발은 핵심서비스의 개발과 보조적 서비스의 두 가지 유형인 활성적(촉진적) 서비스요소와 강화적 서비스요소의 개발로 구성된다([그림 4-2] 참조).

종종 활성적 보조서비스와 강화적 보조서비스를 구분하기

인천공항 셀프 체크인 서비스
(차별화된 활성적 보조서비스의 예)

어려울 수도 있다. 어떤 상황에서 핵심서비스의 이용을 활성화시키는 서비스요소(예: 장거리 비행편에서 제공되는 기내식사)가 다른 상황에서(예: 근거리 왕복비행편) 가치강화적 보조서비스요소가 될 수 있기 때문이다.

그러나 관리자의 시각에서는 활성적 서비스요소와 강화적 서비스요소를 구분하는 것이 중요하다. 활성적 서비스요소는 고객이 서비스를 원활하게 이용하기 위해 반드시 도입되어야 한다. 만약 이들이 제공되지 않는다면, 서비스 패키지의 가치가 발생되지 않기 때문이다. 그렇다고 해서 자사의 활성적 서비스를 경쟁자의 것과 차별적으로 설계할 수 없음을 의미하는 것이 아니다. 가능하다면 마케터는 활성적 서비스요소들이 경쟁적 도구가 될 수 있도록, 그리고 서비스를 차별화하는 데 도움이 되도록 설계해야 한다. 그러나 가치강화적 서비스요소들은 주로 경쟁적 수단으로만 활용된다. 이들이 충분히 제공되지 않더라도, 핵심서비스는 여전히 이용될 수 있기 때문이다. 그러나 총체적 서비스 패키지는 매력도가 상대적으로 저하되고 그 결과로 경쟁열위가 발생될 것이다. 다음 장에서는 이러한 보조적 서비스들에 대해 구체적으로 살펴보도록 하겠다.

Marketing Focus

사우스웨스트 항공의 차별적 서비스 개념과 일관성 있는 서비스 제공물

사우스웨스트 항공(Southwest Airlines)의 서비스 개념은 저렴한 가격으로 정의될 수 있다. 실제로 사우스웨스트 항공은 마일당 가장 낮은 요금을 제공하는 항공사이다. 비즈니스 여행자들을 타깃고객으로 선정하고 그들이 원하는 기본서비스들만을 제한적으로 제공하기 때문에 원가를 낮출 수 있었으며 이에 따라 서비스의 요금도 낮출 수 있었다.

저렴한 항공요금을 실현할 수 있는 서비스 제공물의 개발

항공사의 이익은 승객 운항서비스 시간의 길이에 비례한다. 사우스웨스트 항공은 승객 운항서비스 시간을 증대하기 위하여 서비스전달 시스템을 정교하게 디자인하였다. 우수한 정비직원 및 최신 기종을 보유하여 운항간격을 최소화하였다. 이에 따라 높은 운항시간을 갖게 되었으며, 비행기 수를 최소화할 수 있었다. 사우스웨스트 항공의 서비스전달 시스템은 비행기 이착륙시간을 엄격하게 고수한다는 원칙을 가지고 디자인되었다.

첫째, 허브 앤 스포크스(hub-and-spokes) 시스템을 포기하고 포인트 투 포인트(point-to-point) 시스템을 도입하였다. 많은 도시들을 연결하기 위해서는 중심이 되는 허브를 설정하고 도시들을 허브로 연결하는 것이 항공업체의 관행이었다. 허브 앤 스포크스 시스템의 장점은 새로운 도시를 추가적으로 연결하기 위해서는 새로운 도시와 허브를 연결하기만 하면 다른 도시들은 쉽게 허브에서 연결될 수 있다. 그러나 허브 앤 스포크스 시스템의 단점은 한 비행기가 허브에 늦게 도착하게 되면 다른 비행기 스케줄들이 영향을 받게 된다는 것이다. 이에 사우스웨스트 항공은 도시와 도시를 직접 연결하는 항로를 통하여 한 비행기가 늦게 도착하더라도 다른 비행기 스케줄들에 미치는 영향을 최소화하였다. 즉, 근본적으로 항공기 운행의 예측이 가능하게 만든 것이다.

둘째, 제휴 영업을 포기하였다. 사우스웨스트 항공은 고객의 수화물을 다른 항공사에 인도하지 않았고, 다른 항공사의 수화물을 인도받지도 않았다. 수화물이 늦게 도착하면 항공기 스케줄에 영향을 주게 되며, 다른 항공사로 또는 다른 항공사로부터의 수화물을 처리하는 시간도 증가하게 된다. 제휴영업을 포기한 결과 비행기 이착륙시간을 지키기가 쉽게 되었으며, 회계처리도 단순화되어 비용절감을 가져올 수 있었다.

셋째, 장거리 노선 및 국제선 영업을 포기하였다. 허브 앤 스포크스 시스템은 노선이 많은 경우에 이점을 갖는 반면에 포인트 투 포인트 시스템은 소수의 도시들만을 대상으로 항공서비스를 제공할 때 유리하다. 사우스웨스트 항공은 항공기가 이착륙하는 도시를 줄이기 위해 장거리 노선과 국제선 영업을 포기한 것이다. 이에 따른 부가적인 장점들도 얻을 수 있었다. 승무원들의 호텔비용을 감축할 수 있었으며, 고객의 수화물이 가벼워져 수화물 처리가 쉬워졌다. 짧은 거리의 비행 일정으로 승무원의 대기시간이 짧기 때문에 타 항공사들의 파일럿들이 월 50시간을 비행하는 반면 사우스웨스트 항공은 월 70시간을 비행하게 되어 생산성도 높이게 되었다.

넷째, 좌석을 미리 배정하는 방식을 제거하였다. 도착한 순서대로 번호가 부여된 플라스틱 카드를 제공하는 것으로 보딩 패스를 대체하였다. 플라스틱 카드는 리사이클 할 수

있어 환경보호에 기여하는 장점을 가지고 있다. 그러나 더 큰 장점은 좌석배정에 대한 관리업무를 단순화할 수 있다는 점과 먼저 비행기에 들어가야 좋은 좌석을 차지할 수 있으므로 고객이 신속하게 비행기를 탑승한다는 점이다. 이에 따라 비행기 출발시간을 단축할 수 있었으며 비용도 절감할 수 있게 되었다.

다섯째, 2급 공항을 이용하였다. 댈러스에 새로 개발된 공항은 최신시설을 가지고 있는 대규모 공항이나 도심에서 너무 떨어져 있었다. 다른 항공사들은 새로운 공항으로 위치를 이전하였으나 사우스웨스트 항공은 항공 교통량이 적은 기존의 공항을 이용함으로써 정시운항, 빠른 이착륙이 가능했으며, 도심 근처의 공항위치를 선호하는 비즈니스고객을 만족시킬 수 있었다.

여섯째, 기본적인 스낵만 제공하고, 서비스하기에 시간이 걸리며 비용이 많이 드는 기내식을 제거하였다.

일곱째, 보잉 737의 단일 기종만을 이용했다. 한 기종만 이용하게 됨으로써 유지보수비, 훈련비 등을 감축할 수 있었다.

여덟째, 다른 경쟁업체들의 운항간격은 30분에서 50분 사이인 반면 사우스웨스트의 운항간격은 15분이다. 비행기가 착륙하는 즉시, 기계설비자, 청소원 등이 신속하게 이동하여 이륙준비를 신속하게 수행하도록 만들었다. 또한 비행기가 착륙하면 연료를 공급해야 한다. 경쟁기업들은 연료트럭을 운영하고 있었는데, 이는 연료트럭이 비행기가 착륙한 곳으로 이동함으로써 시간이 지연될 수 있으며 연료 트럭의 운영에 트럭 1대당 연간 6만 불이 소요된다. 그러나 사우스웨스트 항공은 펌프시설을 도입하여 펌프에서 바로 항공기에 연료를 공급함으로써 지연을 방지할 수 있었으며 펌프 1대당 도입가격은 1만 불이지만 유지보수 비용이 거의 들지 않게 되었다. 그리고 승무원들도 직접 기내청소를 지원한다. 1명의 승무원만 앞에서

손님을 배웅하며 고객이 비행기를 퇴장함에 따라 뒷좌석은 비게 되므로 승무원들이 청소를 바로 뒤에서부터 시작함으로써 청소시간을 절약할 수 있었다.

아홉째, 사우스웨스트 항공의 최고경영자는 항공기 기내와 공항에서 직접 고객 및 종업원들과 접촉하여 서비스 전달 시스템이 제대로 수행되고 있는지를 확인한다. 즉, 최고경영층이 서비스전달 시스템의 성과를 감시하고 있는 것이다.

서비스 제공물(서비스 전달시스템)의 성과에 대한 피드백: 고객의 소리 청취

사우스웨스트 항공에서는 고객의 불만신고 제도와 제안 제도가 활성화되어 있다. 매주 1,000명의 고객 불만과 제안을 접수하고 있으며 두 부서에 걸쳐 스태프들이 서비스 문제를 조사하여 고객에게 회신한다. 사우스웨스트 항공은 서비스 제공물의 문제점을 파악하는 과정에서 정형화된 규격을 사용하지 않고 있다. 이와 같이 정형화된 규격을 사용하지 않음으로써 고객이 개인적인 배려를 받고 있음을 느끼게 만들 수 있다. 때로는 사장까지 편지를 쓰고 있어 고객의 소리 청취는 즉각적으로 서비스 제공물(서비스 전달시스템)의 개선에 이용되고 있다.

또한 종업원들의 소리도 청취할 수 있도록 노력하고 있다. 예를 들어, 운항 시간표를 작성하는 종업원들은 자신들이 만든 시간표가 고객과 타종업원의 만족도에 미치는 영향을 피부로 느끼도록 정기적으로 공항근무에 투입된다.

⠿ 보조적 서비스의 주요차원들

산업이 성숙기에 들어서 서비스 업체간 경쟁이 치열해짐에 따라 핵심서비스는 점차 표준화되고 보편화된 상품(commodity)이 되었다. 따라서 지속적 경쟁우위를 확보하기 위한 전략적 수단으로 서비스 업체들은 보조적 서비스에서의 차별화를 추구하게 된다.

앞서 보조적 서비스는 그 역할에 따라 서비스 전달을 위해 반드시 요구되거나 혹은 핵심서비스를 이용하는 데 도움을 주는 활성적(촉진적) 보조서비스와 고객들에게 추가적인 가치를 제공하는 강화적 보조서비스로 나누어진다고 설명한 바 있다. 이러한 보조서비스들의 유형은 매우 다양할 수 있지만, 본 장에서는 다음과 같이 8개 보조서비스 차원들로 범주화하여 설명하고 있다. 특히 이러한 보조서비스들은 주로 서비스를 이용하는 고객들의 구매행동 프로세스와 밀접한 연관이 있다는 점에 유의하여 살펴보자.

활성적 보조서비스	강화적 보조서비스
• 정보(information)	• 상담(consultation)
• 주문처리(order taking)	• 고객환대(hospitality)
• 대금청부(billing)	• 보관(safe keeping)
• 지불(payment)	• 예외적 서비스(exceptions)

[그림 4-3]은 8개의 보조서비스 차원들을 보여주는데, 이들은 꽃의 중심부에 위치한 핵심서비스를 에워싸고 있는 8개의 꽃잎으로 묘사되고 있다. 꽃모양의 서비스 제공물 모형(flower of service)은 고객들이 종종 접하게 되는 서비스요소들을 시계시침의 방향으로 배열하고 있다(물론 서비스요소들의 순서는 달라질 수 있는데, 서비스전달 이전에 대금이 지불되는 경우가 이에 해당됨). 잘 설계·관리되는 서비스 조직의 경우, 꽃의 중심과 꽃잎이 싱싱하고 보기 좋게 형성되어 있다. 그러나 잘못 설계되거나 실행되는 서비스는 꽃잎의 일부가 떨어져 있거나 시들어 있는 꽃과 같을 것이다. 이 경우에는 꽃의 중심(속)이 튼튼하더라도, 꽃의 전반적 인상은 비매력적으로 보일 수 있다. 당신이 특정의 서비스구매에 대해 불만족한 경험을 했을 때, 그것이 핵심서비스에서 귀인한 것인지 혹은 한 개 이상의 꽃잎(즉, 보조서비스)에서 발생된 문제들에서 귀인한 것인지에 대해 한번 생각해 보라(대체로 보조서비스에서 불만족스러운 경험을 하게 될 것이다).

물론 서비스 상품의 성격에 따라서 가치를 강화시키기 위해 혹은 서비스 이용을 원활하게 하기 위해 필요한 보조서비스들은 서로 다를 수 있다. 대체로 고객과의 접촉수준이 높은 서비스가 낮은 서비스에 비해 더 많은 수의 보조적 서비스요소들이 제공되는 경향이 있다.

기업의 시장 포지셔닝 전략도 어떤 보조서비스 요소들이 제공되어야 할지를 결정하는 데 지침이 된다. 고객의 품질지각수준을 높이기 위해 더 많은 편익들을 추가하는 전략은 저가격에 기반한 경쟁적 포지셔닝 전략에 비해 더 많은, 그리고 더 높은 수준의 보조서비스들을 제공해야 할 것이다. 서로 다른 등급의 서비스를 제공하는 기업(예, 항공사

그림 4-3

꽃모양의 서비스 제공물 구조 모형 – 핵심서비스와 8개 보조서비스 차원들

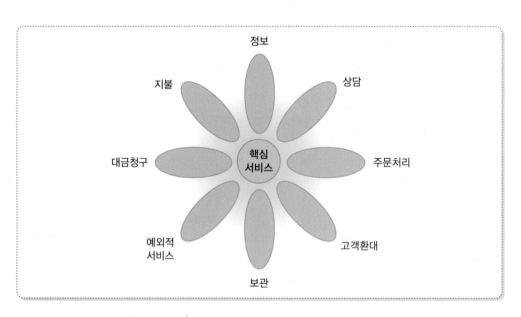

의 1등석, 비즈니스석, 일반석 등)은 종종 서비스 등급이 올라감에 따라 보조서비스 요소들을 추가함으로써 등급별 차별화를 추구하기도 한다.

정보

고객들은 서비스로부터 최대의 가치를 얻기 위해 관련된 정보를 원한다. 특히 신규고객과 가망고객들은 정보획득에 대한 욕구가 강한 편이며, 고객의 정보욕구는 서비스 상품 소개, 판매 및 이용(예: 사이트 주소, 서비스제공시간, 가격, 사용지침 등), 서비스 혜택, 문제해결, 정책변경에 대한 통지에 이르기까지 다양할 수 있다. 이들은 때에 따라 법에 의해 반드시 제공되어야 하는 정보들도 있다.

기업은 고객들에게 정확하고 유용한 정보를 적시에 제공할 수 있어야 한다. 부정확하거나 불충분한 정보의 제공은 고객의 불편을 초래하거나 분노를 야기할 수 있다. 전통적으로 현장종업원에 의한 정보제공이 무엇보다 중요한데, 이들은 고객이 기대하는 만큼 충분한 지식을 갖추고 있지 않을 수 있기 때문에 사전에 철저한 교육이 필수적이다. 서비스 현장에서의 구매시점 광고물(POP)들 역

잘 기획된 구매시점광고(POP)들은 고객들의 주의를 끄는데 유용하다.

시 서비스 종업원의 역할을 대신 한다는 관점에서 전략적으로 다루어져야 한다. 최근에는 웹사이트나 모바일과 같은 전자매체를 이용한 정보제공이 효과적이다. 나아가 고객들은 이미 이루어진 일에 대한 증거서류를 제공받기를 원할 수 있는데, 예약의 확인, 영수증과 티켓, 결제내역 등이 이에 해당된다. 로지스틱스 전문회사들은 고객으로 하여금 부여된 식별번호를 이용해 화물의 이동현황을 추적할 수 있는 기회를 제공하기도 한다.

주문처리

기업의 주문처리과정은 고객들이 시간을 허비하지 않고 불필요한 신경을 쓰지 않도록, 정중하고, 신속하며, 정확해야 한다. 고객과 서비스 제공자 모두에게 더욱 용이하고 신속한 주문처리가 이루어질 수 있도록 다양한 기술이 활용될 수 있다. 요점은 주문과정의 완벽성과 정확성을 확실하게 실현하면서 두 당사자에게 요구되는 시간과 노력을 최소화하는 것이다. 반면 은행, 보험회사등은 신청에 필요한 기본조건을 충족시키지 못한 사람들(예: 신용불량고객이나 건강상 이상이 있는 사람)을 걸러내기 위한 수단으로, 가망고객들로 하여금 까다로운 신청과정을 거치도록 하기도 한다.

예약은 주문처리의 특별한 유형인데, 이는 고객들에게 특정의 서비스(예: 항공기 좌석,

아이패드를 이용해 주문의
정확성과 재미를 제공해주는
패밀리레스토랑

호텔 숙박, 의사 등 서비스전문가와의 상담)를 제공받을 권리를 부여하는 것이다. 이 경우 예약·취소와 관련된 각종 절차 및 스케줄링의 정확성이 중요하다. 재고를 저장할 수 없는 서비스의 특성 상 수요와 공급관리 측면에서 이러한 예약시스템은 전략적으로 필요성이 크다. 전화예약 혹은 인터넷 예약과 같은 무티켓 시스템은 서비스 기업에게 상당한 원가절감의 기회를 제공하기도 한다.

대금청구

고객들은 대금청구가 정보제공적이며, 총 금액이 어떻게 산정되었는지를 명확히 알 수 있기를 기대한다. 대금청구에서의 서비스 실패는 이전 단계에서 서비스경험에 만족한 고객들을 실망시킬 수 있고, 서비스경험에 이미 불만족했다면, 고객들의 분노는 더욱 증폭될 수 있다.

대금청구는 현장 종업원들의 말로 제시되거나 혹은 인쇄된 대금청구서를 통해서 제시될 수 있다. 경우에 따라서는 정교하게 작성된 월 구매내역서 등이 고객들에게 전달 되기도 한다. 대금청구는 적시에 이루어져야 신속한 대금지불을 유도할 수 있다. 최근에는 휴대용 대금청구/결제장치, 이메일, 모바일을 통한 대금청구가 활성화되면서 기업들은 비용절감뿐 아니라 신속한 서비스를 제공할 수 있게 되었다.

한편 바쁜 고객들은 호텔이나 식당에서 대금청구서가 준비될 때까지 대기하는 것을 싫어한다. 이에 대응하기 위해서 호텔, 렌터카 회사 등 많은 서비스기업들이 익스프레스 체크아웃 옵션을 도입하고 있는데, 대금청구서를 사전에 확인할 수 있게 해주거나 혹은 고객의 자세한 신용카드정보를 사전에 확보하고 추후에 대금청구서를 보내는 결제방식을 도입하는 것이 그 예이다. 이 방식에서도 정확성은 매우 중요한데, 시간을 절약하기 위해 익스프레스 체크아웃을 이용한 고객들이 추후에 수정과 환불을 요구하기 위해 시간을 낭비하기를 원하지 않기 때문이다.

지불

고객들은 대금청구서에 따라 대금을 일시에 혹은 분할하여 지불해야 한다. 신속한 대금지불은 매출채권의 규모를 줄여주기 때문에 기업에게 이득을 제공한다. 이를 위해 미국 매사추세츠에 위치한 전력회사인 엔스타(NStar)는 기한 내에 일관성 있게 대금을 지불한 고객들에게 감사편지를 보내기도 한다. 고객이 대금을 지불하는 방식은 과거에 비해 매우 다양해지고 있다. 여전히 현금과 수표의 사용이 중요하지만, 지불수단에서 신용카드가 차지하는 비중과 중요성은 소액결제에 이르기까지 현저히 증가하는 추세이다. 쿠폰, 상품권, 선불티켓 등 새로운 결제수단들도 계속해서 생겨나고 있다. 고객들은 다양한 대금지불 방식 외에도 대금지불의 용이성과 편리성을 기대한다. 글로벌 소비자가 늘면서 세계 어디서나 이용 가능한 신용카드의 사용이 늘었거나 혹은 모바일 카드와 같이 편리한 결제수단들이 새롭게 각광받고 있다. 한편 인터넷이나 모바일에서의 상거래가 증가함에 따라 지불방식에서의 안정성이나 보안문제 등도 그 어느 때보다 중요해지고 있다.

인터넷 업체 옥션은 편리한 결제방식의 차별화를 강조한다.

고객들이 지불해야 할 금액을 정확히 지불했는지를 확인하기 위해 일부 서비스기업들은 통제시스템을 이용하는데, 영화관에 입장하기 전 혹은 기차에 탑승하기 전/후에 티켓을 확인하는 것이 그 예이다. 이 과정에서 정직한 고객이 불쾌감을 느끼지 않도록 직원들은 공손함과 직무수행의 엄격성을 함께 갖추기 위한 교육을 받아야 한다.

지금까지 활성적 보조서비스에 대해 설명하였는데, 다음에서는 강화적 보조서비스에 대해 살펴보기로 한다.

상담

강화적 보조서비스의 한 차원인 상담은 활성적 보조서비스차원인 정보제공과 비교된다. 정보제공은 고객의 질문에 단순히 응답하는 것(혹은 예상되는 고객욕구에 맞추어 제공되는 인쇄된 정보)인 반면 상담(consultation)은 대화를 통해 고객이 요구하는 것을 파악하고, 이에 맞는 솔루션을 제안하는 것이다. 상담의 유형에는 고객화된 자문, 개인적 카운슬링, 제품이용에 대한 실습교육, 경영·기술 컨설팅 등이 포함된다.

고객과 상호작용하는 서비스의 특성 상 서비스이용에 대한 상담과 이에 대한 자문은 일상적이다(예: 고객이 자신에 맞는 헤어스타일과 헤어제품에 대해 미용사에게 질문할 수 있음). 따라서 경쟁사에 비해 고객가치를 강화할 수 있는 방향으로 차별적인 상담서비스를 제공하는 것이 관건이다.

이를 위해 서비스기업은 보다 정교한 형태의 상담인 카운슬링에 주목할 필요가 있다. 카운슬링은 고객들로 하여금 자신이 처한 상황을 보다 잘 이해하도록 도움을 줌으로써 스스로 자신에 대한 솔루션과 행동프로그램을 도출할 수 있도록 유도하는 것이다. 푸르덴셜 생명보험은 국내시장 진출 초기에 당시만 하여도 생소하였던 라이프 플래너의 개념을 도입하여 큰 성공을 거둔 바 있다. 또한 이러한 접근방식은 미용·건강 서비스 상품에서 매우 유용할 수 있는데, 예를 들어, 웨잇 와쳐즈(Weight Watchers)와 같은 다이어트 센터는 초기의 다이어트 프로그램이 완료된 후에 체중감량이 계속 유지될 수 있도록 카운슬링을 통해 고객들이 자신의 상황을 장기적으로 바라보고 건강지향적인 행동으로 바꾸는 데 도움을 준다.

기업고객(B2B)을 위한 서비스에서 상담은 특히 중요하다. 기업고객을 위한 상담은 값비싼 산업 설비와 서비스가 함께 제공되는 솔루션 판매를 포함한다. 세일즈 엔지니어는 고객의 상황을 조사한 다음 어떤 설비와 시스템으로 구성된 패키지가 기업고객에게 최선의 결과를 낳게 할 것인지에 대해 객관적인 자문을 제공한다. 일부 컨설팅 서비스는 판매를 실현할 의도를 가지고 무료로 제공된다. 고객에 대한 자문은 실습교육(tutorials), 그룹 훈련 프로그램, 공개적 실연(public demonstration) 등을 통해 이루어질 수도 있다.

보험서비스에서 카운슬링 (라이프플래너)은 중요한 경쟁력이다.

고객환대

고객환대(hospitality)는 신규고객을 만나는 과정에서, 또는 재방문한 고객들을 맞이하는 과정에서 즐거움을 제공하는 것이다. 잘 관리된 서비스기업은 어떤 경우에도 자사종업원들이 고객들을 손님(guest)으로 대우하도록 하며, 기업이 제공하는 고객환대 서비스의 품질은 핵심 서비스에 대한 고객의 만족·불만족을 결정하는 데 중요한 역할을 한다.

고객환대는 대면접점에서 가장 극명하게 표현되는데, 경우에 따라 고객환대는 셔틀버스 등과 같은 운송수단을 이용해 고객들을 서비스 제공장소로 모시는 것에서부터 시작된다. 만약 고객이 서비스를 제공받기 전까지 밖에서 기다려야 한다면, 사려 깊은 서비스 제공자는 기상상태로부터 고객을 보호하는 서비스요소들을 제공할 것이다. 만약 그들이 실내에서 기다려야 한다면, 시간을 보낼 수 있도록 좌석과 오락설비(TV, 신문, 잡지 등)를 갖춘 대기실이 제공될 것이다.

기대 밖의 서비스를 제공하는 것도 고객환대에 유용하다. 브리티시 에어웨이즈(BA: British Airways)는 런던의 히드로 공항과 게트윅 공항에 있는 자사터미널에 야간 장거리 비행 편으로 아침 일찍 도착한 탑승객들을 위한 도착라운지를 설치하여 큰 호응을 얻었다.

선천적으로 따뜻하고, 즐겁게 맞이하고, 사려 깊은 성격을 가진 접객원은 고객을 환대하는 분위기를 창출하는 데 도움이 된다. 세계적인 휴양 리조트인 클럽메드(Club Med)에서는 방문 고객맞이부터 다채로운 환대 서비스를 제공하는 전문인력인 G.O(Gentle

Organizer)를 운영하고 있다. 서비스를 제공받기 전에 고객들이 대기하는 구역의 물리적 설계도 고객환대의 성공과 실패에 중요하다. 비매력적이고 불편한 분위기를 느끼게 하는 서비스 공간은 고객의 발길을 돌리게 할 수 있기 때문이다.

리조트 방문객들에게 G.O는
고객환대의 상징이다

보관

서비스 제공 장소에 도착한 고객들은 종종 개인적 소지품에 대해 지원적 서비스를 제공해 주기를 원한다. 서비스 제공 장소에서 제공되는 보관서비스에는 외투 보관소, 수화물의 운반, 취급, 저장, 귀중품의 보관, 그리고 유아·애완동물의 보호 등이 포함한다. 고객이 구매하거나 빌린 물리적 제품에 대한 보관서비스도 제공되는데, 패키징, 픽업과 배달, 조립, 설치, 청소, 검사 등이 이에 해당된다. 이러한 서비스는 무료로 제공되거나 혹은 추가적 비용을 받고 제공된다. 책임감이 있는 서비스기업은 구내를 방문한 고객들을 위해 안전문제에도 주의를 기울인다. 웰스파고(Wells Fargo) 은행은 은행거래내역서와 함께 ATM을 안전하게 사용하는 방법과 ATM카드와 자신을 도난으로부터 보호하는 방법 등에 관한 정보를 담은 브로슈어를 우편으로 보낸다. 그리고 은행은 ATM이 밝은 불빛아래 잘 보이는 장소에 설치되도록 한다.

예외적 서비스

예외적 서비스는 정상적인 서비스전달의 범위를 벗어난 보조서비스를 말한다. 기민성이 있는 기업들은 예외적 상황을 예상하고 긴급 계획과 지침을 사전에 개발한다. 그렇게 함으로써 고객의 특별한 지원요청에 대해 종업원들이 당황하지 않도록 한다. 잘 정의된 절차는 종업원들이 신속하고 효과적으로 대처하는 데 도움을 준다. 다음은 예외적 서비스의 몇 가지 유형이다.

• 특별 요청 : 어떤 고객이 정상적인 업무절차에서 벗어난 서비스를 요청할 수 있다. 사전요청은 종종 어린이 보호, 저칼로리 식품에 대한 요청, 의료적 도움, 종교적 의무사항의 준수 등과 같은 개인적 요구와 관련된 것이다. 이러한 요청은 여행산업과 접객산업에서 흔히 발생된다.

• 문제 해결 : 때에 따라 사고, 지체, 설비고장, 혹은 제품사용에 어려움을 겪는 고객 등으로 인해 정상적인 서비스전달(혹은 제품성과)이 원활하게 이루어지지 않는다.

보호자 없이 혼자 여행하는
어린이를 돌보는 대한항공
플라잉맘 특별서비스

• 불평 · 제안 · 찬사 등의 처리 : 이러한 활동은 잘 정의된 절차가 요구된다. 고객이 불만을 토로하거나 향상에 대한 제안을 하거나 혹은 찬사를 보내기 쉽도록 해야 한다. 그리고 서비스 제공자는 신속하게 적절한 반응을 보일 수 있어야 한다.

• 배상 : 많은 고객들이 심각한 성과실패에 대해 보상을 받기를 기대한다. 보상은 보증에 따른 수선, 법적 처리, 환불, 무료서비스의 제공, 혹은 다른 유형의 지불행위 등의 형태로 이루어진다.

서비스 마케터는 예외적 요청수준에 대해 주의를 기울일 필요가 있다. 너무 많은 요청은 정상적인 절차를 수정해야 할 필요성이 있음을 시사한다. 예를 들어, 식당고객들이 메뉴상에 없는 채식주의자들을 위한 특별음식을 빈번하게 요청한다면, 최소한 하나 정도는 그러한 요리를 포함하도록 메뉴를 조정할 시점일 수 있다. 예외적 서비스에 대해 유연성 있게 접근하는 것이 바람직한데, 왜냐하면 고객욕구에 대한 응답성을 반영하기 때문이다. 한편 너무 많은 예외적 서비스는 안전성을 저해하고 다른 고객들에게 부정적 영향을 미치고, 종업원의 부담을 가중시킨다.

⠿ 확장된 서비스 제공물의 개발

지금까지 살펴본 기본적 서비스 패키지(핵심서비스와 보조서비스)는 고객이 지각하는 서비스 제공물의 일부에 불과할 수 있다. 판매자와 구매자간 상호작용이 이루어지는 서비스 전달(생산)과정과 서비스접점(service encounter)에 대한 고객들의 지각은 다양한 요소들에 의해 영향을 받기 때문이다. 따라서 서비스 마케터는 서비스 전달과정의 세 가지 기본요소와 관련된 서비스특성들을 확장된 서비스 제공물에 반드시 포함해야 하는데, 서비스 접근용이성, 서비스 조직의 상호작용, 고객참여 등이 그것이다([그림 4-2] 참조).

확장된 서비스 제공물에 포함되는 세 가지 요소들은 기본적 서비스 제공물을 지원해 주는 것이어야 한다. 우선 서비스에 대한 접근용이성은 다음과 같은 요인들에 의해 영향을 받는다.

• 종업원의 수와 전문적 기술
• 영업시간, 업무일정표, 다양한 서비스과업을 수행하는 데 드는 시간
• 사무실, 작업장, 서비스 소매점의 입지

- 사무실, 작업장, 서비스 소매점 등의 내·외부장식
- 도구, 설비, 서류 등
- 고객들이 서비스 제공자와 서비스 전달과정에 접근할 수 있도록 하기 위해 도입된 정보기술
- 서비스 전달과정에 동시에 개입된 소비자들의 수와 지식수준

이러한 요소들에 영향을 받아, 고객들은 서비스에 접근하는 것이 혹은 이를 구매·사용하는 것이 쉽거나 어렵다고 느끼게 된다. 예를 들어, 수선서비스 전문기업 혹은 수선서비스센터의 전화교환원이 통화과정에서 고객들을 기다리게 만들거나 고객이 이야기를 나눌 서비스 기술자를 찾을 수 없다면, 고객들은 서비스에 대한 접근가능성이 형편없는 것으로 지각할 것이다. 설령 기존서비스 패키지의 전반적 품질수준이 실제로 나쁘지 않더라도, 서비스의 접근성 부재가 서비스 품질에 대한 지각에 부정적 영향을 미칠 수 있는 것이다. 인터넷 사이트, 고객지원 데스크(help desk), 콜센터 등은 서비스 접근가능성과 관련하여 많은 문제점이 야기되는 영역이다.

다음으로 서비스 조직과의 상호작용은 구체적으로 다음과 같은 범주들로 분류될 수 있다.

- 종업원-고객 상호작용 : 종업원들이 어떤 행동과 말을 어떻게 하느냐에 의해 영향을 받는다.
- 물리적 시설(컴퓨터, 서류, 대기실 시설, 서비스 생산과정에 필요한 도구들)과의 상호작용
- 시스템과의 상호작용(대기시스템, 착석시스템, 대금청구시스템, 인터넷사이트와 텔레커뮤니케이션 시스템, 배달시스템, 유지 및 보수작업, 예약, 클레임 처리 등)
- 서비스 생산과정에 함께 관여하는 다른 고객들과의 상호작용

고객들은 서비스 이용과정에서 종업원들과 접촉해야 하며, 운영·관리 시스템에 맞추어야 하며, 때에 따라 웹사이트를 이용하거나 ATM 혹은 자동판매기 같은 자동설비를 이용해야 한다. 나아가 다른 고객들과도 접촉해야 한다.

물리적 시설, 시스템 그리고 사람들과의 상호작용은 고객의 서비스지각의 일부분을 차지한다. 따라서 이러한 상호작용이 필요이상으로 복잡하거나 비우호적인 것으로 지각된다면, 우수한 기본적 서비스 패키지에 대한 지각된 품질은 낮아

의료서비스의 품질은 의사-환자의 상호작용에 의해서 영향을 받는다.

질 것이다.

마지막으로 고객참여는 고객자신이 서비스지각에 영향을 미친다는 것을 시사한다. 그러므로 고객은 서비스의 공동생산자이면서 고객가치의 공동 창출자이기도 하다. 종종 고객 스스로 서류를 작성하고, 정보를 제공하고, 웹사이트를 이용하고, 자동판매기를 작동시키는 등의 역할을 수행해야 한다. 고객이 이러한 과업을 수행할 준비와 의지를 어느 정도 갖추었는지에 따라, 서비스를 향상시킬 수도 혹은 저하시킬 수도 있다. 가령, 환자가 자신의 증상에 관해 정확한 정보를 제공할 수 없다면, 의사는 정확한 진단을 내릴 수 없을 것이다. 따라서 환자에 대한 치료도 적절하지 못하거나 덜 효과적일 수 있다. 그 결과로 의사가 제공하는 진료서비스의 수준이 저해된다. 셀프서비스의 경우, 마케터는 고객들이 서비스기업에 의해 제공되는 시스템과 자원을 이용해 보다 적극적이고 주도적으로 공동생산자의 역할을 수행할 것을 요구한다.

이와 같이 서비스접점에서 기본적 서비스 패키지를 구성하는 핵심서비스, 활성적 보조서비스, 가치강화적 보조서비스에 대한 고객지각은 서비스 접근용이성, 서비스 조직과의 상호작용, 고객참여수준 등에 의해 영향을 받는다. 요약하면 서비스 제공물의 개발은 통합적 과정이다. 따라서 서비스 콘셉트를 개발함에 있어서 서비스 마케터는 어떠한 종류의 핵심서비스, 활성적 보조서비스, 가치강화적 보조서비스가 사용되어야 하는지, 그리고 이러한 기본적 서비스 패키지의 이용가능방식, 상호작용의 개발방식, 서비스 제공과정에서의 고객참여방식 등을 통합적으로 반영해야만 한다.

4.2 서비스 브랜드관리

⠿ 서비스에서 기업브랜드의 중요성

최근 들어 서비스를 판매하는 기업의 서비스 브랜드구축에 대해 연구자와 실무자의 관심이 높아지고 있다. 서비스 브랜드의 구축에서 가장 주목할 점은, 대체로 제품브랜드가 브랜드자산 구축에서 주도적 역할을 하는 유형적 제품과는 달리, 서비스에서는 기업브랜드(service company)가 브랜드자산 구축에 주도적 역할을 한다는 점이다. 폴저스(Folgers) 커피와 스타벅스(Starbucks)의 예를 통해 구체적으로 살펴보자. 폴저스 커피는 프록터 앤 갬블(Procter & Gamble)이라는 기업이 가지고 있는 제품 포트폴리오 내의 한 제품 브랜드이지만, 소비자들이 폴저스 커피의 구매를 결정하는 데 있어 프록터 앤 갬블이라는 기업브랜드가 미치는 영향력은 상대적으로 제한적이다. 이에 반해 스타벅스를 이용하는 고객은 스타벅스라는 기업브랜드를 구매하는 것이다. 실제로 서비스업종의 경우는 기업브랜드가 곧 서비스 브랜드인 경우가 대부분이며, 고객들도 서비스를 구매함에 있어 서비스 기업이 제공하는 여러 상품들의 브랜드파워보다는 기업브랜드의 파워에 더 큰 영향을 받는 경향이 있다.

물론 서비스 기업들도 기업브랜드 밑에 다양한 서비스 상품 브랜드를 도입하는 경향을 보이고 있다. 국내 이동통신서비스 시장의 선도자인 SKT는 한때 011이란 번호, TTL, CARA, JUNE, UTO 등의 다양한 서비스 상품 브랜드를 도입하였다(현재는 T라는 브랜드로 통합됨). SKT는 무형의 서비스 상품에 대해 각기 다른 연령대의 세분시장을 표적으로 한 개별 브랜드를 도입함으로써 개별 서비스 상품에 대한 마케팅활동을 강화하고 브랜드 자산을 구축하려 했다. 그렇지만 이러한 경우에도 많은 소비자들이 경쟁사에 비해 SKT의 서비스 상품 브랜드를 선호한 것은 SKT라는 기업브랜드가 가지고 있는 높은 신뢰성과 강력한 브랜드파워 때문이었다. 경쟁사인 KT도 KTF와 합병하면서 기업브랜드를 KT로 정하고, 그동안 타깃시장에 맞춰 개발·관리되었던 기존의 여러 통신상품별 서비스 브랜드를 없앤 후, 유선전화서비스에 대해서는 쿡(Qook)을, 이동전화서비스에 대해서는 쇼(Show)라는 서브브랜드(sub-brand)를 활용하였으며, 현재는 올레(olleh)로 브랜드를 통합화 했다. 기업브랜드 KT는 높은 브랜드신뢰성을 기반으로 올레라는 통신서비스 브랜드를 후원하는 역할을 수행한다. 최근 이동통신서비스 시장에서는 광대역 통신서비스 상품(LTE)이 도입되면서 다시금 개별 서비스 상품 브랜드의 경쟁이 치열해지고 있다.

인터브랜드 브랜드자산 순위: 서비스 브랜드들도 글로벌 브랜드로 도약하고 있다.

SKT는 LTE-A 브랜드를 통해 광대역 통신상품의 마케팅활동을 강화하고 있다.

서비스기업들이 다양한 서비스 상품 브랜드를 도입하려는 최근의 브랜딩 추세에도 불구하고 서비스산업에서 기업브랜드가 서비스 브랜드로 인식되는 것이 일반적이다. 이 경우 제기되는 이슈는 기업 아이덴티티가 곧 브랜드 아이덴티티가 된다는 점이다. 따라서 서비스 기업 아이덴티티의 개념과 구성요소 등을 이해하는 것이 서비스 브랜드 자산 구축에 있어 출발점이 된다.

서비스 기업의 아이덴티티는 기업의 기풍(ethos), 목표(aims), 가치(values) 등을 포괄하는 것으로서, 경쟁환경에서 그 기업을 차별화시킬 수 있는 개별적 특성을 기업의 이해관계자들에게 표방한 것이다. 소비자들이 기업 자체를 서비스 브랜드로 인식하므로, 경쟁사와 구별되는 기업 아이덴티티를 개발하는 것은 서비스 브랜드구축의 결정적인 요소가 된다.

서비스 브랜드의 아이덴티티 혹은 이미지는 제품 브랜드와 마찬가지로 우수한 서비스 제공물이라는 이성적(rational)요소와 고객을 진실하고 따뜻하게 대하는 자세와 행동인 감성적(emotional) 요소의 조합으로 구성된다. 그 이유는 브랜드 이미지가 고객의 기능적, 감성적 니즈를 모두 충족시킴으로써 형성되기 때문이다. 그러나 제품 브랜드보다는 서비스 브랜드의 경우에 감성적 측면이 더 강조될 필요가 있다. 고객에게 무형적 특성을 가진 서비스가 제공할 기능적 요소를 보다 쉽게 이해시키는 데 감성적 요소가 더 효과적 수단이 될 수 있기 때문이다. 브랜드와의 감성적 유대관계는 브랜드가 인간적 특질을 가질 때 더욱 강화된다. 즉, 강력한 서비스 브랜드는 고객과 브랜드 간에 인간적 관계를 형성함으로써 창출된다. 이러한 점에서 서비스 브랜드의 퍼스낼리티는 브랜드자산 구축에 있어 특히 중요하다. 서비스의 경우에는 현장종업원이 서비스를 전달하는 과정에서 동시에 기업 브랜드의 이미지가 전달된다. 따라서 서비스기업의 종업원과 고객 간의 상호작용과정에서 고객이 지각하게 되는 기업의 퍼스낼리티가 서비스 브랜드의 아이덴티티(이미지)창출에 있어서 중요하다.

⋮⋮⋮ 서비스 브랜드자산과 브랜드 차별화

서비스는 유형의 제품과는 달리 무형성, 비분리성, 이질성, 소멸성이라는 고유한 특징을 가지고 있기 때문에 브랜드자산 관리차원에서 유형적인 제품 브랜드와는 다르게 접근해야 할 필요가 있다. 첫째, 무형성이라는 서비스 브랜드의 특징은 소비자들이 서비스 브랜드를 평가함에 있어 서비스 기업의 규모나 명성 또는 주위사람들의 구전 등에 의해 쉽게 영향을 받을 수 있음을 시사한다. 예를 들어, 의뢰인 입장에서 규모가 큰 컨설팅업체에 대해 작은 규모의 업체보다 컨설팅 가격을 더 비싸게 지불해야 할 것으로 생각할 수 있다. 둘째, 서비스는 생산과 소비가 동시에 일어나는 생산·소비의 비분리성 때문에 고객들이 소비자이면서 동시에 생산자가 된다. 즉 고객이 프로슈머(prosumer)가 되는 것이다. 따라서 서비스 기업의 브랜드는 고객들이 해당 서비스 기업의 고객 및 생산자로서 서비스 전달과정에서 어떻게 행동해야 하는지에 대한 역할수행방식을 정의하고 서비스의 차별적 특성을 교육시키는데 도움을 주어야 한다. 셋째, 품질이 항상 고르지 않음을 시사하는 이질성은 서비스 접점에 있는 일선 종업원(frontline employees)의 접객 태도와 활동이 고객들의 서비스 브랜드에 대한 지각에 중요한 단서로 작용함을 의미한다. 따라서 서비스 브랜드는 내부 종업원의 행동양식을 규정하는 도구로서의 역할을 할 수 있어야 한다. 즉, 종업원들이 브랜드가 추구하는 가치를 자신의 것으로 일체화 시키는 브랜드 내부화(internalizing)가 브랜드자산 구축에 있어 매우 중요한데, 이는 서비스 기업의 문화, 비전을 브랜드 아이덴티티로 표현함으로써 실현될 수 있다. 넷째, 소멸성은 서비스 접점에서 소유권의 이전이 이루어지지 않는 경우가 많다는 것과 수요와 공급의 불일치가 발생하기 쉽다는 것을 의미한다. 예를 들어 보험상품은 실제로 혜택을 받기 오래 전에 구매하는 서비스상품이다. 이러한 경우 혜택을 받기 전 단계에서 타기업으로 이탈할 가능성이 높으므로 서비스 기업브랜드의 높은 명성과 강력한 이미지가 고객의 브랜드 전환행동을 어렵게 만드는 데 중요한 요인이 될 수 있다. 수요와 공급에 대한 관리의 실패는 기업의 이미지를 실추시키게 되는데, 기업이미지의 실추는 곧 서비스 브랜드의 실패를 유발하게 된다.

한편 베리(Leonard Berry)는 서비스 브랜드자산을 구축하고 관리하는 방법에 대한 개념적 틀을 제공하였다. [그림 4-4]에서 볼 수 있듯이, 서비스 브랜드자산은 높은 브랜드 인지도와 긍정적이고, 강력하며, 독특한 브랜드 의미(브랜드 이미지)가 결합되어 형성된

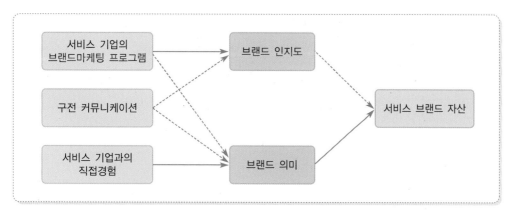

그림 4-4
서비스 브랜드자산의 원천

*여기서 점선은 영향력이 상대적으로 약함을, 실선은 영향력이 상대적으로 강함을 의미함

다. 서비스 브랜드의 인지도와 의미는 다시 세 가지 원천에 의해서 창출된다. 첫 번째는 서비스 기업의 마케팅 커뮤니케이션을 통해 제시되는 브랜드 구성요소(브랜드명, 로고, 심벌, 슬로건 등)에 대한 소비자 지각이며, 두 번째는 다른 사람들로부터의 구전을 통해 소비자가 형성하는 브랜드 지각이며, 세 번째는 고객과 서비스 기업간의 직접적 거래경험이다. 특히 강력한 서비스 브랜드자산은 브랜드 인지도보다는 브랜드 의미에 의해 주로 구축된다. 브랜드 의미는 소비자의 직접적인 거래경험에 의해 주로 형성되며, 광고나 구전 등의 영향은 상대적으로 약하다. 이는 서비스가 본질적으로 경험적 특성을 갖기 때문이다.

최근 서비스 산업은 많은 경쟁업체들의 등장과 기술적 진보로 인해 개별 기업들의 서비스 상품은 평준화되었다. 이에 따라 브랜드에 기반한 차별화와 경쟁우위의 획득이 그 어느 때보다 중요한 관심사가 되고 있다. 더욱이 인수합병, 전략적 제휴 등을 통해 서비스기업이 대형화 되면서 서비스 브랜드에 대한 중요성이 더욱 증가하게 되었다. 결국 이러한 추세는 서비스 상품의 차별화를 넘어서 서비스 브랜드의 차별화가 고객들을 구매로 이끌고 서비스 품질과 만족도에 대한 전반적 평가의 근거가 될 수 있음을 시사한다.

강력한 서비스 브랜드는 브랜드의 차별화뿐 아니라 브랜드 명성의 구축, 고객과의 감정적 연결(유대), 브랜드 내부화의 개발·강화를 통해 구축된다. 브랜드 차별화는 서비스 전달과정의 차별화와 서비스 결과물의 차별화를 추구하고, 브랜드 구성요소(브랜드명, 로고, 심벌, 슬로건 등)의 효과적 결합을 통해 차별적 브랜드 의미를 전달하려는 마케팅커뮤

그림 4-5

서비스 브랜드자산 구축전략

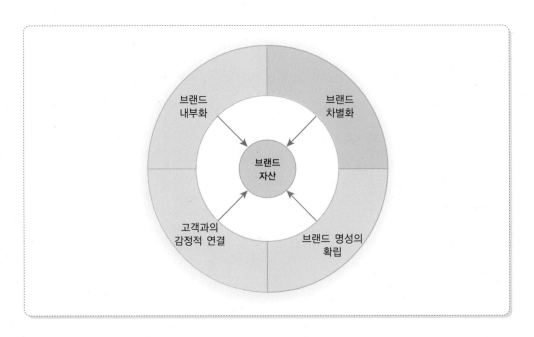

니케이션 노력을 지속적으로 기울임으로써 달성된다. 브랜드 명성은 타깃시장의 고객들에게 가치 있는 서비스 제안을 함으로써 우리 기업이 무엇을 표방하는지, 왜 존재하는지를 다양한 이해관계자 집단들에게 진실하게 보여줌으로써 구축된다. 고객과의 감정적 연결은 브랜드가 고객들의 감정에 어필할 수 있어야 함을 의미하는데, 이것은 고객이 가장 소중하게 여기는 가치를 브랜드가 충족시킴을 약속하고, 실제로 서비스 전달과정에서 이를 경험할 때 달성된다. 내부고객과 외부고객들이 브랜드를 내부화하도록 만든다는 것은 그들이 브랜드 퍼스낼리티와의 동일시를 통해 서비스 브랜드에 대해 깊은 몰입수준을 갖는 것이다. 서비스 기업은 브랜드 아이덴티티에 대해 종업원들이 먼저 동일시를 느끼도록 하는 노력이 선행되어야만 고객이 브랜드에 동일시할 수 있음에 유의할 필요가 있다. 고객의 눈에는 일선 종업원이 서비스 기업의 브랜드를 대변하는 것으로 지각하기 때문에 고객의 서비스 브랜드에 대한 경험(이미지)은 대부분 종업원과의 상호작용에서 생성되는 것이다.

⠿ 서비스 브랜드자산 구축을 위한 주요 브랜드 구성요소의 개발

기업은 브랜드자산의 구축·강화를 위해 다양한 브랜드 구성요소(brand elements)들을 선택하고 이들을 조화시켜야 한다. 일반적으로 브랜드명, 로고, 심벌, 캐릭터, 슬로건, 패키지 등이 중요한 브랜드 구성요소들로 다루어진다. 서비스의 경우 매장 분위기나 종업원 복장과 같은 서비스 접점요소들도 브랜드의 경험관점에서 중요한 브랜드 구성요소가 될 수 있다. 서비스 마케터는 브랜드 구성요소들을 선택함에 있어 브랜드자산의 구축에 기여하는지를 우선적으로 고려해야 한다. 즉, 각각의 브랜드 요소는 브랜드 인지도를 향상시키고 강력하고 호의적이면서 독특한 브랜드 연상을 형성·강화하는 데 기여할 수 있어야 하는 것이다.

일반적으로 기업은 브랜드 요소를 선택함에 있어 ① 기억용이성, ② 유의미성, ③ 전이성, ④ 적응가능성, ⑤ 보호가능성의 5가지 평가기준을 고려한다.

• 기억용이성(memorability) : 브랜드자산을 구축하기 위해 우선 높은 수준의 브랜드 인지도를 획득해야 하는데, 이를 위해 잘 기억될 수 있는 브랜드 요소가 선택되어야 한다. 알파벳 M자모양의 노란색 아치형 로고는 맥도날드의 상징이 되어버린 것처럼, 구매·소비상황에서 쉽게 눈에 띄거나 잘 회상될 수 있는 브랜드명, 심벌, 로고 등이 선택되어야 할 것이다.

• 유의미성(meaningfulness) : 기업은 브랜드 요소가 가지고 있는 본래의 의미가 브

스타벅스 로고변화(전이성과
적응가능성의 예)

랜드연상을 형성하는 데 도움을 주는지를 고려해야 한다. 브랜드 요소의 유의미성은 제품군의 특성과 같은 일반적 제품정보와 특정의 브랜드속성·편익과 같은 구체적 정보를 어느 정도까지 전달해 주느냐에 의해 판단될 수 있다. W호텔은 고객이 원하면 무엇이든(Whatever), 언제라도(Whenever) 최고의 서비스를 제공하겠다는 약속을 알파벳 W자를 담은 브랜드명으로 상징하고 있다.

- 전이성(transferability) : 브랜드 요소는 다른 국가나 문화권으로 제품의 지리적 범위를 확대하거나 혹은 동일제품군이나 다른 제품군으로 기존 브랜드를 확장하는 데 기여할 수 있어야 한다. 즉 브랜드명, 슬로건, 패키지 등은 다른 언어권이나 문화권으로 쉽게 그 의미가 이전되거나 이들에 의해 구축된 브랜드자산이 라인확장(line extension) 등에 유용하게 활용될 수 있어야 한다. 스타벅스는 커피 외에 다른 분야로의 사업확장을 염두에 두고 최근 자신들의 로고에서 스타벅스 커피(STARBUCKS COFFEE)라는 영어문구를 제외하였다.

- 적응가능성(adaptability) : 브랜드 요소는 시장환경(가령, 고객기호)의 변화에 유연성 있게 적응할 수 있어야 한다. 로고, 캐릭터 등의 브랜드 요소는 시간경과에 따라 항상 새롭고 현대적인 느낌을 주도록 유연성 있게 변경될 수 있어야 한다.

- 보호가능성(protectability) : 기업은 경쟁사들의 침해로부터 법적인 보호를 받을 수 있는 브랜드 요소를 선택해야 한다.

이하에서는 서비스 브랜드 아이덴티티를 구현하는 데 핵심적인 브랜드 구성요소들에 대해서 자세히 설명하기로 한다.

브랜드명

브랜드명은 그 브랜드가 무엇이고 무엇을 할 수 있는지를 소비자에게 외적으로 보여 주는 수단이다. 브랜드명은 브랜드의 특성을 외적으로 표현하는 기능을 수행할 뿐 아니라 서비스 품질, 지위상징(status symbol) 등 보이지 않는 부분까지 전달한다. 전 세계적으로 잘 알려진 브랜드명인 포시즌 호텔(Fourseasons Hotel)과 롤스로이스(Rolls Royce)는 최고의 품질은 물론 사용자의 지위를 나타낸다. 이처럼 브랜드명은 브랜드개념을 표현하는 데 핵심적인 역할을 한다는 점에서 브랜드 아이덴티티의 형성에 있어서 가장 강력한 원천의 하나이다.

일단 시장기반구축에 성공한 브랜드명은 강력한 브랜드자산이 되어 새로운 경쟁브랜드들의 시장진입을 저지하는 역할을 한다. 오늘날처럼 매일 수많은 경쟁브랜드들이 쏟

기업들이 흔히 사용하는 브랜드명의 유형

• **설립자 이름** : 여러 유명 기업들과 브랜드는 단순하게 윌리엄 E. 보잉(William E. Boeing), 존 디어(John Deere), 폴 줄리어스 로이터(Paul Julius Reuter), 베르너 폰 지멘스(Werner Von Siemens), 그리고 존 피어폰트 모건(John Pierpont Morgan)처럼 회사 설립자 명을 따라 지었다.

• **설명적인 브랜드명** : 또 다른 대안은 영국 항공(British Airways), 에어버스(Airbus), 캐터필러(Caterpillar), 도이체 텔레콤(Deutsche Telekom), 인터내셔널 비즈니스 머신(International Business Machines), 그리고 제너럴 일렉트릭(General Electric)처럼 사업의 특성을 전달하는 설명적인 이름을 사용하는 것이다. 설명적인 이름은 떠올리기가 쉬우며 기업의 사업의도를 명확하게 전달하는 장점을 갖지만, 포부를 보여주는 데 한계가 있다.

• **약어 이름** : 머리글자 또한 브랜드명으로 사용될 수 있다. 우리들에게 친숙한 인터내셔널 비즈니스 머신(International Business Machines)은 그들의 핵심사업을 초월해 사업영역을 확장하면서, 머리글자인 IBM을 사용했다. 그러나 IBM의 정식 법인이름은 여전히 그전처럼 풀어서 쓰고 있다. 약어 브랜드명은 오늘날 자신들의 초기 브랜드를 능가해 발전하는 기업들에게 관행적으로 이용되고 있다. IBM이 이외에도 BASF, BBDO, DHL, HP, HSBC, LEK, SAP, UPS 등도 이러한 예에 해당된다. 이러한 이름들의 큰 단점은 다시 기억해내기 어렵다는 것이다. 사람들 은 점점 더 많은 약어 네임들에 접하기 때문에 이를 익히거나 분간하는데 더욱 어려움을 느낀다. 약어 네임은 특성상 사업과의 연관성이 부족하기 때문에 자신이 누구인지를 시장에 홍보하고 교육하는데에 상당한 마케팅 투자가 필요하다.

• **조립된 브랜드명** : 이는 완전히 새로 만들어진 이름인데, 액센츄어(Accenture), 애질런트(Agilent), 엑손(Exxon), 란세스(Lanxess), 그리고 제록스(xerox) 등은 조립된 브랜드명의 대표적인 예이다. 이러한 함축적인 브랜드명들은 눈에 매우 잘 띄며, 쉽게 차별화되고, 법적으로도 보호된다. 또한 특이한 네임은 평범한 이름에 비해 기억하기 쉽다. 그러나 조립된 브랜드명은 약어 네임과 마찬가지로 자신이 어떠한 기업 혹은 제품인지를 고객들에게 홍보하고 교육시키는데 상당한 투자가 요구되는 단점을 가진다.

• **은유어** : 사물, 장소, 동물, 과정, 신화에서 따온 브랜드명 또는 외국어, 은유어에 기초한 브랜드명들은 기업과 제품 및 서비스의 특별한 품질이나 특성에 대해서 암시를 제공할 수 있다. 오라클(Oracle)은 은유적인 브랜드명을 성공적으로 활용한 기업이다. 특히 은유어는 기업을 경쟁사들과 차별화시키는데 유용하다. 1980

년대 초, 컴퓨터 산업이 IBM, NEC, DEC과 같은 이름을 가진 기업들에 의해 지배되고 있을 때, 한 새로운 경쟁업체는 기존 기업의 브랜드명에서 전달되는 차갑고, 접근하기 어려우며, 혼란스러운 표현들로부터 자사를 차별화하여 거리를 두고 싶었다. 그들이 무슨 이름을 선택했는지 한번 추측해보라. 바로 애플이다. '애플을 베어 먹어라(Byte into an Apple)'라는 은유는 이 기업을 아주 잘 뒷받침해 주었다.

출처: 필립 코틀러 · 발데마 푀르치(2007), B2B 브랜드마케팅, 비즈니스맵, pp. 155~157.

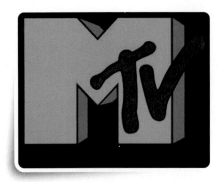

MTV는 '(Music)'의 강력한
이미지를 브랜드명과
로고에 잘 반영하였다.

아져 나오는 상황에서 자사브랜드를 소비자들에게 차별화시키고 그 제품을 구매할 수 있도록 하는 데 브랜드명이 큰 영향을 미친다. 구글, IBM, 맥도날드, 매리엇 호텔 등과 같은 브랜드명이 갖는 브랜드파워를 생각하면 브랜드 아이덴티티 형성에 있어서 브랜드명의 중요성을 이해할 수 있을 것이다.

브랜드명의 개발은 브랜드의 성공에 매우 중요하기 때문에 브랜드명의 선택과정은 체계적이면서 객관적이어야 한다. 무엇보다 좋은 브랜드명이 되기 위해서는 다음과 같은 조건들이 충족되는 것이 바람직하다.

① 브랜드명은 서비스 상품의 내용과 조화가 이루어져야 하며 경쟁사와 차별화될 수 있어야 한다. 또한 브랜드명은 시각적 및 언어적으로 서비스상품과 잘 어울리고 매력적이어야 한다. 예를 들어, 24시간내 배달 우편서비스 시장의 선도 브랜드인 페덱스(FedEx)는 소화물 특송 서비스의 주요특성을 잘 전달하면서, 경쟁이 치열한 소화물 특송 서비스업계에서 경쟁자와 쉽게 차별화될 수 있다는 이점을 갖는다.

② 서비스 상품의 기능이나 편익을 잘 전달할 수 있어야 한다. 예를 들어, SHOW라는 브랜드명은 영상통화라는 3G이동통신의 핵심 서비스편익을 잘 전달하였다.

③ 기억하기 용이하고 발음하기 쉬워야 한다. 일반적으로 관심을 끌만큼 특이한 이름이거나(예: 구글), 시각적인 이미지를 연상시키는 단어이거나(예: Apple 컴퓨터, 제트 블루), 짧고 단순한 단어(예: 'International Business Machines'보다는 IBM이, 'Federal Express'보다는 FedEx가 기억하기 쉬움)일수록 기억하기 쉽다.

④ 부정적인 연상을 유발하지 않아야 한다. 브랜드명이 주는 부정적 이미지는 특히 기업이 세계시장을 무대로 사업을 할 때 문제가 된다. 즉 브랜드명이 자국 내에서는 좋은 의미의 단어이지만 다른 나라에서는 부정적인 이미지를 연상시키거나 욕이 될 수 있다. 따라서 세계적인 다국적기업은 각 나라의 언어 및 문화적 요소 등을 고려하여 기업명이나 브랜드명을 선정하고 있다.

로고와 심벌

로고와 심벌은 기업명이나 브랜드명, 혹은 이들의 특징을 시각적으로 보여주기 위해 사용된다. 심벌은 워드마크(wordmark: 가령, 특정의 디자인으로 표시된 기업명이나 브랜드명)가 아닌 로고를 말한다. 브랜드가 가지고 있는 의미를 간결하게 표현하고 브랜드를 소비자들에게 쉽게 인식시켜 주는 로고와 심벌은 브랜드 아이덴티티를 강화시킬 수 있다. 시각적 브랜드 요소인 로고와 심벌은 특히 무형성이 강한 서비스 브랜드의 브랜드자산을 창출하는 데 중요한 역할을 수행한다.

첫째, 로고와 심벌은 서비스 브랜드의 인지도를 높이는 데 중요한 역할을 한다. 일반적으로 사람들은 그림이나 사진(즉, 로고와 심벌)을 단어(브랜드명)보다 더 잘 기억하는 경향이 있다고 한다. 따라서 로고와 심벌은 쉽게 인지되고 경쟁 서비스들과 구별하게 하는 주요 수단이 된다. 특히 저관여 구매상황과 같이 구매시점에서 의사결정이 이루어질 경우, 현장에서 구체적으로 보여지는 로고나 심벌과 같은 시각적 브랜드요소들은 브랜드 선택에 상당한 영향을 미친다.

둘째, 심벌은 브랜드와 관련된 풍부한 연상을 불러일으키는 데 도움을 준다. 가령, 푸르덴셜(Prudential) 보험회사의 심벌인 지브롤터(Gibraltar) 해협의 바위는 강인함, 안정성, 역경의 극복 등을 의미하는데, 이러한 심벌은 그 어떤 광고나 설득보다 푸르덴셜의 브랜드 이미지를 상징적으로 전달하는데 유용하다. 차별화가 어려운 서비스 분야(특히 은행업)의 경우 잘 개발된 심벌이 브랜드자산 구축에 기여한 사례가 흔히 있다. 웰스파고(Wells Fargo) 은행의 심벌인 역마차를 대표적 예로 들 수 있다. 은행을 대상으로 한 연구에 의하면 소비자들은 각 은행에 대해 돈, 저축, 당좌예금, 은행원 등의 비슷한 연상을 떠올리는 것으로 나타났다. 이러한 상황에서 웰스파고 은행의 역마차는 브랜드자산을 창출하는 데 큰 기여를 할 수 있다. 왜냐하면 서부개척시대, 말, 골드러시(gold rush) 등을 상징하는 것 이외에 역경의 극복, 모험심, 독립심, 새로운 사회의 건설 등과 같은 바람직한 연상들과 쉽게 연결될 수 있기 때문이다.

메트라이프 생명보험은 스누피를 브랜드 캐릭터로 기용하고 있다.

셋째, 로고와 심벌은 소비자에게 브랜드에 대한 긍정적인 느낌(호감)을 준다. 이는 특별한 유형의 브랜드심벌인 캐릭터를 사용하는 경우에 특히 그러하다. 기업은 긍정적인 느낌을 연상시키는 만화의 주인공이나 특정의 인물을 심벌(브랜드 캐릭터)로 사용할 수 있다. 왜냐하면 사람들은 특정 대상(심벌)에 대한 호의적 감정을 다른 대상(심벌이 부착된 브랜드)에게로 전이시키는 감성 전이(affect transfer) 경향이 있기 때문이다. 메트로폴리탄라이프(Metropolitan Life) 생명보험회사는 1980년대 중반 찰리 브라운(Charlie Brown)이라는 심벌(브랜드 캐릭터)을 도입하여 보험시장에 따뜻하고 호감을 주는 기업이미지를 개발하는 데 성공하였다. KFC 할아버지로 유명한 커넬 샌더스(Colonel Sanders)는 가족들이 언제라도 찾을 수 있는 친근한 레스토랑의 이미지를, 삼성생명의 비추미는 고객의 안전과 행복을 보장하는 보험사로서의 이미지를 캐릭터로 형상화함으로써 소비자들에게 친근한 이미지를 전달하고 고객과의 관계형성에 도움을 주고 있다.

넷째, 제품의 기능적 특성을 적절히 나타낼 수 있는 상징을 활용할 경우, 브랜드의 기능적 편익을 강화시키는 데 도움을 줄 수 있다. 예를 들어, 미쉐린(Michelin)의 비벤덤 (Bibendum)은 튼튼하고 안전한 타이어의 성능을 캐릭터를 통해 형상화하고 있는데, 이들은 브랜드의 기능적 특성을 효과적으로 전달하면서 오랜 기간 동안 소비자들에게 친숙한 브랜드로 인식되는 데 큰 기여를 했다.

시장환경의 변화에 따라 기업은 로고나 심벌을 변경하거나 개선해야 할 필요가 있다. 로고나 심벌은 시간이 지남에 따라 구식이 되거나 바람직하지 않은(가령, 낡고 재미없는) 연상을 불러일으킬 수 있다. 기업들은 기존의 심벌이 가지고 있는 바람직한 연상을 계속 유지시키면서 시대감각에 맞는, 현대적인 모습을 갖도록 점진적인 변화가 이루어져야 한다. 가령, 제네럴밀즈(General Mills)의 베티 크로커(Betty Crocker) 등의 심벌은 유행의 변화에 맞추어 새로운 헤어스타일과 의상으로 변화시켜 왔다. 기업인수 및 합병 시 또는 사건 및 사고와 같은 기업의 위기극복을 위해서 전략적으로 로고나 심벌의 변경을 시도하기도 한다.

슬로건

슬로건은 브랜드 아이덴티티를 설명하는 짧은 문구로 정의된다. 슬로건은 브랜드 아이덴티티를 단순하고(simple), 명확하게(clear), 그리고 소비자들이 이해하기 쉽게(easy) 전달할 수 있을 때 효과적이다. 대한항공의 'Excellence in flight', SKT의 '생각대로 T', 에이비스(Avis)사의 "우리는 2등입니다. 더 열심히 합니다(We're only number two. We try harder)" 등은 브랜드 구축에 공헌한 성공적 슬로건의 예들이다.

4.3 신서비스의 개발

⠿ 서비스 분류

서비스 상품에 대한 체계적 분류는 서비스 상품들간의 유사점과 차이점을 이해하고 서비스 마케팅전략을 개발하는 데 도움을 준다. 또한 서비스 분류체계에 대한 이해는 서비스업을 바라보는 폭넓은 시각을 제공해 줌으로써 신서비스 상품을 개발하는 데에도 유용할 수 있다. 다른 업종 또는 서비스산업의 특성을 이해하고 벤치마킹 함으로써 신서비스 상품개발에 대한 새로운 아이디어를 획득할 수 있기 때문이다. 예를 들어 미국의 움푸쿠아(Umpqua) 은행은 고객이 오래 머물고 친근감을 느끼는 슬로뱅킹(Slow Banking)이라는 새로운 콘셉트로 큰 성공을 거둔바 있다. 움푸쿠아 은행이 기존의 은행과 차별화된 신개념의 서비스를 도입할 수 있었던 배경에는 백화점이나 스타벅스와 같이 은행과는 전혀 다른 유형의 서비스업의 특성을 이해하고 배우려는 의지와 노력이 있었다.

움푸쿠아 은행에는 일반 은행에서 찾아 볼 수 없는 체험적 요소가 많다.

서비스 분류작업은 연구자들마다 다양한 관점에서 진행되었고, 분류 기준에 따라 동일한 서비스도 다양하게 분류될 수 있다. 그 가운데 슈메너(Schmenner)는 노동집약도(노동비용 대 자본비용의 비율)의 정도(degree of labor intensity)와 고객과의 상호작용 및 고객화 정도(degree of interaction and customization)의 두 가지 차원을 기준으로 서비스 상품을 4가지 유형으로 분류한 서비스 프로세스 매트릭스를 제시했다([그림 4-6] 참조).

그림에서 수직축은 노동비용과 자본비용 간의 비율로 정의되는 노동집약도 수준을 나타내는데, 가령 항공사, 병원 등은 노동비용에 비해 설비와 장비에 더 많은 투자를 해야하기 때문에 노동집약도가 낮은(즉, 자본집약적인) 서비스인 반면 학교와 법률사무소 등은 노동비용이 자본비용에 비해 상대적으로 높기 때문에 노동집약도가 높은 서비스이다. 한편 수평축은 고객과의 상호작용 및 고객화 정도를 나타내는데, 예컨데 맥도날드와 같은 패스트푸드점은 미리 준비된 메뉴로 식사를 제공하기 때문에(서비스 프로세스가 표준화되어 있기 때문에) 고객화 정도가 낮고 고객과 서비스 제공자간 상호작용이 상대적으로 낮다. 반면 병원은 진료과정에서 의사와 환자가 밀접하게 상호작용하고 그들의 특별한 요구에 맞추어 고객화된 서비스를 제공해야 한다.

[그림 4-6]에서 서비스 공장(service factory)은 노동집약도가 낮고 고객과의 상호작용 및 고객화 정도가 낮은 서비스 상품들을 말하는데, 유형제품의 생산공장처럼 표준화된 서비스를 대량으로 공급한다. 항공사, 화물운송업 등이 그 예이다. 서비스 샵(service shop)은 노동집약도가 낮고 고객과의 상호작용 및 고객화 수준이 높은 서비스를 말하는데, 병원, 자동차 정비소 등이 그 예이다. 대량서비스(mass service)는 노동집약적인 환경에서 낮은 상호작용 및 고객화가 이루어지는 서비스를 말하는데, 도·소매점, 학교, 은행 등이 그 예이다. 전문서비스(professional service)는 전문적인 교육을 받은 서비스 제공

그림 4-6

서비스 프로세스 매트릭스

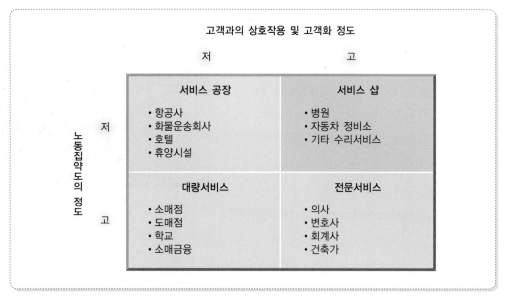

출처: Roger W. Schmenner (1986), "How Can Service Businesses Survive and Prosper?," *Sloan Management Review*, 27, 3 (Spring) p. 25.

자가 고객의 특별한 요구에 맞는 고객화된 서비스를 제공하는데, 의사, 변호사, 회계사 등이 그 예이다.

한편 러브락(Lovelock)은 서비스가 갖는 다양한 특성들에 기반해 서비스 상품들을 여러 범주로 분류하였는데, 이러한 러브락의 분류기준들은 서비스업의 특성들을 총체적으로 이해하는데 도움이 된다. 러브락의 분류기준은 다음과 같다.

- 서비스를 제공받는 대상이 누구인가(사람 대 사물)와 서비스 행위의 유/무형적 성격
- 서비스 전달의 성격(지속적 대 간헐적 서비스전달)과 고객회원제 유무
- 서비스 고객화 정도와 고객접점 종업원에게 요구되는 판단의 정도
- 서비스 수요의 변동 폭과 수요가 공급을 초과하는 정도
- 서비스 입지(단일 대 복수)와 서비스 전달의 성격(고객→기업 대 기업→고객 등)

⠿ 신서비스 개발의 중요성과 신서비스 유형

서비스 업체간 치열한 경쟁 속에서 고객들의 기대수준은 날로 증대하고 있다. 거의 모든 서비스산업에서 기업들은 생존과 성장을 위해 기존의 서비스를 잘 전달해야 할 뿐 아니라 경쟁자와 차별화되는 새로운 서비스를 지속적으로 개발해야 한다.

그러나 문제는 출시된 신제품 또는 서비스의 실패확률이 매우 높다는 사실이다. 소비재의 경우 매년 출시된 신제품 가운데 90%이상이 실패한다고 알려져 있고, 서비스도 이에 못지않게 높은 실패율을 보인다. 특히 인터넷의 출현에 따라 새롭게 등장했던 많은 닷컴 기업들의 몰락과 영세 서비스 업체들의 빈번한 폐업사례는 신서비스의 성공의 어려움을 단적으로 보여준다. 레스토랑 사업에 대한 한 연구에 따르면 출시 첫해에 26%정도의 실패율을, 그리고 3년 이내에 60%정도의 실패율을 보이는 것으로 나타났다. 흥미로운 사실은 제공된 음식의 종류에 따라 실패율에서 상당한 차이를 보였는데, 씨푸드(seafood)와 버거 레스토랑이 33%의 실패율을, 베이커리숍이 76%의 실패율을, 그리고 멕시칸 음식 전문레스토랑이 86%의 실패율을 보였다.

신서비스 실패의 원인은 고객욕구 충족의 실패, 비용을 회수할 만큼의 수익을 실현할 능력의 부재, 실행방법의 미숙 등 다양하다. 신제품과 서비스의 성공요인에 관한 연구들에 따르면 제품·서비스의 특성(고객욕구 충족, 성능에서의 경쟁우위, 정교한 기술), 전략적 특성(신제품 출시에 초점을 맞춘 R&D, 인적자원의 전폭적 지원), 프로세스 특성(마케팅, 사전개발, 기술, 출시숙련도), 시장특성(시장잠재력) 등이 신제품과 서비스의 성공에 중요한 것으로 나타났다. 신규 금융서비스의 성공과 실패에 관한 한 연구에 의하면, 시장시너지(기업의 전문성 및 자원과 신서비스간의 높은 적합성)와 내부마케팅(신서비스를 개발하기 위한 시스템, 개발과정에 참여하는 직원들에게 제공되는 전폭적 지원) 등이 신서비스 성공에 영향을 주는 주요 요인으로 나타났다.

스토리 & 이징우드(Chris Storey & Chistopher Easingwood)는 신서비스를 개발함에 있어 핵심서비스의 중요성은 2차적이며, 보다 중요한 것은 총체적 서비스 제공물과 이에 대한 마케팅지원의 품질이라고 주장했다. 그들은 신서비스가 시장에서 성공을 거두기 위해 시장에 대한 이해, 고객에 대한 지식, 그리고 경쟁자에 대한 지식이 필수적이라고 강조한다. 따라서 서비스 마케터는 새로운 서비스가 성공 또는 실패하게 된 핵심요인이 무엇인지를 파악하고, 신서비스 개발과정에 서비스 상품이 갖는 고유한 특징을 반영해야 한다.

서비스는 무형적 특성을 갖기 때문에 종종 기업은 주관적이고, 모호하며, 사실에 근거하지 않은 신서비스 개발시스템을 사용하는 경향이 있다. 서비스 마케터는 신서비스를 개발함에 있어 고객욕구에 관한 객관적인 자료에 근거해야 하며, 신서비스 개발 절차를 누가 보아도 알 수 있도록 정확하고 구체적으로 제시해야 한다.

또한 서비스는 생산과 소비가 동시에 일어나고 접점직원과 고객간에 상호작용이 이루어지는 특성을 갖기 때문에, 서비스 마케터는 직원과 고객을 신서비스 개발과정에 포함시켜야 한다. 많은 경우 접점직원이 서비스를 수행·전달하기 때문에 신서비스 개발 과정에 이들을 참여시킬 필요가 있다. 신서비스 개발과정에 접점직원을 참여시키는 것은 신서비스에 대한 고객욕구와 신서비스를 잘 전달하기 위해 해결해야 할 조직 내 문제를 파악하는 데 도움을 준다. 이러한 과정을 통해 개발되는 신서비스의 유형은 매우 다양하지만, 보통 다음과 같이 6가지 범주로 크게 나눌 수 있다.

- 혁신서비스(major innovation) : 과거에 존재하지 않았던 새로운 시장을 창출한 서비스로, Federal Express가 개발한 익일(24시간 내) 소화물배송 서비스나 카카오톡과 같은 모바일메신저 서비스가 이에 해당된다.
- 신규사업(start-up business) : 고객의 본원적 욕구(generic needs)를 충족시키는 기존 서비스 상품이 존재하지만 이를 대체하는 새로운 유형의 서비스를 도입하는 것이다. 은행이 온라인 뱅킹을 도입하는 경우가 이에 해당된다.
- 기존시장을 위한 신서비스(new service for the currently served market) : 서비스 기업이 기존고객들에게 과거에는 제공한 적이 없는 서비스를 제공하는 것으로, 항공사가 탑승객들에게 인터넷/엔터테인먼트 서비스를 제공하는 것이 그 예이다.
- 서비스 계열확장(service line extensions) : 기존의 서비스라인 내에서 새로운 서비스를 추가하는 것인데, 고급호텔이 비즈니스 호텔로 진출하거나, 항공사가 새로운 노선을 추가하거나, 대학에서 직장인을 대상으로 새로운 교육과정(가령, 금융과정, 서비스경영과정 등)을 도입하는 것 등이 이에 해당된다.
- 서비스 향상(service improvement) : 핵심서비스나 기존의 보조서비스의 품질을 향상시키는 것으로 가장 흔히 볼 수 있는 신서비스 유형이다. 은행이나 레스토랑이 고객에게 보다 신속한 서비스를 제공하거나 이용 시간을 늘리는 것 등이 이에 해당된다.
- 스타일 변화(style change) : 서비스의 과정이나 성과를 변경시키는 것이 아니라 외형을 변경시키는 것으로서 가장 간단한 서비스혁신이다. 스타일변화는 종종 서비스의 가시성을 높이고, 흥분감을 유발하고, 종업원을 동기부여 시키는 데 기여한다. 레스토랑 인테리어의 변경, 직원 유니폼의 변경, 기업로고의 변경 등이 이에 해당된다.

트위터로 고객들과 소통하는 신서비스, 푸드트럭 고기 바비큐(Kogi BBQ)

SNS로 홍보 · 예약 '트럭 레스토랑' … '좋아요'

푸드트럭 '모바일키친' 김천호(29) 사장은 매일 오후 4시 SNS 인스타그램에 그날의 영업장소와 메뉴를 올리는 것으로 영업 준비를 마친다. 토마토 파스타 9,000원, 뱅쇼(따뜻한 와인) 6,000원. 연남동 ○○거리 앞, 오후 7시 반부터 자정까지 영업합니다.' 바로 '8시 3명요'라는 예약 댓글이 달린다. 낮에 준비한 이탈리아 요리 재료를 싣고 그가 찾는 곳은 유행에 민감한 젊은이들이 몰리는 서울 마포구 서교동, 연남동이다. 6.6㎡(2평) 남짓한 소형 트럭을 세우고 인도 쪽 옆면을 들어 올리면 냉장고와 싱크대, 가스레인지가 갖춰진 주방이 나타난다. 그 앞에 간이의자 네 개를 놓으면 손님맞이는 끝이다.

외식경영을 전공한 김씨는 스무 살 때부터 이탈리안 레스토랑에서 6년간 조리사로 일했다. 그는 "내 가게를 열고 싶었지만 서울에선 작은 매장 하나 내기도 힘들었다"고 말했다. 자신의 실력을 믿고 거리에서 승부를 보기로 한 그는 1,000만원으로 트럭을 개조해 지금의 '이동식 레스토랑'을 만들었다.

처음 거리에 나섰던 지난 9월엔 이곳저곳 떠돌았다. 하나둘 단골이 생기면서 이제는 "우리 가게 앞에서 장사해달라"고 요청하는 커피숍도 생겼다. 푸드트럭에서 식사를 마친 손님들이 커피숍을 찾으면 서로가 이익이라는 걸 알게 된 것이다.

지난 3월 정부가 푸드트럭 합법화를 공표한 이후 거리로 나온 '푸드트럭 합법화 1세대'들이 거리의 풍경을 바꾸고 있다. 실력은 있지만 점포를 얻기엔 돈이 모자라는 20~30대 요리사들이 대부분이다. 영업 장소가 일정치 않다는 약점은 SNS 홍보로 해결하고,

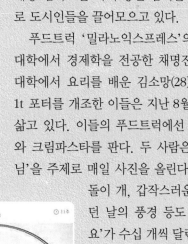

매장 임차료를 아껴 좋은 음식을 싸게 제공한다는 강점으로 도시인들을 끌어모으고 있다.

푸드트럭 '밀라노익스프레스'의 주인장은 미국 시카고 대학에서 경제학을 전공한 채명진(25)씨와 스위스 레로쉬 대학에서 요리를 배운 김소망(28)씨다. 2,500만원을 들여 1t 포터를 개조한 이들은 지난 8월부터 거리에서 파스타를 삶고 있다. 이들의 푸드트럭에선 5,000원짜리 로제파스타와 크림파스타를 판다. 두 사람은 페이스북에 '어제의 손님'을 주제로 매일 사진을 올린다. 트럭 주위를 맴도는 떠돌이 개, 갑작스러운 추위로 손님이 뚝 끊겼던 날의 풍경 등도 올린다. 그때마다 '좋아요'가 수십 개씩 달린다.

푸드트럭이 늘면서 주변의 푸드트럭 위치를 알려주는 스마트폰 애플리케이션도 나왔다. 이 앱에 따르면 전국의 푸드트럭은 250여 대. 젊은 여성들이 좋아하고, 요리하기 쉬운 이탈리아 요리를 파는 곳이 압도적으로 많다.

출처: 조선닷컴 (2014.12.)

[그림 4-7]은 신서비스 개발과정의 각 단계를 보여주는데, 제조업의 신제품 개발과정과 유사하다.

각 단계에서 요구되는 필요조건을 충족시키지 못하면 신서비스 개발과정은 그 단계

그림 4-7

신서비스 개발과정

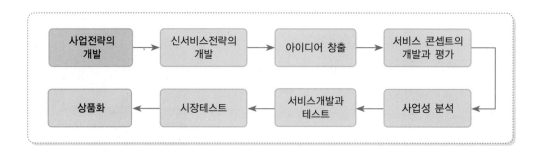

에서 중단될 수 있다. 그러나 모든 신서비스의 개발과정이 모든 단계를 거치는 것은 아니다. 어떤 기업은 신속한 신서비스의 개발을 위해 몇 단계를 동시에 진행하거나 어떤 단계를 생략하기도 한다.

사업전략 개발

신서비스 개발의 첫 번째 단계인 사업전략 개발단계는 기업이 추구하는 비전과 미션을 검토하는 것인데, 그 다음단계에서 이루어지는 신서비스전략과 신서비스 아이디어는 이러한 기업의 전략적 비전과 미션에 부합되어야만 한다. 가령, 웰스파고 은행의 기업미션은 고객이 원하는 장소와 시간에 고객화된 서비스를 제공함으로써 금융산업의 리더가 되는 것인데, 광범위하게 설치된 ATM, 슈퍼마켓 내 지점 설치, 인터넷 뱅킹 시스템 등은 웰스파고의 기업미션에 부합되는 신서비스전략들이다.

신서비스전략의 개발

기업은 지속적 성장을 위해 자신에게 적합한 신서비스전략을 개발해야 하는데, 신서비스전략은 진출하려는 특정의 세분시장, 개발하려는 서비스유형과 이의 개발에 소요되는 시간, 목표수익 등을 결정하는 것이다. 〈표 4-1〉은 신서비스전략을 개발하는 데 유용한 개념적 틀인 서비스·시장 확장 그리드를 보여주는데, 서비스 마케터는 이 틀을 이용해 기업의 성장기회를 파악할 수 있다.

〈표 4-1〉에 따라 서비스 기업은 ① 기존시장을 대상으로 기존 서비스 제공물에 대한 사용률을 높이거나 ② 기존시장에 신서비스를 제공함으로써 성장을 추구하거나 ③ 신규시장에 기존 서비스로 새롭게 진출하거나 ④ 신서비스를 개발하여 새로운 시장으로

제공물	시장	
	기존시장	신시장
기존서비스	시장침투전략	시장개발전략
신서비스	서비스개발전략	다각화전략

표 4-1

성장기회를 파악하기 위한
서비스·시장 확장 그리드

진출함으로써 성장을 추구할 수 있다.

　다음에서는 서비스·시장 확장 그리드를 이용해 스타벅스의 기업성장전략에 대해 살펴보기로 한다. 1980년대 하워드 슐츠(Howard Schultz)는 유럽식 커피점을 미국에 도입해야겠다는 생각을 가지고 스타벅스(Starbucks)를 창업하였다. 스타벅스는 단순히 커피를 판매하는 것에 그치지 않고, 커피와 향, 음악, 편안한 벨벳의자, 스팀소리 등이 결합된 스타벅스만의 고유한 경험을 판매함으로써 큰 성공을 거두었다. 매일 수많은 고객들이 전 세계 64개국 이상에 퍼져있는 23,000개 이상의 스타벅스 커피점을 방문하는데, 스타벅스는 그들에게 가정과 직장을 벗어난 제3의 공간(third place)이 되고 있다. 스타벅스의 성공은 캐리부 커피(Caribou Coffee), 맥도날드 맥카페(McCafe) 등 수많은 경쟁기업들의 커피시장 진입을 가져왔는데, 이러한 치열한 경쟁상황에서도 스타벅스는 매년 20% 이상의 수익성장율을 목표로 한다. 스타벅스는 다음과 같은 성장전략을 통해 지속적으로 활력을 유지하고 있다.

　첫째. 스타벅스는 현재시장에서 더 깊은 수준의 시장침투를 달성할 수 있는지를 고민한다. 시장침투(market penetration)는 기존 서비스 상품을 변경하지 않고 현재의 고객들에게 더 많이 판매하는 전략이다. 스타벅스는 더 많은 고객들이 편리하게 방문할 수 있도록 기존시장(상권)내에 지속적으로 신규점포를 추가하고 있다. 광고, 가격, 서비스, 메뉴구성, 혹은 점포디자인의 개선은 더 많은 고객들이 점포를 방문하고, 더 오래 머물고, 방문 시 더 많이 구매하도록 유도할 수 있다. 또한 스타벅스 카드의 발행을 통해 고객들이 커피와 스낵의 대금을 사전 지불하도록 하거나 가족과 친구들에게 선물하도록 한다. 고객들이 더 오랜 시간 머물도록 하기 위해 스타벅스는 대부분의 매장에서 무선 인터넷 서비스를 무료로 제공하고 있다.

　둘째, 스타벅스는 새로운 서비스 개발을 고려할 수 있는데, 서비스 개발(service development)은 기존시장을 대상으로 수정된 혹은 새로운 서비스 상품을 제공하는 전략이다. 예를 들어, 스타벅스는 프래푸치노라이트(Frappuccino Light Blended Beverages)와 같은 칼로리 함량을 줄인 신제품이나 비커피 음용자들을 유인하기 위한 프리미엄 탄산음료 제품인 스타벅스 피지오(Fizzio)를 메뉴에 추가했다. 최근에는 경쟁사들과 차별화를 위해 일부 국가 및 매장에서 한정적으로 판매되는 프리미엄 커피제품인 스타벅스 리저

브 브랜드를 출시하였다.

셋째, 스타벅스는 시장개발의 가능성을 검토할 수 있는데, 시장개발(market development)이란 새로운 시장을 개발하여 기존제품을 판매하는 것이다. 예를 들어, 새로이 부상하는 인구통계적 시장을 검토할 수 있는데, 중장년층 소비자와 소수인종 소비자 같은 새로운 소비자집단들로 하여금 처음으로 스타벅스를 방문하도록 하거나 혹은 더 많이 구매하도록 하도록 유도할 수 있다. 또한 새로운 지역시장(geographical markets)을 검토할 수 있다. 스타벅스는 최근 들어 새로운 미국내 지역시장(특히, 중소도시)으로 시장범위를 신속하게 확대하고 있고, 글로벌시장에서도 시장범위를 급속히 확대하고 있다. 1996년 북미시장 바깥에서 11개의 점포만을 소유했던 스타벅스가 이제는 미국 외 국가에서 10,000개 이상의 매장을 가지고 있으며, 계속 그 수를 늘리고 있다. 또한 스타벅스는 집에서 원두커피를 마시는 소비자들을 타깃으로 일반 소매시장으로 진출하기도 하였다. 스타벅스는 크래프트(Kraft)와 공동브랜드전략을 통해 미국내 슈퍼마켓 시장으로 진출하였는데, 스타벅스는 커피를 볶아서 패키지 제품으로 만들고 크래프트는 그 제품을 유통시키는 책임을 맡는다.

넷째, 스타벅스는 다각화를 고려할 수 있는데, 다각화(diversification)는 기존제품과 기존시장 밖에서 새로운 사업을 시작하거나 매입하는 것이다. 예를 들어, 1999년 스타벅스는 히어뮤직(Hear Music)을 매입하여 음악사업에 진출하거나 라이언즈 게이트(Lion's Gate)와의 파트너십을 통해 영화를 공동제작하고 이를 스타벅스 커피 점에서 판매하는 등 엔터테인먼트 사업으로의 진출을 시도하기도 하였다. 그러나 전문가들은 스타벅스의 다각화 정도가 너무 지나쳐 주력사업에 대한 집중력을 상실하고 있다고 우려했는데, 실제로 스타벅스의 매출 및 영업이익이 정체되면서 스타벅스는 엔터테인먼트 사업으로의 진출을 축소하였다. 최근에는 음료 및 베이커리 분야의 업체들을 인수하면서 종합식품분야로의 관련 다각화를 추진하고 있다. 하워드 슐츠는 2011년 자서전 온워드(onward)에서 "미래, 전진, 그리고 뒤를 돌아보지 않겠다는 의미이다. 가능한 더 많은 상품을 제공해 나가겠다."는 의지를 표명하면서 스타벅스의 지속적인 변신을 강조하였다.

신사업을 통해 변신을 지속하고 있는
스타벅스와 하워드슐츠

아이디어 창출

다음 단계는 새로운 서비스 아이디어를 도출하는 것인데, 전 단계에서 수립된 신서비스전략은 서비스 아이디어를 도출하고 걸러내는 데 있어 기반이 된다. 기업은 다양한 방법을 통해 신서비스 아이디어를 도출할 수 있는데, 브레인스토밍(brainstorming), 직원과 고객으로부터의 아이디어 유도, 선도적 사용자에 대한 조사, 경쟁사 서비스에 대한 분석 등이 흔히 사용되는 아이디어 도출방법이다. 특히 서비스 상품의 경우 고객이 우리기업의 서비스를 어떻게 사용하는지를 관찰하거나 직접 아이디어를 제안하게끔 고객참여를 유도하는 것이 효과적이다. 최근에는 일반인들이라면 누구나 자신의 아이디어를 제안할 수 있고, 평가나 상품화 과정에 참여하고 그 결과에 따라 수익까지 배분 받을 수 있는 새로운 서비스(일명 아이디어 크라우드소싱)를 제공하는 업체들도 생겨나고 있다. 한편

서비스를 실제로 전달하고 고객과 상호작용하는 접점직원으로 하여금 서비스아이디어를 제안하도록 유도하는 것 역시 기존서비스를 개선하기 위한 아이디어를 도출하는데 매우 유용하다. 충분한 수의 신서비스 아이디어가 수집되면, 마케터는 기존 사업과 신서비스전략에 적합성이 높은 것으로 판단되는 아이디어만을 선별한다.

아이디어 크라우드소싱 서비스를 제공하는 미국의 쿼키(www.quirky.com)

서비스 콘셉트의 개발과 평가

마케터는 선별된 신서비스 아이디어를 구체적인 서비스 콘셉트로 전환시킨 후 이의 매력도를 평가하게 된다. 서비스 콘셉트는 고객의 시각에서 신서비스의 특징을 서술한 것이다. 서비스가 갖는 고유한 특징인 무형성, 생산과 소비의 동시성 등으로 인해 서비스 특성들을 소비자가 이해할 수 있는 구체적인 용어로 정확히 표현하는 것이 쉽지는 않다. 서비스 콘셉트를 개발함에 있어 서비스 마케터는 신서비스가 해결할 수 있는 문제, 신서비스가 제공하는 고객편익, 서비스 프로세스, 그리고 서비스 전달과정에서 고객과 직원의 역할 등을 정확하게 반영해야 한다. 서비스 콘셉트가 정의되면, 마케터는 이에 대한 고객과 직원의 반응을 확인한다. 즉 고객과 직원들이 제시된 서비스 콘셉트를 이해하는지, 호감을 갖는지, 그리고 기존의 서비스에서 미충족된 욕구를 충족시키는지 등을 질문함으로써 신서비스 콘셉트의 매력도를 평가하게 한다. 서비스 브랜드나 가격과 같은 마케팅믹스 요인들이 결정되었으면 서비스 콘셉트에 포함시켜 평가하는 것이 바람직하다.

공유경제와 새로운 여행문화를 제시한다. 에어비앤비

에어비앤비는 숙박시설과 숙박객을 온라인으로 연결하는 서비스다. 머물 곳이 필요한 여행자와 집을 내어주고 수입을 얻고 싶은 집주인은 웹사이트와 아이폰·안드로이드 응용프로그램(앱)으로 숙소를 검색하고 등록할 수 있다. 주인장에게 예약비의 3%를 수수료로 떼고, 여행객에게는 6~12% 수수료를 받는다.

이 단순한 서비스를 제공하며 에어비앤비는 2010년 720만 달러, 2011년 1억1,200만 달러 투자를 유치했다. 2011년 투자 유치 당시 기업가치를 10억 달러 이상으로 평가받았으며, 2012년 실리콘밸리의 유명 투자자인 피터 티엘은 에어비앤비의 기업가치를 25억 달러로 평가한 것으로 알려졌다.

숙박사이트로선 과한 대우를 받은 게 아니었을까. 에어비앤비는 숙박시설과 숙박객을 연결한다는 점에서 익숙한 서비스이다. 국내만 해도 호텔엔조이, 야놀자, 인터파크여행을 비롯한 각종 민박과 펜션 예약사이트가 있지 않은가. 세계적으로는 트립어드바이저와 익스피디아닷컴, 호텔닷컴 등이 있다. 조 게비아는 쟁쟁한 서비스 가운데에서 에어비앤비가 주목받는 서비스가 된 비결을 공개했다. 그는 사람들이 서로 연결하려는 욕구에서 실마리를 찾았다.

"왜 이런 일이 벌어졌는지에 관한 우리만의 생각이 있

습니다. 인터넷의 역사에서 답을 찾았지요. 인터넷이 등장하고 전자상거래가 두드러지면서 많은 사람이 인터넷을 쓰기 시작했습니다. 초고속 인터넷과 모바일 기기를 이용해 인터넷을 쓰는 인구가 폭발적으로 증가했고, 인터넷상 사람을 연결하려는 사회관계망 서비스(SNS)가 등장했지요. 이젠 인터넷에서 연결된 게 오프라인으로 퍼집니다. 오프라인에서는 공유경제란 모습으로 등장했고요. 우리 삶을 보다 효율적으로 영위하게 하는 공유경제는 공간과 자동차, 자전거 등으로 퍼지며 거대한 운동으로 자리잡고 있습니다."

에어비앤비에서만 찾을 수 있는 콘텐츠도 한몫했다. 국내는 물론이고 해외도 숙박시설과 자기 집을 내어주는 민박은 따로 소개됐다. 에어비앤비에서는 게스트하우스나 호텔, 펜션처럼 전문 시설보다 방 한 칸, 집주인이 여행이나 출장을 가서 빈 집이 손님을 기다린다. 집안의 남는 공간을 에어비앤비로 소개해 집세에 보태려는 집주인이 에어비앤비의 고객이자 이용자다. 게스트하우스처럼 전문 시설도 있지만, 여행자는 색다른 숙소를 찾고자 에어비앤비를 찾는다.

출처: www.blother.net(2013.1.)

사업성 분석

서비스 콘셉트가 고객과 직원에 의해 긍정적으로 평가되면, 서비스기업은 서비스 콘셉트의 실행가능성과 잠재수익성 등을 분석하는 단계로 넘어간다. 사업성 분석에서는 수요분석, 예상매출액 추정, 비용분석(예: 직원의 고용·교육에 드는 비용, 서비스 전달시스템의 변화에 수반되는 비용, 기타 운영비용 등), 운영측면에서의 실행가능성 등이 검토되는데, 서비스 기업은 이러한 분석을 토대로 서비스 콘셉트가 기업이 설정한 기준을 충족시키는지를 평가한다.

서비스 개발과 테스트

이 단계는 정의된 서비스 콘셉트를 토대로 실제 시제품을 개발하고, 목표고객들이 이를 수용하는지를 테스트하는 과정이다. 서비스는 무형적이며 생산과 소비가 동시에 이루어지는 특징을 갖기 때문에 서비스 콘셉트를 구현하여 신서비스로 개발하는 것이 유형 제품에 비해 상대적으로 어렵다.

따라서 서비스 개발단계에는 고객과 접점직원, 그리고 신서비스 전달과 관련된 모든 부서들이 참여해야 한다. 서비스 개발은 서비스 콘셉트의 실행과정을 상세히 보여주는 서비스청사진(service blueprint)의 개발과 서비스 제공과 관련된 각 부서의 신서비스 실행계획 등을 포함한다. 서비스청사진 및 상세한 실행계획을 개발하는 작업에는 신서비스와 관련된 모든 이해관계자들이 참여하여 여러 번의 수정과정을 반복함으로써 서비스 콘셉트를 보다 정교화시켜야 한다.

시장테스트

이 단계는 제한된 시장을 대상으로 개발된 신서비스 제품, 촉진, 가격, 유통 등의 마케팅믹스 프로그램에 대한 소비자반응을 조사하는 것이다. 이를 통해 신서비스에 대한 고객들의 수용성을 최종 출시 전에 예상해 볼 수 있다. 그러나 신서비스는 많은 경우 기존 서비스 전달시스템과 얽혀있기 때문에 기존서비스와 분리하여 시험하는 것이 어렵다. 유형제품에 사용되는 표준화된 시장테스트방법을 그대로 적용하는 데 어려움이 있기는 하지만, 서비스기업은 직원과 그들의 가족을 대상으로 마케팅믹스 프로그램에 대한 시장반응을 파악하거나 혹은 출시시점에 실행하려는 가상의 마케팅믹스 프로그램을 고객들에게 제시하고 신서비스에 대한 구매의도를 조사하는 대안을 고려해 볼 수 있다.

또한 이 단계에서 서비스전달의 세부프로세스가 자연스럽게 작동하는지를 점검해야 한다. 이를 무시한 서비스기업은 신서비스 출시 후 서비스전달시스템 운영상의 문제점을 발견하게 되는데, 이의 수정에는 상당한 시간과 비용이 발생된다.

상품화

신서비스가 실제로 시장에 출시되는 단계로, 이 단계에서 서비스 마케터는 다음 두 가지 영역에 대한 관리를 철저하게 해야만 한다. 첫째, 내부마케팅을 통해 서비스 품질을 좌우하는 접점직원들이 신서비스를 수용하고 이를 적극적으로 전달하도록 해야 한다. 둘째, 고객이 신서비스의 모든 측면을 체험하게 되는 전체기간에 걸쳐 서비스 세부항목들에 대한 고객반응을 감시·측정하는 것이다.

⠿ 효과적인 신서비스 개발을 위한 전략적 시사점

많은 경우 신서비스의 개발은 기존의 서비스 전달시스템을 변경시키려는 노력에서 이루어진다. 따라서 마케터는 신서비스를 개발함에 있어 고객의 관점에서 서비스 참여자간의 상호작용, 서비스 제공과정의 절차, 물리적 요소 등에서 어떤 변화를 모색해야 할지를 분석해야 한다. 이하에서는 마케터가 신서비스를 개발하는 과정에서 고려해야 할 전반적인 지침을 제시한다.

첫째, 기존 서비스 프로세스에 대한 리엔지니어링을 통해 신서비스 아이디어를 탐색한다. 서비스 프로세스의 설계는 고객이 원하는 결과물을 실현하는 데 수반되는 비용, 속도, 서비스 생산성에 영향을 미친다. 따라서 신서비스 마케터는 보다 신속하고 나은 서비스 성과를 얻기 위한 프로세스를 분석·재설계하는 과정인 리엔지니어링을 통해 서비스를 전달하는 새로운 방법이나 혹은 완전히 새로운 서비스 콘셉트를 개발할 수 있다.

서비스의 생산성을 향상시키기 위해 기업은 전반적인 서비스 프로세스의 속도를 단축시켜야 한다. 왜냐하면 서비스 창출비용은 대체로 서비스 프로세스의 각 단계를 고객에게 전달하는 데 소요되는 시간 및 각 단계에서 다음 단계로 이행하는 과정에서 지체되는 시간 등과 관련되어 있기 때문이다. 따라서 신서비스 개발자는 리엔지니어링 작업을 통해 서비스 전달과정의 각 단계를 파악하고, 각 단계를 거치는 데 소요되는 시간을 측정하고, 각 단계에서 소요되는 시간을 단축할 수 있는 방안(혹은 그 단계를 제거할 수 있는 방안이나 다음 단계로 이행하는 데 있어 낭비되는 시간을 줄 일 수 있는 방안) 등을 모색해야 한다. 서비스를 전달하는 새로운 방법은 일부 보조서비스들을 제거하는 것, 새로운 보조서비스를 추가하는 것, 셀프서비스 절차를 도입하는 것, 서비스가 전달되고 있는 장소와 시간에 대해 재고해 보는 것 등을 포함한다.

둘째, 유형적 제품을 신서비스 아이디어의 원천으로 활용한다. 신서비스 아이디어는 유형제품을 서비스로 전화시키려는 노력을 통해 얻어질 수 있다. 유형제품과 서비스가

유형제품의 렌털서비스가
부상하고 있다.
(사진: LG전자 트롬스타일러
멤버십케어서비스)

고객들에게 동일한 핵심편익을 제공한다면, 이들은 경쟁적 대체재가 될 수 있다. 가령, 잔디를 깎으려는 욕구가 발생되었을 경우, 당신은 잔디 깎는 기계를 구매해 스스로 잔디를 깎거나 혹은 잔디관리회사를 고용해 잔디 깎는 서비스를 제공받을 수 있다. 두 대안 중 하나를 선택하는 결정은 원가의 비교(구입가격 및 운영비용과 서비스 이용비용 간의 비교), 구입한 제품에 대한 보관장소, 예상되는 이용빈도뿐 아니라 고객의 숙련도, 신체적 능력, 시간적 여유 등을 고려해 이루어진다.

새로운 유형제품(특히 고가치의 내구제품)의 구입은 보조서비스에 대한 새로운 욕구를 가져오기도 한다. 산업설비는 제품수명기간에 걸쳐 다양한 보조서비스를 필요로 하는데, 금융 및 보험 서비스, 선적과 시설설치, 유지와 보수, 컨설팅 서비스 등이 그것이다. 유명한 건설 중장비 제조업체인 캐터필러(Caterpillar)는 계절과 경기에 따른 매출변동이 높은 제조업을 보완하기 위해 다양한 서비스 사업을 개발하였다(예: Cat Financial, Cat Insurance, Cat Rental Stores, Cat Logistics, Equipment Training Solutions Group, Maintenance and Support, Remanufacturing).

셋째, 신서비스 설계과정에서 마케팅조사를 활용한다. 기업이 새로운 서비스를 개발하는 과정에서 어떤 특성과 가격이 표적고객에게 최상의 가치를 제공하는지를 알기 위해서는 이들을 대상으로 시장조사가 필요하다. 매리엇 호텔은 비즈니스 여행자를 타깃으로 한 코트야드(Courtyard by Marriott) 호텔을 도입하면서, 새로운 호텔 서비스 콘셉트를 개발하는 데 도움을 얻기 위해 시장조사를 활용했다. 완전 서비스 호텔과 저렴한 모텔 사이에 위치한 틈새시장에 진출하려는 의도를 가지고 매리엇 호텔은 시장조사를 통해 주어진 가격대에서 비즈니스 여행자들이 가장 선호하는 호텔서비스 속성들의 조합을 파악했다. 이를 토대로 매리엇 호텔은 세 가지 유형의 서비스 콘셉트를 개발하고, 이에 맞는 시범호텔을 각각 건설하여 실제 상황에서 테스트하고 수정한 다음, 비즈니스 여행자를 위한 새로운 콘셉트의 호텔체인인 '코트야드 – 비즈니스 여행자를 위해 설계된 호텔'을 출시했다. 코트야드 호텔의 새로운 서비스 콘셉트는 고객들이 지불하고 싶은 가격과 그들이 원하는 물리적 및 서비스 특성들간에 최적의 균형을 맞춤으로써 틈새시장을 공략하는 데 성공을 거두었다.

코트야드 콘셉트가 성공을 거둠에 따라 매리엇 호텔은 동일한 시장조사방법을 이용해 고객지향적 호텔제품을 추가로 개발했는데, 페어필드 인(Fairfield Inn)과 스프링힐 스위트(SpringHill Suites) 호텔 등이 그 예이다. 페어필드 인은 제한된 룸서비스를 제공하는 적정가격대의 호텔체인이며, 스프링힐 스위트는 비즈니스 여행자와 여가 여행자들 모두를 타겟으로 분리된 작업실, 침실, 부엌(싱크대, 마이크로웨이브, 커피메이커 등을 구비함) 등을 갖춘 적정 가격대의 스위트룸(거실과 침실을 갖춘 객실)들로 모두 구성된 호텔체인이다.

제 5 장

서비스 유통관리

글로벌 시장진출에 성공한 토종 베이커리 프랜차이즈 "파리바게트"

언제쯤 우리도 맥도날드나 스타벅스처럼 글로벌 시장에서 성공한 서비스기업들을 만나볼 수 있을까? 불가능할 것만 같았던 바람이 최근 외식업 분야를 중심으로 그 가능성을 키워가고 있다. 국내 프랜차이즈 외식업체들은 K-POP, 한국드라마 등 한류열풍과 이로 인해 파생된 K-푸드의 인기를 등에 업고, 포화된 국내시장에서의 정체를 벗어나기 위해 적극적으로 해외로 진출하고 있다. 우리정부 역시 경제활성화를 위한 수단으로 국내 서비스기업들의 글로벌시장 진출을 적극 지원하고 있다. 일례로 KOTRA와 중소기업청은 국내 프랜차이즈업체의 해외진출을 지원하기 위해 '코리아서비스 콘텐츠마켓(KSCM)'과 같은 해외수출 상담회를 적극 개최하고 있다. 이러한 분위기 속에서 해외시장진출에서 가장 큰 성과를 보이고 있는 기업이 바로 토종 베이커리 프랜차이즈로 유명한 파리바게트이다. 파리바게트는 2020년 세계 제과·제빵 1위인 글로벌 프랜차이즈를 목표로 해외시장진출에 박차를 가하고 있다.

SPC그룹의 파리바게트는 현재 전국에 약 3,200개의 매장을 보유하고 있는 대표적인 국내 프랜차이즈 기업이다. 파리바게트는 '카페형 베이커리'라는 콘셉트로 소비자들을 사로잡으며 국내 베이커리 시장에서 선도브랜드로 확고히 자리 잡았다. 이후 해외시장 진출에 박차를 가하면서 2004년 9월 중국 상하이점을 시작으로 베트남, 싱가폴, 미국, 프랑스 등 5개국에 총 178개의 해외 매장(2013년 기준 해외시장 매출 2,359억원)을 운영하고 있다. 2014년에는 빵의 본고장인 프랑스 파리에 샤틀레점을 개점하면서 유럽시장 공략에 시동을 걸고 있다. 허영인 SPC 회장은 "파리바게트를 프랑스를 비롯

베이커리 본고장
파리입성에 성공한
파리바게트 샤틀레점

해 글로벌 시장으로 뻗어나가는 브랜드로 키우겠다."며 해외시장공략에 대한 의지를 보이고 있다. 이제 파리바게트의 성공적인 해외시장진출의 비결을 따라가 보자.

파리바게트의 성공비결 중 첫째는 철저한 사전준비와 해외시장조사를 들 수 있다. 중국시장의 경우 이미 1990년대 중반부터 현지에 직원들을 파견하여 수년간 식·음료 및 외식업에

대한 현지 소비자 취향과 상권을 철저히 분석하였으며, 이를 토대로 2004년 상하이 1호점을 시작하였다. 미국 시장에서도 2002년 현지법인을 설립한 이래 2013년에 들어서야 뉴욕 맨하탄 등 미국시장을 본격적으로 공략하고 있다. 둘째, 파리바게트는 초기 해외시장에서 품질과 고급화로 승부하면서 브랜드를 구축하는데 성공하였다. 중국시장에서는 외국인 밀집지역이나 시내 중심상권 등 소득이 높은 지역을 선별하여 출점하면서 한국식 '카페형 베이커리'라는 고급화된 브랜드이미지 구축에 공을 들였다. 셋째, 파리바게트는 현지 경쟁업체들과 차별화된 다양성으로 현지 소비자들의 입맛을 사로잡았다. 40-50여종의 단조로운 제품구색에 그쳤던 중국 베이커리 업체와는 달리 200여종 이상의 제품구색으로 폭넓은 고객층에 어필하였으며, 미국시장에서 시간대별 차별화된 상품구색으로 현지 고객들에게 선택의 재미를 안겨주면서 오봉팽(Au Bon Pain)등 현지 업체들과 경쟁을 펼치고 있다. 넷째, 파리바게트는 해외진출기업의 모범답안인 현지화 전략에도 충실하였다. 베트남에서는 현지에서 유명한 샌드위치인 '반미(Banh mi)'를 선보여 성공하였고, 중국시장에서 점장을 포함한 관리인을 전부 현지인으로 채용하였다. 최근 출점한 파리에서도 현지 파티세를 채용하여 현지인이 주로 찾는 메뉴를 강화하였으며, 현지 분위기에 맞게끔 한국과는 다른 회갈색의 브랜드 아이덴티티(BI)를 도입하였다. 이 외에도 중국 등 시장에서는 한류스타를 활용한 광고커뮤니케이션이 효과를 발휘하였다. 중국 파리바게트는 최근 '별에서 온 그대'로 선풍적인 인기를 끌고 있는 한류스타 전지현을 광고모델로 기용하면서 '전지현이 제안하는 맛있는 하루' 캠페인을 펼치고 있다.

SPC그룹은 파리바게트의 해외진출전략을 다음과 같이 소개하면서 지난 성과와 앞으로의 각오를 다지고 있다. "지난 10년간 글로벌 전략이 브랜드와 품질우선의 1세대 전략이었다면 이제는 1세대 전략을 기본으로 개방적이고 적극적인 현지화를 가미한 2세대 전략을 펼칠 예정이다." 글로벌 프랜차이즈기업으로 우뚝 설 파리바게트를 기대해보자.

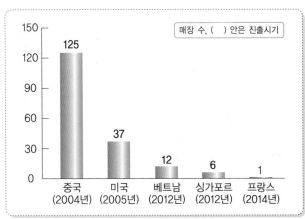

자료: SPC그룹

그림 5-1 파리바게트 해외진출 현황

참고 1. 한국경제신문(2014.7.23.) 기사 외.

소매유통의 대표격인 백화점이나 할인점에서 보듯이 제조업 관점에서 바라보는 유통업의 대부분은 서비스이다. 그러나 본 장에서 다루고 있는 서비스 유통은 제품 마케팅관점에서 제품의 흐름을 관장하는 유통에 머물지 않고, 보다 광범위한 서비스의 유통을 포괄적으로 다루고 있다. 예를 들면 미용실, 드라이클리닝, 은행, 수선서비스, 숙박 등의 서비스들 역시 적극적으로 판매되기 위해서는 생산설비를 갖춘 많은 지역유통점들이 필요하다. 서비스 유통의 요체는 광범위한 지역에 걸쳐 최종고객들이 많은 시간과 비용을 들이지 않고 쉽게 서비스를 이용할 수 있게 만드는 것이다. 이러한 서비스 상품의 이용가능성(availability)을 높이기 위한 많은 해결책들이 본 장에서 살펴 볼 서비스 유통관리의 이해를 통해 마련될 수 있다.

5.1 서비스 유통의 성격

많은 사람들이 물리적 채널을 통해 도·소매업체, 그리고 최종 사용자에게 포장된 제품을 이동시키는 과정을 유통으로 생각하는 경향이 있다. 그러나 서비스의 경우 이동시킬 대상물이 없다. 경험, 성과, 솔루션 등은 물리적인 형태로 선적되거나 저장되지 않는다. 뿐만 아니라 최근 들어서는 전자채널을 통해 정보거래가 이루어지는 빈도가 늘어나고 있다. 그러면 서비스 맥락에서 유통은 어떻게 이루어지는가? 전형적 판매사이클에서 서비스 유통은 다음과 같은 세 가지 핵심기능을 포함한다.

• 정보적·촉진적 흐름 : 이는 서비스 제공물과 관련된 정보와 촉진물을 제공하는 것으로서, 고객이 서비스 구매에 관심을 갖도록 하는 것이 그 목적이다. 예를 들어 여름휴가를 계획하고 있는 고객은 호텔 웹사이트를 통해 썸머패키지 상품에 대한 정보를 취득할 수 있다.

• 협상 흐름 : 이는 구매계약이 종결될 수 있도록 서비스 특성 및 이들의 조합, 제공물의 계약조건 등에 대해 합의에 이르는 과정을 말하는데, 서비스를 사용할 수 있는 권리를 판매하는 데 그 목적이 있다(예: 예약 혹은 티켓을 판매함).

• 상품 흐름 : 많은 서비스 상품, 특히 대인 서비스(people processing service) 혹은 대물 서비스(possession processing service)는 제공물의 전달과정에서 물리적 시설을 필요로 한다. 이에 따라 지역별 네트워크를 구축하는 유통전략이 요구된다. 인터넷 뱅킹, 인터넷 포털서비스와 같은 정보처리 서비스의 경우에는 상품흐름이 전자채널을 통해 이루

어지고, 하나 혹은 소수의 중앙집중화 된 입지전략을 채택할 수 있다.

⠿ 핵심서비스의 유통과 보조서비스 유통의 구분

서비스 유통은 핵심서비스와 보조서비스에 대해 이루어질 수 있다. 이러한 구분은 서비스 기업의 유통관리에 있어 중요한 시사점을 갖는다. 핵심서비스들의 경우 대부분 물리적 입지를 필요로 하며, 그 결과로 폭넓은 서비스 유통이 상당히 제한될 수 있다. 예컨대, 고객은 클럽메드 빌리지(Club Med Village)에서만 클럽메드 휴가를 즐길 수 있고, 브로드웨이 쇼 공연관람은 뉴욕 맨하탄에 위치한 극장에서만 상영된다. 이와 달리 많은 보조서비스들은 정보제공적 성격을 띠며, 다양한 수단들을 통해 광범위하게, 그리고 비용 효율적으로 유통될 수 있다. 가령, 클럽메드 가망고객들은 여행사에서 대면접촉을 통해, 혹은 온라인 전화, 우편 등을 통해 정보와 자문을 구하고, 동일 채널들 중 하나를 통해 예약을 할 수 있다. 이와 유사하게 고객들은 티켓 구매를 위해 공연장을 미리 방문할 필요 없이 대리점을 통해 공연티켓을 구매할 수 있다.

앞서 서비스 상품관리에서 다룬 서비스 플라워(flower of service) 모델을 구성하는 8개의 꽃잎들을 살펴보면, 정보, 상담, 주문수취, 대금청구, 지불(예: 신용카드 사용) 등과 같은 다섯 가지 보조서비스들은 정보를 기반으로 제공된다. 즉, 이들은 컴퓨터를 이용해 제공될 수 있는 것이다. 유형적 핵심제품을 기반으로 하는 서비스 비즈니스(예: 소매업과 수선회사)의 경우에도 많은 보조서비스들이 인터넷을 통해 제공되는 방향으로 전환되고 있다.

글로벌 서비스 선도기업들의 경우 핵심서비스의 유통 못지 않게 정보, 상담, 주문수취(예약 혹은 티켓판매) 등 보조적 서비스의 유통관리에도 차별적으로 나서고 있는데, 이들은 핵심 세분시장 고객별로 신중하게 통합된 많은 채널들을 구축하여 운영하고 있다. 가령, 쉐라톤(Sheraton), 웨스틴(Westin), W 등의 호텔 브랜드를 포함해 전 세계에 걸쳐 1,000개 이상의 호텔을 보유하고 있는 스타우드 호텔 앤 리조트 월드와이드(Starwood Hotels & Resorts Worldwide)는 전세계 주요고객들과의 고객관계를 관

스타우드 계열 호텔들의 통합 멤버쉽 프로그램인 SPG (Starwood Preferred Guest)

리하기 위해 전 세계에 걸쳐 30개 이상의 글로벌 세일즈 오피스(GSOs)를 갖추고, 기업출장계획 담당자, 미팅 기획자, 촉진 전문회사, 주요 여행사들에게 원스톱 솔루션을 제공한다. 또한 이 회사는 전 세계에 12개의 고객서비스 센터(CSC: Customer Servicing Center)를 설치하고, 호텔예약, 고객충성도 프로그램의 가입과 제공, 전반적인 고객서비스 등을 포함한 원스톱 고객서비스를 제공한다. 고객들은 수신자 부담 전화번호를 이용해 스타우드 호텔에 예약할 수 있다. 또한 이러한 방법 대신 웨스틴과 쉐라톤 웹사이트를 포함한 전자채널을 통해 객실예약을 할 수도 있다.

⠿ 서비스가 전달되는 고객접점의 유형

서비스를 어디서, 어떻게 전달할 것인지를 결정하는 것은 고객의 서비스 경험에 큰 영향을 미친다. 따라서 서비스 유통에서는 서비스가 제공되는 고객접점의 유형을 결정하는 것이 무엇보다 중요하다.

고객에게 서비스를 제공하기 위해 사용될 수 있는 채널유형은 〈표 5-1〉과 같이 6가지가 있을 수 있다. 먼저 고객과 서비스 조직간의 상호작용 유형을 결정해야 하는데, 고객이 서비스가 제공되는 지점으로 가는 대안, 서비스 직원이 고객이 위치한 곳으로 가는 대안, 혹은 양당사자가 만날 필요 없이 원격접촉을 통해 서비스가 전달되는 대안 등의 세 가지가 고려될 수 있다. 다음으로 서비스가 제공되는 지점의 수를 결정해야 하는데, 단일지점을 유지하는 것과 복수지점을 구축하는 것 등이 고려될 수 있다.

• 고객이 서비스 제공장소로 감 : 고객이 직접 서비스 제공자를 찾아가야만 하는 경우 해당 서비스의 입지 및 서비스 운영스케줄의 편리성이 무엇보다 중요하다. 슈퍼마켓이나 대형상점은 새로운 지점을 개점함에 있어 최적의 점포입지를 결정하기 위해 통계적 상권분석기법을 활용하기도 한다. 시간대별 이용고객들의 수에 따라 필요한 인력이나

표 5-1

서비스가 제공되는 고객접점의 유형

		서비스지점의 이용가능성	
		단일지점	복수지점
고객과 서비스기업의 상호작용 형태	고객이 서비스 제공장소로 감	개인병원, 법률사무소	버스 서비스, 패스트푸드 체인, 대형할인점
	서비스 제공자가 고객이 위치하는 장소로 감	집수리, 인테리어 공사	긴급 자동차수리 서비스, 우편물 배달
	원격접촉	지역TV 방송국 인터넷쇼핑몰	전국TV 방송국, 전화회사

운영 스케줄의 최적화를 도모하는 것은 고객만족뿐 아니라 서비스 기업의 성과에도 중요한 과제이다. 최근에는 인터넷 서비스의 증가에서 보듯이 고객이 서비스 제공장소로 직접 가야 했던 전통은 새로운 도전을 받고 있다.

• 서비스 제공자가 고객이 위치한 장소로 감 : 일부 서비스 유형의 경우, 서비스 제공자가 고객을 방문해 그 장소에서 서비스를 제공한다. 개별고객에 비해 거래 규모가 상대적으로 큰 기업고객의 경우가 많은데, 가령, 출장급식 사업자는 학교, 병원, 운동장, 교도소 등 다양한 유형의 고객을 대상으로 고객의 성격에 맞추어 설비, 음식, 서비스 인력 등을 구성한 다음 고객이 위치한 장소를 방문한다. 한편 개별방문 서비스를 제공받는 편의성에 대해 프리미엄 가격을 지불할 의도를 가진 개별고객들로 구성된 틈새시장을 타겟으로 찾아가는 서비스를 제공할 수 있다. 최근 급성장하고 있는 서비스 유형의 하나는 특별한 사용상황에 맞추어, 혹은 바쁜 시간대에 생산용량을 늘리려는 고객을 위해 설비와 인력을 임대해 주는 서비스 사업이다.

• 원격접촉을 통한 서비스 거래 : 고객이 원격접촉을 통해 서비스 기업과 거래한다면 서비스 인력과 고객 간의 서비스 접촉은 주로 콜센터, 우편, 이메일 등을 통해 이루어질 것이다. 정보기반 서비스 상품들은 전 세계 어떠한 장소에 상관없이 인터넷을 통해 곧바로 전달될 수 있다.

이동형 기기를 활용해 지점을 찾기 어려운 고객들을 방문하는 포터블 은행

5.2 서비스 채널의 유형

서비스에 대한 유통경로는 크게 전형적인 서비스 유통경로인 다이렉트 채널과 중간상을 이용한 서비스 유통경로로 나눌 수 있다([그림 5-2] 참조). 서비스 제공자가 주로 이용하는 중간상에는 프랜차이징, 에이전트 및 브로커, 전자채널 등이 있다.

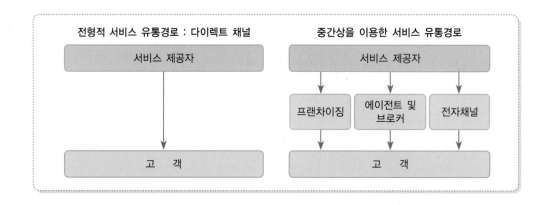

그림 5-2

서비스 유통경로

전형적 서비스 유통경로 : 다이렉트 채널	중간상을 이용한 서비스 유통경로
서비스 제공자	서비스 제공자
	프랜차이징 · 에이전트 및 브로커 · 전자채널
고 객	고 객

⠿ 전형적 서비스 유통경로: 다이렉트 채널

일반적으로 서비스의 생산과 소비는 동시에 발생하기 때문에 서비스 제공자가 별도의 중간상을 두지 않고 직접 고객을 상대하는 경우가 많다. 따라서 많은 경우 서비스 유통경로는 서비스 제공자로부터 고객에게 바로 판매되는 직접적 경로의 형태를 가지며, 서비스 유통경로의 길이는 유형제품의 그것에 비해 짧다(물론 유형제품의 경우도 직접적 경로를 취할 수 있다). 또한 서비스 제공자는 중간상을 거치지 않고 직접 고객접촉점을 소유 · 관리하게 된다.

이러한 직접적인 경로구조는 주로 단일지점을 갖는 소규모의 독립서비스 제공자들이 취하게 된다. 병원, 법률사무소, 회계법인, 미용실, 카센터, 설계사무실, 세탁소, 그리고 수많은 독립 전문직종들이 그 예이다. 물론 스타벅스나 맥도날드와 같이 규모가 큰 서비스 기업들도 중간상을 두는 대신, 여러 개의 지점들을 직접 소유하고 운영하는 다이렉트 채널을 갖는 경우도 있다.

다이렉트 서비스 채널의 장점은 모든 지점에 대한 완전한 통제가 가능해 일관된 서비스 품질을 고객에게 제공할 수 있고, 고객관계를 직접 관리할 수 있어 고객서비스에 문제가 발생할 경우 즉각적인 대응조치가 가능하다는 점이다. 또한 중간상들이 존재하지 않으므로 조직간 관리와 같은 전형적인 경로관리의 문제가 발생되지 않는다. 예를 들어, 전국의 주요시장에 여러 소매지점들을 직영체제로 갖춘 삼성증권을 생각해 보자. 각 지점의 모든 사람들은 모두 삼성증권의 직원으로 본사의 직접적인 통제를 받으므로 조직간 관리는 고려대상이 되지 않는다. 경로길이, 경로집중도, 경로단계별 중간상 유형, 중간상들에 대한 동기부여 등과 같은 요인들에 대해서도 크게 신경 쓰지 않아도 된다. 반면 다이렉트 서비스 채널의 단점은 직영 채널을 운영하는 데 드는 많은 재무적 비용을 서비스 기업 단독으로 부담해야 한다는 것이다.

전형적인 서비스 유통경로인 다이렉트 채널설계에 대한 의사결정은 주로 다음과 같은 내용들을 고려해 진행된다.

- 서비스 점포의 입지결정(market geography)
- 표적시장의 규모를 고려한 서비스 점포의 크기(수) 결정(market size)
- 점포입지 별 예상고객들의 특성, 서비스 구매시점 및 방법에 대한 파악

⠿ 중간상을 이용한 서비스 유통경로

서비스기업은 중간상을 이용해 고객들에게 서비스를 제공할 수도 있다. 특히 많은 서비스 기업들은 보조서비스 요소와 같은 특정의 과업들에 대해서는 중간상을 이용하는 것이 더 비용효과적인 것으로 판단하고 있다. 가령, 콜센터와 인터넷의 이용빈도가 늘어났음에도 불구하고, 리조트, 호텔, 항공사 등 여행서비스 관련 업체들은 여전히 정보제공, 예약, 대금지불, 티켓팅 등과 같은 고객과의 상호작용 중 상당부분을 여행사에 의존하고 있다. 서비스 기업에게 도전적 과제는 중간상들이 고객들에게 제공하는 서비스 요소들이 자사의 전반적인 서비스콘셉트와 부합되도록 함으로써 일관성 있고 브랜드화된 서비스경험을 창출하는 것이다.

서비스기업이 이용하는 대표적인 중간상 유형에는 프랜차이징, 에이전트 및 브로커, 그리고 전자채널 등이 있다.

리조트, 호텔들은 정보제공, 예약, 대금지불과 같은 보조서비스의 상당부분을 중간상인 예약대행 서비스 업체(사진: 인터파크투어)에 의존한다.

프랜차이징

서비스기업은 보조서비스 요소뿐 아니라 핵심서비스를 중간상을 통해 고객에게 전달할 수 있는데, 서비스 기업들이 많이 이용하는 프랜차이징이 대표적인 예이다. 프랜차이징은 서비스기업이 직영지점들을 확대하는 데 따른 높은 투자비용 부담 없이, 계약에 의한 복수의 지점들을 통해 서비스를 제공하는데 효과적인 채널 유형이다.

프랜차이징(franchising)은 프랜차이즈 본부(franchisor)가 계약에 의해 가맹점(franchisee)에게 일정기간 동안 특정지역 내에서 자신들의 상표, 사업운영방식 등을 사용하여 제품이나 서비스를 판매할 수 있는 권한을 허가해 주고, 가맹점은 이에 대한 대가로 가맹본부에게 초기 가입비와 매출액의 일정비

서브웨이 레스토랑은
프랜차이즈 시스템을 통해
서비스 표준화에 성공하였다.

율에 대해 로열티 등을 지급하는 형태의 경로조직을 말한다.

프랜차이징은 서비스 주요특성인 이질성의 문제를 극복하고 서비스 표준화를 이루는데 유용한 경로조직이다. 가맹본부는 각 가맹점이 수행해야 할 서비스활동들을 명세화하고, 서비스 표준화를 위해 개별 가맹점들을 통제할 수 있기 때문이다. 각 가맹점들은 계약에 의해 가맹본부가 원하는 서비스 표준을 이행해야 한다.

① 프랜차이징의 종류

프랜차이즈 시스템은 취급제품, 사업방식 등에 따라 그 유형이 다양하다. 기본적으로 프랜차이즈 시스템은 〈표 5-2〉에서와 같이 (a) 제품유통형 프랜차이징과 (b) 사업형 프랜차이징의 두 가지 형태로 구분된다.

• 제품유통형 프랜차이징(product distribution franchising) : 가맹점이 본부의 제품을 본부의 등록상표에 의해 판매하는 형태를 말하며 제품-등록상표 프랜차이징(product-trade name franchising)이라고도 한다. 코카콜라(Coca Cola)는 이러한 유형의 대표적인 기업이다.

• 사업형 프랜차이징(business format franchising) : 1950년대 이후 프랜차이즈 시스템의 성장을 주도하고 있는 프랜차이징 형태이다. 사업형 프랜차이징은 본부가 제품·서비스, 등록상표, 운영방식, 지속적인 경영지도 등 사업에 필요한 모든 요소를 가맹점에게 제공하는 형태를 말하며, 패키지 프랜차이즈(package franchise)라 불리우기도 한다. 사업형 프랜차이징은 많은 산업에 확산되고 있으나 특히 레스토랑, 소매, 개인 서비스 산업 부문에서 활발히 운영되고 있다.

미국의 경우, 사업형 프랜차이징이 전체 프랜차이징에서 차지하는 비중은 70-80%에

	제품유통형 프랜차이징 (product distribution franchising)	사업형 프랜차이즈 (business format franchising)
	• 프랜차이즈 본부의 제품을 판매하는 공급자-딜러 관계를 말함. 프랜차이즈 본부는 가맹점에게 등록상표의 사용을 라이센싱 해주지만 사업운영에 필요한 시스템을 모두 제공하는 것은 아님.	• 프랜차이즈 본부의 제품이나 서비스를 프랜차이즈 본부의 등록상표로 판매하되 프랜차이즈 본부가 제공하는 시스템에 의해 사업이 운영됨. 프랜차이즈 본부는 가맹점에게 교육훈련, 마케팅, 점포운영 등의 매뉴얼을 제공함.
	예 청량음료(Coca-Cola), 자동차 딜러십(Ford), 주유소(Texaco) 등	예 패스트푸드(McDonald's), 소매업(7-Eleven), 청소대행 서비스업(Jani-King) 등

표 5-2

제품유통형 프랜차이징과
사업형 프랜차이징의 비교

이르는 것으로 나타나고 있다. 한편 독립적으로 운영되던 점포를 프랜차이즈 시스템에 끌어들여 형성된 프랜차이징을 전환형 프랜차이징(conversion franchising)이라고 한다. 대체로 시장이 성숙하고 경쟁이 치열한 경우 독립점포들은 프랜차이즈 본부의 상표가 지니고 있는 명성이나 고객확보능력, 강력한 구매력이나 고도의 운영기술에 의한 비용 절감 등의 장점을 활용하길 원하게 된다. 본부의 입장에서는 이들 독립점포를 자신의 프랜차이즈 시스템에 끌어들임으로써 단기간에 성장할 수 있는 기회를 가지게 된다. 미국의 숙박업체인 베스트웨스턴(Best Western)은 독립적으로 운영되던 숙박업소들을 가맹점으로 확보함으로써 업계 2위의 업체로 부상한 바 있다.

② 프랜차이징의 장점과 단점

프랜차이징은 가맹본부가 가맹점에 대해 지속적으로 제품과 서비스를 제공함으로써 유지된다. 대체로 가맹점은 사업경험이나 노하우가 부족하기 때문에 가맹본부는 가맹점에 대해 교육, 판매, 서비스, 촉진, 재정지원, 시장정보 등을 제공하고 가맹점은 주어진 시장에서 일정한 스케줄과 프로그램에 의해 영업을 한다. 프랜차이즈 시스템이 기존의 유통경로와 다른 점은 이들 제품과 서비스의 품질이 표준화되고 일관성을 지니고 있으며, 강력한 촉진활동에 의해 뒷받침되고 있다는 점이다. 대체로 본부는 소비자의 관심을 끌고 많은 가맹점을 확보하기 위한 목적으로 프랜차이즈 시스템의 형성 초기에 활발한 촉진활동을 펼친다. 프랜차이즈 시스템이 가지는 장단점을 가맹본부와 가맹점의 입장에서 각각 기술하면 다음과 같다.

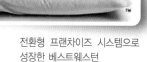

전환형 프랜차이즈 시스템으로 성장한 베스트웨스턴

가) 가맹본부입장에서 본 장점과 단점

가맹본부가 프랜차이즈 시스템의 설계를 통해 일반적으로 추구하는 이점은 크게 (a) 자본과 인력의 효과적 운영, (b) 자발적 체인이나 협동조합에서 볼 수 있는 영업 레버리지 효과로 구분할 수 있다. 이를 보다 구체적으로 열거하면 다음과 같다.

• 사업의욕이 있는 많은 사람들을 가맹점으로 참여시킴으로써 점포확보에 요구되는 투자가 적고, 프랜차이즈 시스템의 성과와 지명도가 높아짐에 따라 광범위한 지역에 걸쳐 단시간에 판매망을 확보할 수 있다.
• 가입금과 로열티 등의 수입을 통해 사업을 안정적으로 수행할 수 있다.
• 안정된 상품 판매망을 확보할 수 있다.
• 가맹점의 영업상황, 본부체제, 환경변화의 추이에 따라 가맹점 모집을 조절함으로써 신축적인 경영이 가능하다.

그러나 이상과 같은 장점은 가맹본부의 프랜차이즈 시스템 운영기법과 가맹점에 대한 관리체제가 적절하게 구비되었을 경우에 가능하다. 따라서 가맹본부는 성공적인 프랜차이즈 시스템의 운영을 위해 다음과 같은 문제점을 해결할 수 있어야 한다.

- 가맹점에 대한 지도, 지원을 위해 지속적인 투자가 요구된다.
- 가맹점이 급증하는 경우 본부의 효과적인 통제가 어려울 수 있다.
- 특정시장에서는 가맹점보다는 직영점을 운영하는 것이 보다 수익률이 높을 수 있다.
- 가맹점으로부터 부실채권이 발생할 가능성이 크다.

나) 가맹점 입장에서 본 장점과 단점

가맹점이 프랜차이즈 시스템을 선택하는 것은 프랜차이즈 시스템이 가진 이점을 기대하기 때문이다. 일반적으로 가맹점이 기대하는 이점에는 다음과 같은 것들이 포함된다.

- 가맹본부가 프랜차이즈 패키지를 개발하고 이에 입각하여 체계적인 지도를 제공하기 때문에 실패의 위험성이 적다.
- 가맹본부의 우수한 상품, 점포 디자인, 상표, 경영기법 등을 사용해서 사업을 수행하기 때문에 처음부터 효과적인 판매가 가능하다.
- 비교적 소액의 자본으로 사업을 시작할 수가 있다.
- 사업에 대한 경험이 없더라도 가맹본부의 교육프로그램, 매뉴얼, 각종 지도에 의해 사업을 수행해 나아갈 수 있다.
- 가맹본부의 집중적인 대량구매를 통해서 상품의 저가판매가 가능하다.
- 가맹본부가 일괄적으로 프로모션 집행하기 때문에 개별적으로 하는 것보다 훨씬 프로모션효과가 크다.

반면에 가맹점은 다음과 같은 문제를 가질 수 있다.

- 가맹본부에 대한 의존도가 높아 스스로 문제해결이나 경영개선의 노력을 게을리 할 우려가 있다.
- 가맹본부의 영업매뉴얼에 의해 통일적인 운영이 요구되므로 가맹점이 보다 좋은 방법을 개발하더라도 그것을 활용할 수 없는 경우가 많다.
- 가맹본부는 전체 가맹점에 미치는 효과를 생각해서 전략을 수립, 실시하기 때문에 특정 가맹점이 당면한 상황과 맞지 않을 수 있다. 또한 자신의 노력과 상관없이 가맹본부의 잘못된 경영에 의해 피해를 볼 수 있다.

• 계약기간 종료 시 사업연장이 어려운 경우가 많으며, 그때까지의 운영노하우를 새로운 사업에 활용하기 어렵다.

③ 프랜차이징 성공의 핵심요인과 가맹점 보호

프랜차이즈 시스템은 가맹본부와 가맹점 간의 파트너십을 기반으로 발전한다. 파트너십을 구축함으로써 가맹본부와 가맹점으로 구성되는 하나의 프랜차이즈 시스템은 경쟁 시스템보다 많은 고객가치를 창출할 수 있으며, 이는 경쟁력을 확보하기 위한 중요한 수단이 된다. 가맹점과 좋은 관계를 형성하는 것은 프랜차이즈 사업에 있어 가장 중요하다. 인터컨티넨털 호텔 그룹(InterContinental Hotels Group)의 부사장인 커크 킨슬(Kirk Kinsell)은 프랜차이즈 사업에서 관계형성을 위해 프랜차이즈 본부가 '해야 할 것(Do's)'과 '하지 말아야 할 것(Don't's)'을 다음과 같이 제시하고 있다.

• 의사소통하라 : 가맹점과 의사소통을 어떻게 하느냐는 기업의 성패를 결정하는 매우 중요한 기준이 된다. 회합이나 뉴스레터, 사보나 이메일과 같은 경로를 복수로 개발하고, 이를 통해 기업이나 마케팅과 관련된 최신 뉴스를 제공하도록 한다. 또한 가맹점이 실제로 이들 경로를 통해 어느 정도 정보를 수집하는가를 평가하여 실질적인 의사소통이 이루어지도록 한다.

• 협력하라 : 의사소통은 쌍방향으로 이루어져야 한다. 가맹점과의 협력은 쌍방향의 의사소통이 이루어지는 데 있어 토대가 된다. 가맹점의 의견과 건설적 비판이 가능하도록 의사소통경로를 설계하고 이를 가맹점이 적극 활용하도록 유도하여야 한다.

• 성공사례를 공유하라 : 성공적인 가맹점 사례를 공유하는 것은 가맹본부나 가맹점 모두에게 도움이 된다. 성과가 좋은 가맹점이 어떻게 성공했는가를 문서화해 가맹점 누구나 이를 벤치마킹 할 수 있도록 해야 한다.

• 지시하지 마라 : 가맹점에게 일방적으로 성공적인 가맹점의 사례를 따르라고 하는 것은 좋은 의사소통방법이 아니다. 가맹점협의회가 있으면 이들과 협력하고 의사결정에 참여시키는 것이 바람직하다.

• 소수의 가맹점에게 자신의 의사결정을 위임하지 마라 : 가맹본부가 해야 할 의사결정을 몇몇 가맹점에 위임하는 것은 좋지 않다. 가맹본부는 자신에게 주어진 책임을 다해야 한다. 가맹점에게 의사결정권한을 위임하는 경우 가맹점은 전체 시스템의 이익보다는 자신의 이익을 위해 행동하기 쉽고 프랜차이즈 본부나 여타 가맹점과 갈등을 일으킬 가능성이 높다.

• 승리를 자신의 공으로만 여기지 마라 : 가맹사업이 성공하면 이를 자신보다는 가맹

점의 공으로 돌려야 한다. 프랜차이즈 시스템은 하나의 팀이다. 성공사례에 대해서는 연례 정기모임을 통해 공식적으로 축하하고 알리는 것이 동기부여와 팀워크 형성에 바람직하다.

프랜차이즈 시스템을 운영할 때에는 시스템내의 구성원 모두가 장점과 단점을 충분히 이해하는 한편, 상대방의 입장을 인식하여 상호양해하에 운영하는 것이 바람직하다. 프랜차이즈 계약이나 이에 의해 규정되는 프랜차이즈 패키지는 가맹본부와 가맹점이 상호이익을 위해 협력하고 그것을 실행시키기 위해 만들어진 것이다. 따라서 될 수 있는 한 쌍방에게 불이익이 최소화될 수 있도록 프랜차이즈 계약과 패키지가 개발되고 운용되어야 한다. 그럼에도 불구하고 한편으로는 일방적으로 가맹본부에게 유리한 운영시스템이 비판을 받아왔으며, 따라서 가맹점을 보호하기 위한 정부의 규제활동이 있어왔다. 국제프랜차이즈협회(IFC: International Franchise Association)에서는 자체 규제프로그램의 일환으로 회원사에 대해 윤리강령(Code of Ethics)을 준수할 것을 요구하고 있다. IFC가 윤리강령을 통해 추구하고 있는 가치로는 신뢰, 진실, 정직, 상호존중과 보상, 개방적이고 빈번한 의사소통, 법률의 준수, 갈등해결이 있다.

에이전트 및 브로커

에이전트와 브로커는 서비스에 대한 소유권을 가지고 있지 않으며 단지 서비스 기업을 대신해 마케팅 기능을 수행하고 서비스를 고객에게 판매할 권한을 갖는다. 에이전트(agent: 대리점 혹은 대리인)는 서비스기업이나 고객 중 어느 한 쪽을 대신해 서비스기업과 고객간의 거래를 활성화시키는데, 이는 다시 판매에이전트(selling agent)와 구매 에이전트(purchase agent)으로 구분된다. 판매 에이전트는 서비스기업의 상품(가령, 여행, 보험, 금융 서비스)을 판매대행 하는 권한을 갖는다. 구매에이전트는 구매고객을 대신해 서비스 상품을 평가, 구매하는 역할을 수행하며, 그들과 장기적 관계를 유지한다. 예를 들어, 예술품, 골동품, 희귀한 귀금속 전문가들은 해당 서비스영역에 대한 풍부한 정보와 전문적 지식을 가지고 고객을 위해 구매에이전트의 역할을 수행한다.

브로커(broker: 중개인)는 구매자와 판매자간의 협상을 돕고 이들간의 거래관계를 맺어주는 역할을 수행하는 중간상이다. 브로커는 에이전트와 달리 구매자와 판매자를 지속적으로 대리하지 않으며, 거래가 성사되면 고용한 당사자로부터 수수료를 받으며, 자금조달과 같은 거래에 따른 위험부담을 지지 않는다. 부동산 중개인, 보험 중개인, 증권 중개인, 결혼정보회사

국내 고객들의 해외 직접구매가 늘면서 해외 구매·배송대행 서비스가 생겨나고 있다

카톡은 국내서, 라인은 해외서... 오프라인 보폭 넓힌다

모바일 메신저 대표주자인 다음카카오 '카카오톡'과 네이버 '라인'이 대화창에서 벗어나 일상 속으로 파고들고 있다. 메신저를 통해 구축한 모바일 플랫폼을 기반으로 '생활밀착형' 플랫폼을 향해 도약하는 것이다. 하지만 라인은 일본을 중심으로 한 해외 시장에서, '국민 메신저' 카톡은 국내에서 보폭을 넓히면서 '오프라인 진출'이라는 같은 목표를 두고 다른 길을 가고 있다.

정보기술(IT) 업계에 따르면, 라인은 모바일 결제서비스 '라인페이'를 이달 중 일본에 출시한다. 정확한 형식은 아직 정해지지 않았지만, 제휴 매장에서 결제할 수 있는 기능과 더불어 더치페이, 소액 송금 기능도 적용될 것으로 알려졌다. 다음카카오가 9월 국내 서비스를 시작한 '카카오 페이'에 지난달 선보인 '뱅크월렛 카카오'가 결합된 모양새다.

이에 앞서 라인은 10월 우아한 형제들의 배달 소프트웨어(앱) '배달의 민족'과 손잡고 일본에서 음식 배달 서비스 '라인 와우'를 시작했다. 도쿄 내 식당의 고급 도시락을 예약 주문 받아 배달하는 시스템으로, 향후 배달지역과 시간 등을 순차적으로 확대하고 음식뿐 아니라 다양한 제품으로 품목의 범위도 넓혀 갈 계획이다.

이 같은 배달 서비스는 현재 다음카카오도 구상하고 있는 신 사업 가운데 하나다. 업계에서는 다음카카오가 사업용 카카오톡 계정인 '옐로아이디'에 주문 단추를 추가하는 방식으로 곧 배달 서비스를 시작할 것이라는 전망을 내놓고 있다. 또 이용자의 현재 위치를 기반으로 가까운 택시를 배차해 주는 '카카오 택시' 서비스도 출시할 예정인데, 라인도 연내 일본 택시 회사와 제휴를 맺고 '라인 택시'를 공개할 것이

라고 밝힌 바 있다.

활동 무대나 시기 등에는 차이가 있지만 양 사가 결과적으로 같은 행보를 보이는 건 온라인에서 오프라인으로 사업 영

역을 확대하는 이른바 'O2O'(Online to Offline) 경향과 관련이 깊다. 이미 카톡과 라인은 각각 메신저 캐릭터 오프라인 매장인 '카카오 프렌즈 스토어'와 '라인 프렌즈 스토어'의 대박을 통해 성공 가능성을 밝혔다. 업계 관계자는 "이모티콘을 판매하거나 모바일 상품권, 게임 등의 유통으로 얻는 수수료 수익은 한계에 다다랐다"며 "플랫폼을 선점했다면 이를 바탕으로 오프라인으로 진출하는 건 모바일 서비스 업체들의 당연한 흐름"이라고 말했다.

이런 상황은 일본과 태국, 인도네시아 등 해외 입지가 탄탄한 라인에 더 유리할 전망이다. 카톡의 매출 상승을 이끈 게임의 경우, 게임업체들이 최근 들어 해외 진출을 위해 카톡보다는 라인과 손잡는 추세이다. 이는 특히 라인을 타고 나가 올 상반기 대만과 태국에서 내려받기 1위에 오른 '쿠키런'과 출시 5개월 만에 내려받기 2,000만건을 넘어선 '포코팡' 이후 더 가속화하고 있다. 반면 카톡은 라인뿐 아니라 위챗, 왓츠앱 등에 가로막혀 사실상 해외 사업을 중단한 상태다. 국내파 카톡과 해외파 라인의 '같은 듯 다른' 행보가 내년엔 더 두드러질 것으로 보인다.

출처: 한국일보 (2014.12.)
사진출처: http://www.kakao.com/talk/ko
http://line.me/ko/

미국 프로야구 메이저리그
(MLB)의 수퍼에이전트로
명성이 높은 스캇보라스

등이 브로커의 대표적 예이다.

에이전트와 브로커의 활용은 다음과 같은 장점을 갖는다. 첫째, 판매비용과 유통비용을 절감할 수 있다. 가령, 항공사 혹은 호텔이 여행상품을 판매하기 위해 모든 잠재고객들과 직접 접촉해야 한다면 많은 비용이 필요할 것이다. 그 대신 여행사들을 에이전트와 브로커로 활용한다면, 그들은 상당한 마케팅 비용을 절감할 수 있고, 고객들도 자신들의 요구에 맞는 여행상품을 쉽게 찾을 수 있을 것이다. 둘째, 에이전트와 브로커는 해당 서비스 분야의 업무에 대해 전문적 지식과 기술을 가지고 있기 때문에 서비스 공급자가 수행해야 할 마케팅기능을 보다 더 효과적이고 효율적으로 대행할 수 있다. 예를 들어, 김연아와 같은 유명 스포츠 스타들은 전문 기획사와 계약하고, 이들로 하여금 스포츠 대회 참가의 스케줄 조정, 매체 인터뷰, CF계약, 기타 이벤트 참여 등에 대한 결정과 관리를 대행시킨다. 셋째, 고객의 서비스 상품 선택을 용이하게 한다. 서비스 산업의 에이전트는 여러 서비스 공급자의 서비스 상품들을 함께 취급하므로, 고객은 자신이 원하는 서비스 상품을 보다 용이하게 선택할 수 있다. 가령, 보험 대리점(에이전트)은 여러 종류의 보험상품을 함께 취급하기 때문에 고객은 각 보험회사의 상품을 비교, 평가해 가장 높은 가치를 제공하는 상품을 선택할 수 있다.

그러나 에이전트와 브로커의 활용은 다음과 같은 단점을 갖는다. 첫째, 서비스 공급자는 가격 및 다른 마케팅 믹스 요소의 결정에 대한 통제력을 상실할 수 있다. 에이전트와 브로커는 서비스 공급자의 대리인으로서 서비스상품의 판매가격을 결정하고 때로는 서비스 제공물의 구성을 변경하기도 한다. 가령, 서비스 공급자가 고가격의 높은 서비스 품질을 추구할 경우, 에이전트와 브로커에 의한 가격변경은 서비스 품질 이미지에 부정적 영향을 미칠 수 있다. 둘째, 에이전트와 브로커는 여러 서비스 공급자들을 대리하기 때문에 특정 서비스 공급자의 입장에서 볼 때, 경쟁자에 비해 불리한 입장에 놓일 수 있다. 가령, 보험 대리점은 여러 보험회사의 보험상품을 취급하기 때문에 그들은 자신이 보유한 보험상품 포트폴리오 중에서 고객의 요구에 가장 적합한 것을 판매할 것이다.

전자채널

서비스 기업은 고객과의 직접적인 대면접촉 없이 전자채널을 통해 서비스를 제공할 수 있는데, 이러한 전자채널의 활용에는 사전에 잘 설계된 콘텐츠(예: 물리적 상품, 정보, 교육, 엔터테인먼트 등 디지털 콘텐츠)와 이를 전달할 전자매체(예: 스마트폰, TV, 인터넷, 컴퓨터 등)가 필요하다. 네트워크 및 컴퓨팅기술 등의 발전으로 인해 언제 어디서나 인터넷에 연결될 수 있는 유비쿼터스(Ubiquitos) 세상이 열리면서 서비스 채널로서 전자매체의 활용은 급속히 증가하고 있다. 네이버(Naver), 아마존(Amazon)과 같이 인터넷에 기반을 둔 새로운 서비스 채널들이 활성화되었을 뿐 아니라, 기존의 오프라인 서비스 기업들도 자신들의 서비스제공에 전자채널의 활용을 적극적으로 늘려가고 있다. 예를 들어 항공서비스의 경우 자사 혹은 중간상의 웹사이트를 통해 예약 및 발권을 하는 고객들이 현저히 증가하였으며, 은행서비스는 입출금, 이체와 같은 핵심서비스에서도 인터넷 및 모바일뱅킹 같은 전자금융이 오프라인 채널을 급속히 대체하고 있다. 최근에는 카카오톡(KakaoTalk), 밴드(Band)와 같은 소셜네트워크서비스(SNS) 업체들이 송금과 같은 금융서비스를 제공하겠다고 나서면서 전자채널은 기존 서비스산업의 경계까지 허물고 있다.

SNS뱅킹서비스에 진출한
뱅크월렛 카카오

그러나 모든 고객들이 서비스이용에 있어 전자채널을 좋아하는 것이 아니므로 서비스 기업은 전자채널을 활용함에 있어서 세분시장이나 고객 특성 별로 서로 다른 전략을 도입할 필요가 있다. 다음에서는 혁신적인 서비스 전달기술과 콘텐츠를 결합한 전자채널이 전통적인 물리적 유통채널을 보완하거나 대체하고 있는 전자상거래에 대해 살펴보도록 하자.

① 사이버 공간으로 이동하는 소매산업: 전자상거래(e-Commerce)

유통채널로서의 인터넷은 정보교환, 협상, 서비스, 거래, 촉진 등과 같은 5가지 범주의 교환흐름을 활성화시킨다. 전통적 채널과 비교해볼 때, 인터넷은 소비자의 정보탐색 행동에 관한 정보를 손쉽게 수집할 수 있게 하고, 소비자들로부터 즉각적인 피드백을 얻을 수 있으며, 재화와 서비스를 판매하는 데 도움을 주는 온라인 커뮤니티를 창출할 수 있는 등의 상대적 이점을 갖는다.

온라인 서적판매로 시작하여 세계 최대 전자상거래 업체로 성장한 아마존닷컴(Amazon.com)은 접근 및 이용편의성, 탐색편의성(정보획득과 원하는 품목 혹은 서비스 탐색의 편의성), 광범위한 상품구색, 저렴한 가격 등을 무기로 웹사이트로 고객들을 끌어들이는 데 성공하였다. 오프라인의 대형 서점인 반즈 앤 노블(Barnes & Noble)과 같은 기존의 소

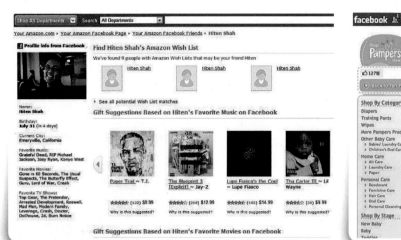

페이스북 연결망을 통해
맞춤상품을 제안하고 있는
아마존닷컴 사이트

매기업들은 아마존 등의 사이버 공간상의 소매상들과 경쟁하기 위해 기존의 오프라인 점포를 보완할 온라인 유통채널을 도입했다. 그러나 기존의 오프라인 채널에다 인터넷 채널을 추가하는 것은 많은 비용을 필요로 하며, 기존 유통경로 구성원들과의 마찰이 발생될 수 있기 때문에 이러한 유통전략이 장기적 이익과 높은 성장을 실현시킬 수 있는지를 면밀하게 검토하여야 한다.

전자상거래 업체들의 웹사이트는 보다 정교해지고 사용자친화적으로 발전하고 있다. 그들은 종종 고객들이 흥미를 가질만한 품목에 접근할 수 있도록 유용한 정보로 무장된 맞춤서비스를 제공한다. 과거 구매기록 및 검색이력, 사는 지역, 심지어는 해당지역의 날씨까지 고려해 상품을 추천하거나 웹사이트 상에 보이는 상품구성과 배열을 다르게 제공한다. 더 나아가 배송 등 오프라인 상의 보조서비스 제공에서도 경쟁력을 강화하고 있다. 아마존은 유료서비스인 아마존프라임을 이용하는 고객들에게 무료·익일 배송을 보장하고 e북 등 다양한 디지털콘텐츠를 무료로 제공하고 있다.

최근 들어 서비스 기업들은 웹사이트, 모바일, 그리고 고객관계관리 시스템을 통합적으로 연결시키는 채널전략을 추구한다. 이러한 통합전략은 서비스에 대한 고객들의 접근성을 높일 수 있고, 고객들과의 상호작용 기회를 다양하게 제공함으로써 고객서비스에 유용하게 활용될 수 있다. 예를 들어, 고객들은 증권 중개인의 웹사이트에 주가 경계 정보를 설정함으로써 주가가 특정 수준에 이르거나 특정의 거래가 성사되었을 때 이메일이나 SMS 경보를 제공받을 수 있고, 실시간으로 주가정보를 얻을 수 있다.

한편 최근에는 전자매체를 둘러싼 디지털 융합기술의 발전으로 인해, 소위 모든 것이 한곳에서 가능해지는 디지털 융합(Digital Convergence)현상이 가속화되고 있다. 이에 따라 서비스 채널로서의 전자매체들은 단순히 전자상거래를 제공하는 수준에 머물지 않

명품도 온라인으로: 플래쉬 세일 사이트 아이디얼리의 성장의 비결

패션명품을 온라인에서 '반짝세일'하여 전 세계 유통업계의 주목을 받고 있는 기업이 있다. 바로 미국의 온라인 명품 플래쉬세일 사이트 '아이디얼리(ideeli)'이다. 직원 5명으로 뉴욕에서 출발한 아이디얼리는, 2007년 19만 달러에 불과하던 연매출을 2010년에는 400배 성장한 7,770만 달러로 키워내며 2011년 Inc. 매거진이 뽑은 '미국에서 가장 빠르게 성장하는 기업' 1위에 선정되었다. 아이디얼리의 놀라운 성장, 그 비결은 과연 무엇일까?

첫 번째 비결은 소비자의 니즈를 포착, '아이디얼리'란 이름 그대로 '이상적인' 쇼핑경험을 제공하고 있다는 것이다. 불황기에도 명품을 향한 구매욕으로 할인매장을 찾는 사람들이 늘고 있지만, 그곳에서는 명품을 저렴한 가격에 구입할 수 있는 대신 최신 트렌드는 포기해야 한다. 그런데 아이디얼리는 최적의 구매 타이밍을 포착하여 저렴한 가격과 최신 트렌드라는 두 가지 토끼를 모두 잡았다. 시즌오프 세일 돌입 직전, 트렌드에 크게 뒤처지지 않는 상품을 저렴한 가격에 확보하는 것이다. 200여명의 아이디얼리 바이어들은 바쁘게 뛰어다니며 수백 개 브랜드의 재고 상황을 점검하고 구매협상을 진행, 매일 500개 이상의 신상품을 확보한다.

두 번째 비결은 아이디얼리의 독특한 플래쉬세일 시스템에 있다. 고가의 명품을 구매하는 소비자의 심리 중 하나로 아무나 가질 수 없는 특별한 상품을 구입했다는 자기만족과 자기차별화를 들 수 있다. 그런데 할인매장에서 가격 장벽이 낮아지면서 명품만의 아우라는 희석되고 만다. 이를 보완하기 위해 아이디얼리는 판매 시간을 한정하는 플래쉬세일 시스템을 도입했다. 오전 10시, 그날의 신상품이 사이트에 공개된 후 2시간 후부터 판매가 개시되면 450만여명의 아이디얼리 회원들은 딱 40시간 동안만 상품을 구매할 수 있다. 출시된 지 얼마 되지 않은 고가의 명품이 최대 80% 할인된 가격으로 판매되지만, 누구나 구매할 수는 없도록 시간을 제한한 것이다.

마지막 비결은 쇼핑을 일상의 재미로 만들어낸 아이디얼리의 스토리텔링 능력이다. 아이디얼리는 매일 수백개의 많은 상품을 공개하기 때문에, 상품 브라우징에 피로해진 고객들이 사이트에서 이탈하는 위험을 갖고 있다. 그 대안으로 아이디얼리는 마치 전시회에서 큐레이터가 관람객들에게 작품을 안내해주듯이 고객들에게 상품을 '큐레이션'한다. 예를 들어 연말연시에 판매하는 파티룩은 "be glam", 요가복에는 "new year nirvana" 같은 이름을 붙이고 스토리에 맞게 상품을 배치하여, 브라우징의 편의를 높이고 쇼핑의 재미를 배가하는 것이다. 매일 입고되는 새로운 테마의 신상품은 고객들에게 하루 5분씩의 아이쇼핑 기회를 제공하는데, 사이트를 정기적으로 찾는 회원들이 늘어나면 이는 곧 판매 증대로 연결된다.

아이디얼리의 CEO 폴 헐리는 정치학을 공부한 중년 남성으로 패션피플과는 거리가 멀다. 그러나 그는 10대 시절 잔디깎기회사를 시작으로 창업과 실패를 거듭하며 비즈니스 모델에 대해 고민했다고 한다. 패션에 문외한이었던 그가 급변하는 패션업계에서 성공할 수 있었던 비결은, 그러한 경험과 실패에서 우러난 통찰력에 있을 것이다. "아이디얼리는 유통의 미래를 연구하는 실험실이며, 현재 유통산업에서 이곳보다 재미있는 곳은 없을 것이다"라고 말하는 폴 헐리와 아이디얼리의 통찰력을 눈여겨보자.

출처: 중소기업뉴스 (2012.2.)
사진출처: ideeli – http://www.ideel.com/

고 디지털 플랫폼으로 진화하고 있다. 예를 들어 모바일 메신저로 시작한 카카오톡(KakaoTalk)은 강력한 이용자들을 기반으로 게임, 상거래 등 다양한 서비스들이 거래되는 모바일 플랫폼이 되고 있다. 이러한 서비스 유통에서의 새로운 현상들에 대해서 살펴보도록 하자.

② 디지털 플랫폼과 생태계

비즈니스 생태계에 대한 논의가 활발히 진행되고 있다. 이러한 비즈니스 생태계는 기존의 산업개념을 대체하는 것으로 경쟁보다는 공생을 지향하는 다소 이상적인 개념에서 출발한 것이 사실이다. 그러나 융합과 네트워크가 핵심이 되는 디지털 경제의 특성상 이러한 생태계의 개념은 이상보다는 실제 디지털 경제의 작동원리로 작용하고 있다. 개방과 협력을 통한 네트워크 참여자들의 공존이 강조되는 디지털 정신 역시 디지털 생태계 혹은 ICT(Information & Communication Technology) 생태계의 밑거름이 되고 있다.

아이폰의 성공은 비단 혁신적인 디자인이 주는 제품의 가치 때문만은 아니다. 바로 애플(Apple)이 창조한 디지털 생태계에 참여한 모든 구성원들이 만들어 낸 네트워크 가치의 힘이다. 잘 알려진 바와 같이 애플(Apple)은 iOS라는 독자적인 운영체제를 바탕으로 전 세계 누구나 참여하여 손쉽게 콘텐츠와 어플리케이션을 판매할 수 있는 앱스토어(App store)를 창안함으로써 플랫폼 사업자의 역할을 수행한 것이다. 여기에 네트워크 운영자들은 3G-4G-LTE 등으로 이어지는 차세대 통신망을 지속적으로 제공하였으며, 최종 소비자들은 빠르고 안정적인 네트워크 환경에서 아이폰을 통해 다양한 콘텐츠와·어플리케이션을 소비하는 디지털체험을 완성함으로써 가치기반의 디지털 생태계가 구축된 것이다. 이러한 디지털 생태계는 신서비스 채널로 진화한 플랫폼(platform)을 기반으로 콘텐츠(contents), 네트워크(network), 단말기(terminal) 제공자가 참여하여 이루어진다. 디지털 생태계의 구성원들에 대해 간략히 살펴보도록 하자.

● 플랫폼 제공자

플랫폼의 사전적 의미는 정거장이다. 마치 여행자들의 쉼터이자 연결과 이동의 매개수단인 기차역 플랫폼에 비유되듯이, 디지털 생태계에서 플랫폼의 의미는 어플리케이션 및 디지털 콘텐츠의 거래를 매개하거나, 이의 구동 및 이용을 가능하게 하는 시스템 아키텍처이다. 애플(Apple), 구글(Google), 아마존(Amazon), T-Store와 같은 앱스토어가 대표적이다. 디지털 생태계에서 플랫폼은 다음과 같은 특징을 갖는다. 첫째, 디지털 생태계의 구성원은 누구나 플랫폼의 역할을 수행할 수 있다. 애플(Apple) 앱스토어는 단말기 제공자가 창출한 플랫폼인 반면, T-Store는 네트워크 운영자인 SKT가 마련한 플랫폼이다. 둘째, 플랫폼은 각각의 운영체제에 의해 구분될 수 있다. 애플(Apple)은 iOS라는 독자적인 운영체제에 기반을 둔 독점적인 성격이 강한 반면, 아마존(Amazon), T-Store 등은 구글(Google)의 안드로이드(Android) 운영체제에 기반을 두고 있다. 셋째, 디지털 생태계에서는 언제나 새로운 플랫폼 강자가 등장할 수 있다. 기존의 업체들은 기업 간 인수합병을 통해 플랫폼 기능과 역할을 강화하고 있고,

디지털 서비스의 플랫폼
애플 앱스토어

카카오톡(KakaoTalk)처럼 플랫폼으로서의 입지를 만들어가고 있는 신흥강자들이 계속해서 출현하고 있기 때문이다.

● 콘텐츠 제공자

디지털 생태계에서 콘텐츠 제공자의 범위는 매우 광범위하다. 음악, 방송, 교육, 뉴스, 게임, 소셜미디어와 같은 다양한 디지털 콘텐츠와 서비스 제공자들이 모두 포함될 수 있다. 최근에는 스마트폰 환경에서 다양한 응용프로그램의 사용자가 늘면서 모바일 앱(어플리케이션) 사업자들이 늘고 있다. 디지털 생태계에서는 무엇보다 이들 콘텐츠 제공자들의 수가 급격히 증가할 수 있다는 사실에 주목할 필요가 있다. 이는 개방성이라는 디지털 생태계의 특징과 부합되는 것이며, 최근 불고 있는 창업열풍과도 무관하지 않다. 진입장벽이 낮은 인터넷의 특성상, 소규모의 콘텐츠 제공자들은 비록 시장 전체에서 차지하는 개별 비중은 작지만 그들이 모여서 만들어 내는 경제적 의미는 무시할 수 없게 된다. 소위 롱테일(the long tail) 현상이 디지털 생태계를 움직이고 있다.

● 네트워크 제공자

네트워크 제공자는 네트워크를 운영하는 통신사업자들이 중심이 되며, 관련 통신장비나 소프트웨어 제공자들도 포함될 수 있다. 네트워크 운영자들은 특성상 국가나 지역 단위 사업자들로 이루어진 경우가 많은데, 우리나라의 경우 KT, SKT, LG U+가 대표적이다. 미국은 AT&T, Verizon, 영국은 BT, 일본은 NTT Docomo 등을 들 수 있다. 1990년대 인터넷이 상용화된 이래 지금까지 네트워크 제공자들은 브로드밴드(braodband)와 유비쿼터스 네트워크환경을 만드는데 주력해왔다. 흔히 초고속인터넷으로 알려진 브로드밴드란 하나의 전송매체에 여러 개의 데이터채널을 제공한다는 의미

인데, 유선인터넷에서 시작되어 이제는 모바일 브로드밴드 시대로 접어들고 있다. 그만큼 모바일 이용환경이 음성통화에서 대용량의 무선인터넷사용으로 전환되었기 때문이다. 최근 LTE 서비스를 둘러싼 국내 업체들의 속도경쟁이 대표적인 사례이다. 디지털 생태계에서 우위를 점하기 위한 네트워크 제공업체들의 경쟁양상도 변모하고 있다. 유선 네트워크 운영자들은 IPTV와 같은 신사업을 위해 콘텐츠 경쟁력을 강화하는데 주력하고 있으며, 구글(Google)과 같은 기업은 직접 네트워크 운영사업에 뛰어들고 있기도 하다.

- 단말기 제공자

디지털 생태계에서 단말기는 스마트기기, 모바일 중심의 컨넥티드기기라고 불리고 있다. 스마트폰, 스마트 TV, 태블릿 PC 등이 대표적인 예인데, 스마트(Smart) 또는 컨넥티드(Connected)라는 말에서 알 수 있듯이 인터넷의 연결과 컴퓨팅 기능의 탑재가 중요한 과제이다. 즉, 디지털 생태계에서 단말기의 역할은 이용자들이 언제 어디서나 인터넷접속이 가능할 뿐 아니라 탑재된 운영체제(OS)를 통해 다양한 콘텐츠와 서비스를 마음껏 즐길 수 있게 해주는데 있다. 이는 곧 전통적인 하드웨어 중심의 단말기 경쟁구도의 종말을 의미한다. 이미 전통적 관점에서 보면 컴퓨터 업체였던 애플(Apple)이 스마트폰 시장을 선점하였고, 구글(Google)은 스마트 TV시장에 진입하였다. 삼성전자 역시 구글(Google)과의 협력을 통해 스마트폰 시장에서 애플(Apple)을 추격할 수 있었다. 결국 단말기 제공자들에게는 하드웨어적인 기능뿐 아니라 안정적인 운영체제와 이용자를 유입할 수 있는 콘텐츠 파워가 모두 요구되고 있는 것이다. 따라서 단말기 사업자들에게 중요한 것은 이러한 역량을 독자적으로 수행하기 보다는 디지털 생태계 안에서 새로운 경쟁과 협력관계를 통해 어떻게 슬기롭게 풀어내는가의 문제이다. 뿐만 아니라 스마트카, 입는 컴퓨터 등 인터넷에 연결되는 단말기의 종류는 앞으로 더욱 증가할 것이 분명하다.

③ 전자채널의 장점과 단점

서비스 유통경로에서 전자채널의 도입과 활용에 따른 장·단점을 살펴보자. 우선 전자채널의 장점은 다음과 같다. 첫째, 표준화된 서비스를 일관성 있게 전달할 수 있다. 서비스 직원에 의해 제공되는 서비스는 직원의 능력과 기분에 따라 서로 다른 수준의 서비스가 제공될 수 있지만, 전자채널은 모든 고객들에게 동일한 품질의 서비스를 제공한다. 둘째, 전자채널은 서비스 직원에 의해 전달되는 서비스에 비해 상대적으로 저렴하게 광범위한 지역의 고객들에게 서비스를 전달할 수 있다. 예를 들어 판매원을 이용해 제공되는 서비스에 비해 전자채널은 상대적으로 저렴한 비용으로 고객의 개별적 문의에 신속하게 대응할 수 있고 고객의 요구에 맞춘 서비스를 제공할 수 있다. 셋째, 전자채널은 고객에게 더 나은 편의성을 제공한다. 전자채널은 고객들로 하여금 자신이 원하는 시간과 장소에서 서비스를 이용할 수 있게 한다. 전자상거래와 같은 전자채널은 오프라인 점포를 직접 방문해야 하는 번거로움을 줄여 준다. 넷째, 고객의 선택폭을 넓혀주고 고객맞춤화를 가능하게 한다. 전자채널은 고객의 요구에 맞추어 서비스를 설계, 전달할 수 있는데, 델 컴퓨터는 전자채널을 통해 고객들로 하여금 자신이 원하는 사양을 갖춘 컴퓨터를 디자인·주문할 수 있도록 한다. 다섯째, 전자채널은 신속한 고객 피드백을 얻을 수 있도록 한다. 서비스기업은 자사가 제공하는 서비스 제공물에 대한 고객의 생각을 신속하게 파악할 수 있고, 문제점에 대해 즉각적인 해결책을 제공할 수 있다.

한편 전자채널은 다음과 같은 단점을 갖는다. 첫째, 전자채널의 도입은 치열한 가격경쟁을 유발한다. 전통적인 서비스 경로와는 달리 전자채널에서는 고객들이 경쟁서비스들의 특징 및 가격을 서로 비교할 수 있기 때문에 기업간 가격경쟁이 치열해 진다. 둘째, 전자채널은 서비스 직원의 차이로 인한 서비스 품질의 비일관성은 최소화할 수 있는 반면, 오히려 전자채널을 이용하는 고객의 다양한 특성으로 인해 일관성 있는 서비스가 제공되지 못할 수 있다. 가령 인터넷과 같은 전자채널을 이용하는 데 익숙하지 못한 고객들은 동일한 서비스라도 이용하는데 어려움을 겪게 된다. 전자매체가 사용자 친화적이지 않거나, 고객이 서비스를 제공받기 위한 환경이 취약한 경우에도, 전자채널을 이용한 서비스 유통은 어려움을 겪을 수 있다. 셋째, 전자채널의 도입은 변화된 고객행동에 대한 이해를 필요로 한다. 전자채널을 통해 서비스를 구매하는 고객은 오프라인 서비스점포에서 판매원과의 직접적인 접촉을 통해 구매하는 경우와 매우 다른 구매행동을 하게 된다. 온라인 정보탐색, 온라인 구전과 같은 고객들의 새로운 행동에 대한 이해와 대응이 없다면 전자채널을 통한 기업의 서비스 유통경로구축은 어려움을 겪을 수밖에 없다. 넷째, 전자채널은 대금결제와 고객정보의 보안에 문제가 있을 수 있다. 전자채널을 이용해 서비스를 이용·구매하는 많은 고객들이 대금을 결제하는 과정에서 자신의 개인적 정보가 노출될 것을 우려해 신용카드 번호를 제시하는 것을 망설인다. 또한 고객들은 범죄자들이 고객의 패스워드와 신용카드 번호를 훔쳐 개인적 정보에 접근하거나 고객의 명의로 제품이나 서비스를 구매할 가능성에 대해 우려한다. 다섯째, 전자채널은 서비스가 제공되는 지역을 확장시킴에 따라 경쟁을 더욱 증가시킨다. 전통적으로 소비자들은 자신이 이용할 수 있는 지리적 범위 내에서 원하는 서비스를 선택했기 때문에 경쟁이 제한되어 있었다. 그러나 인터넷 같은 전자채널의 도입은 고객이 제공받던 서비스의 지역적 경계를 허물어뜨림으로써 서비스 제공자간 경쟁을 더욱 심화시켰다. 예를 들어, 과거 고객들은 거주지 주변에 위치한 은행지점과 거래를 했지만, 인터넷뱅킹의 도입으로 거주지에서 멀리 떨어져 있는 다른 경쟁은행들의 금융 서비스를 이용할 수 있게 되었다.

④ 전자채널을 통한 서비스특성(4I) 문제해결

앞서 유형적인 제품과 다른 서비스의 네 가지 특성(4I: 무형성, 비분리성, 불균질성, 재고불능)에 대한 효과적인 대처는 서비스 마케팅에서 매우 중요한 과제임을 설명한바 있다. 전자채널의 일반적인 장점들 외에, 서비스 특성들로 인한 전통적인 문제점을 극복할 수 있는 전자채널만의 구조적이고 환경적인 장점들에 대해 추가적으로 살펴보자. 첫째, 서비스의 무형성을 생각해보자. 서비스의 경우 그 실체가 눈에 보이지 않기 때문에 고객들에게 유형화하려는 노력이 필요하다고 한다. 그런데 전자채널에서는 이러한 유형화 작업이 매우 자연스럽게 진행될 수 있다. 서비스 기업은 동영상 기술이나 디지털 콘텐츠의 특성을 활용해서 고객들에게 미리보기와 같은 사전경험을 충분히 제공할 수 있기 때문이다. 오프라인 서비스에서는 불가능한 시연이나 샘플제공이 가능한 것이다. 뿐만 아니라 고객들은 미리 경험해본 사람들의 의견이나 추천정보를 활용함으로써 무형성을 극복할 수도 있다. 둘째, 앞서도 강조했듯이 전자채널에서는 고객의 다양한 정보를 활용한 맞춤 서비스가 가능하다. 이는 생산과 소비가 동시에 진행되는 데서 발생하는 문제를 해결하는데 매우 중요하다. 한걸음 더 나아가 고객을 서비스 생산에 적극적으로 참여시키는 방법들도 전자채널에서는 상대적으로 용이하다. 셋째, 앞서 전자채널의 장점에서 언급했듯이 서비스 품질의 불균질성 문제는 기본적으로 서비스 제공자인 종업원에게서 비롯되는 것인데, 전자채널은 종업원과의 상호작용면에서 자유로울 수 있다. 시스템적인 상호작용을 통해 서비스과정의 표준화가 가능한 것은 물론이다. 넷째, 서비스는 재고를 저장할 수 없기 때문에 수요와 공급을 잘 조절하고 관리하는 것이 필수적인데, 전자채널은 기본적으로 24시간 언제나 이용 가능하다는 면에서 장점이 있다. 또한

소셜커머스 할인판매를 통해 서비스 재고문제가 해결된다.

여행사나 항공사 등의 전자채널 프로모션 사례에서 보듯이 성수기와 비성수기를 조절하려는 마케팅노력도 오프라인에 비해 용이하다. 최근 급성장한 소셜커머스에서의 파격적인 할인과 지역서비스 판매 역시 전자채널이 서비스 재고문제 해결에 효과적임을 보여준다.

5.3 서비스 채널관리 전략

::: 채널유형에 대한 고객선호도 관리

동일한 서비스를 전달하는 데 사용될 수 있는 채널대안들마다 비용(가격)뿐 아니라 고객이 갖는 서비스경험이 차별적일 수 있다. 가령, 뱅킹서비스는 인터넷, 모바일, 텔레뱅킹, ATM과 같은 비대면, 전자(원격)채널 외에 각 지점 또는 부유한 고객의 거주지를 직접 방문하는 프라이빗 뱅킹과 같은 대면, 인적채널을 통해 차별적으로 전달될 수 있다. 최근의 연구결과에 따르면 고객의 채널선호는 다음과 같은 요인들에 영향을 받는 것으로 알려져 있다.

• 복잡하고 지각된 위험수준이 높은 서비스의 경우, 사람들은 인적채널을 선호하는 경향이 있다. 가령, 간단한 입출금이나 송금의 경우 고객들은 전자(원격)채널 이용을 선호하는 반면 주택담보 대출서비스를 제공받는 고객은 대면접촉 거래를 선호한다.
• 서비스 상품 혹은 이를 전달하는 채널에 대한 자신감과 지식수준이 높은 고객은 비대면 혹은 셀프서비스 채널을 선호하는 경향을 가진다.
• 거래의 실용적 편익을 추구하는 고객은 편의성이 높은 비대면 혹은 셀프서비스 채널을 선호하는 반면, 사회적 동기를 가진 고객들은 인적채널을 사용하는 경향이 있다.
• 편의성은 대다수의 고객들에게 있어 채널선택의 결정적 영향요인이다. 서비스 편의성은 비용절감 측면보다는 시간과 노력의 절감을 의미한다. 고객의 편의성 추구는 핵심제품 구매의 편의성뿐 아니라 편리한 시간과 장소에서 보조서비스를 제공받는 것도 포함한다. 사람들은 정보제공, 예약, 문제해결 등의 보조서비스들에 편리하게 접속되기를 원한다.

서비스 제공자는 채널 별로 서비스 비용(가격)을 다르게 책정함에 있어서도 신중을 기해야 하는데, 현명해진 고객들은 채널 및 시장에 따른 가격변동을 자신에게 유리하게 활용하고 있기 때문이다(차익거래전략: arbitraging strategy). 가령, 고객들은 값이 비싼 완전서비스 증권회사에게 투자자문서비스를 요청한 후 대량의 주식거래에 대해서는 수수료가 저렴한 증권회사를 이용한다. 따라서 서비스 제공자는 고객들의 채널선호 성향을 잘 파악하고, 채널 별로 적절한 서비스제공과 가격전략을 통해 고객가치전달은 물론 기업의 수익달성에도 효과적으로 대응해야만 한다.

⠿ 채널입지 선정

고객에게 서비스를 제공하는 데 있어 가장 확실한 입지는 고객들이 거주하거나 근무하는 곳 가까운 데 서비스 시설을 설치하는 것이다. 그러나 이러한 입지선정은 고객욕구와 기회, 서비스운영의 성격, 경쟁자들의 마케팅 활동 등에 따라 달라질 수 있다. 예를 들어 소매은행이나 패스트푸드점과 같이 자주 구매되는 편의서비스는 경쟁이 치열하고, 고객들도 서비스 이용에 많은 시간과 노력을 들이려 하지 않기 때문에 가능한 고객들의 서비스 접근성을 높일 수 있도록 입지가 결정되어야 한다. 반면 고객들이 서비스 이용에 시간과 노력을 아끼지 않는 전문적 서비스에 대해서는 접근성이 떨어지는 먼곳에 위치한 서비스 시설이라도 기꺼이 찾아갈 수 있다.

고객들의 접근성 혹은 이용편의성이 입지선정에 중요한 고려요인이기는 하지만, 일부 서비스들은 운영의 특성상 입지에 대한 엄격한 제약이 요구된다. 예를 들어, 공항은 종종 여행자의 거주지, 사무실, 도착 예정지와 비교해 접근하기 불편한 장소에 위치한다. 소음과 환경적 요인으로 인해 새로운 공항을 짓거나 기존공항을 확장하는 데 적절한 부지를 확보하는 것이 매우 어려울 수 있기 때문이다. 지형이나 기후 등과 같은 다른 지리적 요인들로 인해 서비스가 제공될 입지의 선정에 제약을 받기도 하는데, 산에 위치해야 하는 스키 리조트와 해변에 위치해야 하는 해양 리조트 등이 그 예이다. 서

최근 소매채널로 급성장하고 있는 공항면세점

세븐일레븐, 비콘서비스 등 옴니채널 기반 구축

편의점 세븐일레븐이 '비콘(Beacon)' 활용 위치기반 서비스와 자전거를 사용한 배달 서비스 등 '옴니채널(Omni-Channel)' 기반 구축에 본격 나선다. 옴니채널은 온·오프라인 모든 유통 채널이 소비자를 중심으로 유기적으로 통합된 새로운 패러다임의 소비생활을 일컫는다. 편의점은 세븐일레븐만 해도 7,000개 이상의 점포가 전국 곳곳에 촘촘히 자리잡고 있어 옴니채널 상 중요한 축으로 떠오르고 있다.

이에 세븐일레븐은 향후 펼쳐질 옴니채널 세상에 대비하기 위해 '비콘(Beacon)' 활용 위치기반 서비스와 자전거를 사용한 배달 서비스를 시작하기로 했다. 먼저 저전력 블루투스 근거리 통신기술인 비콘 서비스 도입을 위해 SK플래닛과 업무 제휴를 하고 이달 초까지 서울 및 수도권 2,000여 점에 설치한다. 내년 1월까지는 전국 7,000여 점에 모두 설치를 완료한다는 계획이다.

이번에 세븐일레븐이 제공하는 비콘 서비스를 통해 전자지갑 '시럽(Syrup)', OK캐시백, 세븐일레븐 앱 중 하나 이상을 사용하는 고객이 세븐일레븐 점포 앞을 지나면 환영 인사와 함께 할인쿠폰, '1+1 쿠폰' 등이 스마트폰에 뜨게 된다. 받은 쿠폰은 해당 점포에 들어가 바로 사용이 가능하다.

세븐일레븐은 비콘 서비스를 실시간 '타임 마케팅'에도 적극 활용할 계획이다. 예를 들어 아침시간에는 삼각김밥과 샌드위치, 점심에는 도시락, 오후에는 간식류 쿠폰 등 시간대별 고객 선호에 따라 할인쿠폰을 제공할 예정이다.

또 전국 점포에서 실시간 선착순 응모 경품행사 등과 같은 '게릴라 마케팅'도 진행할 수 있게 된다.

한편 세븐일레븐은 시간이 부족하거나 외부활동이 어려운 노약자 등을 위한 배달서비스도 서울지역 4개 점포(소공점, 목동점, 공릉점, KT강남점)에서 4일부터 시작한다. 세븐일레븐 배달서비스는 고객이 해당 점포에 전화 또는 방문을 해 1만원 이상 구매 접수를 하면 한 시간 내에 원하는 곳에서 상품을 받을 수 있도록 설계됐다. 고객 주문은 24시간 언제나 가능하며 배달 가능 시간은 오전 9시부터 저녁 9시까지로 정해져 있다. 신용카드 결제와 현금영수증 발급도 가능하다. 세븐일레븐은 안전하고 효율적인 운영을 위해 점포 입지에 따라 세 바퀴 자전거와 카트 배달을 병행한다. 또 배달과정에서의 상품특성 변질을 없도록 하기 위해 보온·보냉 박스도 활용한다. 세븐일레븐 배달서비스는 점포 입지 기준 300미터 반경 이내로 가능 지역이 제한되며 포인트 적립이나 할인은 불가능 하다. 세븐일레븐은 앞으로 모바일, 인터넷 주문에 대한 배송까지 검토하고 있다.

황인성 세븐일레븐 커뮤니케이션부문장은 "유통업계에서 가장 많은 점포를 보유하고 있는 장점을 적극 활용해 옴니채널 상 핵심적인 역할을 할 수 있도록 할 것"이라며 "옴니채널 기반 구축은 오프라인 사업 위주에서 향후 모바일과 인터넷으로 영역을 확대할 수 있는 기회"라고 말했다.

출처 : 아시아경제 (2014.12.)

비스 운영에 있어 규모의 경제가 요구되는 것도 입지의 선택에 제약을 가하는 또 다른 요인이다. 대형병원은 단일의 입지에서 다양한 헬스케어 서비스를 제공해야 하기 때문에 대규모 시설을 필요로 한다.

한편 서비스가 제공되는 물리적인 입지와 관계없이 고객들의 서비스 접근성을 높일 수 있는 다양한 방안들에 대해 살펴볼 필요가 있다. 첫째, 지역적 커버리지를 최대화하기 위해 복수의 소규모 서비스 제공소, 즉 미니점포(ministores)를 설립하는 방안이 있다. 자동화 키오스크(kiosk)가 그 한 예이다. 소매점, 병원, 대학, 공항, 오피스 빌딩 등에 설치된 ATM들은 은행지점이 수행하는 여러 기능들을 대신 수행한다. 최근 들어 특정 유형의 서비스사업자가 서로 보완적 관계에 있는 다른 유형의 서비스 제공자로부터 소매공간을 임대하는 형태로 미니점포를 개설하는 경우가 늘어나고 있다. 가령, 슈퍼마켓 내에 소형의 은행지점이 입점해 있거나 던킨도너츠(Dunkin' Donuts), 서브웨이(Subway) 등과 같은 식품체인점이 버거킹(Burger King)과 같은 패스트푸드 레스토랑과 소매공간을 공유하고 있다. 둘째, 보조서비스에 대한 접근성을 높이는 전략이다. 가령, 스포츠경기나 공연 이벤트를 관람하기 위해 고객들은 특정 시간과 장소로 기꺼이 가려고 한다. 그러나 그들은 좌석을 미리 예약하는데 있어서는 더 많은 유연성과 편의성을 원할 수 있다. 셋째, 물리적인 입지로의 연계망을 잘 구축하는 것이 중요하다. 공항으로의 접근성을 높이는 방안의 하나는 빠른 고속철도노선을 제공하는 것인데, 샌프란시스코의 BART 서비스, 런던의 히드로 익스프레스 등이 예이다. 넷째, 버스, 철도 그리고 공항 터미널 등 수송루트 상에 서비스 공간을 입점시키는 방안도 흥미로울 수 있다. 최근 가장 흥미로운 소매업 추세 중 하나는 공항이나 고속도로 휴게소 공간이 활력이 넘치는 쇼핑공간으로 변신하고 있는 것이다.

⠿ 중간상 관리전략

서비스기업은 효율적인 중간상 관리를 통해 서비스 성과를 높이고 기업이미지를 구축하며, 수익을 제고시키려고 한다. 서비스기업이 중간상을 관리함에 있어 당면하게 되는 전략적 이슈는 그들을 회사의 연장으로 보고 관리해야 하는가 혹은 고객이나 파트너로 보고 관리해야 하는지를 선택해야 하는 것이다.

중간상 관리전략의 유형은 크게 통제전략, 권한이임전략, 파트너십 전략으로 나누어진다. 통제전략(control strategy)은 서비스기업이 서비스 성과의 표준을 개발하고 중간상의 서비스 품질과 성과를 측정한 다음 성과수준에 따라 보상과 처벌을 제공하는 것이다. 이 전략은 차별적 서비스모델에 기반해 상당한 고객기반을 구축하고 있고 강력한 경제적 파워를 보유한 서비스기업에 적절하다. 예를 들어, 프랜차이즈 가맹본부는 각 가맹점의 서비스 성과와 서비스 품질을 지속적으로 측정하고, 이러한 성과자료를 토대로 가맹점이 제공하는 서비스 품질을 통제한다. 그러나 서비스기업이 중간상의 서비스 성과를 측정하는 것이 중간상을 통제하고 처벌을 하기 위한 것으로 인식된다면, 서비스기업과 중간상간에 신뢰가 구축될 수 없을 것이다.

권한위임전략(empowerment strategy)은 중간상에게 서비스 목표설정 및 서비스 프로세스관리에 있어 최대한의 재량권을 부여하는 것으로서, 신규 서비스기업이나 중간상을 통제할 만큼 강력한 경로파워를 가지고 있지 못한 서비스기업에 적절하다. 중간상에게 상당한 재량권을 부여하더라도, 서비스기업은 중간상이 서비스를 잘 수행할 수 있도록 다음과 같은 지원적 노력을 제공해야 한다. 첫째, 중간상이 고객지향적 서비스 프로세스를 개발하도록 지원해야 한다. 서비스기업은 중간상의 서비스 성과를 높이기 위해 서비스 성과에 영향을 미치는 핵심요인과 고객관련 정보 등에 관한 조사나 서비스 표준을 설정하기 위한 연구 등을 수행하고, 그 결과를 중간상들에게 제공해야 한다. 둘째, 중간상의 서비스 성과를 높이는 데 필요한 지원시스템을 개발, 제공한다. 예를 들어, 여행사, 항공사, 호텔 등이 개발한 예약시스템은 가맹점들에게 주요한 지원시스템이 될 수 있다. 셋째, 좋은 서비스를 고객에게 전달하기 위해 중간상에게 서비스 업무와 관련된 지식과 기술을 교육, 훈련시킨다.

파트너십전략(partnership strategy)은 중간상과 서비스기업이 공동으로 최종고객에 관해 학습하고 서비스 전달기준을 세우고 서비스 전달프로세스를 개선하는 것으로서, 서비스기업과 중간상의 능력을 공유·활용하는 데 도움을 주며 상호간에 신뢰감을 구축할 수 있다. 파트너십 전략이 성공을 거두기 위해서는 서비스기업과 중간상의 목표가 일치하도록 만들어야 한다. 예를 들어, 드라이브 인 햄버거 체인인 소닉(Sonic)은 고객욕구의 변화와 가맹점의 제안에 지속적으로 대응하기 위해 가맹점들과 열린 관계와 공동의 목표를 유지하려고 노력한다. 또한 이 전략이 성공을 거두기 위해 서비스기업은 중간상들을 의사결정과정에 참여시켜야 한다. 서비스기업은 서비스 품질, 서비스 제공환경 등과 관련된 정책을 수립하는 과정에서 중간상들의 의견을 물어야 한다. 초고속 프린트 서비스를 제공하는 프랜차이즈 회사인 알파 그래픽스(Alpha Graphics)는 가맹점으로부터 그들을 위한 본부의 촉진활동이 필요하다는 의견을 듣고 고객에 대한 메일링 서비스를 제공했다. 또한 가맹점들이 일방적인 계약조건에 불만을 가지고 있음을 발견하고 가맹점이 계약을 쉽게 해지할 수 있도록 계약조항을 수정했으며, 매출에 따라 로열티를 조정할 수 있으며, 로열티 지불방법을 가맹점이 선택할 수 있도록 계약을 조정했다.

제 **6** 장

서비스 프로모션관리

서비스기업의 창의적인 디지털 프로모션:

호주관광청과 도미노피자 사례

전 세계적으로 인터넷과 모바일 광고시장이 급속히 성장하였으며 페이스북과 같은 소셜미디어들은 기업의 중요한 커뮤니케이션 채널로 자리잡았다. 옥외광고들은 네트워크에 연결되면서 쌍방향적인 성격의 디지털 사이니지(digital signage)로 발전하고 있다. 이처럼 기업의 마케팅과 프로모션 환경이 디지털화 되면서 서비스기업들 역시 디지털을 활용한 창의적인 프로모션에 적극적으로 나서고 있다. 서비스기업들의 창의적인 디지털 프로모션의 세계로 들어가 보자.

인터넷 시대의 구전마케팅의 본질을 이해한 호주관광청 프로모션

2009년 전세계 네티즌들은 꿈의 직업이라고 불리는 한 잡포스팅에 열광하게 된다. 호주의 해밀턴이라는 한 작은 섬의 관리자를 뽑는 구인광고가 홈페이지와 각국의 신문 구인광고란에 작게 실렸는데 그 내용이 너무 파격적이라 전 세계 유수의 언론에 소개되고 인터넷 블로그 등을 통해 전파되면서 입소문을 타게 된 것이다. 6개월 동안 섬의 관리자로 근무하면서 하는 일은 물고기 먹이주기와 바다고래 관찰 등이며, 숙소와 왕복 항공권이 제공되며 급여는 15만 달러라는 파격적인 내용의 구인광고는 실제로는 호주 퀸즈랜드주 관광청에서 호주의 아름다운 자연을 전세계에 알리기 위해 실시한 프로모션인 '세계에서 가장 좋은 직업(the best job in the world)' 프로젝트였다. 전 세계를 상대로 프로모션 하기에는 턱 없이 부족한 예산을 극복하기 위한 창의적인 아이디어가 큰 성공을 거둔 셈인데, 결과적으로 전 세계 200여 국에서 3만 5천 여명 이상의 지원자가 몰렸으며, 전세계 언론의 관심과 보도를 통해 수십억 인구가 호주의 작은 섬에 대해 알게 되었다고 하니 들어간 프로모션 비용 대비 엄청난 효과를 거둔 성공적인 프로모션임에 틀림없다. 2009년 깐느 광고페스티벌 Cyber부분에서 그랑프리를 수상하며 그 성과를 인정받기도 하였다. 결국 이 창의적인 아이디어는 매스미디어의 관심과 지원을 받는 것이야말로 인터넷 구전을 촉발시키는 장치라는 본질을 잘 꿰 뚫고 있었던 정말로 영리한 프로모션이다. 이후 이 프로모션은 지속적인 캠페인으로 자리잡고 있으며 2013년에는 호주의 6개주로 확대되어 시행되고 있다.

호주관광청이 시행한
2013년 꿈의 직업 프로모션

도미노피자, 오프라인 광고에 온라인을 접목하다

인터넷이 활성화되면서 많은 서비스기업들은 인터넷을 통해 주문하고 서비스를 제공받는 프로세스를 갖추고 있다. 2011년 배달전문 피자업체인 도미노피자는 한 가지 흥미로운 시도를 하게 된다. 도미노피자의 웹사이트를 통해 들어오는 주문과 처리과정을 실시간으로 공개하기로 한 것이다. 도미노피자는 웹사이트 상의 Domino's Tracker라는 페이지를 통해 처리되는 제품주문 및 서비스에 대한 고객들의 리뷰정보를 가감 없이(욕설 등 비속어를 제외하고는 어떤 검열이나 편집 없이) 뉴욕 타임스퀘어의 옥외광고를 통해 실시간으로 전송하여 노출한 것이다. 브랜드에 대한 긍정적인 정보뿐 아니라 부정적인 정보조차 고객들과의 소통을 위해 적극적으로 공개하겠다는 커뮤니케이션의 진정성을 인정받는 계기가 되었을 뿐 아니라 옥외광고의 쌍방향적인 진화를 잘 이해함으로써 온라인과 오프라인 광고를 잘 접목한 디지털 사이니지 전략은 도미노의 디지털마케팅에 대한 한 차원 높은 이해도를 보여주기에 충분한 걸작이었다.

도미노피자 주문시스템
(Domino's Tracker)과
타임스퀘어 실시간 광고

서비스기업들의 디지털 프로모션 전략의 포인트는 단지 새로운 것을 먼저 시도한다거나 혹은 유행을 좇아 목적과 방향감 없이 디지털을 활용하는 것이 아니다. 디지털의 본질을 잘 이해하고 창의적인 아이디어를 잘 접목시킬 수 있는 힘이야말로 디지털 프로모션의 성공을 위해 필수적임을 잊지 말자.

참고 이데일리(2013.5.17.) 기사 외.

서비스에 대한 프로모션(promotion) 은 소비자들에게 서비스 정보를 알려주고 그들을 설득해서 우리 서비스를 선택할 수 있도록 하는 일련의 커뮤니케이션 활동이다. 서비스 기업은 광고, 판매촉진, 홍보와 같은 프로모션 수단들을 통해서 그들이 제공할 서비스 상품에 대한 약속(promise)을 하고 실지 서비스 수행을 통해서 그 약속을 지켜 나아간다. 특히 서비스는 유형적인 제품에 비해 서비스가 제공되는 물리적 공간이나 서비스 종업원이 프로모션에서 차지하는 역할도 강조된다. 이 장에서는 이러한 서비스 프로모션의 다양한 수단과 활용 전략들에 대해 통합적 서비스 마케팅커뮤니케이션 관점에서 살펴본다.

6.1 통합적 서비스 마케팅커뮤니케이션

새로운 미디어와 기술의 발전으로 인해 요즘 서비스 시장에서의 마케팅커뮤니케이션은 상당히 다양하고 복잡해졌다. 소비자들은 그들이 필요로 하는 정보를 서비스업체의 광고나 접점 직원들을 통해 얻기도 하고, 웹사이트, 인터넷 게시판, 또는 인터넷 커뮤니티와 같은 온라인 정보원을 통해 구하기도 한다. 또한 서비스에 대한 소비자들의 욕구도 과거에 비해 다양해지고 세분화되다보니 서비스기업들 역시 다양한 프로모션 수단들을 통합적으로 활용할 필요성을 느끼고 있다. 뿐만 아니라 소비자들의 미디어 소비행동도 하나에 머무르지 않고 통합적으로 변하고 있다. TV 시청을 하다 스마트폰으로 검색을 하는 이른바 크로스미디어적인 행동은 이제 더 이상 낯선 모습이 아니다.

이제 시야를 좀더 넓혀서 서비스 마케팅커뮤니케이션 상황을 (1) 서비스기업 (2) 직원, 그리고 (3) 고객의 삼각구도에서 살펴보자. [그림 6-1]이 이러한 삼각관계를 보여주고 있다. 우선, 서비스기업에서 고객으로 가는 커뮤니케이션이 있다. 이것을 외부 마케팅(external marketing)이라고 한다. 기업은 광고, 세일즈프로모션, 다이렉트 마케팅 등의 채널을 통하여 외부 고객에게 정보를 제공하고 그들을 설득하고자 한다. 두 번째로 직원에서 고객으로 가는 커뮤니케이션이 있다. 이를 상호작용 마케팅(interactive marketing)이라고 한다. 서비스 접점에서 일하는 직원은 서비스 현장(service encounter)에서 적절한 물리적 환경(servicescape)하에 면대면 커뮤니케이션으로 고객들과 상호교류 한다. 끝으로 서비스기업에서 직원으로 가는 커뮤니케이션이 있다. 이것을 내부 마케팅(internal marketing)이라고 한다. 기업의 서비스에 대한 정보는 수직적, 수평적 커뮤니케이션을 통해 직원들에게 전달된다. 기업이 훌륭한 서비스로 외부 고객들을 끌어들이고 그들을 설득해 나아가기 위해서는 이러한 일을 담당하고 있는 일선 직원들이 서비스에 대해 철저히 무장이 되어 있고 준비가 되어 있어야 한다, 즉, 외부 마케팅에서 성공하기 위해서는 내부 마케팅부터 잘해야 한다. 일단 집안이 평안해야 가족들이 밖에서 잘 활동할 수 있는 것과 같은 이치이다.

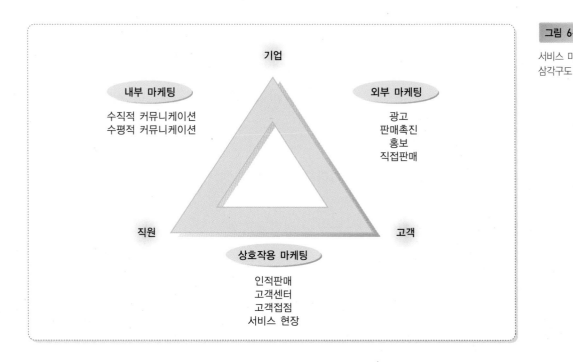

그림 6-1

서비스 마케팅커뮤니케이션 삼각구도

이러한 상황에서 요즘 서비스기업들은 그들의 커뮤니케이션 혹은 프로모션 전략의 수립과 운영에 있어서 통합적 마케팅커뮤니케이션(IMC: Integrated Marketing Communications)의 정신을 살리고 있다. IMC란 기업이 외부 고객과 커뮤니케이션 하기 위해 사용하는 모든 채널들을 잘 정리하고 통합적으로 활용하여 일관된 메시지를 전달하고자 하는 커뮤니케이션 과정이다. 특히 서비스의 경우에는 외부 마케팅 메시지뿐만 아니라 상호작용 마케팅, 내부 마케팅의 메시지도 모두 일관성 있게 통합이 되어야 하는 특수성이 있기 때문에 IMC를 통합적 서비스 마케팅커뮤니케이션(ISMC: Integrated Services Marketing Communications)이라고 부른다. 본 장에서는 외부 고객들을 대상으로 진행되는 서비스 프로모션 관점에서 외부 마케팅과 상호작용 마케팅을 중심으로 설명하며, 내부 마케팅커뮤니케이션에 대해서는 10장의 서비스 인적자원관리에서 따로 다루기로 한다.

IMC의 개념에서 보듯이 ISMC가 성공적으로 수행되기 위해서는 커뮤니케이션 채널들의 통합적인 정비·활용 및 일관된 메시지전략이 무엇보다 중요하다. 그리고 ISMC의 목표가 무엇인지를 명확히 하여야 한다. 서비스기업은 고객들과 어디에서(where), 어떤(what) 메시지로, 그리고 어떤(why) 목적으로 만나서 커뮤니케이션 할 것인가에 대해 확실히 이해하고 있어야 한다는 의미이다. 이러한 문제들에 대하여 추가적으로 살펴보도록 하자.

고객과의 커뮤니케이션 접점 설계

외부 마케팅과 상호작용 마케팅 과정에서 서비스기업은 고객들과 매우 다양한 채널들을 통해 커뮤니케이션 할 수 있다. [그림 6-1]에서 예로 든 광고만 보아도 전통적인 4대 매체광고에서부터 옥외광고, 인터넷광고 등 실로 다양한 커뮤니케이션 접점들이 있을 수 있는데, ISMC에서는 이러한 고객과의 커뮤니케이션 접점들을 컨택포인트(contact point) 혹은 터치포인트(touch point)라고 부르고 있다. 타깃 고객들과의 커뮤니케이션에 효과적인 컨택포인트들을 잘 선택하고 활용하는 것이야 말로 ISMC 전략수립의 핵심이다.

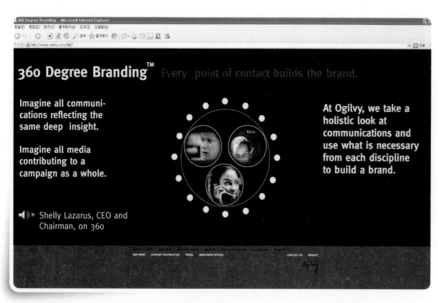

고객과의 다양한 접점 커뮤니케이션(360도)을 강조한
오길비앤마더의 IMC프로그램

그렇다면 효과적인 컨택포인트의 설계란 무엇인가? 일본의 광고대행사인 덴츠는 요즘 소비자들의 구매행동패턴을 A(attention: 주의) - I(interest: 관심) - S(search: 탐색) - A(action: 구매) - S(share: 공유)로 설명하면서, 이러한 AISAS 단계별로 고객들과 접촉할 수 있는 커뮤니케이션 접점들을 선택하여 통합적으로 활용하는 것이 중요하다고 강조하였다. 예를 들어, 업무 차 부산으로 가는 KTX에 탑승한 남성이 여행잡지에서 우연히 한 호텔의 광고를 접하게 되는 상황을 가정해보자. 광고를 통해 호텔에 관심을 갖게 된 남성은 인터넷으로 호텔에 대한 보다 상세한 정보를 검색해볼 수 있다. 이 때 호텔의 홈페이지나 예약대행 사이트 등이 잘 마련되어 있지 않다면 광고를 통한 관심은 실제 탐색이나 구매행동으로 연결되지 못할 수 있다.

결국 ISMC에서 컨택포인트를 설계한다는 것은 서비스기업이 고객들에게 단순히 정보를 제공하거나 브랜드를 알리는데 그치지 않고 실질적인 구매나 구전과 같은 행동이 발생할 수 있도록 커뮤니케이션을 효과적으로 진행하자는 의미이기도 하다.

⠿ 일관된 메시지 전달

[그림 6-1]에서 설명한 대로 서비스에 대한 정보가 여러 채널과 매체를 통하여 이 삼각형을 돌아다닌다. 따라서 이러한 정보가 일관성을 잃으면 전체 커뮤니케이션 체계가 무너진다. 정보의 일관성(information consistency)이 생명인데, ISMC에서는 이를 싱글보이스(single voice)전략이라고 부른다. 그림에 나와 있는 삼각구도를 다시 살펴보자. 여기서 주목할 만한 사실은 소비자에게 가는 커뮤니케이션 루트가 기업에서 직접 가는 방법과 직원을 통해서 가는 방법 두 가지라는 것이다. 즉, 정보를 받는 사람은 한 명인데 그 정보가 두 군데에서 나간다. 이 정보가 일관성이 없다면 소비자를 설득하기는커녕 그들에게 큰 혼동과 혼란을 줄 수 있다. 예를 들어 한 소비자가 새로운 금융상품에 대해 광고를 통해 듣고 이에 대해 알아보기 위해 은행에 갔다고 하자. 그런데 은행 창구직원들이 이 새로 나온 상품에 대해 잘 알고 있지 못하다면 고객이 어떻게 생각할 것인가? 은행 입장에서 보면 그야 말로 집안 망신 아니겠는가?

대한항공 광고캠페인 메시지는 책(정여울 '내가 사랑한 유럽 TOP10')으로도 출간되어 소비자들에게 전달된다.

기업은 그들의 아이덴티티와 메시지를 일관성 있게 엮고 소비자들에게 반복적으로 전달함으로써 시장에서 브랜드 이미지를 정착시킬 수 있다. ISMC는 기업에서 서비스의 아이덴티티와 포지션을 구축하기 위해 나가는 모든 메시지들이 여러 커뮤니케이션 접점들에 걸쳐 모두 일관성 있게 통합되어야 함을 강조 한다. 예를 들어 우리 기업의 홍보자료와 다이렉트 메일의 내용이 같아야 하고, 광고 역시 우리의 웹사이트와 비슷한 디자인, 비슷한 내용으로 만들어져야 한다.

⠿ 서비스기업과 고객간 관계구축

성공적인 서비스 마케팅커뮤니케이션의 중요한 목표는 고객들과의 장기적인 관계를 구축하는 일이다. 이를 위해 서비스기업들은 자사의 ISMC가 다음의 사항들을 잘 따르고 있는지 살펴야 한다.

첫째, 고객에 대한 커뮤니케이션은 바로 고객에 대한 서비스 전달의 약속임을 이해하고 이를 잘 관리할 필요가 있다. 서비스기업은 온라인·오프라인 광고와 판매촉진뿐 아니라 실로 다양한 방법과 채널을 통해 소비자에게 약속을 하는 것이다. 그런데 서비스와 같이 품질평가가 애매모호한 상황에서는 이러한 약속이 자칫 소비자들의 마음속에 현실적으로 실현 불가능한 기대감을 형성시킬 수 있다. 즉, 서비스기업은 ISMC를 통해, 고의적이든 고의적이 아니든, 그들의 서비스에 대해 과잉 약속(overpromise)을 하기 쉬운 상황인 것이다. 이러한 과잉 약속은 과잉 기대를 낳고, 과잉 기대는 서비스 구매 후 소비자 실망과 불만으로 이어질 가능성이 높다. 따라서 서비스 마케팅커뮤니케이션의 최대 고민 중 하나는 서비스기업이 어떻게 과잉 약속하지 않고 소비자들의 기대감을 현실적인 수준으로 유지할 수 있도록 그들과 의사소통 할 수 있을 것인가 하는 이슈이다.

둘째, 통합적 서비스 마케팅커뮤니케이션이 장기적인 관점에서 기획되고 실행될 필요가 있다. 이는 두 가지로 생각해볼 수 있는데, 먼저 ISMC가 단발형 프로그램보다는 장기적인 캠페인으로 진행되는 것이 바람직하다는 점이다. 일관된 메시지를 가지고 장기적으로 집행되는 캠페인을 통해 고객들에게 보다 명확하고 일관된 서비스 브랜드를 전달할 수 있기 때문이다. 또한 ISMC는 신규 고객들을 찾는 것뿐 아니라 기존 고객들을 유지하기 위한 수단으로도 균형감 있게 활용되어야 한다. 예를 들어 항공사, 호텔 등에서 자주 시행되고 있는 마일리지 또는 멤버쉽 프로그램이나 인터넷 커뮤니티와 같은 다양한 형태의 고객충성도 프로그램(loyalty program)들에 대한 전략적인 관심과 실행이 중요하다.

서비스 프로모션 수단들은 다양하고, 각각의 수단 별로 장점과 단점이 있기 때문에 통합 서비스 마케팅커뮤니케이션 차원에서 마케터는 이들을 잘 고려하여 최적의 프로모션 믹스를 꾸려 나아가야 한다. 이하에서는 대표적인 서비스 프로모션의 수단들에 대해 서비스 광고와 판매촉진을 중심으로 살펴보도록 하자.

변모하는 공공서비스 커뮤니케이션: 더 가까이… 소통하는 부산경찰

#1. 어두운 골목길에 사람이 지나가면 길바닥에 '마'라는 글자와 함께 포돌이 빛이 나타난다. 벽면에는 '짜장면·번개보다 빠른 부산경찰'이란 문구의 가로 40cm, 세로 70cm의 표지판이 눈에 띈다.

부산경찰이 범죄예방을 위해 최근 '인마'를 줄여 고안해 낸 '마! 라이트' 112 스마트 보안등 시스템이다. 이 보안등은 평상시 2.7m 높이에서 불을 밝히다가 사람이 지나가면 인체감지센서가 반응하면서 바닥에 '마'라는 글자와 포돌이 실루엣이 지름 1.3m 원형에 자동으로 그려진다. 부산경찰청은 부산진구 양정동 양지골 마을 등 두 곳에 설치한 이 보안등을 범죄취약지역으로 확대할 방침이다.

#2. 추석을 앞둔 9월 초 10년째 불량식품을 흡입한 여자 경찰이 개그맨 이국주로 변신해 '식탐송'을 부르는 영상이 부산경찰 페이스북과 유튜브에 공개됐다. 그는 "추석 명절 틈타 먹을 걸로 장난치는 니들, 잡아서 내가 호로록 때릴 거야. 호로록" 하며 코믹한 모습으로 호통을 쳤다. 경찰 제복을 입은 그의 생생한 표정과 우스운 모습은 공개 하루 만에 노출 건수가 100만 건에 달했다. 누리꾼들은 "부산경찰과 이국주의 콜라보(공동출연) 참 재미있다"는 등의 반응을 보였다. 추석 명절을 틈타 악덕업자가 기승을 부릴 것이 우려되자 이 씨를 홍보대사로 위촉한 부산경찰이 만들어낸 패러디였다.

#3. 수능시험 100일 전 사하구 다대고 3학년 4반 교실에 난데없이 경찰이 들이닥쳤다. 명목은 '청소년 일탈방지 선도교육'이었지만 진짜 목적은 수험생 소원 들어주기였다. TV 모니터를 통해 교육영상을 보던 학생들은 갑자기 화면이 흐려지면서 학부모 영상이 등장하자 깜짝 놀랐다. 학부모들은 영상편지로 딸들에게 미안함을 표현했고 학생들은 감정이 북받쳐 눈물을 흘렸다. 이 이벤트는 부산경찰이 페이스북 10만 명 돌파 기념 소원 들어주기 공모를 통해 다대고·학부모와 사전 협의해 준비했다. 축하공연까지 곁

들인 이벤트는 '수능 대박'을 기원하며 통닭을 전달하는 것으로 마무리했다.

차별화된 콘텐츠로 시민 눈높이 치안활동을 펼치고 있는 부산경찰이 스마트 경찰로 인정받고 있다. 부산경찰청은 최근 서울 한국프레스센터에서 열린 한국인터넷소통협회가 주관하고 미래창조과학부가 후원한 2014 대한민국 소셜미디어 대상에서 공공 부문 대상을 받았다. 전국 공공기관과 기업 등 860개 기관 중 인터넷소통지수를 기반으로 5,000여 명의 고객패널 평가와 전문가의 진단을 종합한 결과여서 의미가 크다. 또 한국광고PR실학회가 선정한 올해의 광고상에서 스마트광고상을, 한국소셜콘텐츠진흥협회 주관 제4회 대한민국 소셜네트워크서비스(SNS) 대상에서 공공기관 대상을 받는 겹경사가 났다.

부산경찰청 SNS는 페이스북 12만 명, 카카오스토리 14만 명, 트위터 3만 명 등 총 29만여 명의 회원을 보유하고 있다. 이들에게 재미와 교훈을 가미한 사건 소개, 현장 감동사례를 스토리텔링 형식으로 소통하며 호응을 얻고 있다. 이금형 부산경찰청장은 "SNS를 통해 늘 든든한 경찰이 곁에 있다는 메시지로 범죄예방의 시너지 효과를 내고 있다"고 말했다.

출처: 동아닷컴(2014.12.)

6.2 서비스 광고

    광고는 서비스기업이 자사를 밝히고 비용을 지불하면서 대중매체를 통하여 소비자들에게 자사의 서비스에 대해서 널리 알리고 판매를 촉진시키고자 하는 것이다. 광고는 기업에서 비용을 지불하는 것이므로 그 내용이나 매체, 일정 등을 기업에서 통제하고 관리한다. 광고의 매체로는 전통적인 4대 매체인 텔레비전, 라디오, 신문, 잡지 외에도 옥외 시설물, 인터넷 등이 많이 이용된다. 최근에는 서비스기업들도 인터넷 광고에 많이 의존한다. 온라인 광고 내용과 타이밍 등은 오프라인의 그것과 잘 조정이 되어야 할 것이다.

    서비스기업이 고객들에게 내건 약속의 표현인 광고는 그 내용과 실지 서비스가 달랐을 때 고객의 불만이 발생하고 서비스가 실패하게 된다. 따라서 서비스 마케터는 광고를 통해 그들의 서비스에 대해 소비자들에게 제대로 전달하고 커뮤니케이션해야 한다. 그러나 서비스는 일반 유형재와는 달라서 이러한 광고 커뮤니케이션에 있어 차별적인 전략과 이해가 필요하다. 먼저 서비스의 특성에 따른 광고전략에 대해 살펴보자.

⠿ 서비스 특성과 광고전략

    서비스는 기본적으로 물건이 제공되는 것이 아니고 행위가 수행되는 것이기 때문에 서비스의 효용가치를 소비자들에게 전달하기 매우 힘들다. 서비스의 무형성은 소비자들의 입장에서도 어려운 문제이다. 서비스를 구매하기 전에 어떠한 대안을 고려해야 할지, 여러 대안들에 대한 차이점은 정확히 무엇인지, 그리고 어느 정도의 수준을 기대하면 될지를 잘 알지 못하는 경우가 많다. 따라서 서비스 광고는 소비자들에게 서비스의 특·장점과 효용가치에 대해 정확하고 분명하게 알려주고 긍정적인 입소문을 유도할 필요가 있다. 서비스 무형성 때문에 소비자들이 느끼는 위험부담이 증가하고, 위험부담이 높을수록 소비자들은 구전정보에 의지하는 경향이 있기 때문이다.

    이러한 무형성 외에도 생산과 소비의 비분리성, 품질의 불균질성, 재고를 저장할 수 없는 서비스의 특성들은 고객과의 커뮤니케이션을 어렵게 만들 수 있다. 따라서 지금부터 설명하고자 하는 광고의 전략과 전술들은 이러한 특수성들을 극복하거나 혹은 잘 반영함으로써 목표시장 소비자들과 효과적으로 커뮤니케이션 하기 위한 방법들이다.

• 유형적인 근거를 제시하라 : 서비스는 무형이기 때문에 소비자들의 인상과 기억에 남도록 광고 속에 유형적인 단서를 제공하는 것이 효과적이다. 특급호텔은 광고를 통해 호화로운 객실이나 로비 등을 보여줌으로써 최상의 서비스를 제공한다는 약속을 뒷받침 할 수 있다. 감성적으로 선명한 정보를 제공해주는 것 역시 효과적이다. 시각적 은유는(metaphor) 사람들로 하여금 서비스에 대해 시각화하고 상상하게 한다. 보험회사인 트래블러스 보험(Traveler's Insurance)의 빨간 우산은 보호와 확신의 의미를 전달한다. 광고 속에 기업을 대표하고 브랜드 가시성을 높일 수 있는 브랜드 상징물, 즉 브랜드 아이콘을 내세우는 것도 생각해볼 수 있다. 자동차 보험회사인 가이코(GEICO)는 게코(gecko)라는 작은 도마뱀을 의인화하고 캐릭터화하여 그들의 유머광고의 모델로 등장시켰다. 이 도마뱀을 통해 소비자들은 보험회사의 어려운 이름을 쉽게 기억할 수 있게 되었고, 이 회사의 여러 광고 내용들을 종합해서 생각할 수 있게 되었다. 광고 카피 등에 구체적이고 명확한 언어를 활용하는 것도 효과적인데, 금융회사들은 '강한 시장분석 역량', '수익률' 과 같은 구체적인 단어들을 광고 속에 자주 등장시킨다.

재개관을 앞두고 새로워진 시설을 강조하고 있는 신라호텔

• 서비스 경험을 스토리로 전하라 : 많은 서비스는 소비자 경험이나 체험을 통해 제공되고 소비된다. 따라서 이러한 서비스를 가장 효과적으로 전달하는 가장 좋은 방법은 흥미로운 스토리텔링을 통하는 방법이다. 소비자들에게 서비스 상품의 특장점을 설명하는 것보다 그 서비스를 이용했을 때의 즐거운 체험담이나 현실감 있는 스토리를 전하는 광고가 무형의 서비스를 알리는 좋은 방법이 된다. 특히 어떤 서비스에 대해 잘 알지 못하는 소비자들에게 이러한 스토리텔링 방법은 효과적으로 다가갈 수 있다. 결혼해서 처음 아파트를 구하는 신혼부부에게 은행에서 주택자금대여상품에 대한 이자율이나 상환조건 등을 설명해주는 것보다 비슷한 상황에 있는 부부가 얼마나 좋은 아파트를 찾아서 어떻게 담보대출을 했는지에 대해 스토리 중심으로 설명해주는 것이 더욱 효과적일 것이다. 일본 굴지의 다카시마야 백화점은 백혈병에 걸린 여자아이의 소원을 들어주기 위해 겨울에 찾기 힘들었던 포도를 구해준 미담으로 유명해졌다. 이처럼 사람들은 서비스에 얽힌 이야기에 감동하고 그 이야기를 기억하고, 또 남에게 전하게 된다.

세이프오토 인슈어런스의
저스틴 케이스(Justin Case)

• 광고에 서비스 직원이나 만족한 고객을 등장시켜라 : 광고에 실지 서비스 요원이나 고객들을 등장시키는 것도 소비자들에게 생산과 소비가 함께 이루어지는 서비스의 현장감을 생생하게 전달하는데 좋은 방법이다. 이러한 광고는 소비자들에게 서비스 현장에 대해 보다 구체적인 인상을 줄 수 있고 그들의 기억에 남을 수 있다. 동시에 그 광고를 보는 서비스 직원들에게도 모범 사례로 다가갈 수 있다. 또한 만족한 고객을 등장시키는 증거제시광고(testimonial)도 매우 효과적이다. 실지 그 서비스를 이용해서 크게 도움을 받은 케이스를 발굴해서 그들의 입을 통해 서비스의 강점을 증명하는 것이다. 이러한 광고는 모델이 일반인이라는 점에서 현실감 있고, 보는 사람들로 하여금 신뢰감을 줄 수 있다. 미국의 자동차 보험 회사인 세이프오토 인슈어런스(Safe Auto Insurance)는 광고에 그들의 직원 역할을 하는 모델, 저스틴 케이스(Justin Case)라는 젊고 친근감을 주는 인물을 등장시킨다. '저스틴'은 흔한 이름이지만 '저스틴 케이스'라는 이름은 미국식 표현, '만약에 대비해서(just in case)'라는 말에서 나온 것이다. 이렇게 고객에 다가가고 신뢰감을 주는 광고가 기억될 수 있고 호감을 살 수 있다.

• 서비스 품질보증을 약속하라 : 서비스 제공자나 상황 등에 따라 제공받는 서비스의 품질이 일정하지 않을 수 있다. 서비스 품질보증(service guarantee)은 고객들에게 내거는 공식적인 약속이므로 서비스기업이 광고를 통해서 고객들에게 서비스에 대한 품질을 보증해준다면 소비자가 서비스 선택에 따른 위험부담도 줄이고 서비스에 대해 어느 정도 선까지 기대할 수 있을 것인가를 결정하는 데 도움을 줄 것이다. 서비스의 품질차원(예: 신뢰성)을 광고 내용이나 카피 등에 활용하거나 또는 구체적인 품질 수준을 입증할 수 있는 수치 등을 광고에 활용하는 것을 생각할 수 있다. 여기서 중요한 점은 너무 비현실적인 약속은 하지 말아야 한다는 점이다. 지킬 수 있는 품질수준에 대한 약속을 통해 고객이 서비스기업에 대해 거는 기대심리를 잘 조정해 나아갈 필요가 있는데, 이를 고객기대관리(customer expectation management)라고 한다. 최근 경쟁이 치열한 국내 이동통신서비스 기업들의 광고를 보면 자신들의 속도나 품질이 최고인 듯 광고 경쟁을 펼치고 있다. 그러나 고객들의 품질에 대한 기대만 높이는 이러한 광고들은 자

치열하게 전개되고 있는 국내 이동통신서비스 업체들의
품질경쟁 광고

칫하면 스스로의 무덤을 파는 일이 될 수 있다. 기대가 크면 실망이 큰 법이고, 실망은 더 큰 불만족과 불평행동으로 이어질 수 있기 때문이다.

• 고객에게 성수기와 비수기를 미리 알려주어라 : 고객들의 서비스에 대한 불만족 사항 중에 가장 흔히 등장하는 것은 바로 긴 대기시간이다. 누구든지 오랫동안 기다리기를 싫어한다. 따라서 서비스 제공자의 입장에서 소비자들에게 미리 언제가 가장 바쁜 시간이고, 또 언제가 비교적 한가한 시간인지를 미리 알려줘야 한다. 그렇게 함으로써 소비자가 미리 계획을 세워서 비교적 한가한 시간에 서비스를 찾음으로써 빨리, 편하게, 제대로 일을 처리할 수 있다. 미리 시간에 대한 공지를 했기 때문에 불가피하게 바쁜 시간에 찾는 사람들에게서도 양해를 구할 수 있다. 서비스기업의 입장에서도 재고를 저장할 수 없기 때문에 발생되는 서비스 공급과 수요의 불균형 문제를 어느 정도 잘 맞추어 나아갈 수 있기 때문에 이러한 광고 커뮤니케이션 전략은 서비스 기업의 비용을 줄일 수 있는 효과적인 방법이다. 다음에서는 다양한 서비스 유형에 따른 광고전략에 대해 알아보자.

⠿ 서비스 유형과 광고전략

2장의 상품유형에서 설명하였듯이 서비스는 대체로 경험 속성과 신뢰 속성을 가진 서비스로 양분해 볼 수 있는데, 이러한 서비스 유형의 차이는 광고를 포함한 서비스 마케팅전략에 영향을 미치게 된다. 예를 들어 경험 속성을 가진 서비스들은 고객들을 서비스 장소로 유인하고 서비스 상품을 체험시키고 판매하기 위한 광고가 중요하다. 반면 신뢰 속성을 가진 서비스들은 대체로 자사의 우수성이나 전문성 등을 광고를 통해 강조하게 되는데, 병원 등 전문서비스들의 광고는 아직까지 많은 제약이 따르고 있어 고객과의 광고 커뮤니케이션에 주의를 필요로 한다. 서비스 광고의 특별한 유형 중 하나인 소매광고와 전문서비스 광고를 통해 경험 속성과 신뢰 속성을 가진 서비스 광고전략에 대해 살펴보도록 하자.

소매광고

유통관점에서 일반 소비자들을 직접 상대로 하는 경우를 소매업이라 부르며, 이러한 소매업체들이 집행하는 광고를 일반적인 광고와 구별하여 소매광고라고 부른다. 이러한 소매광고는 일차적으로 소비자들을 매장으로 유인하기 위한 광고와 매장 내에서 고객들에게 상품의 판매를 유도하기 위한 광고로 구분해볼 수 있는데, 소매서비스 기업들은 다음과 같은 사항들을 염두에 두고 광고 전략을 수립할 필요가 있다.

편의점에서는 택배서비스를 미끼로 고객들을 유인하기 위한 광고를 집행하고 있다.

• 매장 유인효과가 큰 소재들을 광고에 활용하라 : 우리 속담에 '구슬이 서 말이라도 꿰어야 보배'라는 말이 있다. 경험속성의 특성상 아무리 좋은 서비스 상품을 가지고 있더라도 고객들이 찾아와 경험해보지 못하면 아무 의미가 없다. 따라서 소매광고들은 매력적인 상품구성, 신상품, 가격할인 등 매장으로의 유인효과가 큰 소재들을 활용하여 광고를 집행하는 경우가 많다. 백화점 혹은 대형 할인점들이 자주 활용하고 있는 상품안내형 전단 광고나 세일 고지를 위한 판매촉진 광고가 대표적이다. 새로운 서비스 상품이 출시되었을 경우 고객들을 서비스 매장으로 유인하기 위한 미끼 상품으로 광고에 활용되는 경우도 많다.

• 경험속성을 탐색속성으로 만들어라 : 처음 가본 여행지에서 식사를 할 때 흔히 인터넷을 통해 주변의 맛집을 검색하고 찾아가게 된다. 이미 이용해본 사람들의 의견을 확인하고 해당 식당의 맛이나 서비스 수준을 판단할 수 있기 때문이다. 이처럼 직접 경험해보기 전에는 알 수 없는 서비스의 속성들을 탐색 가능한 속성으로 바꾸어 주는 것은 특히 경험재의 특성이 많은 서비스 상품의 선택에 큰 힘을 발휘하게 된다. 서비스를 이용해본 사람들의 의견을 담은 구전형 광고나 매장 내에서 서비스 상품의 특성을 잘 설명해 줄 수 있는 구매시점광고(POP)들은 경험속성을 탐색속성으로 전환하는데 있어서 매우 유용하게 활용될 수 있다.

• 지역중심적인 광고를 집행하라 : 소매 서비스업체들은 주로 위치한 지역을 기반으로 마케팅활동을 펼치게 된다. 따라서 지역 거주자 또는 방문자들을 면밀하게 파악하고 그들을 대상으로 한 광고의 집행이 매우 중요하다. 예를 들어 세일기간에 집행되는 백화점의 전단광고는 타 지역 점들의 광고와 공통사항들도 있지만 광고 속 상품구성이나 활용매체 등에 있어서 지역적인 차별성을 고려하는 것이 필요하다.

전문서비스 광고

의료서비스, 법률서비스와 같은 전문적인 서비스들은 광고를 통해 소비자들에게 신뢰를 심어주고 자사의 우수성과 장점을 강조하는 것이 중요한데, 이들 전문서비스 광고들은 다음의 사항들을 잘 살필 필요가 있다.

• 허위, 과대/과장광고에 주의하라 : 광고에 있어서 허위 또는 과대/과장광고는 소비자들에게 피해를 줄 수 있고 공정한 경쟁을 저해할 수 있기 때문에 규제의 대상이 된다. 그러나 이러한 규제는 일반적으로 광고관련 관계자들의 자율적인 규제에 해당되며, 경우에 따라서는 과대/과장기법은 유머소구 광고의 크리에이티브 요소로 활용되기도 한다. 그러나 전문서비스들은 그 성격상 광고의 규제가 법적으로 제한되어 있는 경우인데, 예를 들어 의료광고의 경우 의료법 시행령 24조에 의거 의료법인, 의료기관, 의료인의 광고는 보건복지부 장관의 심의를 거치게 되어 있다. 규제여부를 떠나 신뢰성이 생명인 전문서비스에서의 허위, 과대/과장 광고는 잠깐의 득보다 실이 많을 수 밖에 없음에 주의하자.

• 중심단서를 활용하라 : 페티와 카시오포(Petty & Cacioppo)가 제시한 숙고가능성 모형(ELM: elaboration likelihood model)에 의하면 소비자들은 광고 속의 중심단서와 주변단서에 대한 정보처리를 통해 태도를 형성하게 된다. 여기서 중심단서(central cue)는 제품이나 서비스의 특징을 설명하는 메시지이며 주변단서(peripheral cue)는 광고의 배경이나 분위기, 모델, 음악과 같은 실행단서를 말한다. 의료광고를 대상으로 한 국내 연구결과에 의하면 소비자들은 의료기관의 광고속성들 중 음악, 모델 등 주변적인 단서들에 비해 광고메시지의 내용을 가장 중요하게 생각하는 것으로 조사되었다. 신뢰속성이 강한 전문서비스들은 무엇보다 전문성과 신뢰성을 제시할 수 있는 메시지전략이 효과적이다. 주변단서를 활용하는 경우에도 최신시설, 우수한 인력과 같은 전문성과 신뢰성을 제시할 수 있는 유형적인 단서들을 활용함으로써 중심적인 메시지를 보완하는 전략이 주효할 수 있다.

중심적인 메시지를 강조하면서
유형적인 단서를 제시하고 있는
대학병원 광고

6.3 서비스 판매촉진

판매촉진(SP: sales promotion)은 서비스업체가 소비자와 중간상들에게 자사의 서비스를 구매하도록 유도하거나, 또는 서비스 직원들에게 판매를 독려하기 위해 제공하는 모든 인센티브를 말한다. 서비스기업들은 쿠폰이라든지 할인혜택, 경품행사 등 다양한 판매촉진 활동들을 전개하고 있으며, 서비스 프로모션에서 판매촉진이 차지하는 비중은 점차 확대되고 있다. 먼저 서비스 판매촉진이 증가하는 배경과 그 중요성들에 대해 살펴보도록 하자.

서비스 판매촉진의 중요성

광고에 비해 판매촉진은 소비자들의 구매행동을 자극하여 매출을 빨리 끌어올리는 효과가 있다. 치열한 경쟁환경에서 기업들은 이러한 매출효과를 기대하면서 판매촉진을 많이 활용하게 된다. 또한 과거에 비해 더욱 세분화된 시장에서 목표시장 고객들에게 접근하기에는 대중매체를 통한 광고보다는 판매촉진이 용이하다는 장점도 있다. 이러한 배경들에서 판매촉진의 쓰임새는 제품과 서비스를 막론하고 커지고 있는데, 특히 유형적인 제품에 비해 서비스의 경우에 판매촉진의 중요성이 더욱 부각되고 있다. 그 이유를 살펴보도록 하자.

지역 서비스업체들간 제휴를
통해 진행되는 판매촉진

• 서비스는 지역이나 매장중심의 프로모션 활동이 요구된다 : 서비스 유통관리에서 살펴보았듯이 서비스는 제공되는 장소가 마케팅활동의 중심이 된다. 따라서 서비스기업은 특정 지역이나 매장중심의 차별적인 프로모션 활동이 필요하며, 이를 위해서는 광고보다는 개별적인 진행과 목표고객 접근이 용이한 판매촉진의 활용가치가 클 수밖에 없다. 실제 많은 서비스기업들은 지역밀착 마케팅이나 매장중심의 판매촉진 프로그램을 활성화하고 있는데, 대표적으로 외식서비스 업체들은 해당 지역의 상권 특색을 고려한 후 가격할인 등 지역 업체들과 연계한 다양한 제휴마케팅을 시행하고 있다. 또한 대형 프랜차이즈 업체들은 각 매장에서 진행하는 다양한 판매촉진 활동들을 체계적으로 집행하기 위해 표준화된 매뉴얼을 마련하고 있다.

향기 마케팅

향기 마케팅은 업종과 분야를 가리지 않고 등장한다. 식품업계와 세제, 식음료 등 전통적으로 향기 마케팅을 활용해 재미를 보고 있는 분야는 물론이고 최근에는 가전업계와 자동차업계도 향기 마케팅으로 소비자들의 마음을 유혹하고 있다.

청각과 후각을 자극한 대표적인 성공사례로는 대중교통수단인 버스를 활용한 던킨도너츠의 'Flavor radio'라는 독창적인 프로모션을 들 수 있다. 시내버스에서 던킨도너츠 라디오 광고가 흘러나오면, 이 버스에 설치된 방향제에서 던킨도너츠의 독특한 커피 향기가 나오도록 한 것인데, 이 프로모션이 실시된 이후 그 기간 동안 매장 방문객 수가 16%, 판매는 29% 증가했다.

향기 마케팅이 가장 보편적으로 활용되는 분야는 식품과 음료업종이다. 네스카페는 병을 디자인할 때, 소비자가 병뚜껑을 여는 순간 최대한 많은 커피 향기를 방출하도록 디자인한다고 알려져 있다. 백화점의 네스프레소 커피 매장에서도 독특한 커피향으로 고객들의 발길을 잡아끌고 있다. 최고급 캡슐커피와 캡슐커피 머신을 판매하는 '네스프레소'에서 나오는 향인데, 고객의 발길이 뜸한 오후 2시경에도 무료 시음커피를 마시려는 손님들의 발길이 끊이지 않을 정도로 인기를 모으고 있다. 커피처럼 미묘한 맛과 향의 차이로 선호도가 크게 좌우되는 경우일수록 제품 선택

에 앞서 고객의 후각과 미각이 중요하게 작용해 관련업계의 향기 마케팅 열기는 식을 기미가 없다.

향기 마케팅은 고객의 구매의욕을 상승시키는 효과가 있다는 점에서 기업 입장에서 신제품을 시장에 내놓을 때 소홀히 할 수 없는 방식이다. 한 실험에서는 똑같은 나이키 운동화를 동일한 크기의 방에 각각 준비한 후, 그 중 한 방에만 약한 꽃향기를 주입했을 때, 실험 참가자들 중 84%가 꽃향기가 나는 방에서 살펴본 나이키 운동화를 더 선호했으며, 대략 10달러쯤 더 비쌀 것이라고 평가한 결과가 나온 경우도 있다. 유통업계의 경우 향기 마케팅의 성공여부는 당장 매출액의 상승과 하락에 직결되는 부분이다. 때문에 백화점과 할인점의 각 매장에서는 독특한 향기 마케팅으로 고객들의 지갑을 열게 하고 있다.

갤러리아백화점은 최근 샤넬 향수 전문 매장을 열면서 후각에 예민한 젊은 층 잡기에 나섰다. 향수만을 위해 설치된 특별한 매장에서 향을 효과적으로 맡을 수 있는 '후각 바(olfactive bar)'를 설치해 향기에 민감한 젊은 세대의 구매의욕에 불을 당긴 것이다. 롯데마트는 올리고당 매장 근처에 향기나는 와블러를 설치해 톡톡한 재미를 본 경우다. 지난 해 대상 청정원에서 국내 최초로 과일로 만든 올리고당을 출시하면서 매장에서 올리고당 냄새를 분사하는 전략으로 고객들의 발길을 잡아끌었다. 사과 올리고당에 함유된 이소말토 올리고당은 설탕을 원료로 한 프락토 올리고당에 비해 열에 강해 고온에서도 손실이 거의 없고 장(腸)까지 살아서 가는 비중도 높아 영양학적으로 우수하다고 알려져 있다. 이같은 우수함이 있어도 고객들에게 알리지 못한다면 제품 개발의 효과가 떨어진다. 매장에 설치된 와블러 덕분에 백 마디의 설명보다 단 한 번의 냄새를 맡게 하는 것이 더 효과적이었다는 후문이다.

출처: CEO&(2012.10.)
사진출처: ads of the world.com –http://adsoftheworld.com/media/radio/dunkin_donuts_flavor_radio

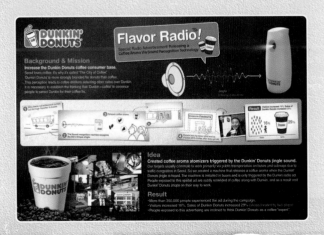

- 서비스는 소비자들의 가격/가치 판단이 부정확하다 : 유형적인 제품에 비해 서비스를 제공 받는 소비자들은 자신들이 지불하는 서비스의 가격이 적정한지를 판단하기가 쉽지 않다. 서비스 가격관리에서 자세히 설명하겠지만 서비스는 다른 대안들과의 가격 비교뿐 아니라 무형적인 품질을 평가하기 어렵기 때문에 과연 내가 지불하는 비용대비 혜택, 즉 서비스 구매의 가치를 판단하는 일이 제품에 비해 쉽지 않은 것이다. 이러한 서비스 구매상황에서 싸게 주거나(에누리) 혹은 더 주거나(덤)의 형태를 취하게 되는 판매촉진이야말로 소비자들이 지각하는 가치를 높일 수 있는 장치로 유용할 수 있다.

- 서비스 고객들의 假애호도 : 치열한 경쟁환경에서 브랜드간 차이는 과거에 비해 점차 줄어들고 있으며 고객들의 브랜드 애호도 역시 감소하는 추세에 있다. 고객들은 특정 브랜드를 고집하기 보다는 자신들에게 조금이라도 혜택이 되는 브랜드를 찾아다니는데, 이러한 고객들을 일컬어 체리피커(cherry-picker)라고 부른다. 이들은 판매촉진에 전형적으로 반응을 보이는 전환고객들이다. 그런데 서비스의 경우 충성고객들조차도 진짜 좋아서라기보다는 별다른 대안이 없어서, 혹은 다른 대안을 찾는데 따르는 위험이 커서 어쩔 수 없이 특정 서비스를 반복적으로 이용하고 있는 暇애호도(spurious loyalty) 고객들일 가능성이 크다. 따라서 서비스의 경우, 경쟁사들로부터 고객들을 빼앗아오거나 혹은 자사의 고객들을 지키기 위한 다양한 판매촉진 활동들이 더욱 필요할 수밖에 없다.

서비스 판매촉진의 유형과 효과

흔히 판매촉진은 광고와 비교하여 단기적이며 브랜드 이미지에는 도움이 안 된다는 생각들이 지배적이다. 그러나 이는 판매촉진의 다양한 유형들과 그 효과를 무시한 채 단기적인 매출효과를 가정한 가격할인만을 염두에 둔 편협한 생각일 수 있다. 예를 들어 실제 제품이나 서비스를 경험해볼 수 있는 샘플링이나 시연보다 더 정확히 속성이나 혜택을 전달할 수 있는 커뮤니케이션 수단이 있는가? 이처럼 다양한 판매촉진의 유형들을 이해하고 이를 효과적으로 활용한다면 단기적인 매출효과 외

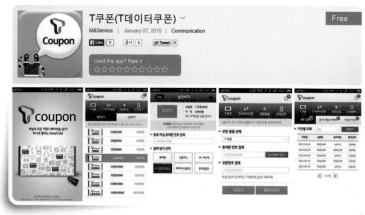

선불쿠폰을 판매하고 있는
SK텔레콤 T쿠폰서비스

에도 브랜드 인지도나 이미지의 제고, 차별화된 효용의 전달, 그리고 고객충성도 제고와 같은 다양한 장·단기적인 효과들을 기대해볼 수 있다. 이제 서비스 판매촉진의 여러가지 유형들에 대해 살펴보기로 하자.

가격할인형 판매촉진

가격할인형 판매촉진은 소비자들이 지불하는 가격(비용)을 낮춤으로써 해당 서비스의가치를 높이는 형태의 판매촉진으로 가격할인과 쿠폰이 대표적이다.

• 가격할인 : 가격할인은 단기적인 매출증대의 효과를 기대하며 가장 자주 사용되는판매촉진유형 중 한가지이다. 그러나 앞서도 언급하였듯이 지나친 가격할인은 브랜드

Marketing Focus

찹쌀떡보다 e쿠폰

오픈마켓 지마켓은 2015학년도 대학수학능력시험을 100일 가량 앞둔 최근 일주일(7월28일~8월3일)동안 e쿠폰 판매가 작년 수능 100일 전 같은 기간 대비 품목별로 최대 6배 이상 증가했다고 밝혔다. 해당 기간 동안 도넛·아이스크림 e쿠폰 판매는 569% 급증했으며 카페·베이커리는 517%, 뷔페·레스토랑 e쿠폰 판매는 120% 증가했다. 같은 기간 영화 관람권 e쿠폰 판매도 366% 늘어난 것으로 조사됐다. 무더운 여름을 잠시 잊도록 해주는 아이스크림 교환권이나 근처 카페에서 간단히 교환 가능한 브랜드별 커피 e쿠폰, 수험생들이 머리를 식힐 수 있는 영화관람권 등이 인기를 얻고 있는 것으로 분석된다.

과거 수능 D-100일 선물로 인기를 얻었던 다이어리나 D-100일 플래너 등은 점차 판매가 감소하고 있다. 최근 일주일 동안 다이어리·플래너 판매는 작년 수능 100일 전 동기 대비 6% 감소했다. 수능 단골 선물인 찹쌀떡은 전년 대비 2% 감소했으며 초콜릿 판매는 13% 증가하는 데 그쳤다.

지마켓이 지난 2월 오픈한 '모바일 전용 e쿠폰관'은 카페·베이커리·피자·치킨·편의점·외식·뷰티 등 분야별로 총 70여개 브랜드 e쿠폰을 한 자리에 모아 놓은 코너다. 브랜드를 품목별로 구분해 원하는 상품을 쉽게 찾을 수 있고, 상대방의 핸드폰 번호만 알면 MMS로 전달 가능해 편리하다.

지마켓 박지영 로컬사업팀장은 "학생부터 어른까지 스마트폰 사용자가 늘어남에 따라 e쿠폰이 기념일마다 간편 실용 선물로 각광 받고 있다"며 "2015학년도 대학수학능력시험을 100일 앞둔 시점에서 고3 수험생을 둔 선·후배, 친인척 등이 e쿠폰을 많이 찾은 것으로 보인다"고 말했다.

출처: ZDnet korea(2014.8.)

이미지를 훼손시킬 수 있을뿐더러 무형성으로 인해 품질평가가 쉽지 않은 서비스의 경우에는 오히려 가격할인이 낮은 품질의 신호로 작용할 우려가 있기 때문에 가격할인의 정당성을 확보하는데 주의를 필요로 한다. 서비스의 경우 수요와 공급의 조절을 목적으로 진행되는 비수기·예약 할인, 새로운 서비스 상품이 출시되었을 경우에 가능한 사전 예약할인, 특정 시간대를 골라 반짝 시행되는 가격할인과 같이 전략적인 이유에서 가격할인의 정당성을 제시할 수 있는 기회들이 많다.

• 쿠폰 : 모든 고객들에게 할인을 제공하는 가격할인과 달리 쿠폰은 이를 이용하는 고객들만을 대상으로 선택적이고 차별적인 혜택을 제공한다는 특징이 있다. 할인의 혜택 외에도 쿠폰을 사용하는 고객들의 입장에서 스스로 현명한 소비를 하고 있다는 만족감(smart-shopper feeling)을 더 할 수 있는 부가적인 장점도 있다. 특히 쿠폰은 DM(direct mail), 모바일과 같은 개인적인 전달매체나 소매점에서의 배포를 통해 전달됨으로써 서비스기업들이 고객별, 지역별, 점포별 맞춤화된 판매촉진 활동을 전개하는데 유용하게 활용될 수 있다. 최근에는 쿠팡, 티켓몬스터와 같은 소셜커머스를 통해 쿠폰이 판매되는 형태의 새로운 서비스모델도 등장하였다. 기존의 서비스업체들 역시 무료로 쿠폰을 배포하고 회수하는 전형적인 방식에서 탈피하여 사전에 쿠폰을 판매하는 방식을 도입하고 있다.

비가격할인형 판매촉진

비가격할인형 판매촉진은 고객들이 지불하는 비용(가격)은 일정한 반면 혜택을 더 해줌으로써 해당 서비스의 가치를 높이는 형태로 서비스 브랜드에 대한 관심을 유발하거나 매장 내에서의 구매를 유인하는 목적으로 빈번하게 사용되고 있다.

두 개를 구입하면 하나는 어린이 시설에 기부가 되는 뚜레쥬르 보너스팩

• 보너스 팩 : 주변에서 쉽게 찾아볼 수 있는 판매촉진의 한 형태로 우리에게는 원플러스원 행사로 잘 알려져 있다. 보너스팩은 유통업체들뿐 아니라 식·음료 프랜차이즈, 영화관, 호텔숙박 등 다양한 서비스 분야에서 활용되고 있다. 보너스 팩은 한 가격에 동일한 서비스 상품을 더 받을 수 있는 기회를 줌으로써 가격할인과 같은 효과를 기대할 수 있지만, 경험해보지 못한 서비스에 대한 위험을 부담해야 하기 때문에 즉각적인 가격할인과는 다른 측면도 있다. 따라서 신규 고객보다는 이용 경험이 있는 기존 고객들에게 더 효과적일 수 있다. 최근에는 공익연계마케팅(CRM: cause-related marketing)의 일환으로

기부와 연계된 창의적인 형태로 활용되기도 한다.

• 인/온/니어 팩 : 보너스 팩이 동일한 서비스 상품을 제공하는데 반해 인/온/니어 팩은 서비스 구매에 따라 다른 상품들을 추가적으로 제공한다는 점에서 차이가 있다. 인/온/니어 팩은 추가적으로 제공하는 상품의 부착 방식에 따른 구분이며, 보너스 팩과 합쳐 스페셜 팩이라고 부른다. 자사의 서비스 상품 중 인기 있는 아이템들을 활용하거나 혹은 맥도날드의 해피밀 프로그램과 같이 반복구매를 유도할 수 있는 시리즈 아이템들을 활용하는 것도 효과적이다.

어린이들에게 언제나 인기 있는
맥도날드 해피밀 시리즈

• 샘플/시연 : 서비스의 경우 유형적인 제품을 함께 제공하는 일부 (예: 식·음료 서비스)를 제외하고 실제 제공되는 서비스를 사전에 경험해볼 수 있도록 고객들에게 샘플이나 시연을 제공하기 어려울 수 있다. 그러나 최근에는 인터넷이나 동영상 기술의 발전으로 고객들에게 제공되는 서비스 시설이나 체험요소 등을 적극적으로 전달할 수 있게 되었다. 고속열차, 항공사, 극장 등 좌석예약 서비스들은 사전에 인터넷을 통해 좌석 선택권을 제공하고 있고, 호텔, 여행 등 체험 서비스들 역시 사전에 제작된 동영상을 통해 고객들에게 사전 체험을 제공함으로써 서비스 무형성으로 인한 문제점들을 효과적으로 극복해가고 있다.

• 추첨/경연 : 판매촉진 참여자들에게 경품이나 상금을 획득할 기회를 제공함으로써 구매를 유도할 목적으로 추첨(sweepstakes)이나 경연(contest)이 자주 활용된다. 추첨은 참여자들 중 행운에 의해 당첨자가 결정되는데 반해 경연은 참여자들에게 일정 수준 이상의 노력이나 지식 (예: 퀴즈, 브랜드 이름 짓기, UCC제작 등)을 요구하고 그들 중 선발을 통해 당첨자를 결정한다는 차이가 있다. 추첨과 경연은 방문자나 참여자들의 증대에 가장 효과적인 방식으로 서비스기업이 자사에 대한 관심을 유발할 필요가 있거나 방문을 유도하기 위해(예: 신규점포 개설) 효과적으로 사용할 수 있다. 특히 경품 수령을 위한 개인정보를 정확히 받을 수 있다는 장점으로 인해 고객들의 데이터베이스 구축에 효과적이다. 이와 관련하여 당첨자 결정방식, 제공되는 경품의 내역, 개인정보의 취급 등에 있어서 서비스기업들의 법적인 준수와 윤리적인 행동이 반드시 수반되어야 한다.

'꽃보다할배' 방영 후 방문고객 유치에 적극적인
대만관광청 추첨이벤트

• 충성도 프로그램 : 판매촉진은 단기적인 매출증대 외에도 장기적으로 브랜드의 가치를 높이는 목적으로 진행될 필요가 있다. 이를 위해 중

탑승실적 외에 구매/양도기능이
추가된 에어부산 상용고객
우대(스탬프) 프로그램

요하게 다루어야 할 부분이 바로 고객들과의 장기적인 관계를 구축하는데 있어서 판매촉진이 효과적으로 활용되어야 한다는 점이다. 서비스기업들은 가격할인, 쿠폰, 보너스팩, 추첨/경연 등 판매촉진의 여러 가지 유형들을 실행함에 있어서 신규고객의 획득에만 초점을 두지 말고 기존 고객들을 유지하기 위한 균형적인 마인드를 갖고 접근해야만 한다.

서비스기업들은 직접적으로 기존고객들에게 차별적인 혜택을 제공해줄 수 있는 상용고객 우대프로그램(frequent customer program)을 개발하여 시행하고 있는데, 항공사의 마일리지 프로그램, 통신사의 멤버십 프로그램, 커피숍 등 프랜차이즈 업체들이 자주 활용하는 이용횟수에 따른 스탬프(stamp) 인증 등이 대표적이다. 이러한 상용고객 우대프로그램을 시행하는데 있어서 한가지 문제점은 기업들마다 고객들을 인정(예: 이용횟수, 금액)해주는 기준이나 그에 따른 보상혜택 등이 거의 유사하다 보니 자사만의 차별화된 고객우대 프로그램으로서의 성격이 약하다는 점이다.

전략적인 목적에 따라 우대고객들을 인정해주는 방식을 다변화하고 동시에 멤버십 혜택을 차별적으로 제공하기 위한 서비스기업들의 고민과 노력이 필요하다. 한편 베리(Berry, L)는 서비스기업의 고객충성도 프로그램을 금전적 충성도(financial bonding), 사회적 충성도(social bonding), 구조적 충성도(structural bonding)전략으로 구분하고 있기도 하다. 금전적 충성도 전략은 마일리지와 같은 상용고객 우대프로그램과 유사한 반면, 사회적, 구조적 충성도 전략은 커뮤니티, 교육훈련 등을 활용하는 형태로 비금전적인 관계구축 전략에 해당된다.

6.4 다른 서비스 프로모션 수단들

- 웹사이트 : 웹사이트는 서비스기업이 소비자들을 대상으로 하는 온라인 커뮤니케이션 수단이다. 웹사이트는 부가적인 서비스 제공이나 판매채널로 활용가치가 높을 뿐 아니라 서비스 직원들을 대신할 수 있다는 점에서 전략적이고도 주의 깊게 활용되고 관리 되어야만 한다. IMC관점에서 내용적으로 웹사이트를 통해 소비자들에게 나가는 모든 정보들은 광고나 기타 다른 수단을 통해 제공되는 정보와 일관성이 있어야 한다. 정보의 내용뿐만 아니라 톤과 매너, 디자인 등이 상호 일치해야 시너지 효과를 기대할 수 있다.

- 다이렉트 마케팅 : 다이렉트 마케팅(direct marketing)은 서비스기업이 우편물(DM: direct mailing)이나 전화(TM: telephone marketing), 문자 메시지(SM: short message) 등을 통해 소비자들과 직접 교신하고자 하는 것이다. 특히 요즘에는 휴대전화의 보급률이 높아져 서비스기업이 전화문자나 광고를 통하여 많은 정보를 보내고 있다. 그러나 일부 업체에서 너무 무분별하게 문자나 광고 메시지를 보내어 소비자들의 원성을 사고 있다. 마케팅의 기본법칙은 초점의 법칙(law of focus)이다. 정확히 목표시장을 정하여 이에 마케팅 노력을 집중해야지 불특정 다수에게 정보나 문자를 뿌리는 일은 진정한 마케팅 활동이라고 할 수 없다.

- 홍보 : 홍보(public relations)는 서비스기업에서 사회적으로 바람직한 일을 했을 때 대중매체에서 이를 기사로 다루어 줌으로써 기업의 인지도나 호감도가 올라가는 것을 말한다. 기업에서는 이러한 홍보활동에 대해 비용을 지불하는 것도 아니고 관리를 할 수 있는 것도 아니지만, 대중매체의 요청이 있을 경우에 대비해서 늘 기업에 대한 좋은 기사거리나 정보 등을 준비해 놓는 것이 바람직하다. 홍보는 기업이 아닌 제3자, 즉 대중매체에서 관리하는 것이므로 정보가 소비자들에게 주는 영향력이 광고의 경우보다 훨씬 크다. 다시 말해서 소비자들은 광고보다 신문기사나 텔레비전 기사를 더 신뢰한다. 따라서 기업에서는 주어진 범위 내에서 그들의 바람직한 행동이 좋은 기사거리가 될 수 있도록 적극적으로 노력해야 한다. 최근에는 마케팅 관점에서 새로운 서비스 상품이나 프로모션, 최고경영자의 활동 등을 소개하기 위해 보도자료를 내거나 기업의 위기관리(crisis management) 관점에서 홍보의 중요성이 더욱 부각되고 있다.

- 스폰서십 마케팅 : 스폰서십 마케팅(sponsorship marketing)은 스포츠, 문화, 사회 등

다양한 분야의 인물이나 단체, 행사 등에 기업이 현금이나 자사의 서비스를 후원하여 제공하고 그에 따른 일정 권리는 보장받는 형태의 커뮤니케이션 활동을 말한다. 예를 들어 스포츠 스폰서십을 통해 서비스기업은 특정 스포츠 경기, 단체, 팀, 선수를 후원할 수 있고 후원 대상으로부터 부여 받은 권리를 활용하여 광고 등 자사의 마케팅커뮤니케이션 활동을 펼칠 수 있다. 스폰서십 마케팅은 소비자들과의 새로운 접점을 창출하고 긍정적인 기업이미지를 구축해갈 수 있다는 점에서 유용할 수 있지만 경제적인 측면에서 많은 비용이 지출되는데 반해 효과측정의 어려움이나 매복마케팅(ambush marketing)으로 인한 스폰서의 오인과 같은 혼잡도의 문제 등도 예상되기 때문에 계획이나 실행에 있어서 면밀한 검토가 필요하다.

- 인적판매 : 인적판매(personal selling)란 고객과 면대면 커뮤니케이션(face-to-face communications)을 통하여 그들의 구매욕구를 자극하고 판매를 촉진시키며 그들과 좋은 관계를 유지하기 위한 수단이다. 인적판매는 고객을 직접 상대하기 때문에 가장 효과적으로 판매를 촉진 시킬 수 있는 수단이다. 그러나 판매원 조직을 구축하고, 좋은 사람들을 선발하여, 이들을 교육, 훈련시키고, 이들에게 보수를 지불해야 하기 때문에 여러 판매촉진 수단 중에서 가장 비용이 많이 드는 방법이라고 볼 수 있다. 서비스의 경우에는 대부분 마케팅이 인적판매를 통하여 이루어진다. 따라서 좋은 사람을 뽑고 훈련시키는 것이 중요한 이유가 여기에 있다.

전화상담원도 중요한 서비스 프로모션 수단이다.

뱅크 오브 아메리카(Bank of America)의
"잔돈은 가지세요(Keep the Change)" 프로모션

미국 2위 은행 뱅크 오브 아메리카(BOA: Bank of America)는 저축 계좌의 수를 늘리기 위해 골몰했다. 이자나 수수료 혜택만으로는 획기적인 계좌 증가가 어렵다고 판단한 BOA는 고객의 생활상을 있는 그대로 관찰해 보기로 했다. 그리고 비디오 녹화 등의 다양한 관찰법을 통해 사람들이 물건을 구매한 후 생기는 잔돈을 처리하는 일에 상당히 불편해한다는 사실을 알아냈다.

이에 BOA는 "잔돈은 가지세요(KTC: Keep The Change)"라는 프로그램을 개발했다. 즉 고객이 체크카드로 제품을 구매할 때 센트 단위의 잔돈을 올림하여 달러 단위로 결제를 청구하고, 대신 추가 청구된 금액은 고객의 저축 계좌에 적립해주었다. 초기 3개월간 저축 계좌에 적립된 금액은 현금 100%, 그 이후 적립된 금액은 일정 기간별로 현금 5%를 추가 적립해주는 인센티브도 제시했다.

이 고객 서비스 프로모션의 효과는 대단했다. 출시 8개월 만에 가입자 수 250만 명, 신규 저축 계좌 수 100만 구좌를 돌파했다. 고객 유지율도 99%라는 경이적인 수준을 기록했다. 즉, 고객 니즈의 가운데 부분인 스윗 스팟(sweet spot)을 정확하게 파악하여, 푼돈을 아껴서 돌려준다는 아이디어로 이러한 성공적인 결과를 낳은 것이다.

이외에도 BOA에서는 고객 추천 프로그램(Customer Referral Program)이라는 프로모션을 시행하고 있는데, 이는 BOA에서 계좌 개설을 한 사람이 다른 사람에게 추천을 하면 추천인과 신규 개설자 모두에게 각각 프리 보

**It pays to recommend our checking.
You and your friend can each get a bonus.**

For customers, students and businesses

너스(free bonus: 일반 계좌를 개설한 경우 $25, 학생 계좌일 경우에는 $10를 제공)를 주는 제도이다. 또한, "뮤지엄 온 어스(Museum On Us?)"라는 프로모션을 진행하기도 하는데, 이는 BOA의 카드를 가지고 있으면, 매달 첫째 주 말마다 해당 지역의 정해진 뮤지엄에서 무료 입장권(free admission)을 받을 수 있도록 하는 새로운 고객 서비스 프로모션 전략 중 하나이다. 이러한 BOA의 프로모션 전략들은 잘 디자인된 상품이 어떻게 사회적인 변화를 가져올 수 있는가를 보여주는 확실한 사례라는 평가를 받았다.

출처: "TV에 웬 버튼이 이리 많아? 고객은 화난다", Dong-A Business Review, 마케팅/세일즈, Value for Marketing, 34호, 2009.6.1.; "2007 Design and Business Catalyst Award Winners", www.idealthink.com, Alees Times, 2007.7.26.
사진출처: www.bankofamerica.com

제 **7** 장

서비스 가격관리

서비스 가격, 칩시크(Cheap-chic)에 주목하다

"값싸면서도 개성 있고 멋지다"라는 의미의 단어로 패션업계에서 시작된 칩시크(cheap-chic)열풍이 서비스업에서도 거세다. 계속되는 불황과 불경기 속에 소비자들의 지갑이 얇아지고는 있지만 그렇다고 품질과 디자인을 포기할 수 없는 최근의 소비 트렌드가 반영된 결과이다. 더욱이 소셜네트워크서비스(SNS)를 통해 저렴한 가격에 개성 있는 서비스들은 입소문을 타고 소비자들을 칩시크 서비스의 매력으로 끌어들이고 있다. 이제 서비스 업종별로 칩시크 현상을 따라가 보자.

외식업계, 다운사이징과 올인원으로 가격과 품격의 두 마리 토끼를 좇는다.

외식업계를 강타한 칩시크 열풍은 고급 레스토랑에서 저렴한 가격에 다양한 메뉴를 즐길 수 있는 '다운사이징'현상 또는 저렴한 가격에 값 비싼 두 가지 메뉴를 한 번에 즐길 수 있는 '올인원'현상으로 나타나고 있다. CJ푸드빌의 이탈리언 레스토랑 더 플레이스는 최대 50%까지 양을 줄인 스몰플레이트 메뉴 18종을 출시했다. 저렴한 가격에 다양한 메뉴를 즐기고 싶어 하는 20-30대 여성고객을 타겟으로 한 전략이다. 아웃백 스테이크하우스는 올인원 전략으로 재미를 보고 있다. 저렴한 가격에 랍스터와 스테이크를 한 번에 즐길 수 있는 '랍스테이크'를 선보여 호평을 받고 있다.

호텔업계, 저가격에 스타일리쉬를 입히다.

해외여행을 계획하는 사람들이라면 누구나 고급스럽고 분위기 좋은 호텔에 묵고 싶어 하지만 막상 높은 가격 앞에서 절망하게 된다. 최근 이러한 고민을 해결해 줄 수 있는 저가호텔들의 변신이 새롭다. 스타우드 계열의 비즈니스 호텔 어로프트(aloft)는 저렴한 가격에 참신한 서비스를 선보이고 있다. 미 캘리포니아주 쿠퍼티노에 위치한 어로프트 호텔에서는 룸서비스 로봇이 일하고 있다. 보틀르(Botlr)라는 이름의 이 로봇은 호텔 로비에서 투숙객 방까지 필요한 물품을 전달해주거나 늦은 밤에 간단한 간식이나 술을 가져다주고, 칫솔 등 생필품도 배달해준다. 세계적인 호텔 체인인 메리어트는 이케아 가구와 손잡고 저가형 디자인 호텔인 목시(Moxy)의 사업계획을 발표했다. 이케아는 반조립 상태로 호텔을 건축하는 모듈방식의 조립공법으로 메이러트에 비용절감을 가져다 주

메리어트 저가형 호텔 목시(moxy)

었다. 한정된 예산으로 젊고 스타일리쉬한 여행을 계획하는 젊은 소비자층을 공략하기 위해서이다. 아르네 소렌슨 메리어트 CEO는 "합리적인 가격과 스타일을 절충한 참신한 개념의 필요성을 목시 브랜드에 담았다"고 말한다. 실용성과 스타일리시한 품격을 동시에 제공하겠다는 것이다.

어로프트 룸서비스 로봇

저가형 매장, 가격에 가치를 더하다

1,000원샵으로 잘 알려진 저가형 매장 다이소가 국내에서 매출 1조원을 돌파했다. 다이소 매장에서 고객들이 구입하는 상품의 평균 가격은 1천 300원으로, 다이소 성공의 핵심은 다품종, 저가격에 있다. 그러나 다이소는 단순 박리다매에 그치지 않고 고품질, 매장대형화, 서비스강화 등 저가격에 가치를 더하는 노력을 지속해왔다. 최근에는 코엑스몰 내에 캐주얼하고 모던한 분위기의 플래그쉽 스토어를 오픈하는 등 복합생활문화공간으로 자리매김하려는 노력을 지속적으로 강화해가고 있다.

이외에도 국내에 머물러 있던 저가형 항공사들의 해외항공시장 진출, 창업시장에서의 칩시크열풍 등 다양한 서비스 산업에서 가격에 개성과 가치를 더한 칩시크 전략이 각광을 받고 있다. 삼성경제연구소의 보고서에 따르면 칩시크 열풍 요인으로 ▲가격 대비 가치가 높은 상품을 중시하는 소비문화 ▲저가 유통채널 확산 등을 꼽았다. 특히 불황으로 주머니 사정이 넉넉지 못한데다 개성을 중시하는 소비자가 늘어나면서 명품이 아니어도 품질이 우수하고 개성 있는 스타일의 상품을 선호하는 경향이 확산되고 있기 때문으로 분석하고 있다.

다이소 플래그쉽스토어

 참고 1. 아크로판 코리아(2013.12.12.) 기사.
2. 조선비즈(2014.12.14.) 기사.
3. ebuzz 칼럼(2013.4.2.)

가격은 기업이 고객을 위해 창출한 가치의 대가로 받는 것이다. 마케팅 활동을 통해 고객가치를 창출하는 데 성공한 서비스기업은 효과적인 가격책정을 통해 다른 마케팅 믹스 활동들에 들어간 비용을 회수할 수 있다. 이러한 가격전략의 중요성에도 불구하고 기업들은 이를 적절히 다루고 있지 못하다. 최근 들어 가격정보에 대한 소비자들의 접근성은 매우 커진 반면, 경쟁 서비스간 차별화는 미약해지면서 서비스 고객들의 가격민감도가 매우 높아졌다. 많은 서비스 기업들은 이에 대응하기 위해 경쟁적으로 가격인하에 나서고 있으며, 그 결과 서비스기업들의 수익성은 악화되고 있다. 그러나 가격인하가 최선의 가격전략은 아니다. 서비스기업들은 불필요한 가격전쟁에 나서기 보다는 가치에 기반해 경쟁우위를 획득하고 유지해야 한다. 결국 서비스기업들이 직면한 도전적 과제는 창출된 고객가치에 상응하는 가격책정으로 적정이익을 실현시켜줄 스마트한 가격전략을 찾아내는 것이다.

7.1 서비스 가격의 정의와 전략적 중요성

좁은 의미에서 보면 서비스 가격은 고객에게 제공된 서비스에 대해 부과된 화폐량이다. 보다 넓은 의미에서 보면, 서비스 가격은 서비스의 사용으로 인해 고객들이 얻게 될 편익에 대해 부여된 가치로 정의될 수 있다. 서비스기업은 자신들이 책정한 가격을 표현하기 위해 서로 다른 용어를 사용하기도 하는데, 대학의 수업료, 극장의 입장료, 부동산 중개소의 중개료, 은행의 이자 및 서비스 수수료, 고속도로의 통행료 등이 그 예이다.

최근 들어 브랜드 이미지, 서비스 품질 등 비가격 요인들의 중요성이 상대적으로 커졌지만, 오랜 기간 동안 가격은 소비자의 서비스 선택에 영향을 주는 주요 요인이 되어 왔다. 또한 가격은 여전히 기업의 매출과 수익성을 결정짓는 가장 중요한 요소들 중 하나로 자리잡고 있다.

올바른 서비스 가격결정은 다음과 같은 점에서 중요하다. 첫째, 가격은 마케팅 믹스 가운데 수익을 창출하는 유일한 요소이며, 서비스 상품(product), 유통(place), 촉진(promotion), 프로세스(process), 물리적 증거(physical evidence), 사람(people), 생산성 및 서비스 품질(productivity and perceived service quality) 등과 같은 마케팅 믹스의 나머지 구성요소들은 비용을 발생시킨다. 둘째, 가격은 마케팅 믹스요소들 중 가장 유연성이 높다. 유통경로, 서비스 상품, 광고, 서비스 프로세스 등은 필요에 따라 바로 변경하는 데 어려움이 있지만, 가격은 시장상황의 변화에 따라 쉽게 변경시킬 수 있다. 셋째, 가격은 서비스 수익관리에 있어 전략적 도구로 활용된다. 서비스는 소멸성(혹은 재고저장 불능성)의 특성을 갖기 때문에 안정적인 서비스 수요의 확보(수요와 공급 간의 균형)가 수익성 목표를 실현하는 데 있어 매우 중요하다. 이때, 가격은 수요를 관리하는 데 가장 중요한 도구로 사용될 수 있다. 즉, 수요가 지나치게 많을 때는 가격을 인상하여 수요를 감소시키고, 수요가 적을 경우에는 가격을 인하하여 수요를 촉진시킬 수 있는 것이다.

서비스 가격의 전략적 중요성에도 불구하고 많은 서비스기업들이 가격책정의 문제를 잘 다루지 못하다. 기업들이 가격과 관련해 자주 겪는 문제점의 하나는 자사 서비스 상품의 높은 가치 때문에 가격이 더 비싸다는 점을 고객들에게 설득시키지 못하고, 목표매출을 실현하기 위해 성급하게 가격을 인하한다는 것이다. 흔히 저지르는 또 다른 실수는 고객가치중심적 가격결정방식을 추구하지 않고 지나치게 원가지향적인 가격결정방식을 고집하거나, 혹은 마케팅 믹스의 다른 구성요소들과의 일관성을 고려하지 않은 채 가격을 결정한다는 점이다.

7.2 유형제품 가격과 비교된 서비스 가격의 차별적 특성

서비스가 갖는 고유한 특징으로 인해 서비스 가격은 유형제품 가격과 비교하여 다음과 같은 차별점을 갖는데, 이는 서비스기업이 가격을 결정하고 조정하는 데 있어 중요한 시사점을 제공한다.

- 고객은 각 서비스대안의 가격을 비교하는 데 사용될 준거가격을 정확히 알지 못한다.
- 가격은 무형적인 서비스 품질을 판단하는 데 있어 중요한 단서가 된다.
- 고객은 서비스의 가치를 판단함에 있어 금전적 가격뿐 아니라 비금전적 비용도 중시한다.

⠿ 고객이 형성한 준거가격의 부정확성

소비자들은 준거가격을 토대로 각 서비스대안의 가격을 비교하여 특정의 서비스대안을 선택하게 된다. 준거가격(reference price)은 소비자가 어떤 제품을 평가할 때 참조하기 위해 소비자가 기억 속에 가지고 있는 가격을 의미하는데, 소비자는 가장 최근에 지불한 가격, 가장 자주 지불하는 가격, 유사한 제공물을 구입하기 위해 지불한 가격 등을 준거가격으로 사용할 수 있다.

문제는 다음과 같이 서비스가 가지고 있는 고유한 특징으로 인해 소비자가 기억 속에 가지고 있는 준거가격이 유형제품에 대한 준거가격에 비해 상당히 부정확하다는 것이다.

첫째, 서비스 상품은 유형적인 요소와 무형적인 요소가 결합된 패키지형태로 제공되기 때문에, 유형적인 제품에 비해 가격구조가 복잡할 수 있다. 이에 따라 소비자는 자신이 기억 속에 가지고 있는 서비스 가격지식이 올바른지를 알기 어렵다. 예를 들어, 항공사들은 출발시간, 경유지, 항공기종, 항공사 국적, 기내서비스, 사전 예약여부, 유류할증료 등에 따라 동일한 노선에도 다양한 항공료를 책정하기 때문에 고객이 각 항공사들의 가격이 적절한지를 비교하는 데 사용될 준거가격을 설정하는 것이 매우 어려울 수 있다.

둘째, 서비스 유형에 따라 서비스를 경험하기 전에 서비스 가격을 미리 산정하기 어려운 경우가 많다. 따라서 소비자들은 서비스 가격의 적정성을 판단하는 데 사용될 정확한 준거가격을 갖지 못할 수 있다. 의료서비스와 법률서비스 등이 그 예인데, 환자는 병원에서 수술을 한 후 퇴원하기까지 어느 정도의 서비스가 제공될 것인지를 알수 없기 때문에 의료서비스의 최종가격을 추정하는 데 활용될 준거가격을 찾아내기가 어렵다.

법률자문 서비스의 경우,
준거가격 설정이 힘들다.

셋째, 서비스에 대한 개별고객의 니즈에 맞추어 다양한 가격이 존재하기 때문에 고객은 자신의 특정 니즈를 충족시키기 위해 지불해야 할 시장가격이 얼마이어야 하는지를 판단하는 데 사용될 준거가격을 알기 어렵다. 가령, 미용서비스의 가격은 머리카락의 길이, 원하는 헤어스타일, 컨디셔닝, 염색의 정도 등에 따라 가격이 다양하게 책정된다. 이와 같이 미용실의 특정 미용서비스에 대한 가격은 고객의 니즈에 따라 달라질 수 있으므로 정확한 준거가격을 추정하기 어렵다.

넷째, 많은 서비스들이 고객에게 제공된 서비스에 대해 기업이 얼마의 가격을 책정했는지를 가시적으로 드러내지 않기 때문에 고객들은 자신이 지불해야 할 비용(서비스 가격)을 추정하는 데 근거가 될 준거가격을 찾아내는 것이 어렵다. 가령, 증권, 종신보험, 연금과 같은 금융서비스의 경우 고객이 제공받는 서비스에 대해 얼마의 가격(비용)이 부과되었는지가 가시화되어 있지 않으므로 고객들은 특정 금융서비스(예: 차이나펀드 상품)에 지불해야 할 비용(즉, 수수료)을 판단하는 데 활용될 준거가격을 알아내기가 어렵다.

서비스 품질단서로서의 가격

소비자들은 가격을 서비스 품질을 나타내는 지표로서 사용하는 경향을 보인다. 즉 가격이 높을수록 품질이 좋을 것으로 믿는 것이다. 소비자는 품질을 확인하기 어렵거나, 가격 이외에 서비스 품질을 평가할 다른 정보가 별로 없거나, 혹은 지각된 위험이 높은 서비스(예: 의료서비스나 경영컨설팅)를 구매할 경우 종종 가격을 품질의 지표로 이용한다.

이와 같이 가격은 소비자들에게 품질에 대한 하나의 신호(signal)가 되므로 기업은 신중하게 서비스 가격을 결정해야 한다. 경쟁자에 비해 너무 낮게 책정된 서비스 가격은 오히려 서비스 품질이 낮을 것으로 추론하게 만드는 역효과를 불러올 수 있다.

비금전적 비용의 중요성

고객은 서비스를 구매함에 있어 금전적 가격(monetary price)뿐 아니라 비금전적 비용(non-monetary cost)도 고려한다. 비금전적 비용이란 고객이 서비스를 구매·사용하는 과정에서 지각하는 여러 가지 손실들을 말하는데, 시간비용, 탐색비용, 심리적 비용, 감각적 비용 등이 그 예이다. 서비스 구매에 있어서는 다음과 같은 비금전적 비용들이 금전적 가격보다 더 중요할 수 있다.

- 시간비용(time cost) : 서비스가 갖는 고유한 특징인 생산과 소비의 비분리성 때문에 고객은 서비스 전달과정에 직접 참여한다. 때문에 고객은 서비스 제공자와 접촉하는 과정에서, 그리고 서비스를 제공받기 위해 대기하는 과정에서 많은 시간을 투입해야 한다. 당신이 유명 가수의 콘서트를 보기 위해 몇 시간 전에 공연장에 도착해 줄을 서서 기다리고 상당시간 자리에 앉아 대기해야 했던 경험을 떠올려 보라. 대체로 서비스의 대기시간은 유형제품을 구매하는 데 소요되는 시간에 비해 길고 예측이 어렵다.
- 탐색비용(search cost) : 고객은 서비스대안에 대한 정보를 찾고 그 중에서 자신이 원하는 서비스를 선택하는 데 상당한 노력을 기울이는데, 이를 탐색비용이라고 한다.

서비스가 유형제품에 비해 더 많은 탐색비용이 드는 이유는 무형성으로 인해 서비스는 유형제품과 같이 진열대에 진열되어 비교·평가될 수 없기 때문이다. 또한 대부분의 서비스는 중간상의 개입 없이 서비스회사에 의해 직접적으로 유통되기 때문에 고객은 각 서비스 제공자에 대한 정보를 얻기 위해 서로 다른 서비스 제공자들과 직접 접촉해야 하는 등 유형제품에 비해 더 많은 탐색비용이 발생한다.

- 심리적 비용(psychological cost) : 이는 고객들이 특정의 서비스를 구매·사용하는 과정에서 경험하는 정신적 노력, 지각된 위험, 인지적 부조화, 두려움 등을 말한다. 서비스 구매과정에서 서비스의 특성을 정확히 알지 못함으로 인해 고객들이 느끼는 두려움(예: 보험상품), 거절에 대한 두려움(예: 은행대출), 서비스 성과의 불확실성(예: 큰 비용을 들여 성형수술을 했으나 성과가 기대보다 못할지도 모른다는 불안감) 등이 심리적 비용의 예이다. 은행이 ATM과 인터넷 금융서비스를 처음으로 도입했을 때 고객들은 기계를 이용해 금융거래를 하는 것에 대한 불안감을 느껴 상당기간 이를 이용하는 것을 주저했다.

- 감각적 비용(sensory cost) : 이는 서비스 구매·사용과정에서 경험하는 감각적 불쾌감을 말한다. 고객들은 서비스 이용과정에서 소음, 불쾌한 냄새, 심한 더위와 추위, 불편한 좌석, 눈에 거슬리는 서비스 환경, 불쾌한 맛 등을 경험할 수 있다.

비금전적 비용을 최소화시키기 위한 노력은 금전적 가격의 인하 없이도 해당 서비스에 대한 고객가치를 증대시켜 서비스기업에게 경쟁우위를 제공할 수 있다. 다음은 비금전적 비용을 감소시키기 위한 몇 가지 대안들이다.

- 서비스 운영 전문가의 도움을 받아 고객이 서비스를 구매·소비하는 데 투입하는 시간을 감축시킴.

- 불쾌하거나 불편한 서비스 제공절차를 제거·재설계하거나, 고객들에게 자사서비스에서 기대할 내용을 교육시키거나, 종업원들이 보다 더 친절하고 도움이 되도록 재교육을 시키는 노력을 통해 정보탐색, 서비스 구매, 구매 후 행동 단계에서 발생되는 심리적 서비스 비용을 최소화함.

- 정보탐색과정과 서비스 제공과정에서 고객들이 원치 않는 신체적 노력을 제거·최소화함.

- 시각적으로 보다 매력적인 환경을 창출하거나, 소음을 줄이거나, 보다 편안한 가구와 설비를 갖추거나, 불쾌한 냄새를 제거하는 노력 등을 통해 오감의 불쾌함으로 인해 발생되는 감각적 서비스 비용을 감소시킴.

CGV 골드클래스– 감각적 서비스 비용을 최소화 한다.

• 비금전적 비용을 감수하는 과정에서 실제로 발생되는 금전적 비용을 줄여주는 방안을 제시함(예: 제휴공급업체들에게 주차비용을 할인해 주거나 직접방문 대신에 우편이나 온라인으로 서비스를 제공함).

그런데 이러한 비금전적 비용의 감소(예: 시간절약과 편의성)에 따른 상대적 가치나 혹은 비금전적 비용을 감수함에 따라 고객들이 느끼는 비용부담의 정도는 개인들마다 차이가 있으며, 같은 고객들 역시 상황에 따라 달라질 수 있다. 따라서 종종 서비스 시장은 금전적 가격뿐 아니라 시간절약과 편의성과 같은 비금전적 비용에 대한 고객민감도에 근거해 세분화될 수 있다.

7.3 가격결정 시 고려요인

기업은 현실성 있는 가격정책과 수익관리전략을 통해 서비스의 창출과 전달에 지출된 비용을 회수하고 목표이익을 달성할 수 있어야 한다. 특히 서비스에 대한 가격책정은 유형제품의 가격책정에 비해 상당히 복잡하기 때문에, 서비스기업은 목표고객들에게 소구되면서도 기업이 설정한 수익성 목표를 달성할 수 있는 가격전략을 수립하는데 신중을 기해야 한다.

기업이 책정한 서비스 가격은 수요를 만들어낼 수 없을 정도로 지나치게 높은 가격과 이익을 실현하기에는 너무 낮은 가격의 어느 중간에 위치하게 된다. [그림 7-1]은 가격결정시 고려해야 할 주요요인들을 정리한 것이다. [그림 7-1]을 보면 고객의 서비스 가치지각은 가격의 상한선이 된다. 고객들이 가격을 서비스가치보다 높게 지각한다면 서비스 상품을 구매하지 않을 것이다. 반면 서비스원가는 가격의 하한선이 된다. 기업이 서비스원가 이하에서 가격을 책정한다며 이익을 얻지 못할 것이다. 따라서 서비스기업은 서비스를 제공하는 데 드는 원가와 고객이 지각하는 가치 및 수요 등을 충분히 이해해야 한다. 이외에도 기업은 가격의 상한선과 하한선 사이에서 서비스 가격을 책정하기 위해 다른 내·외부 요인들을 고려해야 하는데, 경쟁사의 전략과 가격, 자사의 마케팅 목표(예: 매출극대화, 이익극대화 등), 다른 마케팅 믹스요소들과의 일관성, 서비스 시장과 수요의 성격 등이 이에 포함된다.

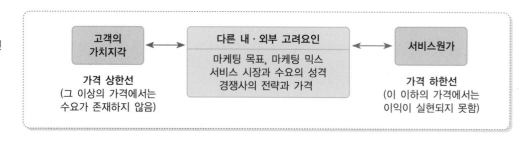

그림 7-1

서비스 가격결정 시 고려요인

고객의 가치지각	⟷	다른 내·외부 고려요인 마케팅 목표, 마케팅 믹스 서비스 시장과 수요의 성격 경쟁사의 전략과 가격	⟷	서비스원가
가격 상한선 (그 이상의 가격에서는 수요가 존재하지 않음)				**가격 하한선** (이 이하의 가격에서는 이익이 실현되지 못함)

앞에서 설명하였듯이 서비스 가격 결정시 고려해야 할 요인들은 많지만, 이 중에서 특히 원가(cost), 경쟁자(competition), 고객(customer)이 가격결정의 핵심요인이 된다. 따라서 이하에서는 가격책정에서 전형적으로 이용되는 ① 원가중심 가격결정방식 ② 경쟁중심 가격결정방식 ③ 고객(가치)중심 가격결정방식에 대해 설명하기로 한다.

Marketing Focus

가격표 앞에 애국심 없다

블랙 프라이데이 기간 중 직장인 박만(32)씨는 미국 온라인 쇼핑몰 아마존에서 상품을 고르다 분통이 터졌다. 박씨가 얼마전 서울 여의도의 IFC몰에서 본 170만원짜리 바나나리퍼블릭 코트가 공식 홈페이지에선 배송비·세금을 포함해도 세일가격 약 80만원에 살 수 있었다. 박씨는 "한국 옷값은 미쳤다. 유통 마진을 얼마나 받는지 모르겠다. 국내 유통업체가 돌변한 소비자 마인드를 알아채지 못하고 있는 것 같다"며 혀를 찼다.

지난주 미국 최대 쇼핑업계 할인 행사인 '블랙 프라이데이'를 맞아 수만여 명의 해외 직접구매 고객(직구족)들이 밤마다 태평양을 건너 미국 온라인 쇼핑몰로 달려갔다. 아마존·베스트바이 등에서 국내보다 훨씬 싼 가격에 파는 옷·신발·가전·식품·육아용품 등을 구입하기 위해서였다. 유통업계는 지난해 블랙 프라이데이 기간 중 4만여 건

이었던 구매 건수가 올해는 8만여 건에 달하고, 올 한 해 직구 규모도 2조원을 돌파할 것으로 추정하고 있다. 2018년이면 8조원에 달하고 10조원을 넘어서는 것도 시간문제라는 분석이다. 유통업계는 "내수 시장이 소비 침체로 자꾸 쪼그라들어 확 키워도 시원찮은 판인데 해마다 해외 직구로 수조원씩 빠져나간다"며 우려하고 있다.

하지만 해외 직구족의 발길은 거침이 없다. 미국뿐 아니라 일본·중국·유럽 등으로 오히려 영역이 넓어지고 있다. 6년 차 직구족을 자처하는 주부 신미진(35)씨는 "요즘엔 타오바오(중국)·라쿠텐(일본)을 거쳐 독일·영국의 쇼핑몰까지 이용한다"고 했다. 그는 특히 지난해 결혼할 때는 LG 스마트TV, 네스프레소 캡슐머신, 지멘스 전기레인지 같은 혼수용품을 직구로 구입했다. 모두 합쳐 국내가보다 300만~400만원 정도 쌌기 때문이다. 신씨는 "가격을 따라가다 보니 쇼핑의 국경선이 무의미해졌다"며 "가격표 앞에 소비자는 애국심이 없다"고 말했다. 해외업체들도 우리 직구족 유치에 적극적이다. 한국어 안내문을 내거는 쇼핑몰이 등장했고, 배송업체는 한국행 전세기까지 띄워가며 배송기간 단축 경쟁을 벌이고 있다.

직구 열풍 이유는 간단하다. 가격 때문이다. 시내 백화점에서 118만원에 파는 여성 코트(띠어리)를 아마존에서는 477달러면 살 수 있다. 배송료에 관세·부가세까지 다 합쳐도 70만원이면 돼 50만원 가까이 싸다. 독일 아마존에서는 지멘스 전기레인지가 76만원이다. 국내가는 이보다 200만원가량 비싸다. 똑같은 상품이 국내외에서 큰 격차가 나는 건 정부와 유통업계 탓이다. 한 유통업체 관계자는 "미국 등은 의류나 신발 등의 소비재 관세가 2~4% 수준인 반면 우리는 8% 정도 된다"며 "해외보다 옷이나 신발값이 높을 수밖에 없다"고 말했다.

여기에 우리나라는 유독 소비재 개방도가 낮다. 미국이나 영국의 소비재 수입 비중이 35~40% 선인 데 반해 우리나라는 9% 남짓 된다. 정부가 최근 병행수입을 허용하긴 했지만 국내시장은 아직도 유통업체와 연계된 독점수입업체가 활개치는 몇 안 되는 나라 중 하나다. KDB산업은행 김대진 연구원은 "선진국과 수입 비중이 비슷한 원자재나 자본재는 국내외 가격차 논란이 없다"며 "소비재의 가격차 논란은 시장 개방이 덜 됐기 때문"이라며 "유통업자가 수입선 다변화 같은 적극적인 노력을 게을리한 탓"이라고 말했다. 김상현 영남대 경영학부 교수는 "직구 열풍은 그동안 좁은 국내시장에 갇혀 있던 소비자가 합리적인 소비를 위해 글로벌 마켓으로 뛰쳐나가고 있는 것"이라며 "소비자가 납득할 만한 수준의 가격정책을 펴지 않는 한 직구 열풍은 더욱 거세지고 그만큼 국내 유통업계의 고객 이탈도 많아질 것"이라고 지적했다.

출처: 중앙일보(2014.12.)
사진출처: 월마트 http://www.walmart.com/cp/black-friday/

⋮⋮⋮ 원가중심 가격결정방식

원가는 상품가격의 하한선이 된다. 원가중심 가격결정방식은 서비스를 생산·마케팅하는 데 드는 비용에 적정수준의 마진(즉, 기업의 노력과 위험부담에 대한 보상)을 더해 가격을 책정하는 것이다. 사우스웨스트 항공, 월마트 등 많은 서비스기업들은 해당 산업에서 원가경쟁력이 있는 기업이 되기 위해 노력한다. 상대적으로 낮은 원가를 가진 기업은 경쟁사보다 낮은 가격을 책정함으로써 경쟁우위를 확보할 수 있기 때문이다. 원가중심 가격결정의 기본공식은 다음과 같다.

> 가격 = 고정비(혹은 간접비) + 변동비(혹은 직접비) + 마진(혹은 이익)

경쟁사보다 낮은 원가로 더 많은
매출과 이익을 추구하는 월마트

서비스원가는 크게 고정비와 변동비로 구성된다. 고정비(fixed cost) 혹은 간접비(overhead cost)는 서비스 제공량 혹은 매출수준에 상관없이 일정하게 발생하는 비용을 말하는데, 임대료, 광열비, 이자, 사무실, 임직원 급여 등이 이에 해당된다. 이에 반해 변동비(variable cost)는 서비스 제공량에 비례해 증가하거나 감소하는 비용을 말하는데, 서비스 제공과정에서 발생되는 재료비, 노무비 등이 이에 해당된다. 서비스를 생산하는 데 필요한 노동력과 기반시설 때문에 많은 서비스기업들은 전형적인 제조업체에 비해 서비스원가에서 고정비가 차지하는 비율이 변동비에 비해 훨씬 더 높다. 값비싼 물리적 시설이 필요하거나(예: 병원, 대학), 많은 수송차량이 요구되거나(예: 항공사, 운송회사), 혹은 네트워크 설비가 요구되는 업종(예: 텔레커뮤니케이션, 철도, 가스 파이프라인)이 대표적인 예이다. 변동비에 비해 고정비가 차지하는 비율이 매우 높은 서비스업종들은 추가고객과 거래하는 데 드는 변동비가 매우 낮기 때문에, 가격책정에 있어 상당한 유연성을 가질 수 있다. 이 경우 매출을 높이기 위해 해당 기업들은 매우 낮은 가격을 책정할 수 있다.

저가항공의 전국시대.
라이언에어를 벤치마킹하라!

저가항공은 이름 그대로 항공요금은 저렴하게 제공하기 때문에 이 저렴한 항공요금이 어찌보면 '치명적 결함'이 될 수도 있다. 한성항공이 운행을 중단한 것만 봐도 이러한 사실을 잘 알 수 있으며 이를 극복하기 위해서는 저가항공사들만의 특별한 방법을 연구해야 할 것이다. 유럽의 대표 저가항공사인 라이언에어는 승객 입장에서 보면 조금은 황당

한 방법을 통해 저가항공계에서 성공적인 사례로 남고 있다. 우선 라이언 항공의 홈페이지를 들어가 보자. 10유로 짜리 항공권을 판매한다는 광고가 우선 눈에 들어올 것이다. 10유로면 우리나라 돈으로 불과 1만 6천 원 정도에 불과한 금액이다. 서울에서 대전가는 KTX 요금보다도 저렴하다. 싸도 너무 싸지 않느냐는 생각이 들 수 있겠지만 불

할 수 있다. 만약 15kg를 초과한다면 kg당 15유로를 더 지불해야 한다. 만약 20kg의 가방 3개를 부친다면 그 승객은 총 135유로의 수하물 요금을 지불해야 하는 것이다. 한편 라이언에어의 모든 항공요금은 기본적으로 환불이 불가능하다. 불가피하게 일정을 바꾸려고 해도 한 사람당 35유로를 지불해야 하니 항공요금 15유로짜리 일정을 바꾸느니 차라리 새로 구매하는 편이 낫고 사람 이름을 바꾸는 경우에도 100유로를 지불해야 하니 아예 항공권을 포기하고 새로 구입하는 것이 더 저렴할 수 있다. 그 밖에도 공항에서 체크인하는 경우 요금을 추가로 지불해야 한다든지, 공항도 소규모 외곽 공항만을 사용하는 것 등 라이언에어의 서비스는 어찌 보면 승객들 입장에서는 기가 찰 노릇이지만 에어프랑스의 요금 600유로를 떠올린다면 이 정도 불편쯤은 감수할 수 있지 않을까? 때문에 우리나라를 비롯해 세계 곳곳의 저가항공사들은 라이언에어의 시스템을 벤치마킹하려는 움직임을 보이고 있다. 라이언에어가 저가항공 업계에서는 대단한 성공 사례로 남았기 때문이다.

이렇게 항공권 수입을 포기하는 대신 무수히 많은 추가 서비스를 통해 비용을 줄이고 수익을 증대하는 것이야말로 저가항공이 살아남을 수 있는 가장 좋은 방법일 수 있다. 특히 국제선 취항을 시작한 제주항공의 경우, 이러한 시스템은 더욱 매력적으로 다가올 터. 승객들 역시 불필요한 서비스를 줄이고 제대로 여행준비를 한다면 저가항공을 저렴하면서도 기분 좋게 이용할 수 있을 것이다. 라이언에어의 무대포식 추가 서비스에도 불구하고 인기가 높은 것은 제대로 여행 준비를 하는 이들에게는 정말 저렴한 항공사이기 때문이다. 국내에서도 부족한 기내 엔터테인먼트 서비스 약점을 극복하고 일정 수익까지 창출하려는 진에어의 대여서비스는 긍정적으로 평가 받고 있다. 앞으로 우리나라 저가항공사들의 움직임이 어떻게 진행될지 귀추가 주목되고 있다.

출처: 뉴스메이커(2009.9.)

행히도 이 요금은 수개월 뒤의 항공편을 예약할 때나 가능한 요금이다. 당장 급한 일이 있어 며칠 뒤 여행을 하려는 경우에는 저 요금으로는 물론 불가능하다. 이곳의 저렴한 항공요금을 이용하려면 수개월 후의 항공편을 미리 예약하거나 예약시점을 잘 따져보고 예약을 하면 눈이 휘둥그래지는 요금으로 항공편을 이용할 수 있다. 실제로 아일랜드의 더블린에서 프랑스 파리로 가는 에어프랑스의 요금은 600유로이지만 수개월 전에 예약만 하면 라이언에어에서는 15유로에 이용이 가능하다. 물론 예약 시점이 다 된 상태에서 예약을 하면 125유로까지 높아지지만 에어프랑스의 600유로에 비하면 정말 싸도 너무 싼 요금이 아닐 수 없다.

또한 라이언에어는 무료수하물 서비스를 하지 않는다. 라이언에어를 이용하는 경우 맡기는 수하물은 무조건 요금을 지불해야 하며 일반항공사가 일정량의 짐을 무료 수하물로 서비스하는 것과는 달리 저가항공사의 경우엔 라이언에어를 비롯해 무료수하물이 없는 경우가 많다. 라이언에어는 승객 한 사람당 위탁수하물을 15kg이내 3개까지 허용하지만 이것 역시 무료수하물은 아니다. 한 개당 최고 20유로를 내야 하는데 예를 들어 총 무게가 15kg 이내인 가방 3개를 부친다면 총 60유로를 짐 맡기는 대가로 지불해야 하지만 온라인에서 미리 지불하면 10유로 정도는 절약

원가중심의 가격결정에서 기업이 직면하게 되는 문제점 가운데 하나는 서비스원가를 추정하는 것이 어렵다는 것인데, 이는 다음과 같은 이유에서 비롯된다.

첫째, 서비스의 경우 원가의 주요 구성요소가 원자재가 아니라 서비스접점 직원의 시간인데, 그 직원이 투입한 시간을 원가로 추정하는 것이 어렵다. 특히 종업원간에 서비스 전문성에서 차이가 있는 경우 기업은 주어진 시간에 특정의 종업원이 수행한 활동이 서비스생산에 기여한 가치를 원가로 산정하는 것이 쉽지 않다.

둘째, 서비스원가가 고객이 서비스에 대해 지각하는 가치를 정확히 반영하지 못할 수 있다. 예를 들어, 100만 원짜리 숙녀복을 수선하는 데 든 시간과 10만 원짜리 면바지를 수선하는 데 든 시간이 동일하다는 이유로 같은 수선비(예: 2만 원)를 받는다고 하자. 이 경우 100만 원짜리 숙녀복의 수선을 맡긴 소비자는 그 보다 더 비싼 가격을 기꺼이 지불하려고 할 것이고 10만 원짜리 면바지의 수선을 맡긴 소비자는 2만원을 비싸다고 지각할 수 있다. 이 경우 투입된 시간을 기준으로 서비스 가격을 책정할 경우 기업은 투입된 시간에 대해 고객이 지각하는 가치를 원가에 정확히 반영하지 못할 수 있다.

이와 같이 서비스원가의 추정이 어렵기 때문에 원가중심 가격결정방식은 건설, 엔지니어링, 광고 등과 같이 고객이 요구하는 서비스 명세를 근거로 원가를 미리 추정할 수 있는 서비스산업에서 주로 이용된다.

한편 원가중심 가격결정방식을 사용하는 서비스기업은 어느 정도의 매출수준에서 서비스를 생산하는 데 투입된 비용회수가 가능한지에 대해 이해할 필요가 있는데, 이러한 목적에 유용한 분석기법이 손익분기점(BEP: Break-Even Point) 분석이다. 손익분기점은 주어진 가격에서 총수익과 총비용이 같아지는(즉, 손해도 이익도 나지 않는) 판매량을 말하는데, 손익분기점 공식은 다음과 같다.

손익분기점(판매량) = 총고정비/(가격-단위당 변동비)

손익분기점 공식에서 분모에 해당하는 '가격-단위당 변동비'를 공헌마진(contribution margin)이라고 부른다. 예를 들어, 100개의 객실을 가지고 있는 호텔이 연 20억 원의 고정비를 지출해야 하고, 객실 1박당 평균 공헌마진이 100,000원이라고 한다면, 이 호텔은 연 36,500개의 객실공급능력 중에서 연 20,000개의 객실/1박을 판매해야만 숙박서비스를 제공하는 데 드는 총비용을 회수할 수 있다. 만약 객실 1박당 숙박료를 평균 20,000원 인하한다면(혹은 변동비가 20,000원 증가한다면), 공헌마진은 80,000원으로 떨어져서 이 호텔의 손익분기 판매량(break-even volume)은 25,000개의 객실/1박으로 높아질 것이다. 즉 25,000개의 객실/1박을 판매해야만 숙박서비스를 제공하는 데 드는 총비용을 회수할 수 있다.

손익분기를 실현하는 데 필요한 판매량은 가격민감도(고객들이 기업이 제시하는 판매가격을 기꺼이 지불할 것인가?), 시장규모(경쟁호텔들을 고려할 때, 기업이 결정한 목표 판매량을 지지할 만큼 시장규모가 큰가?), 최대 공급능력(유지·보수로 인해 사용하지 못하는 객실이 없이, 연 36,500개의 객실/1박을 공급할 수 있는가?) 등에 의해 결정된다.

기업이 자사 서비스의 가격과 판매량을 결정함에 있어 서비스 생산비용이 중요한 고려요인인 것은 분명하다. 그러나 '비용+마진' 방식의 원가중심 가격결정이 갖는 문제점은 수요와 목표고객이 지각하는 서비스가치를 고려하지 않는다는 것이다. 비용을 기준으로 책정된 서비스 가격은 구매자의 지불의사와 동떨어지는 경우가 많다. 따라서 효과적인 가격결정을 내리려는 서비스기업은 구매자들이 확실히 지불하려는 가격이 어느 정도인지를 측정한 다음 그 가격수준에 부합되는 목표고객과 판매량을 결정해야 할 것이다. 가령, 항공사는 연료비가 인상되었다고 하더라도 '비용+마진' 가격결정방식에 따라 단순히 가격을 인상하지 않는다. 대신 항공사는 운항스케줄의 변경을 통해 판매량과 목표고객을 조절하는 방안을 강구하는데, 항공운항 편수를 줄여 마일 당 평균수입을 증대시키는 것이 한 방법이다. 즉, 운항되는 비행기에 가능한 한 빈 좌석이 없도록 만들면서 할인 항공권을 이용하지 않고 높은 요금을 지불하는 고객을 최대한으로 유치하도록 하는 것이다.

또한 서비스기업은 서비스 원가를 추정함에 있어 기회비용을 간과하는 경우가 많은데, 이를 고려한 서비스 가격의 책정이 필요하다. 어떤 자산을 하나의 용도로 사용한다면 다른 용도로는 쓸 수 없는데, 이 경우 포기해야 하는 용도에서 발생할 수 있는 이익을 기회비용이라고 한다. 기회비용은 재무제표 상에 나타나지는 않지만, 가격을 결정함에 있어 반드시 감안해야 한다. 가령, 항공사들은 비행기가 만석이 되지 않았는데도 불구하고 항공편 좌석의 할인판매를 중단하는 경우가 있다. 할인티켓을 판매해 미리 좌석을 완전히 채웠다면, 비행기 출발시간이 임박해서 항공료를 전액 지불하고 티켓을 구입하려는 고객에게 티켓을 팔 수 없기 때문이다. 따라서 항공사는 좌석을 판매하는 데 드는 총비용을 산정함에 있어 항공료를 전액지불하고 티켓을 구입하려는 고객을 포기하고 그 좌석을 미리 할인가격으로 판매하는 것에 대한 기회비용을 포함해야 한다. 좌석을 미리 할인가격으로 판매함으로 인해 발생될 기회비용은 출발시점에 긴급하게 항공권을 구매하려는 승객이 발생할 확률에 항공운임 전액을 받음으로써 얻게 될 수익을 곱해 구할 수 있다.

기회비용을 반영해 책정되는 항공편 좌석가격

항공사들의 가격결정에서 가장 중요하게 고려해야 할 비용은 좌석에 대한 기회비용이다. 좌석에 대한 기회비용에 비해 다른 변동비용들(기내식 비용, 발권비용 등)은 사소할 수 있다. 비행기 구매의 매입원가나 새로 비행기를 구입하기 위해 필요한 금액을 기준으로 비용을 산정하는 항공사는 수익성을 가져 올 수 있는 가격결정을 못하게 된다. 수익의 많은 부분은 좌석당 평균비용에 못 미치는 운임으로 판매할 때의 수입증대에서 오는 경우가 많은데 이것을 놓치게 되면 경쟁이 치열한 시장에서 도태될 수도 있다. 그러므로 어떤 비행편의 좌석을 판매할 때에는 그 좌석의 기회비용까지 고려해야 한다.

그렇다면 좌석의 기회비용이란 무엇인가? 토요일 오후에 리조트로 가는 항공편은 사전에 할인티켓을 판매하지 않더라도 쉽게 비행기 좌석을 모두 채울 수 있을 것이다. 그러나 다른 지역이나 시간대의 항공편은 출발 날짜보다 한두 달 전에 할인 항공권을 판매해야 좌석을 채울 수 있다. 이러한 좌석들의 기회비용은 할인티켓이 아니라 운임을 전액 다 내는 승객(비즈니스로 출장 가는 기업인들 등)으로부터 얻게 될 이익에다가, 그러한 승객이 실제로 비행기 출발 전에 좌석을 구매할 확률을 곱한 것이다. 지금이 출발 날짜 한 달 전인데 빈 좌석이 있다면 항공사는 과거의 예약패턴을 분석해서 비행기가 적어도 1개 이상의 빈 좌석을 가진 채 운항하게 될 확률이 이를테면 70%라는 것을 추정할 수 있다. 다시 말하면, 출발 직전에 운임 전액을 내고 비행기를 타려는 승객이 있을 가능성이 30%라는 말이다. 이러한 고객으로부터 항공사가 얻을 수 있는 이익이 500달러라면, 할인티켓을 판매하는 것의 기회비용은 500에다 0.3을 곱한 150달러가 된다. 할인티켓을 제공하는 것의 전체 비용을 계산하려면 여기에다 발권비용, 기내식 비용, 추가적인 연료비용 등을 더하면 된다. 이러한 비용 산정방식을 이해하고 나면, 같은 항공편의 할인티켓 가격이 아직 좌석이 많이 남아 있는데도 출발 몇 주 전에 왜 그렇게 오르락내리락 하는지를 알 수 있을 것이다.

항공사들은 정교한 산출 관리시스템을 가지고 있어서 과거의 예약패턴을 이용해서 출발시점에 빈 좌석이 있을 가능성을 측정한다. 만약 과거 데이터를 기준으로 예상한 것보다 좌석이 늦게 차면 빈 좌석으로 출발할 확률은 높아지고, 할인티켓을 파는 기회비용은 낮아진다. 그러면 산출 관리시스템은 굉장히 낮은 운임을 책정하라고 제시한다. 그런데 갑자기 7명의 비즈니스 출장 팀이 예약을 했다면 빈 좌석을 가진 채 출발할 확률은 낮아지고, 산출 관리시스템은 자동적으로 할인티켓을 더 팔지 말라고 제시한다.

출처: 토마스 T. 네이글, 존 E. 호건(2006), 프라이싱 전략, 거름, p. 346.

⠿ 경쟁중심 가격결정방식

서비스기업은 경쟁사의 가격을 기준으로 자사 서비스의 가격을 경쟁사보다 높거나 낮게 혹은 비슷하게 책정할 수 있다. 이러한 경쟁중심의 가격결정방식은 서비스 제공자 간에 서비스가 유사(표준화)하거나(예: 세탁 서비스), 소수의 대규모 서비스기업이 시장을 지배하는 과점적 시장구조를 가질 때 주로 사용된다. 예를 들어 항공산업이나 렌터카 산업에서 시장선도자가 가격을 인하하면, 다른 경쟁자들도 이에 맞추어 곧바로 가격을 인하한다. 이와 같이 시장선도자의 가격에 맞추어 자사의 가격을 책정하는 방법을 시장대응 가격결정방식(going-rate pricing)이라고 한다. 미국 렌터카 산업의 시장선도자인 Hertz가 주행거리에 기반한 가격책정방식에서 기본요금, 자동차의 크기와 유형, 일간 혹은 주간요금 등 여러 변수들을 고려한 가격책정방식으로 전환하자, 다른 렌터카회사들도 Hertz가 새로 도입한 가격책정방식을 따랐다.

한편 경쟁중심 가격결정은 종종 저가전략으로 나타나기도 한다. 일부 기업들은 경쟁사들보다 낮은 가격을 책정해서 이득을 보기도 하는데, 다음과 같은 상황에서 서비스기업은 경쟁사보다 저렴한 가격을 토대로 가격경쟁을 시도해 볼 수 있다.

① 기업이 원가경쟁에서 앞서거나 가격인하를 통해 그러한 우위를 달성할 수 있을 때 : 월마트, 사우스웨스트 항공 등은 모두 비용이 적게 드는 사업모델을 개발해 해당 산업에서 선도적 지위를 구축했다. 경험효과가 높은 서비스산업의 경우에 상대적 저가격전략은 수익성 있는 전략이 될 수 있다. 가격을 낮게 책정해서 경쟁사들보다 판매량을 더 빨리 늘리면, 원가를 절감할 수 있는 노하우들을 더 빨리 학습할 수 있어 원가상의 우위를 달성할 수 있는 것이다.

② 자사제품이 경쟁사 제품군 혹은 고객들 중 일부분을 상대로 경쟁할 때 : 소규모 신생 항공사로 시작한 사우스웨스트 항공은 처음에는 그다지 업계의 주목을 끌지 못했다. 미국 텍사스주 휴스턴의 하비 공항 등 주요노선이 아닌 지역들 중심으로 운항했기 때문이다. 단기노선 중심의 포인트 투 포인트(point-to-point) 사업모델은 대형공항을 기반으로 허브 앤 스포크(hub and spoke) 방식으로 운항하고 있던 대형 항공사들과는 매우 다른 것이었다. 사우스웨스트 항공이 규모가 작은 틈새시장을 타겟으로 하는 것처럼 보였기 때문에 대형 항공사들은 사우스웨스트 항공의 저가 운임에 별로 반응하지 않았다. 그러나 사우스웨스트 항공이 다른 노선으로까지 사업을 확장해 메이저 항공사들의 점유율을 잠식하기 시작함에 따라 대형 항공사들은 사우스웨스트 항공의 저가격전략에 대응

하게 되었다.

③ 가격인하로 인한 손실을 다른 보완제품에 의해 보전할 수 있을 때 : 마이크로소프트 (Microsoft)는 윈도우 가격을 가치에 비해 낮게 책정하는데, 이는 윈도우 기반으로 작동되는 다른 소프트웨어 제품을 더 많이 판매하기 위해서이다. 아마존 닷컴이 책값을 낮게 책정하는 것도 책을 구매하는 고객들에게 광범위한 다른 상품들까지 판매하기 위한 것이다.

오프라인 상품판매까지
진출한 아마존 닷컴

경쟁중심 가격결정방식을 도입하려는 기업은 다음과 같은 몇 가지 문제들을 검토해야 한다. 첫째, 경쟁사들에 비교해서 자사의 서비스 제공물에 대한 고객들의 가치가 어떠한가를 검토해야 한다. 만약 소비자들이 자사의 서비스에 대해 더 많은 가치를 지각한다면, 기업은 경쟁사들에 비해 더 비싼 가격을 책정할 수 있지만, 그렇지 않은 경우라면 기업은 경쟁자들보다 낮은 가격을 책정하거나 혹은 비싼 가격을 정당화시킬 수 있도록 고객들의 자사 서비스에 대한 가치지각을 변화시켜야 한다.

둘째, 현 경쟁자들이 어느 정도 강하고, 현재 어떤 가격전략들을 채택하고 있는지를 분석해야 한다. 만약 기업이 많은 수의 소규모 경쟁사들을 대상으로 경쟁하고 있고 경쟁사들이 가치에 비해 비싼 가격을 책정하고 있다면, 경쟁사들보다 낮은 가격을 책정하여 경쟁력이 약한 경쟁사들을 시장에서 제거할 수 있다. 만약 시장이 비교적 큰 규모의 저가격추구 경쟁자들에 의해 지배되고 있다면, 기업은 경쟁자들이 무시하고 있는 틈새시장을 표적으로 하여 부가가치 서비스를 고가격으로 제공할 수 있다. 예를 들어, 동네 책방은 아마존닷컴(Amazon.com) 혹은 반즈 앤 노블(Barnes & Noble)과의 가격전쟁에서 이기기 어렵기 때문에 특별한 고객서비스와 인간관계를 부가하여 상대적으로 높은 가격과 마진을 추구하는 것이 더 현명할 것이다.

셋째, 기업은 경쟁환경이 고객의 가격민감도에 어떠한 영향을 미치는지를 검토해야 한다. 예를 들어, 고객들이 경쟁서비스들 간에 별 차이가 없는 것으로 지각한다면, 고객들은 가격에 더 민감해질 것이고, 그들은 가장 저렴한 서비스 상품만을 구매할 것이다. 또한 고객들이 구매 전에 가격에 대한 정보를 더 많이 가지고 있을수록, 고객들의 가격민감도가 높아질 것이다. 따라서 서비스 상품들을 비교하기 쉽게 만드는 것은 고객들로 하여금 서로 다른 서비스대안들의 가치를 평가하고 지불의도가격을 결정하는 데 도움을 준다. 고객들이 한 서비스대안에서 다른 대안으로 쉽게 전환할 수 있는 경우에도 가격민감도가 높아질 것이다.

경쟁사들과 비교하여 자사 서비스에 대한 가격을 책정함에 있어 적용될 기본원칙은 분명하다. 즉 당신 회사가 어떤 수준에서(상대적 고가격, 상대적 저가격, 혹은 중간가격) 가격을 책정하더라도 그 가격에 맞추어 고객들에게 탁월한 가치를 제공할 수 있어야 한다. 그러나 개념적으로는 단순한 이 명제가 실행에 옮기는데 큰 어려움이 따른다는 점이 문제이다. 마지막으로 경쟁사의 가격변경에 대한 대응방식에 대해 생각해보자. 이러한 상황에서 기업은 다음과 같은 몇 가지 이슈들을 고려해야 한다. 경쟁사가 가격을 변경한 이유는 무엇일까? 가격변화가 일시적인가 혹은 영구적인가? 자사가 이에 대응하지 않을 경우 자사의 시장점유율과 이익은 어떻게 될 것인가? 다른 경쟁사들도 반응할 것인가? 이러한 이슈들 이외에도 기업은 자사의 상황, 전략, 가격변화에 따른 고객반응 등도 함께 고려해야 한다.

[그림 7-2]는 경쟁사의 가격인하에 대해 우리 기업이 평가·반응할 수 있는 대안들을 보여준다. 경쟁사의 가격인하가 우리 기업의 매출과 이익에 부정적 영향을 미칠 것으로 판단했다고 가정하자. 이러한 가정하에서 우리 기업은 단순히 현재의 가격과 이익률을 유지하겠다는 결정을 내릴 수 있다. 즉, 현재의 시장점유율을 크게 상실하지 않을 것으로 믿거나 혹은 자사 서비스가격을 인하할 경우에 이익의 손실이 상당할 것으로 믿을 수 있다. 다른 대안으로서 기업은 경쟁사의 가격인하가 미치는 효과에 대해 더 많은 정보를 획득할 때까지 기다린 후 대응하기로 결정할 수 있다. 그러나 지나치게 행동시기를 미루

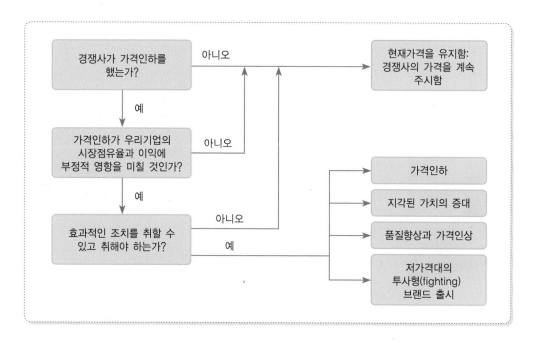

그림 7-2

경쟁사의 가격변화에 대한 평가와 대응

는 것은 경쟁사의 매출을 증대시켜 그 기업의 힘과 자신감을 키우게 만들 수 있다.

경쟁사의 가격인하에 대해 우리 기업이 효과적 조치를 취할 수 있고 취해야 한다고 판단한다면, 다음의 네 가지 대안들 가운데 하나를 선택할 수 있다. 첫 번째는 경쟁사의 가격인하에 맞추어 우리 기업도 가격을 인하하는 것이다. 즉 기업은 시장이 가격에 민감하기 때문에 경쟁사의 가격인하로 인해 자사의 시장점유율이 상당히 상실될 것으로 판단하여 가격을 인하할 수 있다. 자사의 가격인하는 단기적으로 기업의 수익성을 감소시킬 것이다. 따라서 일부 기업들은 이익률을 유지하기 위해 서비스 품질, 마케팅커뮤니케이션 활동을 함께 낮출 수 있지만, 이러한 조치는 장기적으로 시장점유율에 부정적 영향을 미칠 것이다. 따라서 기업은 가격을 인하하더라도 제공되는 품질수준을 유지하도록 노력해야 한다.

두 번째 대안은 가격을 유지하면서 서비스 제공물의 지각된 가치를 높이는 것이다. 기업은 마케팅커뮤니케이션의 개선을 통해 가격을 인하한 경쟁사에 비해 자사서비스의 상대적 가치가 더 높음을 부각시킬 수 있다. 기업은 가격인하로 인한 이익률의 하락을 감수하기 보다는 기존 가격을 유지하면서 지각된 서비스 가치를 향상시키는 데 투자를 하는 것이 오히려 비용상 경제적일 것으로 판단할 수 있다.

세 번째는 서비스 품질을 향상시키고 가격을 인상함으로써 자사브랜드를 고가격-고가치 포지션으로 이동시키는 것이다. 품질의 향상은 고객가치를 높임으로써 가격인상을 정당화시킨다. 그 결과 가격인상은 기업의 마진증대를 실현시켜 준다.

네 번째 대안은 저가격대의 공격형 브랜드(fighting brand)를 출시하는 것이다. 즉 기업은 기존의 서비스라인 내에 보다 저렴한 서비스 제공물을 새로이 추가하거나 혹은 별도의 저가 브랜드를 개발하는 것이다. 이러한 조치가 필요한 상황은 경쟁사의 가격인하로 잃게 될 특정 세분시장이 가격에 민감하고 자사서비스의 품질이 향상되었다는 주장에 별 반응을 보이지 않을 경우이다. 가령, 호주의 콴타스(Qantas) 항공은 저가항공사인 버진 블루(Virgin Blue)의 위협에 대비해서 젯스타를 출범시켜 큰 성공을 거두었다.

경쟁중심의 가격결정방식이 갖는 문제점은 각 기업의 규모와 마케팅역량, 그리고 서비스 특성을 고려하지 않고 경쟁사의 가격을 자사서비스의 가격을 책정하는 데 기준으로 사용한다는 것이다.

콴타스 항공의 저가항공사인 젯스타

⠿ 고객중심 가격결정방식

서비스 가격이 적절하게 책정되었는지를 결정하는 것은 결국 고객이다. 따라서 좋은 가격결정은 서비스가 고객을 위해 창출한 가치를 완벽하게 이해하는 것에서 출발한다. 고객중심 가격결정방식은 고객의 가치지각과 수요가 반영되도록 서비스 가격을 책정하는 것이다. 즉, 가격은 제공된 서비스에 대해 고객이 지각하는 가치에 근거하여 책정된다.

가치기반 가격결정(value-based pricing)은 판매자의 원가보다는 구매자들의 가치지각에 중점을 두어 가격을 책정하는 것이다. 따라서 이러한 가격결정방식은 앞서 설명한 원가기반 가격결정과 비교해 볼 때, 가격결정과정에서 상당한 차이를 보인다. 원가기반 가격결정은 서비스 상품중심적으로 가격을 책정하는 것이다. 즉, 기업은 좋은 서비스 제공물을 설계한 후 생산하는 데 드는 비용에다 목표이익을 합하여 가격을 책정한다. 이경우 기업은 마케팅커뮤니케이션을 통해 그 가격대에 상응한 가치가 있기 때문에 구매할만하다는 것을 구매자들에게 설득시켜야 한다. 만약 가격이 너무 높은 것으로 고객이 지각한다면, 기업은 이익률을 낮추거나 혹은 매출의 감소를 감수해야 하지만 두 가지 해결책 모두가 수익성을 감소시키는 실망스러운 결과를 낳는다.

가치기반 가격결정은 이와 정반대의 결정과정을 갖는다. 기업은 고객의 지각된 서비스 가치에 근거하여 목표가격을 설정한다. 그런 다음 목표로 삼은 서비스 가치와 가격에 맞추어 서비스 제공물을 설계하고, 이를 생산하는 데 드는 비용을 추정한다. 따라서 가격결정은 고객의 욕구와 가치지각을 분석하는 것에서 시작되며, 서비스 가격은 고객의 지각된 가치에 맞추어 책정된다.

가치기반 가격결정방식을 이용하려는 기업들은 종종 고객들이 자사 또는 경쟁사의 서비스에 부여하는 가치를 측정하는 것이 쉽지 않음을 경험한다. 예를 들어, 우아한 식당에서 한 끼 식사를 하는 데 드는 재료비를 계산하는 것은 비교적 쉽지만, 음식의 맛,

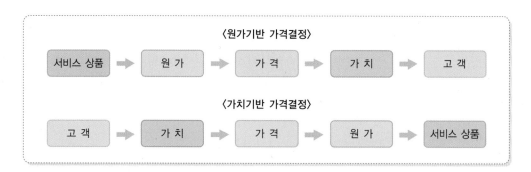

〈원가기반 가격결정〉

서비스 상품 ➡ 원 가 ➡ 가 격 ➡ 가 치 ➡ 고 객

〈가치기반 가격결정〉

고 객 ➡ 가 치 ➡ 가 격 ➡ 원 가 ➡ 서비스 상품

그림 7-3

원가기반 가격결정과
가치기반 가격결정

환경, 기분전환, 대화, 지위상승 등에 의해 얻게 되는 만족도에 부여하는 가치를 산정하는 것은 매우 어렵다. 뿐만 아니라 이에 부여하는 가치들은 개개인의 특성이나 서비스 구매상황에 따라 달라질 수 있다.

그럼에도 불구하고 고객들은 이러한 지각된 가치들을 토대로 서비스의 가격을 평가할 것이므로 기업들은 자사 서비스에 대한 고객들의 지각된 가치 또는 지불의사를 측정하도록 노력해야 한다. 때에 따라 기업들은 소비자조사를 통해 기본 서비스에 얼마의 가격을 지불할 것인지, 그리고 각각의 편익이 추가됨에 따라 얼마를 더 지불할 것인지를 소비자들에게 질문한다. 실험을 통해 서로 다른 서비스 제공물들에 대한 지각된 가치를 조사하는 것도 또 다른 측정방법 중 하나이다.

한편 기업들은 서비스 가격을 책정함에 있어 비금전적 비용에 대해 고객들이 부여하는 가치를 고려할 필요가 있다. 고객들이 서비스를 제공받는데 시간비용, 탐색비용, 심리적 비용 등이 발생한다면, 금전적 가격은 이를 반영해 책정되어야 한다는 의미이다. 기업이 시간비용, 탐색비용, 심리적 비용을 절감하는 서비스를 제공하는 경우 고객들은 기꺼이 더 높은 금전적 가격을 지불하려고 할 것이기 때문이다. 문제는 서비스 가격에 반영할 비금전적 요인들에 대해 고객들이 지각하는 가치를 비용으로 산정하는 것이 어렵다는 것이다.

러시아 속담에 따르면 모든 시장에는 두 가지 유형의 바보가 있다고 한다. 너무 많은 것을 요구하는 사람과 너무 적게 요구하는 사람이 바로 그것인데, 판매자가 구매자의 지각된 가치 보다 더 비싼 가격을 책정한다면 매출에 어려움을 겪을 것이다. 반대로 판매자가 구매자의 지각된 가치보다 더 낮게 가격을 책정한다면 판매는 매우 잘 되겠지만, 지각된 가치에 맞추어 가격을 책정하는 경우에 비해 더 적은 수입을 얻게 될 것이다.

이제 현명한 서비스기업들을 위한 가치기반 가격결정방식의 이해를 돕기 위해 우수한 가치에 상응한 가격결정과 부가가치 가격결정에 대해 설명하기로 한다.

우수한 가치에 상응한 가격결정

최근 들어 마케터들은 가격과 품질에 대한 소비자 태도에서 큰 변화가 일어나고 있음을 목격하고 있다. 소비자들은 자신들이 갖고 싶은 특정의 제품이나 서비스 구매에 대해서는 소득수준을 넘어서는 상향소비 행태를 보이면서도, 일반적으로는 가격대비 품질을 꼼꼼하게 비교하는 가치기반 소비행태를 보이고 있다. 이에 따라 많은 기업들이 우수한(뛰어난) 가치에 상응한 가격결정방식(good-value pricing)을 채택하고 있는데, 이는 좋은 품질의 서비스 제공물을 잘 결합하여 적정가격에 제공하는 것을 말한다. 많은 경우 이러한 가격결정방식은 시장기반이 확립된 유명브랜드들이 상대적으로 저렴한 상품으로 시장에 새로이 진출할 때 사용된다. 최근 국내 특급호텔들은 중저가의 세컨드브랜드를 출시하면서 국내외 비즈니스맨들과 외국관광객 유치에 박차를 가하고 있는데, 대표적으로 신라호텔은 신라스테이를, 롯데호텔은 롯데시티호텔을 선보였다. 가치상응 가격결정방식이 이용되는 다른 경우로는 기존 가격에서 더 나은 서비스 품질을 제공하거나 혹은 더 저렴한 가격으로 동일한 서비스 품질을 제공하도록 기존 브랜드를 재설계할 때이다.

신라호텔에서 출시한 세컨드브랜드인 신라스테이

소매산업에서 가치상응 가격결정방식의 대표적인 예가 항시저가격정책(EDLP: Everyday Low Pricing)이다. EDLP는 일시적인 가격인하를 거의 실시하지 않고 항상 일정수준에서 저가격으로 판매하는 것이다. 이와 대조적인 가격결정방식인 고-저 가격정책(high-low pricing)은 평상시에는 상대적으로 고가격을 책정하지만, 선택된 품목들에 대해 빈번한 판촉행사를 통해 가격을 인하하는 방식을 말한다. 최근 들어, 토이저러스(ToysRus)와 같은 전문할인점(category killer), 도심형 소매업체인 드럭스토어(drug store)에 이르기까지 다

국내 드럭스토어 시장의 대표주자 CJ 올리브영

양한 소매업체들이 고-저 가격정책대신 EDLP를 채택하는 경향을 보이고 있다.

부가가치 가격결정

기업 간 경쟁상황에서 기업이 직면하는 도전적 과제는 가격지배력(pricing power)을 구축하는 것인데, 가격지배력이란 가격경쟁을 통한 시장점유율의 상실 없이 더 높은 가격과 마진을 확보할 수 있는 힘을 말한다. 기업은 가격지배력을 유지하기 위해 시장제공물의 가치를 유지하거나 구축해야 하는데, 이는 차별화가 거의 이루어지지 않고 단지 치열한 가격경쟁에 의존하기 쉬운 일용품(commodity product) 공급업체들에게 있어 특히 중요하다. 가격지배력을 늘리기 위해 많은 기업들이 부가가치 가격결정방식을 채택한다. 부가가치 가격결정방식(value-added pricing)은 경쟁사의 가격에 맞추어 가격인하로 대응하기보다는 부가적인 특성들과 서비스들의 추가를 통해 서비스 제공물을 차별화함으로써 더 비싼 가격을 정당화시키는 것이다. 일본 KM홀딩스의 안젠(Anzen) 택시는 실버시장의 수요와 차별화된 서비스를 연결시킨 도어 투 도어(door-to-door) 서비스를 통해 고가격을 정당화시켰다. 전기는 전기일 뿐 이라고 생각되는 에너지시장에서 조차도 일부 전력회사들은 제공물의 차별화를 추구하고 있다. 그들은 전력을 차별화시키고 이

청정 전력시장에서 선도적인
브랜드로 성공을 거둔
그린 마운틴 에너지 광고

를 브랜드화하여, 이를 토대로 마케팅하고 있다. 가령, 미국의 그린마운틴 에너지(Green Mountain Energy Company)는 환경에 관심을 기울이는 자신들의 태도에 관심을 기울이는 소비자들을 목표시장으로 삼는다. 그린마운틴은 물, 바람, 태양, 생물군 등의 보다 깨끗하고 재생 가능한 에너지 원천에 의해 생산된 전력을 공급한다. 청정 전력제품에서 선도적인 브랜드로 포지셔닝함으로써 그린마운틴은 비슷한 가격대의 다른 전력회사들과 차별화하는데 성공하였으며, 가격민감도가 높은 소비자들만을 표적으로 하는 값싼 브랜드들과의 경쟁에서 성공을 거두고 있다.

치열한 경쟁환경에서 가격인하에만 의존하고 있는 서비스기업이 있다면, 다음과 같은 한 가격전문가의 말에 주목해볼 필요가 있다. "오늘날과 같이 가격에 민감한 경제환경이라도 가격만이 해결책은 아니다. 기업의 성공은 경쟁사에게 찾을 수 없는 서비스를 제공하여 고객의 충성도를 유지하는데 있다."

7.4 서비스기업의 가격결정전략

가격결정은 기업, 환경, 경쟁 요인들이 결합된 복잡하고 동태적인 과정이다. 기업의 가격결정은 단일의 상품가격만을 책정하는 것이 아니라 상품라인 내 서로 다른 품목들의 가격들에 대해서까지 결정을 내려야 한다는 점에서 더욱 복잡해질 수 있다. 이러한 가격결정구조의 개발은 상품들의 수명주기에 따라 변경된다. 즉, 신상품의 도입시기에 결정된 가격구조는 시간이 지남에 따라서 원가와 수요의 변화를 반영하기 위해 또는 구매자와 상황의 차이를 고려하여 조정될 필요가 있다. 또한 경쟁환경이 변함에 따라 기업은 가격변화를 주도 할 시점과 가격변화에 대응해야 할 시점 등을 고려해야 한다.

::: 신상품 가격전략

대체로 가격전략은 상품수명주기의 각 단계에 따라 변하게 된다. 도입기는 특히 가격결정에 있어 도전적인 시기이다. 신서비스 상품을 개발한 기업들은 시장진출을 위해 가격을 책정해야 하는 도전적 과제에 직면한다. 그들은 초기고가격전략(market-skimming pricing)과 시장침투가격전략(market-penetration pricing)의 두 가지 가격전략유형 중 하나를 선택할 수 있다.

초기고가격전략은 판매량을 희생하더라도 높은 마진을 얻고 싶을 때 적합한 가격전략인데, 고객이 최대한으로 지불할 수 있는 금액에서 가격을 책정한 후 점차 가격을 인하하는 것이다. 기업은 초기에 가격에 덜 민감한 혁신 소비자집단을 타깃으로 가격을 높게 책정하고 시간이 지남에 따라 가격에 민감한 다수의 일반소비자를 겨냥해 가격을 점차 낮춤으로써 지속적으로 높은 수익성을 유지할 수 있다. 대체로 이러한 초기고가격전략은 기술발전에 따라 수명주기가 짧고, 계속해서 새로운 상품으로 대체될 수 밖에 없는 혁신상품들의 경우에 자주 사용된다.

이 외에도 초기고가격전략은 기업이 같은 상품라인 내에 이 전략을 선택한 고가 브랜드 이외에 저가 브랜드를 함께 보유하고 있는 경우에 효과적으로 활용될 수 있다. 가격이 비싸 고급브랜드를 구매할 수 없는 고객들에게 자사의 저가 브랜드를 구입할 기회를 함께 제공할 수 있기 때문이다. 가령, 정유회사가 옥탄가가 높은 프리미엄 가솔린에 대해 초기고가격을 적용할 경우, 한 등급 아래의 가솔린 판매를 통해 고객들이 다른 주유소로 이탈하는 것을 방지할 수 있다. 초기고가격전략은 자주 구매하지 않는 내구 소비재나 공연티켓처럼 재구매율이 낮은 상품의 경우에도 효과적일 수 있는데, 우선 가격민감도가 가장 낮은 초기구매자들을 대상으로 높은 가격을 책정함으로써 초기투자비용을 신속하게 회수한 다음 점차 가격에 민감한 구매자집단을 대상으로 가격을 인하해감으로써 높은 수익성을 유지할 수 있기 때문이다.

초기고가격에 기반을 둔 수익극대화 전략은 다음과 같은 조건에서 성공을 거둘 수 있다. 첫째, 상품의 고급 품질과 이미지가 상대적 고가격정책을 지원해야 하고, 상당한 수의 구매자가 고 가격대에서 상품의 구매를 원해야 한다. 둘째, 소량생산에 드는 비용이 고가격책정의 이점을 상쇄할 정도로 높지 않아야 한다. 셋째, 경쟁사들이 저렴한 가격책정을 무기로 시장에 쉽게 진입할 수 없어야 한다.

한편 다른 기업들은 초기고가격전략 대신 시장침투가격을 사용할 수 있다. 시장침투가격전략은 처음부터 저가격을 책정하여 많은 수의 구매자들을 신속하게 끌어들여 단기간에 높은 시장점유율을 확보하는 것이다. 여기서 저가격이란 목표고객집단이 인

가격경쟁이 치열한
이동통신 서비스 시장

식하는 상품의 가치에 비해 가격이 낮아야 한다는 의미이다.

시장침투가격전략이 효과를 거두기 위해서는 다음과 같은 조건들이 충족되어야 한다. 첫째, 대부분의 고객들이 가격에 매우 민감해 저가격이 더 빠른 시장성장을 견인할 수 있어야 한다. 예를 들면, 패키지 여행사들은 스케줄을 자유롭게 조정할 수 없는 것에 별로 개의치 않는 다수의 소비자들을 대상으로 엄청나게 할인된 가격의 여행상품을 내놓는다. 둘째, 판매량이 증가함에 따라 생산원가와 유통비용이 하락해야 한다. 높은 누적판매량이 추가적인 원가인하를 유발한다면, 기업은 가격을 현재보다 더 낮출 여력을 가질 수 있기 때문이다. 셋째, 저가격책정이 경쟁사들의 진입을 억제하는 데 도움을 주어야 하며, 시장침투가격을 선택한 기업이 저가격포지션을 계속 유지할 수 있어야 한다. 그렇지 못하다면, 저가격으로 인한 우위는 일시적 현상에 불과할 수 있다. 만약 경쟁사들이 자사의 시장침투가격보다 낮은 가격으로 대응한다면 침투가격전략은 성공을 거둘 수 없다. 경쟁사들은 다음과 같은 상황에서 자사의 시장침투가격전략을 허용할 가능성이 높다. 첫째는 우리 기업이 비용과 보유자원에서 상당한 경쟁우위를 가지고 있어 경쟁사와의 가격전쟁에서 유리할 것으로 판단될 때, 둘째는 우리 기업이 여러 보완재를 보유하고 있어 시장침투가격을 사용하는 상품의 희생으로 다른 보완상품의 매출을 증가시킬 수 있을 때, 그리고 셋째는 우리 회사의 시장점유율이 너무 낮아 자사의 시장침투가격전략에 대해 경쟁사가 크게 위협을 느끼지 않을 때 등이다.

국내 이동통신시장이 경쟁체제로 바뀌면서 LGT 등 새로 시장에 진입한 후발기업들은 시장점유율을 확보하기 위해 시장침투가격전략을 채택했다. 무선통신서비스나 메시지서비스는 변동비용이 적기 때문에 시장침투가격전략을 도입하기에 적합하기 때문이다. SKT와 같은 높은 점유율을 가진 기존업체들은 독과점 규제와 신규고객에게만 할인을 제공할 수 없는 것(만약 할인정책을 도입할 경우 기존고객들에게도 높은 할인을 제공해야 하므로 수입이 크게 감소할 수 있음) 등의 제약요인으로 인해 신규 진입업체들의 시장침투가격전략은 효과를 거둘 수 있다.

⠿ 상품믹스 가격전략

상품믹스를 구성하는 개별 상품에 대한 가격결정전략은 자주 변경될 수 있다. 이러한 경우에 기업은 전체 상품믹스의 이익을 극대화시키는 (개별상품)가격들의 집합을 모색한다. 상품믹스를 구성하는 개별 상품들에 대한 가격결정이 어려운 이유는 여러 상품들이 서로 관련된 수요와 원가를 가지며 서로 다른 수준에서 경쟁을 펼치고 있기 때문이다. 이하에서는 상품믹스 가격전략의 몇 가지 유형에 대해 살펴보기로 한다.

상품라인 가격결정

상품라인의 가격을 결정함에 있어 마케터는 몇 개의 가격대(price steps)로 구분하여 라인내의 상품들을 분류한다. 가격대를 구분함에 있어 마케터는 라인 내 상품들간의 원가차이, 서로 다른 특성들에 대한 고객평가, 경쟁사들의 가격 등을 고려해야 한다.

기업은 핵심상품을 중심으로 라인 내에 다양한 상품을 제공함으로써 서로 다른 고객층들을 유인할 수 있다. 예를 들어, 마케터는 제품을 중상, 상, 최상의 세 단계로 분류하고, 각 단계별로 다른 가격을 책정할 수 있다. 높은 서비스 품질에 대해 별로 가치를 부여하지 않는 고객들에게는 마진이 낮은 '중상' 상품을 판매하고, 높은 서비스 품질에 대해 큰 가치를 부여하는 고객집단에게는 최상의 상품을 비싼 가격으로 판매하는 것이다. 하얏트(Hyatt) 호텔은 중상, 상, 최상으로 분류된 여러 등급의 객실상품을 가지고 있으며, 각 등급의 객실에 대해 서로 다른 요금을 부여한다. 일반객실은 게스트, 디럭스, 오션뷰로 구분되며, 스위트룸도 주니어에서 프레지덴셜까지 등급이 나누어져 있다. 이때 서비스 마케터의 과업은 서비스 상품라인 내의 가격 차이에 따라 지각된 서비스 품질에서도 분명한 차이가 이루어지도록 서비스 상품을 설계하는 것이다.

종속상품 가격결정

유형제품들 중 기본 제품은 낮은 가격에 제공하면서 이에 부가되는 부수적인 제품(또는 서비스)으로 수익을 얻는 경우가 있는데(예: 프린터제품과 소모품), 이러한 가격결정 방식을 종속상품 가격결정(captive-product pricing)이라고 부른다. 주상품(기본 서비스)과 종속상품(추가 서비스)으로 구성되는 서비스 상품의 경우에도 마케터는 기본서비스의 가격은 낮게 책정하는 대신, 추가 서비스상품에 대해서는 높은 마진을 보장하는 가격을 책정하는 전략을 사용할 수 있다.

서비스 영역에서 이용되는 종속상품 가격결정전략은 흔히 이중요율 가격결정방식(two-part pricing)이라고 불린다. 서비스의 가격은 고정된 기본수수료(fixed fee)와 사용량에 따른 변동가격(variable usage rate)으로 구성된다. 예를 들어, 놀이공원, 스포츠관람 등을 이용하는 고객은 일일 입장료(혹은 시즌 티켓가격)에다 식음료 및 기타 부대시설을 이용하는 데 드는 추가수수료를 합하여 가격으로 지불하게 된다. 온라인 게임서비스 업체

기본 이용료 외에 추가 이용료를 지불해야하는
에버랜드 로스트 밸리

들은 주상품인 게임은 무료로 제공하는 대신, 게임이용에 필요한 아이템을 판매하여 수익을 얻고 있다. 이동통신회사들은 상품라인에 따른 차별화된 기본요금제를 책정한 후, 이를 초과한 통화나 인터넷 이용에 대해서는 시간에 비례하여 수수료를 부과한다. 서비스기업은 기본서비스에 대해 얼마의 가격을 책정해야 하는지, 사용량에 따라 얼마의 가격을 추가로 부과해야 할지를 결정해야 한다. 기본서비스에 대한 가격은 서비스 이용을 유도하기 위해 가능한 한 낮게 책정해야 하는 반면, 이익의 상당부분은 사용량에 비례하는 변동수수료(variable fees)에 의해 획득될 수 있다.

묶음상품 가격결정

묶음상품 가격결정(product bundle pricing)은 기업이 몇 개의 상품들을 묶어서 할인된 가격으로 판매하는 것이다. 예를 들어, 패스트푸드점들은 햄버거, 프렌치 프라이, 청량음료를 묶어서 콤보가격으로 판매한다. 리조트들은 항공료, 숙박료, 식사비, 유흥비 등을 묶어 특별 할인된 가격의 휴가용 패키지를 판매한다. 케이블방송회사들은 케이블방송서비스, 인터넷 전화서비스, 초고속 인터넷서비스 등을 묶어 할인된 가격으로 제공한다.

묶음가격(price bundling)은 이러한 가격책정방식을 도입하지 않을 경우에는 구매하지 않았을 상품들의 판매를 촉진시킬 수 있다. 예를 들어 위성방송이나 케이블 TV회사들은 가입자에게 수백 개의 채널들을 가격대가 다른 몇 가지의 채널묶음으로 구성한 후, 이들 중 한 상품을 고를 수 있게 한다. 이러한 방식을 버저닝(versioning) 전략이라고 부르기도 하는데, 위성방송이나 케이블 TV회사는 이러한 묶음가격전략을 이용해 따로 판매하면 거의 팔리지 않을 비인기 채널들을 판매할 수 있다.

묶음상품 가격은 순수묶음가격(pure price bundling)과 혼합묶음가격(mixed price bundling)으로 구분된다. 순수묶음가격은 여러 서비스 상품들을 패키지로만 구매할 수 있도록 가격을 책정하는 것이며(예: 여행사의 관광상품), 혼합묶음가격은 하나 혹은 그 이상의 서비스를 낱개로 구매할 수 있을 뿐 아니라 이들을 묶어서 패키지로도 구매할 수 있도록 가격을 책정하는 방법이다. 혼합 묶음가격의 경우 대체로 개별구매보다는 패키지구매가 더 저렴하다.

서비스기업들은 묶음상품을 개발함으로써 다양한 고객층을 유인할 수 있다. Hyatt

호텔은 패키지상품의 개발을 통해 가격민감도와 요구하는 서비스 품질수준에서 차이가 있는 다양한 고객층을 끌어들이는데, 항공료, 숙박, 자동차 렌탈을 묶은 바캉스 패키지를 판매하거나 스위트룸, 샴페인, 100달러 상당의 식음료권, 무료 주차 서비스 등을 묶은 2박짜리 '로맨틱 패키지' 상품을 판매하는 것 등이 그 예이다. 어떤 경우에는 패키지에 포함된 상품들을 별도로 구매할 수 없도록 함으로써 패키지의 매력도를 높일 수도 있다.

묶음가격으로 제공되는
케이블 TV 채널

　서비스기업은 가격할인대신 묶음상품을 제공하여 효과를 기대할 수도 있다. 부가가치 묶음가격은 보다 정교한 형태의 묶음가격전략인데, 가격민감도가 큰 고객에게 가격할인을 해주는 대신 추가적인 제품이나 서비스를 묶어 패키지로 제공하는 것이다. 그런데 추가로 들어가는 제품이나 서비스는 가격에 민감하지 않은 고객들이 별로 원하지 않는 것들로 구성된다. 이러한 방법을 통해 기업은 가격에 상대적으로 덜 민감한 소비자에 대해서는 정상가격을 받으면서도 가격에 민감한 소비자들을 효과적으로 유인할 수 있다. 호주의 콴타스 항공은 1달러만 더 지불하면 여행객들에게 3성급 호텔과 호주관광을 포함한 묶음 패키지를 제공하거나 뉴질랜드에서 캠핑카를 5일간 사용할 수 있는 패키지를 제공한다. 이러한 옵션은 비즈니스 목적으로 호주로 출장을 가는 사람에게는 그렇게 매력적인 제안이 아니지만, 콴타스가 아닌 저가 항공편을 이용할 수 있거나 호주 이외에 비용이 덜 드는 휴가지로 갈 수 있는 여행객들을 공략하는 데에는 매력적인 가격전략이 될 수 있다. 다음은 묶음가격전략을 활용하려는 서비스기업들이 고려해야 할 몇 가지 지침들이다.

　① 패키지에 들어있는 핵심상품과 별로 연계되지 않으면서 고객의 필요에 의해 제공되는 부가서비스는 패키지에서 분리해 판매한다. 만약 우리 회사가 그러한 서비스에서 차별적 우위를 가지고 있다면, 그것에 별도로 가격을 부과한다. 반대로 그러한 서비스를 제공하는 것이 업계의 표준이라면, 그것을 제공하지 않는 패키지에 대해 할인가격을 제공한다.

　② 우리 회사가 차별적 강점을 가지고 있는 상품은 가능하다면 패키지에서 분리해 따로 가격을 부과한다. 이러한 지침은 프리미엄 가격을 지불할 의사가 있는 고객들이 존재할 경우에 유효하다. 그러나 만약 그 상품에 대해 고객집단에 따라 서로 다른 가치를 부

여한다면, 패키지로 묶어 할인가격에 제공할 수도 있다.

③ 고객에 따라 서비스 비용(예: 운송비)에서 차이가 난다면, 그러한 서비스는 패키지에서 제외한다. 그러나 경쟁사가 이러한 서비스 비용에서 우위를 갖는다면, 경쟁사에게 더 매력을 느낄 고객만을 대상으로 할인 패키지를 제공한다.

⠿ 가격조정전략

기업들은 고객 또는 구매·사용상황의 변화에 따라 책정된 기본가격을 조정한다. 이하에서는 가격조정전략의 대표적 유형인 세분시장별 가격차별화전략(segmented pricing), 심리적 가격결정전략, 그리고 동태적 가격결정전략에 대해 설명하기로 한다.

세분시장별 가격차별화전략

세분시장별 가격차별화전략(segmented pricing)은 세분시장에 따라 기본가격을 조정하는 것이다. 세분시장별로 가격을 달리하는 기업들은 이러한 가격차이가 원가상의 차이에 근거한 것이 아니더라도 동일한 서비스 상품을 둘 이상의 서로 다른 가격으로 판매한다. 서비스 산업에서 세분시장별 가격결정방식은 수익관리(revenue management) 또는 수익률 관리(yield management) 등의 여러 가지 다른 이름으로 수행된다. 항공사, 호텔, 식당 등의 산업에서는 이러한 운영관행을 매우 중시하는데, 이는 서비스를 필요로 하는 고객들에게 적시에 올바른(차별화된) 가격으로 서비스 상품을 판매하도록 하는 것이다. 예를 들어, 항공사들은 통상적으로 빈 좌석 수, 수요, 경쟁사의 가격변경 등을 고려하여 시간대 별로 가격을 다르게 책정한다.

세분시장별 가격결정전략이 효과를 거두기 위해서는 세분시장별로 가격에서 차이를 두는 것이 고객들의 지각된 가치가 다름을 반영하는 것이어야 한다. 그렇지 않다면, 이러한 가격정책은 효과적일 수 없으며 장기적으로는 고객들의 불만과 분노를 가져올 수 있다. 또한 시장을 세분화하고 각 시장의 특징을 파악하는 데 드는 비용이 가격의 차별화를 통해 얻는 추가이익을 넘지 않아야 하며, 이러한 차등적인 가격결정이 합법적이어야 한다.

세분시장별 가격차별화전략은 몇 가지 형태를 갖는데, 구매자 특성에 따른 가격차별화, 구매장소에 따른 가격차별화, 구매시점에 따른 가격차별화, 구매량에 따른 가격차별화 등이 이에 해당된다.

① 구매자 특성에 따른 가격차별화

소비자는 연령, 소득수준, 교육수준 등에 따라 여러 세분시장으로 분류될 수 있는데, 각 세분시장의 고객은 동일한 서비스의 가치에 대해 서로 다르게 지각할 수 있다. 예를 들어, 대학생들은 영화관람 이외에도 여가활동 대안들이 많고 소득수준이 낮기 때문에 극장의 관람료에 대한 가격민감도가 일반 성인고객들에 비해 상대적으로 높을 수 있다.

항공사들은 일반석에도 새로운 등급 (프리미엄 이코노미 클래스)을 두고 차별적인 요금제를 적용한다.

어떤 서비스 상품의 경우에는 고객집단별로 그 특징이 명백히 구분되기 때문에 가격을 차등화 하는 것이 비교적 쉽다. 금융회사는 대출을 할 때 고객의 채무불이행 위험도에 따라 고객별로 금리와 대출가능 금액을 차별화한다. 그들은 고객의 신용점수, 거주형태, 금융회사 반복활용도, 직업(의사, 교사 등은 신용도가 우수한 것으로 간주됨) 등의 데이터를 토대로 고객 개인의 신용도와 이자지급능력 등을 분석하고, 회사에 가져다 줄 수익성과 위험도 등에 따라 금리와 대출가능 금액을 다르게 책정한다. 그러나 일반적으로는 가격차별화에 사용될 고객의 특징이 잘 드러나지 않는 경우도 많다. 이러한 경우에는 가격차별화에 사용될 정보를 고객 스스로 서비스 제공자에게 제공하도록 하는 정책을 도입할 수 있는데, 대학은 동일한 교육 프로그램에 대해 학생들의 재정상태를 입증하는 증명서를 토대로 다른 수준의 학비를 부과한다.

할인행사나 판촉활동도 고객 스스로 자신의 특징(즉, 높은 판촉민감도)을 드러내도록 유도하는 방법이다. 가령, 소비재에서 자주 사용되는 쿠폰은 판촉행사 이용성향이 높은 소비자들로 하여금 스스로 자신의 성향을 드러내게 한다. 배달피자 전문점 등은 신문 전단광고에 쿠폰을 끼워주는 방법을 많이 활용하는데, 가격에 민감한 소비자들은 이를 적극적으로 활용할 것이기 때문이다.

② 구매장소에 따른 가격차별화

서비스 상품을 구매하는 장소에 따라 고객들의 특성이나 지각된 가치에 차이가 있을 경우, 기업은 구매장소(또는 지역)에 따라 가격을 차별화할 수 있다. 가령, 치과병원이나 안경점 등은 한 도시내의 여러 장소에서 점포를 운영하는 경우가 많은데, 각 점포는 타깃고객의 가격민감도를 반영해 서로 다른 가격체계를 가진다. 슈퍼마켓 체인점의 경우에도 경쟁이 치열한 상권에 입점한 점포에 대해서는 가장 낮은 이윤폭을 적용한다. 미국

스키 리조트들은 구매장소에 따라 리프트권 가격을 다르게 책정한다.

덴버 인근의 스키리조트들은 구매장소에 따라 리프트권 가격을 다르게 책정한다. 스키 슬로프 인근에서 판매되는 리프트권은 가장 가격이 비싼데, 그 이유는 슬로프 인근의 호텔이나 콘도에서 숙박을 하는 부유한 사람들이 주로 이를 구매하기 때문이다. 이에 반해 인근도시 딜론에 있는 호텔들은 리프트권을 약 10%정도 할인해 판매하는데, 딜론에 위치한 호텔과 숙소는 스키슬로프 근처의 호텔만큼 고급스럽지 않고 여기 묵는 사람들도 슬로프 인근 호텔에 투숙하는 사람만큼 부유하지 않기 때문이다. 덴버의 슈퍼마켓이나 주유소에서도 리프트권을 파는데, 여기에서는 가격이 더 많이 할인된다(약 20%). 이 할인티켓은 여행객보다 가격민감도가 높은 지역주민들이 주로 구매한다. 구매장소에 따른 가격차별화는 국제마케팅에서도 자주 활용된다. 예를 들어, 도이체그라모폰은 자사의 음악 CD를 경쟁이 치열한 미국시장보다 유럽시장에서 50%까지 비싸게 판매한다. 구매와 이용이 동시에 발생하는 서비스의 특성상 구매장소에 따른 차별화는 곧 이용장소에 따른 차별화일 수 있다. 극장이나 스포츠경기의 관람 좌석, 항공사 비행기 좌석의 등급에 따른 가격차별화가 대표적인 예이다.

③ 구매·이용 시점에 따른 가격차별화

고객집단에 따라 서비스를 구매·이용하는 시간이 서로 다를 경우, 기업은 고객의 구매·이용시점에 따라 가격차별화를 할 수 있다. 서비스는 생산과 소비의 동시성과 소멸성(재고보관 불가능성)의 특징을 가지고 있기 때문에 마케터는 고객의 수요와 서비스 공급능력간에 균형을 맞추는 것이 중요하다. 이에 따라 기업은 서비스 구매·이용시점에 따라 가격을 달리함으로써 수요를 효과적으로 관리한다. 예를 들어, 극장은 오전 시간대에 상영티켓을 저렴하게 판매한다. 그 시간대에 영화를 보러 올 가능성이 높은, 가격에 민감한 고객집단(은퇴자, 학생, 실업자 등)을 공략하기 위한 것이다. 식당도 구매시점에 따라 음식가격을 다르게 책정한다. 저렴한 메뉴로 인해 점심시간에 사람들이 줄을 서서 기다리는 인기식당이라고 하더라도, 저녁때는 식사가격을 비싸게 책정하는 경우가 흔히 있다. 점심시간에는 사람들이 싼 대체재로 여길 수 있는 식당들이 저녁시간에 비해 많기 때문이다. 가령, 많은 사람들이 맥도날드의 빅맥을 점심으로는 괜찮다고 생각하지만, 저녁의 격식 있는 외식의 대체재로 생각하지는 않을 것이다. 호텔, 여행상품과 같이 시즌 별 특성들이 분명한 서비스들은 성수기와 비수기의 가격을 차별적으로 책정한다.

'우선순위 가격결정(priority pricing)'은 구매시점에 따른 가격차별화의 한 유형이다.

신제품이 처음 출시되면 정상가격으로 판매된다. 그러나 시간이 지날수록 이 제품은 더 최근에 나온 신제품에 비해 매력도가 낮아져 소비자들은 그 상품의 가치를 낮게 인식하게 된다. 따라서 정가보다 낮게 가격을 책정해야 구매의도가 생기게 된다. 패션의류나 자동차, 휴대전화기 등이 그 예이다. TV나 라디오 방송국은 같은 광고시간대에 대해 가격에 민감한 광고주와 그렇지 않은 광고주 모두를 공략하기 위해 할인된 가격의 '후순위 광고(pre-emptible ad)'를 판매한다. 후순위 광고는 할인된 가격으로 광고시간을 구입하는 대신, 더 높은 가격을 지불하는 광고주가 나타날 경우 새로운 광고주에게 우선권이 주어지는 광고시간 판매방식을 말한다. 가격민감도가 큰 광고주는 자사의 광고가 우선순위를 갖는 다른 광고주의 광고로 대체될 가능성이 있다는 것을 감수하는 대신 낮은 광고비를 지불한다. 그러나 가격민감도가 낮은 다른 광고주가 '후순위 광고'가 적용되는 프라임 타임에 높은 가격을 지불하고 광고를 하고 싶어 한다면, 원래 그 시간대를 싸게 구매했던 광고주의 광고는 다른 광고주의 광고로 대체된다.

④ 구매량에 따른 가격차별화

고객집단에 따라 구매량의 크기가 서로 다르다면 구매량에 따라 할인을 해줌으로써 가격을 차별화할 수 있다. 수량에 따른 할인에는 세 가지 유형이 있는데, 볼륨 디스카운트(volume discount), 오더 디스카운트(order discount), 스텝 디스카운트(step discount)가 그것이다. 세 가지 모두 가격민감도, 비용, 대체재 이용가능성 등에서 고객간의 차이를 반영하기 위해 흔히 사용된다.

볼륨 디스카운트는 대량으로 구매한 고객에게 가격을 할인해 주는 것이다. 대량으로 구매하는 고객들은 상품가격이 조금만 차이가 나더라도 지출해야 하는 전체금액에서 큰 차이가 나기 때문에 가격민감도가 높다. 이를 반영하여 이마트, 홈플러스 등과 같은 할인점에서는 대량 포장제품을 구매하면 할인을 해주는데, 이는 판매자 측면에서도 대량으로 판매하는 것이 비용이 덜 든다는 장점도 있다. 구매한 총 물량이 아니라 주문량에 따라 가격을 차등화하기도 하는데, 이를 오더 디스카운트라고 한다. 오더 디스카운트는 수량에 따른 할인 중에서 가장 흔히 쓰인다. 예를 들어 10개를 운송하든 100개를 운송하든 비용이 100,000원 드는 트럭 1대를 사용해야 한다면, 주문량이 10개일 경우의 단위당 운송비는 10,000원인 반면 주문량이 100개일 경우는 1,000원이 된다. 따라서 판매업체들은 조금씩 자주 주문하는 것 보다는 가끔씩 주문하더라도 한꺼번에 많은 양을 주문하는 고객들을 선호하는 경향이 있고, 그런 식으로 고객의 주문을 유도하기 위해 주문량에 따라 가격의 할인을 차등화한다. 기업은 오더 디스카운트를 볼륨 디스카운트와 함께 사용할 수도 있는데, 두 가지 할인방식은 사용목적에서 차이가 있다. 볼륨 디스카

운트는 구매를 많이 하는 고객들과의 거래를 유지하기 위해 제공되는 반면에 오더 디스카운트는 고객이 한 번에 많은 양의 주문을 하도록 유도하는 데 그 목적이 있다.

스텝 디스카운트는 어느 수준 이상으로 구매한 고객에 대해서만 단계적으로 적용되는 할인을 말하는데, 이는 특정 수준 이하로 구매하는 고객에 대해서는 구매량이 많아도 가격을 할인해 줄 필요가 없는 동시에 고객들이 그 수준 이상으로 대량 구매하도록 유도하는 효과를 갖는다.

유통업체들은 선물세트를 대량으로 구매하면 추가혜택을 제공한다.

심리적 가격결정전략

심리적 가격결정방식(psychological pricing)을 활용하는 기업들은 상품의 경제적 가치보다는 가격이 갖는 심리적 효과를 고려해 최종상품가격을 결정한다. 예를 들어, 소비자들은 비싼 서비스 상품이 싼 상품에 비해 품질이 더 우수할 것으로 지각하는 경향이 있다. 상품을 평가할 충분한 정보와 구매경험을 가지고 있지 않거나 전문지식이 부족한 소비자들은 서비스 품질을 판단함에 있어 가격을 중요한 단서로 삼기 때문이다.

이하에서는 기업이 심리적 가격결정에 활용할 수 있는 유용한 전술과 개념들을 살펴보기로 한다.

- 단수가격결정방식(odd pricing) : 소비자들은 종종 9로 끝나는 판매가격에 대해 할인된(혹은 더 저렴한) 가격으로 지각한다. 할인 소매점을 방문한 소비자들은 세일 표시판의 9로 끝나는 판매가격을 보고 종종 할인된 가격으로 받아들여 반응을 보이게 된다. 한 연구결과에 따르면 여성의류의 가격을 34달러에서 39달러로 인상했을 때 오히려 수요가 전보다 1/3 증가한 것으로 나타났다. 이에 반해 가격을 34달러에서 44달러로 인상했을 경우에는 수요에서 별 차이가 나지 않는 것으로 나타났다. 가격이 올랐음에도 불구하고 숫자 9의 위력이 발휘된 셈이다.

- 이득–손실 프레임(gain-loss frame) : 고객들은 지불해야 하는 가격을 기대가격과 비교해 이득으로 평가하느냐 혹은 손실로 평가하느냐에 따라 구매하려는 서비스 상품에 대한 지각된 가치가 달라지는데, 이를 설명하는 것이 기대이론이다. 기대이론(prospect theory)에 의하면 사람들은 손실회피(loss aversion) 성향을 가지고 있기 때문에

동일한 양의 손실에 대해 동일한 양의 이득보다 심리적으로 더 많은 가치를 부여한다. 따라서 손실을 피하는 것에 대해 이득을 얻는 것보다 심리적으로 더 높은 중요성을 부여한다.

9센트로 끝나는 판매가격을 자주 사용하는 소매점의 예

기대이론(prospect theory)에 기초한 이득–손실 프레임 효과를 예를 들어 살펴보자. 주유소 A, B가 아래와 같은 가격 정책을 실시하고 있고, 당신은 두 곳의 휘발유 품질이 동일하다고 생각하며 신용카드로 계산하려 한다고 가정한다. 당신은 어느 주유소를 더 선호하는가?

- 주유소 A의 휘발유는 리터당 2,000원이다. 그러나 현금으로 계산하면 200원을 할인해준다.
- 주유소 B의 휘발유는 리터당 1,800원이다. 그러나 신용카드로 계산하면 리터당 200원의 추가비용을 내야 한다.

어느 주유소를 이용하든지 간에 경제적인 지출은 동일하지만, 대부분의 사람들은 주유소 A의 제안이 더 매력적이라고 생각한다. 현금으로 돈을 내려는 사람들은 주유소 A를 선호하는데, 그 이유는 200원 할인이라는 심리적 이득을 얻을 수 있기 때문이다. 주유소 B에서도 현금으로 지불하면 실제로 리터당 1,800원으로 동일한 가격을 지불하는 것이지만 명시적인 할인이 제시되지 않기 때문에 심리적 이득을 얻지 못한다. 신용카드 구매자들도 역시 주유소 A를 더 선호하는데, 주유소 B의 경우 내야 하는 추가비용이 손실로 간주되기 때문이다. 주유소 A에서도 지불해야 하는 가격은 2,000원으로 동일하지만, 이곳에서는 추가비용 지불에 대해 명시적인 언급이 없기 때문에 사람들은 심리적으로 손실로 인식하지 않는다.

- 차등적 문턱(differential thresholds) : 사람들은 차등적 문턱(differential thresholds) 수준 이상으로 자극변화가 발생되었을 때, 그 자극이 변화되었음을 인식하게 된다. 여기서 차등적 문턱이란 두 자극간에 차이가 있음을 감지할 수 있는 두 자극간 차이의 가장 적은 양을 말한다. 구매자들은 가격 인상이나 인하의 폭을 절대적인 금액으로보다는 인상·인하된 가격의 폭이 원래 가격에서 차지하는 비중에 기초해 평가하는 경향을 보인다. 한 연구조사에서 고객들에게 옆 가게에서 5달러 깎아 준다면 그 가게로 가겠느냐고 물어봤다. 첫 번째 가게에서의 가격이 15달러라고 들은 응답자의 68%는 그 제품을 10달러에 살 수 있는 옆 가게로 가겠다고 대답했다. 그러나 첫 번째 가게에서의 가격이

메뉴판 '000'이 사라졌다… 강남 카페는 리디노미네이션중

서울 청담동이나 압구정동의 '핫'하다는 레스토랑이나 카페에 가면 각기 메뉴는 달라도 뭔가 비슷한 걸 발견할 수 있다. 바로 메뉴판의 숫자다. 이전만 해도 7,000원, 2만 4,000원, 3만5,000원 등으로 적혀 있던 것이 한층 줄었다. 7, 24, 35 식으로 뒤의 0 세 자리를 모조리 빼고 표기하는 것이다. 그렇다고 '고급'을 표방하는 일부 가게만 그런 것도 아니다. 2,000~3,000원짜리 커피를 파는 곳에서도 2.5, 3.0 숫자를 심심치 않게 만나게 된다.

'깔끔함'을 위해서라지만 이 정도 수준으로 설명하는 건 뭔가 부족해 보인다. 이미 시장 참여자들 사이에선 자생적인 리디노미네이션(화폐 단위 절하)이 일어나고 있다는 해석이다. 리디노미네이션이란 화폐 가치의 변동 없이 기존 화폐 단위를 100분의 1등으로 일정한 비율만큼 낮추는 화폐 단위의 액면 절하를 뜻한다. 서울 압구정동에서 루이쌍끄를 운영하는 이유석 셰프는 "21과 21,000이라는 숫자를 두고 봤을 때 느낌이 확 다르지 않으냐"며 "'0'이라는 숫자가 많이 붙으면 소비자들이 현실적인 불편함과 부담감을 느끼게 되는 것 같다"고 말했다.

미국이나 유럽 같은 선진국과 비슷한 통화 가치를 '스스로' 부여한다는 의견도 있다. 서울 청담동 비스트로 욘트빌의 토미 리 셰프는 "미국이나 프랑스 등 외국 손님들이 많이 찾아오는데, 65,000 이렇게 숫자를 길게 늘어놓으면 우리나라 원화의 가치가 상대적으로 굉장히 낮아지는 듯한

느낌을 받게 된다"며 "0을 빼면 더 고품격으로 평가받는 것 같아 자기 위안도 있다"고 말했다. 오정근 고려대 경제학과 교수는 "원화가 선진국 통화가 되기 위해선 언젠가 리디노미네이션이 필요한데, 이렇게 하려면 막대한 비용이 드는데다 인플레이션을 자극할 수 있어 섣불리 하긴 힘들다"며 "때문에 시장 참여자들이 자발적으로, 선진국과 엇비슷한 1:1 비율로 통화를 표기하는 것"이라고 말했다.

간편함이 장점이 될 수도 있지만 가격에 대한 '감'이 떨어져 불필요한 소비를 늘릴 수 있다는 의견도 있다. 한마디로 리디노미네이션을 할 때 부작용으로 종종 언급되는 '가격 착시' 효과가 일어난다는 것이다. 서울 청담동의 한 셰프는 "손님들이 먹고 나서는 '계산이 잘못된 것 같다. 영수증 좀 다시 확인해 달라'고 요청하는 경우를 종종 봤다"고 말했다. 또 다른 셰프는 "65만원짜리 와인을 650이라고 적어놨는데 어떤 손님이 이를 6만5,000원이라고 보고 시켰다가 그다음 날 엄마까지 대동해서 울며불며 환불해달라고 매달려 난감했던 적이 있다"고 말했다. 한국은행 김준태 발권정책팀장은 "이러한 경제 행위가 자생적으로 발생한다는 건 그만큼 현재의 불편함을 반영한다고 볼 수도 있다"며 "하지만 통화 개혁은 전체적인 합의가 이루어져야 하기 때문에 좀 더 지켜봐야 한다"고 말했다.

출처: 조선닷컴 (2013.11.)

125달러라고 들은 응답자들 가운데 29%만이 120달러에 제품을 구매하기 위해 가게를 바꾸겠다고 응답했다. 똑같이 5달러를 아끼는 것이지만, 비례적(비율적)으로 볼 때 차이가 더 큰 경우(15달러에서 10달러로 인하(33% 인하))가 더 적은 경우(125달러에서 120달러로 인하(4% 인하))에 비해 훨씬 더 가격인하가 많이 된 것으로 지각하는 것이다.

심리학자들은 이러한 경향성을 웨버-페히너(Weber-Fechner)효과라고 부르는데, 이에 따르면 소비자들에 의해 인식될 수 있는 자극변화의 최소량은 원래 자극의 수준에 비례한다. 웨버-페히너 효과의 시사점은 고객들이 가격의 변화를 인식하게 되는 것은 원래 가격과 변화된 가격간의 절대적 차이가 아니라 퍼센트 차이에 달려 있다는 것과 상품가격이 변화되었음을 고객이 인식하기 위해서는 가격차이가 어느 상한이나 하한을 넘겨야 한다는 것이다. 따라서 가격을 인상할 때는 고객이 인지할 수 있는 상한을 넘지 않는 범위에서 조금씩 올리는 것이 한꺼번에 올리는 것보다 효과적이다. 반대로 가격을 할인할 때는 조금씩 할인하기보다는 어느 하한 이하로 큰 폭으로 할인해야 고객이 더 많이 반응한다.

동태적 가격결정전략

전통적으로 가격은 구매자와 판매자간의 협상을 통해 결정되었다. 그러나 오늘날에는 대부분 모든 구매자들에게 단일의 가격을 책정하는 고정가격책정방식(fixed price policy)을 채택하고 있는데, 이러한 방식은 19세기말 대규모 소매업태가 출현하면서 비교적 최근에 도입된 개념이다. 그런데 최근 들어 일부 기업들이 과거의 가격책정방식으로 되돌아가고 있다. 즉, 그들은 개별고객의 특징과 욕구, 그리고 상황에 맞추어 계속 가격을 조정하는, 이른바 동태적 가격결정방식(dynamic pricing)을 도입하고 있다. 예를 들어, 인터넷의 등장은 정찰가격 관행을 밀어내고 동태적 가격결정의 시대가 왔음을 알린다. 인터넷에서 많은 수의 상품들에 대한 가격이 시장의 상황에 따라 끊임없이 변화할 수 있다.

동태적 가격결정은 마케터들에게 가격결정 이상의 다양한 활동의 이해를 요구한다. 예를 들어, 아마존닷컴과 같은 인터넷 판매업체들은 구축된 데이터베이스를 토대로, 특정고객의 욕구를 파악하고, 그들의 자산수준을 측정하고, 그들의 구매행동에 맞추어 고객화된 상품들을 제안하고, 또한 이에 맞추어 가격을 책정한다. 엘 엘 빈(L. L. Bean)이나 스피겔(Spiegel) 같은 카탈로그 소매업체들은 수요 혹은 원가 상의 변화에 따라 목록상의 상품가격들을 변화시키는데, 특정 품목들의 가격들을 매일매일 변경시키거나 시간단위로 변경시킨다. 많은 다이렉트 마케터들은 특정 시점에서의 재고, 원가, 수요 등을 감시하고 이에 맞추어 가격들을 곧바로 조정한다. 예를 들어, Dell은 항상 컴퓨터 부품에 대한 공급과 수요 간에 균형을 맞추기 위해 동태적 가격결정방식을 사용한다.

구매자들도 웹의 등장에 따른 동태적 가격결정방식의 도입으로부터 혜택을 볼 수 있다. 쇼핑로봇은 수천 개에 이르는 판매업체들의 상품과 가격들을 그 자리에서 비교해 주는 가격비교서비스를 제공한다. 가령, 카멜카멜카멜닷컴(camelcamelcamel.com)은 수시로 변하는 아마존의 상품가격들을 손쉽게 비교할 수 있게 해준다. 또한 구매자들은 온라인 경매사이트에서 가격협상을 통해 서로 상품을 교환할 수 있다. 인터넷의 확산에 따라 수백 년의 긴 역사를 가진 가격흥정기술이 재부상된 것이다. 오랫동안 소장해온 피클용 항아리 골동품을 판매하고 싶다면, 세계에서 가장 큰 온라인 벼룩시장인 이베이(eBay)에 올리면 될 것이다. 콜드플레이(Coldplay) 콘서트 티켓의 가격을 흥정하고 싶다면, 콘서트 티켓에 대한 온라인 경매서비스를 제공하는 티켓매스터닷컴(Ticketmaster.com)을 방문하면 된다.

동태적 가격결정은 여러 상황에서 적절한 가격결정방식일 수 있다. 왜냐하면 누가 시장을 주도하느냐에 따라 가격이 조정되며, 종종 그 혜택이 고객들에게 돌아가기 때문이다. 그러나 마케터들은 특정의 고객집단들을 대상으로 기업에게 유리하게 이용할 목적으로 동태적 가격결정방식을 사용하지 않도록 유의해야 한다. 대부분의 고객들은 뉴욕에서 인천공항으로 가는 비행기의 옆 좌석에 앉은 사람이 우연히 특정 판매경로를 통해 구매했다는 이유만으로 자기보다 10% 더 저렴하게 항공료를 지불했음을 알게 되면 화가 날 것이기 때문이다. 이처럼 동태적 가격결정방식은 자칫 장기적인 고객관계에 부정적 영향을 줄 수 있음을 유의하고 활용할 필요가 있다.

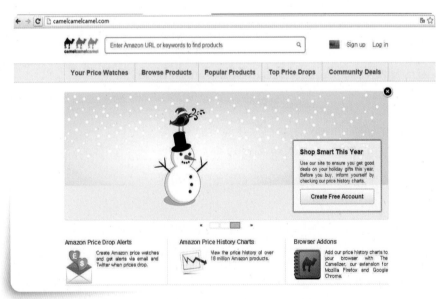

수시로 변화는 아마존닷컴의 가격을 비교할 수 있는 카멜카멜카멜닷컴

제 8 장

서비스 프로세스관리

서비스를 디자인하다:

고객들에게 행복한 비행을 선물하는 젯블루

무형의 서비스를 디자인한다는 말이 어색하게 들리지 모르지만 서비스 디자인은 이미 많은 선도적 서비스기업들이 실천에 옮기고 있는 중요한 과제이다. 서비스 디자인이란 사용자의 요구를 바탕으로 시스템과 프로세스를 디자인하여 새로운 가치를 창출하는 과정이다. 서비스 디자인은 직원들이 브랜드 약속을 실천하기 위해 최상의 서비스를 제공할 수 있도록 업무환경과 도구, 프로세스를 개발하는 과정이기도 하다. 한편 고객들에게 서비스 디자인은 잠재된 욕구를 발견하여 최상의 경험을 제공하기 위한 해결책의 제공일 수 있다. 이제 이러한 서비스 디자인을 성공적으로 수행한 미국의 저가항공사 젯블루(Jet Blue)의 사례를 살펴보자.

젯블루는 1999년에 설립된 미국의 신생 저가항공사이다. 2001년 9.11 테러 이후 미국 항공산업의 불황에도 불구하고 지속적인 성장을 거듭하고 있는데, 8년 연속 북미 항공사 고객만족도 1위를 달성하면서 현재 미국 내 운항에서 해외취항으로 사업을 확대해가고 있다. "Bringing humanity back to air travel(항공 여행에 인간성을 되찾아줄 것)". 젯블루의 창업자인 데이비드 닐먼(David Neeleman)이 내세웠던 이 단순한 목표를 실천하기 위해 노력하는 젯블루는 1) 젯블루를 자주 이용하는 여행객들에게 더 나은 서비스를 제공할 것 2) 비용을 더 지불할 수 있는 고객들에게 새로운 수익을 창출할 수 있는 서비스를 제공할 것의 목표를 달성하기 위해, 세계적인 디자인 업체인 IDEO에게 서비스 디자인 컨설팅을 의뢰하게 된다. 그리고 IDEO는 고객, 항공사 직원, 경쟁업체 서비스, 그리고 다른 산업의 서비스 경험 등을 종합적으로 살핀 후 다음의 주요 서비스 디자인전략을 제시하였다.

• 고객들에게 더 많은 공간을(Even more space) : "Even more space for you and your bag"에서 알 수 있듯이, 이 전략의 핵심은 기내에서 고객들이 다리를 더 편하게 할 수 있도록 좌석공간을 넓혀주는 것과 기내 수하물을 둘 수 있는 공간의 확보가 핵심이다.

• 고객들에게 더 빠른 서비스를(Even more speed) : "speedier service when you want it"이 말하듯이, 이 전략의 핵심은 공항 내 탑승수속을 빠르게 진행하거나 혹은 고객이 공항에 늦게 도착할 것을 대비한 최단경로 제공, 예측 가능한 대기시간 정보제공 모바일 서비스 등을 포함한다.

젯블루는 IDEO의 서비스 디자인전략을 토대로 예약–공항이동–탑승–비행으로 이어지는 서비스 프로세스의 전반을 개선함으로써 고객들에게 최고의 서비스 경험을 제공하고 있다. "No first class seats, No second class citizens(1등석은 없지만 2등석의 서비스를 제공받는 고객도 없다)."는 광고는 젯블루가 강조하는 서비스 디자인정책을 상징적으로 보여주고 있다.

IDEO가 수행한 젯블루
서비스 디자인 결과물
(예약–수속–탑승–기내)

참고 1. http://www.ideo.com/work/design–strategy–jetblue/
     2. http://story.pxd.co.kr/769

생산과 소비가 동시에 발생하는 서비스의 특성 때문에 고객들의 평가는 서비스 생산의 결과물뿐 아니라 서비스를 제공받는 과정(즉, 프로세스)에도 큰 영향을 받게 된다. 서비스 프로세스는 서비스 운영시스템이 작동되는 방법과 절차를 말하는데, 고객에게 약속한 가치제안을 실제로 전달하기 위해 수행되는 절차나 활동들의 흐름을 의미한다. 잘못 설계된 서비스 프로세스는 종종 느리고, 짜증스러우며, 낮은 품질의 서비스 전달을 초래함으로써 고객의 분노를 유발할 수 있다. 또한 잘못 설계된 서비스 프로세스는 현장 종업원들이 자신의 업무를 잘 수행할 수 없도록 하기 때문에 낮은 생산성과 서비스 실패를 초래할 수 있다. 특히 고객과의 상호작용이 높은 서비스의 경우, 고객자신이 서비스 제공과정에 직접 참여해 일정한 역할을 수행하기 때문에 공동생산자로서의 고객에 대한 이해도 요구된다. 결국 고객에게 만족스러운 경험을 제공하는 서비스 프로세스를 설계하기 위해 기업은 서비스 제공과정의 모든 단계, 서비스를 생산하는 과정에서 현장직원과 고객이 수행해야 할 역할, 그리고 각 단계에서 고객이 중요하게 생각하는 요소들을 정확히 이해해야 한다.

8.1 고객관점에서 본 서비스 프로세스

⠿ 서비스 프로세스의 참여자: 내부고객과 외부고객

전통적으로 고객개념은 기업외부에 위치한 사람들이나 조직들로 간주되어 왔다. 그러나 조직 내 또는 네트워크 파트너들 간에도 사용자(고객)−서비스 제공자의 관계가 존재할 수 있다. 기업 내 고객접점 종업원과 부서들이 고객들에게 훌륭한 서비스를 제공하기 위해서는 그 기업 내의 다른 사람들과 부서들의 지원을 받아야 하기 때문이다. 예를 들어, 백화점의 운송담당자가 물류창고에서 정시에 정확한 품목을 선적하지 못하면, 해당 백화점은 고객에게 완벽한 상품배달서비스를 제공하지 못하게 된다. 모든 서비스 운영은 다양한 내부서비스 기능들로 구성되는데, 만약 내부서비스가 불량하면, 외부고객에게 제공되는 서비스의 품질이 저하될 것이다. 그러나 내부서비스 담당자들은 종종 자신이 수행하는 업무가 외부고객에 의해 지각되는 최종 서비스 품질을 창출하는 데 중요하다는 것을 인식하지 못하는 경우가 있다. 그들은 외부의 고객들이 자신의 업무수행과 연결되어 있음을 인식하지 못하고, 자신이 관계를 갖는 내부직원들을 단순히 동료직원으로 간주하며, 다른 부서들에 제공하는 내부서비스가 외부성과에 영향을 미친다는 사실을 느끼지 못한다. 이러한 문제점들을 해결하기 위한 방안의 하나는 내부고객(internal

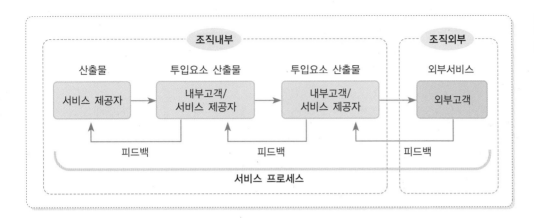

그림 8-1

내부서비스 기능과 내부고객

customer)이라는 개념을 도입하는 것인데, 이러한 개념의 도입은 고객-서비스 제공자 관계를 외부고객뿐 아니라 기업 내 종업원들에게도 적용할 수 있게 한다([그림 8-1] 참조). 즉, 기업내의 서비스 제공자가 내부고객인 다른 부서의 직원을 상대로 내부 서비스 기능을 수행하는 방식인데, 이러한 과정이 반복적으로 진행되면서 일련의 내부 서비스 기능들이 완성되며, 최종적으로는 외부서비스의 수행으로 연결되는 것이다.

내부고객이라는 개념의 도입은 종업원들이 기업내부에서 수행하는 자신의 과업을 바라보는 자세에 변화를 줄 수 있다. 즉, 고객만족이 단순히 기업외부의 사람들이나 조직에게만 적용되는 것이 아님을 인식하게 되는 것이다. 또한 좋은 서비스 품질을 창출하는 것이 고객의 눈에 보이는 부분을 담당하는 부서들만의 의무는 아님을 의미한다. 가령, 배달서비스의 지각된 품질은 배달 기능 자체를 잘 수행하는 것뿐 아니라 배달과 관련해 창고에서 수행되는 작업에 의해서도 상당부분 영향을 받는 것이다.

이처럼 서비스생산 프로세스는 수많은 하위 프로세스들 간의 상호 의존관계 속에서 진행되지만, 외부고객들은 주로 그들의 눈에 보이는 하위 시스템들만 접촉하게 된다. 많은 경우 서비스 경영자들 역시 내부서비스 제공자와 내부고객간의 상호의존관계에 대해서는 강조하지 않기 때문에, 고객들이 제공받는 서비스의 전방과 후방에서 이루어지는 생산 프로세스가 일관성을 갖지 못할 수 있다. 결국, 이로 인해 최종적인 서비스 품질의 하락을 가져오게 된다. 조직 내 거의 모든 종업원들은 자신이 봉사해야 할 고객을 가지고 있으며, 이들 중 상당수는 내부고객들이다. 다시 한 번 강조하지만 종업원들이 다른 부서의 종업원들을 내부고객들로 간주하고 내부서비스 활동들을 적극적으로

외부고객 만족을 위해서는 서비스 접점 직원들의 만족이 우선 되어야 한다.

수행한다면, 최종적으로 외부고객들이 지각하는 서비스 품질은 더욱 향상될 것이다.

::: 고객의 서비스소비 프로세스

고객의 서비스소비 프로세스는 서비스 제공자의 프로세스 개발과 관리에 적극적으로 반영되어야 한다. 왜냐하면 서비스의 주요 특징 중 하나가 생산과 소비의 동시성(혹은 비분리성)이기 때문이다. 고객의 서비스소비 프로세스는 크게 ① 참여단계(joining phase) ② 주요 소비단계(main consumption phase) ③ 이탈단계(detachment phase)의 세 단계로 나누어진다.

[그림 8-2]는 서비스소비 프로세스의 세 단계 및 각 단계에서 요구되는 서비스 요소들을 보여준다. 참여단계는 핵심서비스를 구매, 소비하기 위해 고객이 서비스 제공자와 접촉하는 과정을 말하는데, 레스토랑 서비스의 경우 테이블 예약(F_1), 외투보관 서비스(F_2) 등과 같은 활성적 서비스(facilitating services)와 대리주차 서비스(S_1)와 같은 강화적 서비스(enhancing services) 등 보조서비스들이 포함될 수 있다. 주요 소비단계는 전체 서비스소비 프로세스에서 핵심단계인데, 이 단계에서는 무엇보다 고객들의 욕구를 충족시켜야하며 고객의 가치창출 프로세스를 지원해야 한다. 핵심서비스로 정찬이 소비되며, 이 단계에서 레스토랑은 테이블 세팅(F_3)과 대기직원의 서비스 활동(F_4)과 같은 활성적 서비스와 생음악(S_2)과 같은 강화적 서비스를 보조서비스로 제공할 수 있다. 이탈단계는 고객이 서비스 프로세스에서 떠나는 과정이다. 고객이 레스토랑을 떠나는 이탈단계에서는 식사요금의 지불(F_5)과 보관된 외투를 찾아주는 서비스(F_6)와 같은 활성적 서비스와 대리주차 서비스(S_3)와 같은 강화적 서비스가 추가로 제공될 수 있다.

그림 8-2

서비스소비의 단계별로 요구되는 서비스 요소들

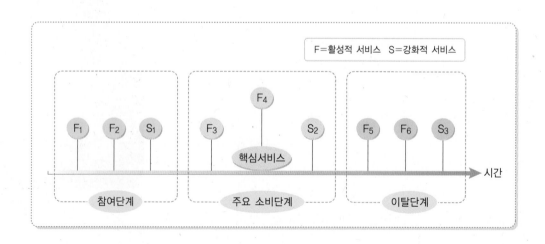

고객기반 서비스 프로세스관리

서비스기업은 고객의 시각에서 서비스 프로세스시스템을 설계하고 핵심적인 고객욕구와 고객의 기대수준을 반영한 서비스 표준에 기반해 현장종업원의 서비스 전달활동을 관리/통제해야 한다. 고객기반 서비스 프로세스관리는 다음과 같은 단계로 구성된다.

첫 번째 단계는 서비스 접점에서 이루어지는 서비스 전달활동의 순서를 파악하는 것이다. 기업은 서비스 프로세스를 구성하는 각 서비스 접점활동들의 순서를 고객의 관점에서 파악해야 한다. 전반적 서비스 품질에 대한 고객평가는 서비스 프로세스의 각 단계에 대한 고객평가가 축적된 것이다. 그러므로 각 서비스 접점품질에 대한 고객기대를 충족시키기 위해 서비스기업은 각 서비스 접점에 대한 고객의 요구와 선호순위를 이해해야 한다. 이를 위해 기업은 서비스 청사진을 이용해 고객이 서비스를 제공받는 순서를 그림으로 나타낼 수 있다.

두 번째 단계에서는 각 서비스 접점에서의 고객요구와 기대를 현장종업원의 구체적 행위로 전환한다. 고객에게 보다 나은 서비스를 제공하기 위해 기업은 각 서비스 접점에서의 고객요구와 서비스 품질에 대한 기대수준을 파악하고, 이를 서비스 접점 직원이 수행해야 할 구체적인 행위로 전환시켜야 한다. 예를 들어, 고객이 신뢰성 있는 배달서비스를 원하는 것으로 나타났다면, 이러한 고객요구는 정시에 주문한 내용물을 정확히 배달하는 구체적 행위로 전환시켜야 한다. 고객기대를 반영한 서비스 접점행위를 알아내기 위해 마케터는 심층면접법, 표적집단면접법 등의 조사기법을 이용해 고객과 현장직원의 체험에 대한 정보를 수집할 필요가 있다.

세 번째 단계는 중요한 서비스 접점활동들을 선정하고, 이에 대한 서비스 표준을 고객관점에서 설정하는 것이다. 이를 위해 기업은 전반적인 고객만족과 품질지각에 영향을 미치는 서비스 접점행위들을 대상으로 서비스 표준을 설정할 수 있다. 또한 이러한 서비스 표준은 현장직원들에 의해 수용될 수 있는 실현가능한 것이어야 한다. 생산성만을 염두에 둔 서비스 표준(예: 서비스 수행시간 단축)은 오히려 현장종업원의 사기저하와 불만을 초래함으로써 고객만족에 부정적인 영향을 미칠 수 있다.

네 번째 단계에서는 목표 서비스 표준치에 대비된 서비스 운영 측정치를 파악한다. 가령, 서비스기업은 고객불평을 해결하는 데 소요되는 시간의 목표수준을 설정하고 이에 대한 실제성과를 추적 조사할 수 있다. 1980년대의 품질운동(quality movement) 이후 품질표준치에 대비된 실제성과 측정치를 추적하는 여러 기법들이 개발되었는데, 데밍(W. Edward Deming)의 P-D-C-A (Plan-Do-Check-Action) 사이클, 통계적 방법을 품질개선에 적용시킨 쥬런(Joseph Juran)의 통계적 프로세스 통제(statistical process control) 등이 그 예이다.

다섯 번째 단계는 서비스 성과를 현장직원들에게 피드백 하는 것이다. 기업은 측정된 서비스 성과를 담당 서비스 직원들에게 알려줌으로써 서비스 프로세스 개선을 위한 신속한 의사결정을 내리거나 목표 서비스 표준을 실현할 수 있는 방안을 강구하는 데 도움을 주어야 한다. 페덱스는 서비스 품질지표(SQI: Service Quality Index)의 성과를 직원들에게 매일 알려 모든 구성원들이 회사의 서비스 운영성과를 파악하도록 하고, 문제가 있는 서비스 전달활동을 개선할 수 있게 한다.

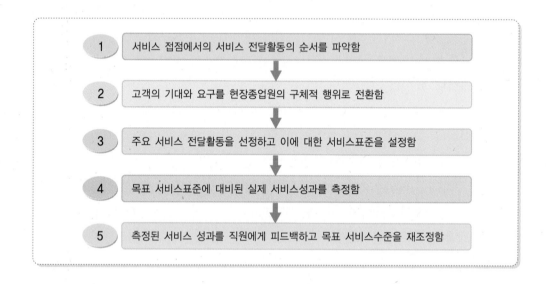

1 서비스 접점에서의 서비스 전달활동의 순서를 파악함

2 고객의 기대와 요구를 현장종업원의 구체적 행위로 전환함

3 주요 서비스 전달활동을 선정하고 이에 대한 서비스표준을 설정함

4 목표 서비스표준에 대비된 실제 서비스성과를 측정함

5 측정된 서비스 성과를 직원에게 피드백하고 목표 서비스수준을 재조정함

8.2 서비스시스템 모델

서비스 프로세스를 분석하고 계획하는 데 사용될 수 있는 서비스시스템 모델은 서비스 조직내의 다양한 자원들이 체계적인 방식으로 결합되어 고객가치를 창출하게 됨을 보여준다. [그림 8-4]에서 가장 큰 사각형은 고객의 시각에서 바라보는 서비스 조직을 나타낸다. 생산자의 관점에서 보면 다수의 내부부서들 혹은 내부 서비스기능들로 구성된 조직이지만, 고객들은 이를 하나의 통합된 과정 혹은 시스템으로 지각한다. 고객들 역시 조직 내 다른 부분들과 상호작용하며 서비스 프로세스에 참여하는 자원의 일부분

으로 이 사각형 안에 포함되며, 서비스시스템 모델의 통합적 요소로 간주된다. 서비스 조직인 사각형을 중심으로 오른쪽은 고객의 욕구, 과거경험, 기업이미지, 구전, 마케팅 커뮤니케이션 등과 같이 고객기대에 영향을 미치는 요소들을 보여준다. 사각형의 왼쪽은 기업사명과 이를 토대로 개발된 서비스 콘셉트로, 이들은 서비스시스템을 계획하고 관리하는데 지침이 된다. 사각형의 밑부분에는 조직구성원들이 생각하고 평가하는데 영향을 주는 공유가치인 기업문화가 위치하고 있다. 때에 따라 기업문화는 종업원들에게 상당한 영향을 줄 수도 있는데, 만약 서비스지향적 기업문화가 형성되지 않는다면 조직이 훌륭한 서비스를 제공하는데 큰 걸림돌이 될 수 있다.

한편 큰 사각형안의 가시선(line of visibility)은 고객들이 조직과 상호작용하면서 고객들에게 보이는 조직부분인 상호작용부분과 그 배후에서 보이지 않는 지원부분을 구분하고 있다.

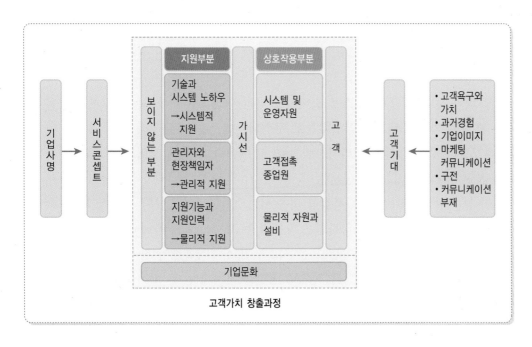

그림 8-4

고객가치 창출과정을 보여주는 서비스시스템 모델

::: 상호작용부분

서비스시스템 모델에서 상호작용부분 혹은 고객의 눈에 보이는 부분은 고객이 서비스조직과 만나는 서비스 접점을 말한다. 이는 고객 및 고객과 직접적으로 상호작용하는 서비스 품질 창출자원들로 구성되는데, ① 서비스 프로세스에 참여하는 고객 ② 고객접촉 현장종업원 ③ 시스템과 운영자원(일상업무) ④ 물리적 자원과 설비 등이 있다.

서비스 품질창출에 투입되는 자원의 하나인 고객은 공동생산자로서 서비스시스템에 직접 관여한다. 고객들은 대규모 서비스시스템과 상호작용하기도 하고(예: 호텔 투숙), 어떤 경우에는 한정된 서비스시스템에만 접속되기도 한다(예: ATM의 이용). 이 과정에서 고객들은 수동적으로 서비스를 제공받는 사람으로만 머무르는 것이 아니라, 서비스의 생산과정에 적극적으로 참여하고 생산된 서비스를 소비하게 된다.

고객들과 직접 상호작용하는 종업원들은 고객접촉 종업원(customer contact employee)이라고 부르는데, 이들은 대면접촉, 전화통화, 이메일, 편지와 같은 다양한 수단을 통해 고객들과 상호작용한다. 고객접촉 직원들은 고객의 행동을 주시하고, 어떤 도움이 필요한지 질문하고, 고객행동에 대응함으로써 진실의 순간에 고객의 바람과 요구를 파악하고 충족시킬 수 있는 위치에 있다. 나아가 이들은 제공된 서비스의 품질을 곧바로 추적조사해 문제가 된 부분에 대해 즉각적인 시정조치를 취할 수 있다. 따라서 대부분의 서비스 조직은 서비스 품질 창출에 있어 고객접촉 종업원들에 대한 의존도가 매우 클 수밖에 없다. 그런데 최근 들어 고객접촉 종업원의 개입이 필요 없는 서비스 프로세스를 설계하려는 기업들이 늘어남에 따라 서비스 실패에 대한 대응력이 취약해지는 경우가 발생하고 있다.

시스템과 운영자원은 서비스를 소비하고 다양한 과업을 수행하는 방식에 영향을 미치는 많은 수의 시스템과 일상업무들로 구성되는데, 고객주문처리, 상품의 설치나 배송, 대기관리 및 고객 불만 처리시스템 등이 그 예이다. 그런데 서비스 조직들마다 시스템과 운영자원의 서비스지향성 수준에서 차이가 있을 수 있는데, 예를 들어 고객이 작성해야 할 서류의 양식이 매우 복잡한 것은 서비스지향적이지 못한 시스템이다. 서비스지향적이지 못한 시스템과 운영자원은 다음의 두 가지 경로를 통해 고객들의 서비스 품질지각에 영향을 준다. 첫째, 고객들은 시스템과 상호작용해야 하기 때문에 품질지각에 직접적으로 영향을 미치게 된다. 고객들이 편안하게 느끼는 시스템은 서비스지향적이지만, 고객자신을 강제로 맞추어야 하는 시스템은 개선의 여지가 있는 시스템이다. 둘째, 시스템과 일상업무는 내부 종업원들에게 영향을 미친다. 시대에 뒤떨어지고, 복잡하며, 서비스지향적이지 못한 시스템으로 업무를 수행해야 하는 종업원들은 직무수행에서 좌절감을 느낄 수 있고, 이는 그들의 동기부여에 부정적 영향을 미친다.

물리적 자원과 설비는 서비스시스템 내에서 사용되는 모

은행서비스는 창구직원과의 상호작용을 통해 이루어진다.

든 유형의 자원들로 9장에서 다루게 될 서비스 환경요인(servicescape)들을 구성한다. 물리적 자원과 설비들은 서비스 산출물이 좋은 결과품질을 갖기 위한 필요조건인데, 예를 들어 환자치료에 필요한 병원의 최신시설과 장비들을 들 수 있다. 한편 이들은 서비스 프로세스가 제공하는 과정품질에도 영향을 미치는데, 쾌적하게 설계된 병원의 실내디자인은 고객들이 대기하거나 진료를 받는 과정에 큰 영향을 미치게 된다.

▦ 지원부분

고객들과 직접적인 접촉이 이루어지는 상호작용부분(즉, 가시선)의 배후에 지원부분이 존재하는데, 고객들은 가시선의 후방에서 어떤 일이 진행되는지를 볼 수 없으며, 종종 그 부분에서 이루어지는 서비스 생산이 지각된 서비스 품질에서 차지하는 중요성을 인식하지 못한다. 이러한 현상으로 인해 서비스 제공자들은 두 가지 문제점에 직면하게 된다. 그 하나는 가시선 후방에서 이루어지는 서비스 지원활동에 대해 노력한 만큼 고객들이 이를 인정해 주지 않는다는 것이다. 왜냐하면 고객들은 후방부서에서 이루어지는 서비스 생산활동이 최종적인 서비스 품질에 어느 정도 공헌하는지를 인식하지 못하기 때문이다. 이에 따라 후방부서의 지원서비스 활동에 의해 우수한 품질이 창출된 경우에도, 상호작용부문(고객접점 부분)의 낮은 서비스 품질로 인해 고객들은 전반적 서비스 품질이 불량한 것으로 지각할 수 있다. 다른 하나는 고객들이 특정의 서비스 제공물에 대해, 왜 그 가격을 지불해야 하는지를 이해하지 못할 수 있다는 점이다. 왜냐하면 고객들은 가시선 후방에서 얼마나 많은 지원활동이 이루어지고 있는지를 알지 못하기 때문이다. 눈에 보이는 서비스생산 프로세스가 비교적 단순해 보이고, 이로 인해 실제비용과 가격수준을 고객들에게 납득시킬 수 없을 경우에 서비스기업은 가격이 비싼 이유를 설명하기 어려울 수 있다.

상호작용부분에서 이루어지는 서비스생산을 위해 가시선 후방에서 이루어지는 지원활동은 크게 관리적 지원(management support), 물리적 지원(physical support), 그리고 시스템 지원(system support)으로 나누어진다.

가장 중요한 지원활동 유형은 관리적 지원인데, 서비스 조직 내 최고경영자와 모든 관리자들은 조직 구성원들이 기업의 가치와 문화를 공유하고 이를 바탕으로 업무를 수행해 갈 수 있도록 지원해야만 한다. 종업원들이 서비스지향적인 태도와 행동을 유지하는데 있어 핵심역할을 하게 하는 것도 바로 관리자들이다. 예를 들어 만약 상관이 팀 구성원들에게 모범을 보이지 못하고, 서비스지향성과 고객지향성을 고취시킬 만한 리더십을 갖지 못한다면, 조직구성원들의 고객 및 훌륭한 서비스 제공에 대한 관심이 떨어질 것이다. 접점직원들은 종종 가시선 후방의 지원부서와 지원기능에 의해 제공되는 물리적 지원(예: 창고에서 트럭에 상품을 선적하는 것)에 의존해야 한다. 이러한 지원부서 직원들은 고객접촉 종업원들을 내부고객으로 간주해야 한다. 또한 지원부서 직원들은 기능상 자신을 지원하는 또 다른 부서의 직원들을 내부고객으로 간주해야 한다. 요점은 내부고객도 외부고객과 동일하게 취급되어야 한다는 것이다. 내부고객에게 제공되는 서비스가 외부고객에게 제공되는 서비스만큼 우수하지 못하다면, 외부고객에 의해 지각된 서비스 품질은 낮아질 것이기 때문이다.

시스템 지원은 컴퓨터 시스템, 정보기술, 건물, 사무실, 차량, 설비, 문서 등을 포함한다. 만약 서비스 조직이 신뢰성이 낮고 속도가 느린 컴퓨터 시스템에 의존하고 있다면, 고객접촉 종업원들에게 편리하고 신속한 고객정보를 제공하지 못하거나 내부적으로 신속한 의사결정을 지원할 수 없다. 결과적으로 고객들의 문의에도 신속하게 응답하지 못함으로써 전반적인 서비스 품질의 저하를 가져올 수 있다. 경영상의 규칙과 규제가 너무 엄격한 것 역시 충분하지 못한 시스템 지원에 해당된다. 종업원들이 다양한 시스템을 운영하는 방법에 대해 가지고 있는 시스템 지식(system knowledge)도 시스템 지원의 일종이다. 조직은 종업원들이 기업 내 시스템과 기술을 다루고 가장 잘 활용하는 방법을 습득하는 데 투자를 아끼지 말아야 한다.

8.3 서비스 청사진을 통한 서비스 프로세스설계

⠿ 서비스 청사진과 구성요소

기업은 효율적이면서 긍정적인 고객경험을 제공하기 위해 서비스 프로세스의 주요 특징들을 객관적으로 서술할 필요가 있는데, 이러한 목적에 유용한 서비스 프로세스개발/개선 기법이 서비스 청사진이다. '서비스 청사진(service blueprint)'은 서비스 제공과정의 각 단계, 그리고 서비스 제공과정에서 종업원과 고객이 수행해야 할 역할을 파악할 수 있도록 그림으로 묘사해 놓은 것이다. 서비스 청사진은 고객의 관점에서 서비스 제공과정의 각 단계를 분류하는 데 유용한 도구이자, 접점직원들이 수행해야 할 업무의 지침이 되며, 고객이 서비스 접점에서 실제로 체험하게 되는 증거를 일목요연하게 보여준다. 서비스 청사진은 크게 고객행동(customer action), 접점 종업원행동(contact employee action), 지원 프로세스(support process)로 구성되며, 종업원행동은 다시 현장접점 종업원행동(onstage/visible contact employee action)과 후방접점 종업원행동(backstage/invisible contact employee action)으로 분류된다.

고객행동은 고객이 서비스를 구매/소비하는 과정에서 수행하는 선택, 고객-직원 상호작용, 기타 활동을 포함한다. 의료서비스를 예로 들면, 병원의 선택, 진료예약, 예진, 의사와의 직접대면, 처방된 약 받기, 진료비 수납 등을 포함한다.

종업원행동은 고객의 눈에 띄는 현장접점 종업원행동과 고객의 눈에 보이지 않으면서 현장종업원의 활동을 지원하는 후방접점 종업원행동으로 구성된다. 예를 들어, 의료서비스에서 현장접점 종업원행동은 병원 안내데스크의 진료안내서비스, 간호사의 진료카드 작성, 의사와 간호사의 진료서비스, 원무과 직원의 진료비 계산 등을 포함한다. 후방접점 종업원행동의 예로는 직원이 환자의 예약전화를 받거나 간호사가 의사의 진료를 돕기 위해 진료카드를 준비하거나 혹은 주사와 약을 준비하는 행위 등을 들 수 있다.

지원 프로세스는 서비스를 전달하는 접점종업원들을 지원하기 위해 이루어지는 내부적 상호작용을 말하는데, 원무과 직원이 진료비 산정을 쉽게 할 수 있도록 지원하기 위한 전산시스템의 구축과 관리, 의사의 진료를 돕기 위한 임상병리센터의 운영 및 CT 촬영기 등과 같은 첨단 의료설비의 구입과 관리, 입원실과 진료실의 청결한 관리 등이 이에 해당된다.

서비스 청사진의 맨 위쪽에는 물리적 증거(physical evidence)가 위치하고 있는데, 이는 병원의 외관, 예약담당자의 목소리 톤, 대기실과 진료실의 내부인테리어, 의사와 간호사의 외모와 의복 등을 포함한다.

한편 이러한 네 가지 주요 행위영역들은 상호작용선(line of interaction), 가시선(line of visibility), 그리고 내부 상호작용선(line of internal interaction)이라는 3개의 수평선에 의해 구분된다. 상호작용선은 고객과 현장직원간에 직접적인 상호작용이 이루어지는 것을 보여주며, 가시선은 고객에게 보이는 현장접점 종업원의 일선활동과 고객에게 보이지 않는 후방종업원의 지원활동을 구분한다. 의사가 실제로 환자를 진찰하는 행위는 가시선 위쪽의 일선활동의 예이며, 미리 환자의 차트를 읽어 보거나 간호사에게 처방을 지시하는 행위는 가시선 아래쪽에 위치한 후방활동의 예이다. 마지막 수평선인 내부 상호작용선은 후방종업원의 활동과 여타 지원부서의 활동을 구분하는데, 수평선인 내부 상호작용선과 수직선(후방 종업원과 기타 지원부서 직원들간의 상호작용)이 교차되는 점은 내부서비스 접점(internal service encounter)에 해당된다. 서비스 청사진은 고객의 관점에서 조직 구성원이 고객에게 제공하는 서비스 활동의 수와 내용, 그리고 각 서비스 활동의 제공단계들을 시간적으로 파악할 수 있게 한다. 서비스 청사진의 설계는 서비스의 특성(예: 고객과의 상호작용수준)에 따라 달라질 수 있는데, 가령, 고객–서비스 제공자 간 상호작용수준이 낮은 특송우편서비스의 경우, 고객의 관점에서 본 서비스 프로세스는 전화통화, 화물수취, 화물배달의 3단계로 구성되어 비교적 단순하기 때문에 서비스 청사진이 복잡하지 않을 수 있다. 이에 반해 호텔서비스의 경우에는 물리적 증거도 다양할 뿐 아니라 고객이 서비스 제공과정에 보다 적극적으로 참여해야 하고 접점종업원들과 다양한 상호작용이 이루어지므로 고객의 관점에서 본 서비스 프로세스가 상대적으로 복잡하다. [그림 8-5]는 호텔서비스 청사진의 예를 보여준다.

그림 8-5

서비스 청사진의 구성요소: 호텔서비스

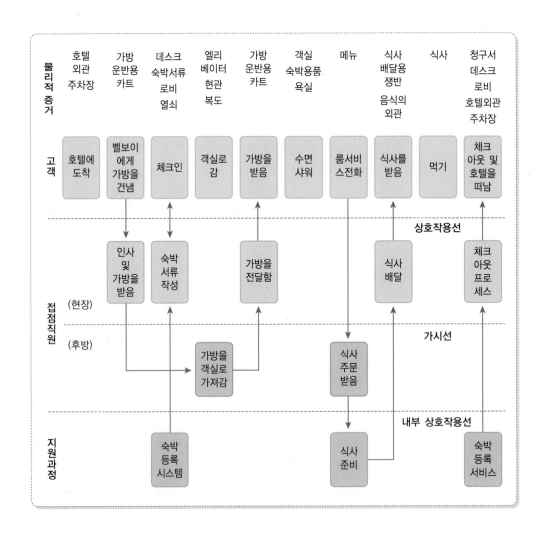

⠿ 서비스 청사진의 개발과정

서비스 청사진의 작성은 우수한 서비스 프로세스를 창출하려는 핵심목적 외에도 명확한 서비스 콘셉트와 종업원들에 의해 공유될 서비스 비전을 개발하는데 유용하다. 또한 초기에 파악하지 못했던 서비스의 복잡성을 인식하고 그에 따른 서비스 제공자의 역할과 책임을 정립하는 부수적 목적을 성취하는데에도 도움을 준다. 따라서 서비스 청사진의 개발과정에는 고객으로부터 수집된 정보뿐 아니라 여러 기능부서 책임자들의 참여가 필요하다. [그림 8-6]은 서비스 청사진 개발과정의 단계를 보여준다.

스마트폰 앱으로 호텔 체크인이 가능한
스타우드 SPG키리스(SPG Keyless) 서비스

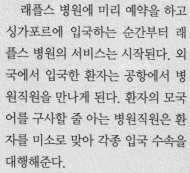

Marketing Focus

탁월한 의료서비스 프로세스의 개발/실행을 통해 최고의 서비스 품질을 구축한 래플스 병원

이 세상의 모든 서비스산업은 갈수록 '친절(hospitality) 산업'이 되어가고 있다. 테마파크, 호텔, 병원의 경우 더욱 그렇다. 디즈니랜드에서는 서비스라는 말 대신에 '스탠더드 오퍼레이션(standard operation)'이라는 말을 사용한다. 그리고 친절이라는 단어 대신에 '예의(courtesy)'라는 말을 사용한다. 이는 서비스는 이제 기본이고, 형식적인 친절이 아니라 직원들의 가슴에서 우러나오는 예의가 없으면 고객을 감동시킬 수 없는 상황에 이르렀다는 것을 보여준다.

과거 우리나라의 경우 병원의 서비스가 좋지 않다는 비난이 많았다. 하지만 이제 병원들의 경쟁이 치열해지면서 서비스 수준도 많이 좋아지고 있다. 하지만 싱가포르에 있는

래플스 병원(Raffles Hospital)의 서비스 수준은 친절과 예의 측면에서 타의 추종을 불허한다. 싱가포르 공항에서 20분 거리에 위치한 종합병원 래플스는 규모가 그리 크지 않지만, 이 병원의 시설은 일반병원과는 사뭇 다르다. 병상이 300석밖에 되지 않지만 시설은 여느 호텔 못지않게 세계 최고의 서비스를 자랑하기 때문이다.

래플스 병원에 미리 예약을 하고 싱가포르에 입국하는 순간부터 래플스 병원의 서비스는 시작된다. 외국에서 입국한 환자는 공항에서 병원직원을 만나게 된다. 환자의 모국어를 구사할 줄 아는 병원직원은 환자를 미소로 맞아 각종 입국 수속을 대행해준다.

병원에 도착한 환자는 비를 맞지

않고 쾌적하게 안으로 들어갈 수 있게 설계된 도어웨이(door way)를 지나게 된다. 입구에서 기다리고 있던 병원 직원은 환자의 짐을 대신 운반해주고 병원입구에서 진료접수를 대행해준다. 환자는 병원에 들어가 병원에서 제공되는 간단한 다과를 즐기며 진료를 기다리다 차례가 되면 담당의를 만나 진료를 시작한다. 한 시간이 넘는 상담과 진료를 마친 후 치료방법과 입원치료 여부를 결정한다.

입원치료를 하게 될 경우 5성급 호텔의 시설을 갖춘 병실에서 지내게 된다. 환자의 이동 편의성을 위해 문턱을 없앤 병실에는 미끄럼방지 타일이 깔린 화장실과 모서리를 없앤 각종 기구들이 배치되어 있다. 환자의 손님들을 배려한 편안한 응접실과 발이 피곤하지 않게 주기적으로 특수세척을 하는 카펫이 깔린 바닥 등에서도 환자를 세심히 배려하는 모습을 엿볼 수 있다. 병원 8층에는 환자들의 편안한 휴식을 위한 실내 정원과 폭포가 꾸며져 있고, 병원 로비에는 여느 병원에서는 볼 수 없는 그랜드 피아노가 놓여 있어 늘 잔잔한 음악이 흘러나온다.

병원은 내과와 외과, 크게 둘로 나뉘어 각 과들이 한 홀을 공유한다. 그래서 환자가 직접 이동하지 않고 각 과의 의사들이 한자리에 모여 환자의 상태와 진료방법에 대해 의논할 수 있는 구조를 갖추고 있다. 환자의 편의와 함께 치료 성적까지 향상시킬 수 있는 효율적 구조를 띠고 있다.

또한 환자가 진료를 받거나 입원을 하게 될 경우 동행한 가족들을 위한 숙박시설을 제공해주고 싱가포르 관광프로그

래플스 병원의 우수 의료진

램도 안내해준다. 관광가이드 자격증을 보유한 병원직원이 싱가포르 관광에 대한 자료를 제공해주고 여권 및 호텔예약 등 싱가포르 내에서의 각종 업무를 대행해준다. 환자는 가족들과 함께 치료를 받을 수 있고, 환자의 가족들은 관광과 함께 환자의 건강을 돌볼 수 있다. 또한 장기치료를 받게 될 경우 동행한 가족들의 장기투숙이 가능하도록 병원 인근의 아파트를 임대해주고 환자의 체류기간 연장도 대행해준다.

쇼핑의 천국, 싱가포르가 최근 들어 의료서비스를 국가의 새로운 경쟁력 원천으로 보고 선진국보다 더 탁월한 수준의 의료 서비스를 제공하기 위해 애쓰고 있다. 특히 환자에 대한 서비스에 그치지 않고 동반가족을 위한 서비스까지 고려하는 서비스는 매우 사려 깊어 보인다.

출처: 김민주(2008), 상상력 마케팅, 리더스북, pp. 296~298.

서비스 제공과정의 도식화

서비스 청사진 개발과정의 첫 번째 단계는 서비스를 창출/전달하는 과정에 관련된 모든 주요활동들을 파악하고, 각 활동들이 어떻게 서로 연결되는지를 그림으로 나타내는 것이다. 서비스 청사진은 다양한 수준에서 개발될 수 있으므로 개발이 시작될 때 그 수준에 대한 동의가 필요하다. 또한 각 세분시장의 서비스 체험욕구가 다를 수 있으므로 각 세분시장에 맞는 서비스 청사진을 개발하는 것이 유용할 수 있다.

서비스 프로세스는 고객의 관점에서 도식화되어야 한다. 때때로 고객의 관점에서 본 서비스 프로세스와 경쟁자와 접점직원의 관점에서 본 서비스 프로세스가 서로 다를 수 있다. 예를 들어, 미용실의 경우 고객은 미용실에 전화를 걸어 예약하는 것을 서비스 프

그림 8-6

서비스 청사진 개발과정

로세스의 첫 단계로 보는 반면 미용사는 이를 서비스 프로세스의 일부로 보지 않는다.

서비스 청사진 개발의 초기단계에는 서비스 프로세스의 큰 그림을 파악하기 위해 먼저 기본활동들로 분류한 후, 각 활동들을 세분화하는 것이 효과적이다. 가령, 항공서비스의 경우 '탑승을 위한 승객활동'이라는 기본활동은 탑승 안내방송이 있을 때까지 대기함 → 직원에게 탑승권을 제시함 → 탑승통로로 걸어감 → 비행기로 들어감 → 승무원에게 탑승권을 보여줌 → 좌석을 찾아감 → 가방을 적하함에 넣음 → 착석함 등으로 세분화될 수 있다.

서비스 청사진을 작성함에 있어 마케터는 고객의 관점에서 서비스 체험단계를 도식화하고 상호작용선과 가시선을 표시함으로써, 고객의 눈에 보이지 않는 후방활동과 눈에 보이는 현장활동을 구분하여 파악할 수 있다. 이 과정에서 마케터는 고객과 종업원 간의 상호작용, 그리고 후방활동과 내부지원 프로세스가 이러한 상호작용을 지원하는 과정에 대해서도 명확히 표시해야 한다. 가시선 밑에 위치한 후방종업원 행동과 지원프로세스는 고객에게 보여지는 서비스 프로세스 단계를 효과적으로 수행하는 데 중요하지만 고객의 관심 밖에 있어서, 자칫 서비스 프로세스 단계에서 불필요한 것으로 여겨질 우려가 있기 때문이다. 서비스 청사진은 종업원의 역할, 운영 프로세스, 정보기술, 고객과의 상호작용 간의 상호관계를 명확하게 보여줌으로써 마케팅관리, 운영관리, 인적자원관리를 통합화 하는데 유용하다.

실패가능점의 확인

서비스 청사진은 관리자들로 하여금 서비스 전달과정에서 서비스 실패가 일어날 수 있는 지점을 확인하거나 예상할 수 있는 기회를 제공한다. 실패가능점(fail point)은 일이 잘못되거나 서비스 품질이 저하될 위험성이 높은 영역을 말한다. 실패가능점을 알고 있다면, 관리자는 사전조치를 취하거나 비상계획(contingency plan)을 보다 잘 준비할 수 있다. 예를 들어 서비스 전달과정에서 고객들이 주로 대기해야 하는 단계가 어디인지를 파악할 수 있다면, 마케팅/운영 전문가들은 과업을 완수하는데 드는 시간, 다음 과업을 위한 대기시간의 최대허용한도, 접점종업원과 고객간의 상호작용에서 따라야 할 지침 등에 대한 표준을 개발할 수 있다.

구체적으로 훌륭한 서비스 청사진은 서비스 전달과정에서 일이 잘못될 위험성이 높은 영역에 대해 주의를 환기시켜야 한다. 고객의 관점에서 가장 심각한 실패가능점은 청사진상에 표시되어야 하는데(예: Ⓕ로 표시함), 이는 핵심서비스에 접근할 수 없거나 핵심서비스에 대해 즐거운 경험을 할 수 없는 상황이 발생된 영역을 말한다. 가령, 레스토랑 서비스에서 예약(고객이 전화통화를 할 수 있었는가? 원하는 시간과 날짜에 자리를 예약할 수 있는가? 예약이 정확히 이루어졌는가?)과 좌석배정(약속한 대로 좌석이 제공되는가?) 등이 그 예이다. 서비스 전달은 일정시간에 걸쳐 이루어지므로, 특정의 행동에서 다음 행동으로 넘어가는데 시간이 지체될 수 있으며, 이로 인해 고객들이 어쩔 수 없이 대기해야 할 가능성이 존재한다. 이러한 대기상황이 흔히 발생되는 위치에는 청사진 상에 △△ 등의 표시를 함으로써 주의를 환기시켜야 한다. 지나친 대기시간은 고객을 분노하게 할 수 있다. 실제로 서비스 전달과정의 모든 단계(전방활동과 후방활동)가 서비스 실패와 지연이 발생된 가능성을 가지고 있는데, 서비스 실패는 종종 서비스지체로 바로 연결되거나 (예: 주문이 다음 단계로 전달되지 않음) 시정조치를 취하는 데 상당한 시간을 낭비하도록 만든다.

서비스 실행표준의 설정

서비스 제공자는 서비스 청사진의 개발을 통해 서비스 전달과정의 각 단계별로 고객을 만족시키고, 나아가 감동시킬 수 있을만큼 충분히 높은 수준의 서비스 실행표준을 설계해야 한다. 이러한 서비스 표준은 각 서비스 전달활동을 수행하는 데 걸리는 시간, 기술적으로 올바르게 서비스를 수행하기 위한 절차(script), 적절한 스타일과 자세에 대한 규정 등을 포함한다. 서비스 표준은 객관적인 측정이 가능한 방식으로 서술되어야 한다. 서비스 품질에 대한 고객의 전반적 평가는 서비스 전달과정의 각 단계에 대한 평가가 축적된 것이다. 따라서 기업이 서비스 표준을 설정함에 있어 서비스 전달과정의 각 서비스점검(단계)에 대한 고객의 구체적 요구와 선호순위를 이해해야 한다.

모든 서비스기업들은 기업이 정의한 서비스 표준을 가지고 있으며, 이는 주로 서비스 생산성과 효율성을 관리하는 데 중점을 둔다. 그러나 탁월한 서비스 품질

서비스의 실패가능점을 미리 파악해야 한다.

과 높은 고객만족을 제공하기 위해서 기업은 생산성이나 효율성과 같이 기업이 주로 관심을 갖는 사업성과를 높이기 위한 서비스 표준보다는 고객기대나 고객의 우선순위를 충족시키는 서비스 표준을 개발해야 한다. 만약 이러한 서비스 표준을 설정/실행할 역량을 가지고 있지 않다면, 고객기대를 수정할 필요가 있다. 이에 따라 서비스 마케터는 고객기대를 명확히 정의하고 측정·관리해야만 한다. 결국, 요점은 서비스기업은 기업이 정의한 서비스 표준이 아니라 고객이 정의한 서비스 표준에 기반해 서비스 품질을 관리해야 한다는 점이다.

고객이 정의한 서비스 표준(customer-defined service standard), 즉, 핵심적인 고객요구 및 선호순위를 토대로 설정된 서비스 운영목표는 고객이 가치 있게 여기는 서비스 활동을 강화시킬 수 있고, 고객이 비용을 지불하려고 하지 않는 서비스 활동을 제거함으로써 비용절감과 고객만족을 함께 실현할 수 있다. 고객이 정의한 서비스 표준은 하드 서비스 표준(hard service standard)과 소프트 서비스 표준(soft service standard)으로 분류된다.

하드 서비스 표준은 셀 수 있고, 시간으로 잴 수 있고, 관찰될 수 있는 서비스 표준 및 이의 측정치들을 말하는데 정시배달, 서비스 직원의 무실수 등이 이에 해당된다. 예를 들어 델 컴퓨터는 신뢰성 차원에서 고객이 정의한 하드 서비스 표준과 측정치를 개발했는데 이는 아래와 같다. 델 컴퓨터는 이러한 신뢰성 표준들에서 자사의 성과를 추적하고 신뢰성 혹은 약속이행 정도에 기반해 종업원들에게 보상을 한다(신뢰성 수준은 98% 이상).

- 목표고객에게 배달함(STT: Ship to Target) : 주문이 정시에 정확하게 전달된 비율
- 초기 현장사고 비율(IFIR: Initial Field Incident Rate) : 고객문제의 발생빈도
- 정시에 한 번 만에 수리하기(OTFF: On Time First Fix) : 약속한 시간에 서비스 직원이 도착해 첫 번째 방문 만에 문제를 해결한 비율

소프트 서비스 표준은 서비스기업들이 계량적으로 측정하거나 직접 관찰하기 어려운 고객의 서비스 요구와 서비스 우선순위에 대한 측정치를 말한다. 예를 들어, 고객에 대한 이해는 고객이 중요시 여기는 서비스 품질 평가기준이지만, 종업원의 서비스 전달활동의 수나 시간을 재고 이를 관찰하는 것만으로는 충분히 파악할 수 없다. 따라서 소프트 서비스 표준도 함께 사용되어야 하는데, 소프트 서비스 표준과 이의 측정치는 고객지각 자료를 기반으로 하되, 고객, 종업원, 기타 이해관계자들과의 깊이 있는 대화나 이해 노력 등을 통해서 수집된다. 소프트 서비스 표준은 종업원들이 고객만족을 실현할 수 있도록 노력하기 위한 방향과 지침을 제시하고, 이들의 노력에 대한 피드백을 제공한다.

매리엇 호텔은 익스프레스 체크인 시스템을 도입함으로써 서비스 접점활동에 대한 고객만족도를 높였다.

소프트 서비스 표준은 종업원의 서비스 전달활동에 대한 고객의 지각과 신념을 측정함으로써 정량화시킬 수 있다. 예를 들어 매리엇 호텔은 고객조사를 통해 고객충성도에 공헌하는 5개의 주요요인 중 4개가 고객이 호텔을 방문해 처음 10분 동안에 이루어지는 서비스 접점활동임을 발견했다. 이에 따라 매리엇 호텔은 고객의 프론트데스크 체험을 개선시키기 위해 익스프레스 체크-인을 도입했다. 의사의 진료실과 의료절차를 설계하기 위해 수행된 한 조사에 따르면, 초기에 형성된 부정적 인상이 환자로 하여금 수술을 취소하거나 담당의사를 바꾸는 결과를 초래하는 것으로 나타났다. 소프트 서비스 표준은 판매프로세스, 전문적 서비스의 전달프로세스 등과 같이 대인간 상호작용에서 특히 중요하다.

앞에서 설명했듯이 서비스 표준은 종업원이 고객에게 무엇을 어떻게 제공해야 할지를 이해할 수 있도록 구체적으로 정의되어야 한다. 즉, 기업은 서비스 전달과정의 각 단계별 고객요구를 현장 종업원들의 구체적인 행동으로 표현해야 한다. 이를 위해 기업은 고객요구에 대한 자료를 수집할 필요가 있는데, 그 과정에서 너무 포괄적이고 추상적인 용어(예: 고객만족수준, 고객가치, 고객관계 등)를 사용해 고객요구를 파악하지 않도록 유의해야 한다. 왜냐하면 이러한 형태의 고객요구 측정은 이들 종업원들의 구체적인 행동으로 전환시키는 데 도움이 되지 않기 때문이다.

서비스 실패가능성의 재검토와 서비스 청사진의 수정

마케터는 종종 종업원과 고객이 실수를 저지를 가능성을 줄이거나 제거하기 위해 서비스 전달과정에서 발생된 서비스 실패의 원인들을 분석하고 실패가능성들을 재점검함으로써 이에 대한 완벽한 안전장치가 개발될 수 있도록 해야 한다. 종업원과 고객 모두가 서비스 전달과정에서 실수를 저지르지 않도록 완전한 안전장치(fail-safe method)를 설계하는 노력은 서비스창출과 전달 과정에 고객이 적극적으로 참여하는 경우에 특히 요구된다. 고객조사를 통해 파악된 서비스 실패가능점과 병목점을 토대로 청사진을 수정하고, 완전한 안전장치의 설계를 통해 서비스 실패가능성을 완벽하게 예방할 수 있도록 한다.

8.4 품질기능전개

서비스 청사진과 함께 서비스 프로세스를 설계하는데 사용될 수 있는 또 다른 접근방법 가운데 하나가 품질기능전개이다. 품질기능전개(QFD: Quality Function Deployment)는 제품설계단계에서 고객의 요구를 반영하는 것을 말하는데, 일본의 자동차업체인 도요타와 협력업체에서 광범위하게 사용되었다. QFD는 고객의 요구를 연구개발, 생산, 유통, 마케팅, 판매, 서비스 등의 기능부서에서 수행되어야 할 활동으로 전환시키는 시스템으로 정의되는데, 이는 제품개발과정에서 마케팅담당자와 엔지니어링 직원을 통합하는 수단으로 활용된다. QFD의 핵심은 고객의 요구와 취향이 반영되도록 제품이 설계되어야 하고, 마케팅, 설계부문, 제조부문의 기능이 통합되어야 한다는 것이다.

QFD는 매트릭스 형태로 고객의 요구사항을 제품이나 서비스의 주요속성과 연결시킨 '품질의 집(House of Quality)'을 통해 실행된다. 품질의 집은 제품이나 서비스를 설계함에 있어 고객요구를 확인/측정이 가능한 작업명세서로 변환시키는 틀을 제공한다. QFD는 제조분야에서 제품계획에 사용하기 위해 개발되었지만, 서비스 프로세스의 설계에 적용될 수 있다. 서비스분야에서 QFD는 서비스 품질전개(SQD: Service Quality Development) 및 서비스 품질의 집(House of Service Quality)이라는 개념으로 응용되었다. 서비스 품질의 집은 크게 고객이 기대/지각하는 서비스 품질기준, 이러한 기준이 기업에 의해 어떻게 서비스 요소로 창출되는지를 보여주는 서비스기업 측면, 그리고 이 두 부분을 연결시키는 관계 그리드 등의 3개 부문으로 구성된다([그림 8-7] 참조).

[그림 8-7]은 빌리지 볼보(Village Volvo)의 서비스 품질의 집을 보여주는데, 이는 볼보 딜러와 경쟁관계에 있으며 볼보자동차 수리만을 전문으로 하는 자동차 수리업체인 빌리지 볼보가 서비스 전달시스템을 평가하는데 QFD를 적용한 예이다. QFD를 실행하기 위해 서비스 품질의 집을 구축하는 절차는 다음과 같다.

- 서비스에 대한 고객기대의 결정 : 목표고객집단을 확인하고 빌리지 볼보의 서비스에 대한 고객기대를 명시해야 하는데, 이는 품질의 집 맨 왼쪽 부문에 위치한다. 본 예에서 고객기대는 서비스 품질의 다섯 가지 차원으로 설명된다.
- 서비스 품질 차원에 대한 고객기대의 상대적 중요성 결정 : 각 서비스 품질차원에 대한 고객기대의 상대적 중요성이 명시되어야 하는데, 이는 품질의 집에서 굴뚝으로 표시되며, 고객조사를 통해 수집된다.

• 통제 가능한 서비스 요소의 파악 : 마케터는 서비스에 대한 고객기대를 충족시키기 위해 기업이 통제할 수 있는 서비스 요소를 파악해야 하는데, 본 예에서는 훈련, 태도, 처리능력, 정보, 장비 등을 포함하며, 품질의 집 매트릭스상에서 열(column)로 표시된다.

• 서비스 요소간의 연관성 정도의 파악 : 서비스 품질의 집에서 지붕(roof)은 서비스 요소간의 상관관계를 나타낸 것이다. 예를 들어, 훈련과 태도간의 관계는 강한 반면 훈련과 능력간의 관계는 약하다.

• 고객기대와 서비스 요소간의 연관성 파악 : 매트릭스의 본체(body)는 각각의 고객기대와 이와 관련이 있는 서비스 요소간의 연관성 정도를 0에서 9사이의 숫자로 나타낸다. 이 숫자는 특정의 고객기대를 충족시키는 데 다양한 서비스 요소가 얼마나 영향을 미치는지를 서비스팀의 관점에서 평가한 것으로, 0은 아무런 영향을 미치지 않음을, 그리고 9는 가장 강한 영향을 미침을 나타낸다.

• 고객기대를 충족시키는데 있어 각 서비스 요소의 전반적 중요성에 대한 측정 : 집의 바닥(floor)에 표시된 가중점수는 각 고객기대차원과 이와 관련된 서비스 요소간의 연관성 정도를 나타내는 점수(즉, 단계 5에서 얻어진 점수)에다 고객조사를 통해 결정된 고객기대차원별 중요도 점수(즉, 단계2에서 파악된 점수)를 곱하여 합한 점수이다. 예를 들어, 훈련 요소의 전반적 중요성 점수는 다음과 같이 계산된다.

$$(9) \times (8) + (7) \times (3) + (6) \times (5) + (4) \times (0) + (2) \times (2) = 127$$

이 가중점수는 고객요구를 충족시키는데 있어 어떤 서비스 요소가 중요한지를 나타내는데, 이 점수들은 주관적인 추정치에 근거해 계산되므로 절대적인 것 보다는 상대적인 점수로 간주해야 한다.

• 서비스 요소 개선의 난이도 평가 : 품질의 집 지하실(basement)은 각 서비스 요소에 대한 개선의 어려움 정도를 순위로 나타낸 것으로, 등급 1은 가장 어려운 정도를 말한다. [그림 8-7]에서 보면 처리능력과 장비는 개선하는데 많은 비용이 소요되므로 가장 어려운 수준으로 평가된다. 따라서 서비스의 가중점수가 높다고 하더라도 개선이 불가능할 수 있다.

• 자사 및 경쟁 서비스에 대한 고객평가 : 집 매트릭스의 오른쪽과 아래쪽에 위치한 두 부분은 자사(빌리지 볼보)와 경쟁자(볼보 딜러)에 대한 고객의 서비스 평가점수를 보여주는데, 집의 오른쪽은 두 회사를 모두 이용해 본 경험이 있는 고객들의 각 서비스 품질 차원에 대한 평가점수(5점 척도를 이용함)를 표시하며, 집 매트릭스의 하단은 빌리지 볼보의 각 서비스 요소에 대한 수준을 볼보 딜러와 비교해 상대적으로 표시한 것이다. 이 정보는

빌리지 볼보의 상대적 강점과 약점을 평가하는 데 사용된다.

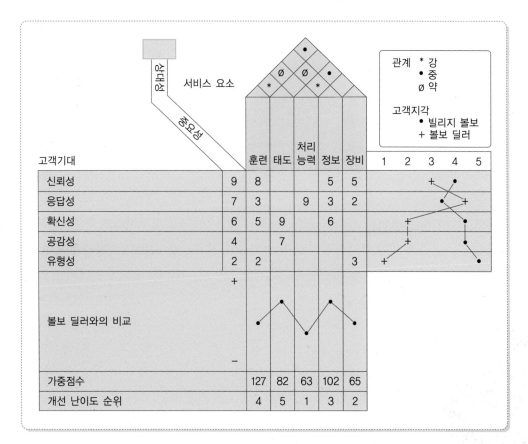

그림 8-7

빌리지 볼보(Village Volvo)의
서비스 품질의 집

8.5 서비스 프로세스의 재설계

　서비스 프로세스가 낙후되었거나 서비스 프로세스를 경험하는 고객의 시각(즉, 고객욕구)에 변화가 일어났다면 서비스 청사진을 수정하고 서비스 프로세스를 재설계해야 한다. 한마디로 서비스 프로세스 재설계는 낡은 서비스 전달과정을 재활성화시키는 작업이다. 그러나 서비스 프로세스 재설계가 초기에 이루어진 서비스 프로세스 설계가 잘못되었다는 것을 의미하는 것은 아니다. 기술과 고객욕구의 변화, 새로운 서비스특성의 추가 등으로 인해 기존의 서비스 프로세스가 제 기능을 원활하게 발휘하지 못하기 때문에 서비스 프로세스 재설계가 이루어지는 경우가 보다 일반적이다.

미국 보스턴 소재 베스 이스라엘 병원(Beth Israel Hospital)의 병원장이었던 미첼 랩킨(Mitchell T. Rabkin) 박사는 낡은 서비스 프로세스를 조직의 부식화(institutional rust)라고 표현하였는데, 조직은 철강재와 같아서 한 때 원활하고 부드럽게 작동되었던 조직도 시간이 지나면 부식된다는 것이다. 그는 이러한 상황이 발생되는 이유로 외부환경의 변화와 조직내부의 변화를 제시하였다. 헬스케어 산업의 경우 평균수명의 증가, 고객욕구의 변화, 건강보험정책의 변화와 같은 외부환경의 변화에 대응하기 위한 서비스 프로세스의 재설계가 필요하다. 내부과정의 자연스러운 노후화, 관료주의의 확대, 불필요하고 비공식적인 서비스 표준의 형성과 같은 내부의 변화도 중요한 원인이 될 수 있다.

한편 지나치게 광범위한 정보의 교환, 자료의 중복, 예외적 업무처리의 증가, 불편하고 불필요한 절차에 대한 고객불평의 증가 등과 같은 징후들은 서비스 전달과정이 잘 작동되지 않아 재설계가 필요하다는 것을 시사하는 것이다. 이러한 경우에 마케터는 기존 서비스의 청사진을 검토함으로써 서비스 전달시스템을 재구성하거나 특정 서비스 전달요소를 가감하거나 혹은 다른 세분시장을 타겟으로 서비스를 재포지셔닝하는 방법을 통해 서비스 상품을 개선할 기회를 얻을 수 있다. 에이비스(Avis)사는 매년 렌터카 이용자들이 가장 중요하게 여기는 요인들을 파악한다. 이 회사는 고객이 승용차를 렌트하는 과정을 예약, 인도카운터 접근, 렌터카 인도, 운전, 렌터카 반환, 요금지불 등 100개 이상의 단계로 세분화한 후, 고객들이 렌터카를 가장 신속하게 제공받아 이용할 수 있도록 지속적으로 서비스 프로세스를 재설계해왔다.

에이비스 서비스 프로세스 재설계의 주안점은 신속성에 있다.

서비스 프로세스 재설계를 담당한 관리자는 생산성과 서비스 품질을 동시에 향상시킬 수 있는 기회를 탐색해야 한다. 과업의 수행방식을 리엔지니어링함으로써 기업은 생산성, 특히 후방업무에서의 생산성을 상당히 향상시킬 수 있다. 서비스 프로세스의 재설계는 다음과 같은 서비스 성과지표를 달성하는 방향으로 이루어져야 하는데, ① 서비스 실패 발생빈도의 감소 ② 서비스 프로세스를 시작해서 종료하는 데 소요되는 총 서비스시간의 감소 ③ 생산성 향상 ④ 고객만족도 향상이 그것이다.

서비스 프로세스 재설계는 서비스 전달과정을 재구성하거나 서비스 전달활동의 일부를 대체하려는 노력인데, 다음은 이러한 노력의 구체적 유형을 정리한 것이다.

• 부가가치를 창출하지 않는 서비스 전달단계의 제거 : 기업은 전·후방부서에서 이루어지는 일부 서비스 전달활동들을 간소화하는 대신, 가치를 창출하는 서비스 접점활동

에 대해 마케팅 노력을 집중시킬 수 있다. 가령, 렌터카 회사는 신청서의 작성, 복잡한 대금지불 프로세스, 혹은 반환차량의 점검과 같이 고객들이 성가시게 생각할 수 있는 과업들을 간소화시킴으로써 생산성과 고객만족도를 높일 수 있다.

- 셀프서비스로의 전환 : 서비스 프로세스 재설계를 통해 셀프서비스의 비중을 높임으로써 기업은 생산성을 향상시키고 때에 따라 서비스 품질도 향상시킬 수 있다. 페덱스(FedEx)는 전화주문의 50% 이상을 인터넷 주문으로 유도함으로써 콜센터 직원의 수를 20,000명 이상 줄이는데 성공했다.

- 서비스를 고객에게 직접 전달함 : 기업은 서비스 프로세스 재설계를 통해 고객이 서비스기업을 찾아오도록 하는 대신 서비스를 고객에게 직접 전달할 수 있다. 이러한 조치는 고객의 편의성을 높일 뿐 아니라 값비싼 점포입지비용의 절감을 통해 생산성을 향상시키는데 도움을 줄 수도 있다.

- 서비스 묶음의 제공 : 서비스 묶음(bundling services)은 복수의 서비스들을 하나로 묶어서 제공하는 것인데, 서비스 묶음은 기업의 생산성을 향상시키는데 도움을 줄 뿐 아니라(즉, 특정의 세분시장을 타겟으로 제공되는 서비스 묶음은 더욱 신속한 거래가 이루어지도록 만들며, 각 서비스를 별도로 제공하는데 드는 마케팅 비용을 절감시켜줌), 거래비용의 감소에 따라 고객에게도 부가가치를 제공한다. 서비스 묶음의 제공은 종종 표적세분시장의 욕구에 더 잘 부합된다.

- 서비스 프로세스의 물리적 요소들을 재설계함 : 물리적 서비스 요소를 재설계하는 작업은 서비스 프로세스의 유형적 요소들에 초점을 맞추어 이루어지는데, 고객의 서비스 경험을 향상시키기 위해 서비스 시설과 설비들을 변경하는 것을 포함한다. 서비스기업은 이를 통해 고객에 대한 편의성과 기업의 서비스 생산성을 높이고, 나아가 현장직원의 만족도와 생산성을 향상시킬 수 있다. 〈표 8-1〉은 서비스 프로세스 재설계의 5가지 유형을 제시하고 각 유형이 기업과 고객에게 제공하는 이점과 한계점을 보여준다.

한편 마케터는 서비스 프로세스를 재설계하는 과정에서 누가 서비스 청사진의 각 구성요소를 전달할 책임을 져야 할지를 결정해야 한다. 최근 들어 서비스기업들은 비핵심적인 서비스 전달활동들을 외부 전문공급업체들에게 아웃소싱시키고 있다. IBM은 기업의 서비스 전달활동들을 해체(deconstruction)한 뒤, 관련 서비스 활동들을 재구성함(reconstruction)으로써 가치 네트(value net)를 구축하는 운영방식을 도입했는데(IBM은 이를 '요소구성화(componentization)'라고 부름), 가치네트를 구성하는 서비스 활동들로부터 가치를 창출하기 위해 관련 사업단위들, 공급업체, 구매자 그리고 파트너들이 공동협력을 한다.

고객경험지도를 그려라

고객이 경험하는 장소에서 그 과정을 단위 별로 쪼개보는 것도 고객경험을 잘 들여다 볼 수 있는 하나의 방법이다. 미국, 유럽, 아시아 등에 있는 고객관리 전문회사인 GCCRM은 스타벅스 매장에 고객이 들어갈 때부터 커피를 마시고 나올 때까지의 과정을 20개의 고객경험 단위로 해부하였다.

고객경험지도(Customer Experience Map)라 부르는 이 지도에는 고객의 세부적인 경험단위 별로 고객들이 어떻게 느끼는지가 자세히 그려져 있다. 고객의 총체적 경험의 합은 그것들의 단순 합이 아니라 곱이기 때문에 하나라도 부정적인 경험이 있으면 전체적인 합은 제로가 될 수 있다. 이런 고객경험지도를 통해 부정적인 경험이 발생하는 접점을 파악하여 고객경험을 관리하는 방법으로 사용할 수도 있다. 지금까지 여러 사례를 통해 고객의 경험세계를 분석하고 이해하는 것이 마케팅을 전개하는데 핵심적이라는 사실을 알 수 있었다. 그런데 어떻게 하면 고객의 경험세계를 정확히 분석할 수 있겠는가?

첫째, 타깃고객을 규정한다. 타깃고객을 정확히 규정하는 것은 고객의 경험세계를 분석하는 첫 번째 단계다. 고객의 유형에 따라 경험의 종류도 달라진다. 제품을 구입한 사람이 누구인지, 얼마나 자주 사용하는 사람인지, 관여도는 어느 정도 있는지 등에 따라 경험의 종류가 달라진다.

둘째, 고객경험세계를 분류한다. 고객경험세계는 단순히 우리 브랜드에서 얻는 경험에만 국한시키기보다는 사회문화적 배경이나 비즈니스 환경과 관련된 광범위한 범위까지 포함되어야 한다. 고객경험세계를 브랜드에서 얻는 경험, 제품 군에서 얻는 경험, 브랜드를 사용하고 소비하는 상태에서 얻는 경험, 사회문화적 배경 혹은 비즈니스 환경과 관련된 광범위한 범위의 경험까지 체계적으로 분류하고 체계화한다.

셋째, 고객접점을 따라 경험을 추적한다. 접점을 따라 경험을 추적하는 것은 고객경험을 잘 이해할 수 있는 가장 중요한 과정이다. 제품을 인식하여 구입하고 사용한 뒤 버릴 때까지, 고객과 회사 사이에 존재하는 모든 고객 접점을 따라서 전체 고객경험을 추적한다.

출처: 뉴스와이어(2007.4.), LG주간경제(2007.4.18.)

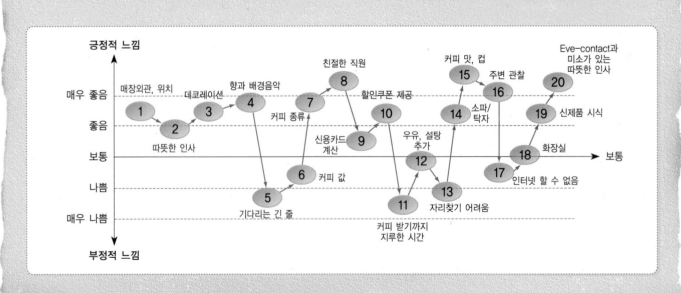

	기업혜택	고객혜택	한계점
가치창출에 기여하지 않는 단계의 제거	효율성 증대 생산성 증대 고객별 서비스 제공능력 향상 차별화	효율성과 서비스속도의 상승 고객으로부터 기업으로 업무 전가 고객별 맞춤 서비스 제공	효과적이고 원활한 실행을 위해 고객과 직원에 대한 교육이 필요함
셀프서비스로의 전환	비용감소 생산성감소 기술에 대한 평판증대 차별화	서비스속도의 상승 접근성 증대 비용절약 통제력 증대	고객의 역할수행을 위한 준비의 필요성 관계형성을 위한 대면기회의 부족 피드백의 부재
서비스를 고객에게 직접 전달함	위치적 제약 극복 고객기반 확장 차별화	편의성 증대 접근성 증가	물류활동의 부담 증가 비용증대 서비스 전달에 대한 신뢰도 구축이 필요함
묶음서비스의 제공	차별화 고객유지 고객당 서비스 이용증대	편의성 증대 고객별 차별적 서비스 제공	표적고객에 대한 광범위한 이해의 필요성 불필요한 서비스 제공으로 인식될 우려
서비스 프로세스의 물리적 요소에 대한 재설계	직원만족도 상승 생산성 증대 차별화	편의성 증대 서비스 전달기능의 향상 흥미 유발	모방하기 쉬움 비용이 많이 소요됨 고객의 기대수준 증가

표 8-1

서비스 프로세스 재설계의 5가지 노력방안

8.6 서비스 프로세스와 고객참여

서비스 청사진의 개발은 서비스 전달과정에서 고객이 수행해야 할 역할과 서비스 제공자와 그들간의 접촉수준을 파악하고 구체화하는데 도움을 준다. 또한 주어진 서비스 프로세스상에서의 고객역할이 단순히 서비스를 제공받는 것인지 혹은 서비스를 창출/생산하는 과정에 적극적으로 관여하는 것인지를 파악하는데 도움을 준다.

고객의 참여수준

고객참여는 서비스의 생산·전달과정에 고객이 제공하는 행위와 지원(정신적, 신체적, 정서적 투입요소들)을 말한다. 사람에게 제공되는 서비스 혹은 거래시점에서 고객과 서비스 제공자간의 상호접촉이 이루어지는 서비스의 경우에는 서비스 전달과정에서 어느 정도의 고객참여가 불가피하다. 대체로 고객의 참여정도는 그 범위가 넓지만, 낮은 수준의 고객참여, 적정 수준의 고객참여, 높은 수준의 고객참여로 분류될 수 있다.

고객들의 참여수준이 낮은 경우, 고객들은 서비스 생산에 거의 참여하지 않으며 종업원과 서비스 전달시스템이 전적으로 생산한 서비스를 소비하는 역할을 한다. 이러한 경우 서비스 상품은 대체로 표준화되어 있고, 고객은 단순히 서비스 공장을 방문해서 제공된 서비스에 대해 가격을 지불하기만 하면 된다. 예를 들어, 영화/콘서트를 관람하거나 버스를 타는 것이 이에 해당된다. 소유물에 대해 제공되는 서비스(예: 세탁이나 공기청정기 필터 교체)의 경우에는 고객들은 서비스 생산과정에 전혀 개입되지 않는다.

중간 정도의 고객참여가 요구되는 서비스의 경우, 기업이 서비스를 창출·전달하는 과정에서 어느 정도 고객화된 서비스를 제공받기 위해 고객의 노력(예: 정보제공이나 개인적 노력)이 투입되어야 한다. 예를 들어, 미용서비스를 제공받는 고객은 자신이 원하는 헤어스타일을 얻기 위해 자를 머리카락의 길이와 염색할 부분과 색상 등의 정보를 미용사에게 제공하고 머리를 손질하는 과정에서 협조해야 한다.

높은 수준의 고객참여가 요구되는 서비스의 경우, 고객들은 서비스를 생산하는 과정에 적극적으로 참여해야 한다. 만약 고객이 수행해야 할 역할과 생산과업을 효과적이고 적극적으로 수행하지 않는다면, 서비스 산출물의 품질이 저하될 것이다. 결혼상담, 건강관련 서비스(예: 건강회복프로그램과 다이어트프로그램 등), 경영컨설팅 등과 같은 서비스 상품의 경우, 고객은 자신이 원하는 결과를 얻기 위해 서비스 제공자와 긴밀히 협조해야 하며 서비스 생산과정에 공동으로 참여해야 한다.

⠿ 셀프서비스 기술의 도입: 가장 높은 고객참여수준

가장 높은 고객참여수준은 서비스기업이 제공하는 시설이나 시스템을 이용해 고객 스스로 특정한 서비스 활동을 직접 수행하는 것이다. 이 경우 고객의 시간과 노력이 서비스 직원의 업무를 대체하게 된다. 오늘날 소비자들은 직접 서비스 직원을 대면할 필요 없이 스스로 서비스를 생산할 수 있도록 하는 다양한 유형의 셀프서비스 기술(SST: Self-Service Technology)을 접하고 있다. SST의 예로는 자동현금인출기, 인터넷 뱅킹, 셀프 주유소, 자동전화시스템(예: 폰뱅킹), 자동 호텔체크아웃 등을 들 수 있다. 최근 들어 많은 서비스기업들이 고객들을 직접 대면 또는 통화하거나, 중개인을 이용하는 등의 비용이 더 많이 드는 방식을 탈피하고 인터넷을 통해 고객들이 직접 서비스를 수행하도록 유도하는 전략을 개발·도입 하고 있다.

SST의 도입은 경제적 합리성에 논리적 근거를 두고 있다. 즉, 종업원이 수행하던 일을 고객이 부담하면 기업의 입장에서 생산성 향상과 비용절감을 실현할 수 있다는 것이다. 대신 SST를 이용하는 고객은 저가격의 혜택을 통해 비용절감의 일부를 제공받는다. 그러나 SST를 설계, 실행, 관리하는 데 상당한 시간과 비용을 투자해야 함을 고려할 때, 서비스기업은 고객이 SST 대안을 이용하는 것과 인적서비스를 제공받는 것 가운데 하나를 어떻게 선택하는지, 그리고 SST가 가지고 있는 장점과 단점이 무엇인지를 이해할 필요가 있다. 고객은 SST이용을 통해 시간과 비용의 절감, 유연성, 입지의 편리성, 서비스 전달과정에 대한 더 높은 통제, 그리고 맞춤서비스 등의 혜택을 제공받을 뿐 아니라 SST를 이용하는 과정에서 재미와 즐거움 등을 경험할 수 있다. 그러나 SST의 이용에 대해 불편을 느끼는 일부 소비자들은 SST의 도입을 위협적으로 받아들여 불안과 스트레스를 경험할 수 있다. 어떤 소비자들은 서비스 접점에서 직접 제공받는 서비스 활동을 사회적 경험으로 인식해 종업원들과 직접 거래하기를 선호하는 반면 또 다른 소비자들은 의식적으로 종업원들과의 접촉을 피하려고 한다.

따라서 서비스기업들에게 도전적인 과제는 SST를 도입·관리하는 것 보다 오히려 소비자들이 이러한 SST를 이용하도록 만드는 것이다. 고객의 SST 이용의도는 해당 서비스 기술에 대한 태도, 특정 서비스기업에 대한 전반적 태도, 그리고 종업원에 대한 태도 등에 의해 복합적으로 영향을 받을 수 있다.

SST를 이용한 서비스제공이 가지고 있는 위협요인 중 하나는 많은 서비스기업들 중 일부만이 잘 준비된 서비스 복구시스템을 갖추고 있다는 것이다. 기술적인 문제로 인해 서비스 프로세스가 작동하지 않을 때, 즉석에서 이를 회복시키는 방안을 갖추고 있지 않은 경우가 많다(예: 인터넷뱅킹 오류). 이러한 경우 고객들은 서비스를 제공받지 못하거나 문제를 해결하기 위해 직접 방문하는 등의 번거로움을 감수해야 한다. 따라서 SST를 도입하는 기업들은 다음과 같은 문제들을 점검해야 한다.

• SST가 신뢰성 있게 작동하는가? 서비스기업은 SST가 약속한 대로 잘 작동하는지, 그리고 설계가 사용자 친화적인지 등을 확인해야 한다. 사우스웨스트 항공의 온라인 티켓팅 서비스는 단순성과 신뢰성 차원에서 매우 높은 표준을 설정했다. 그 결과 이 항공사는 다른 항공사들에 비해 온라인 티켓판매의 비중이 가장 높으며, 이러한 판매성과는 많은 고객들이 사우스웨스트 항공의 SST를 수용했다는 증거이다.

• SST가 인적서비스 보다 더 나은 대안인가? 만약 SST가 시간절약, 접근용이성, 비용절약 등의 혜택을 제공하지 못한다면, 고객들은 자신에게 친숙한 전통적인 서비스 방식을 계속 이용할 것이다. 아마존닷컴이 성공을 거둔 이유는 소매점포를 방문하는 것 보다 더 개인화되고 효율적인 인터넷 거래방식(SST)을

고객들은 셀프서비스에 대해 긍정적 태도와 부정적 태도를 동시에 갖고 있다.

'애플페이'가 이끄는 핀테크 혁명과
'아이비콘' 생태계로 인한 모바일 쇼핑 대변화

애플의 모바일결제시스템 애플페이(Apple Pay)에 따른 핀테크 혁명은 애플의 충성도와 모바일 점유율을 더욱 높일 것이라는 전망이 나왔다. 특히 애플페이의 성공적 보급으로 2016년 총거래액은 2,000억달러(약 220조원)에 달할 것으로 추정됐다. 이정 유진투자증권은 애널리스트는 10일 "애플페이는 기존 '아이비콘 생태계'와 함께 모바일 결제시스템에 새로운 혁신을 불러일으켜 사용자에게 새로운 경험치를 제공할 것"이라며 "소비문화의 대변화 속에서 애플의 새로운 수익원이 될 결제시장의 성장 방향성을 보여주고 있다"고 진단했다.

애플은 지난 9월 9일 모바일 결제시스템 '애플페이'를 공개했다. '애플페이'는 지문인식센서 '터치ID'와 근거리무선통신(NFC)을 활용한 지불결제기능이다. 신용카드 정보를 먼저 저장해둔 후 플라스틱 카드가 아닌 '아이폰'이나 '애플워치'로 결제하는 방식이며, 아메리칸 익스프레스, 마스터카드, 비자 등 신용카드업체와 씨티그룹, 뱅크오브아메리카 등과 같은 대형은행과 제휴를 맺었다. 지난 10월 20일부터 모바일 결제서비스를 시작했으며 서비스를 시작한 지 72시간만에 이용

횟수 100만건을 돌파했다. 이는 '구글월렛(GoogleWallet)'을 포함해 그동안 출시된 다른 모바일 결제서비스의 성과를 합친 것보다 많은 것이다. 이 애널리스트는 "터치ID를 이용한 사용자의 편리성 극대화와 보안성 강화, 미국 은행과 신용카드사(社)와의 적극적 제휴 등으로 성공적으로 보급되고 있다"고 평가했다.

유진투자증권에 따르면 애플페이는 출시되자마자, 미국 은행과 카드사 등의 지원 하에서 빠른 속도로 보급되고 있다. 이 애널리스트는 "애플페이는 모바일 결제서비스의 '보안'을 보장하고 있다"며 "애플은 중장기적관점으로 모바일 결제서비스를 준비해 왔고 이는 경쟁업체들이 단기간에 쫓아갈 수 있는 사항이 아니다"고 말했다. 이어 그는 "기존의 애플 고객들의 충성도를 높이는 것은 기본이고 이러한 선점효과로 인해 정체돼 있는 모바일 점유율을 더욱 올릴 수 있을 것"이라고 내다봤다.

출처: 아시아 경제 (2014.12.)
사진출처: 애플사 홈페이지– https://www.apple.com/apple–pay/

고객에게 제공했기 때문이다.

• SST가 작동하지 않을 경우 어떠한 복구시스템을 강구해야 하는가? SST가 작동하지 않을 경우, 기업은 해당 서비스를 신속하게 복구시킬 수 있는 시스템, 구조, 그리고 복구기술을 갖추어야 한다. 은행들은 각 ATM별로 전화기를 함께 설치함으로써 문의를 하고 싶거나 어려움에 봉착한 고객들이 24시간 고객서비스센터에 곧바로 접속할 수 있도록 한다. SST를 이용한 체크아웃라인들을 설치한 슈퍼마켓은 통상 이들을 모니터 하기 위한 직원을 배치하는데, 이들은 설비의 안전성을 점검하고 고객을 돕는 역할을 수행

한다. 전화기반 서비스시스템을 구축한 기업들은 보이스메일(voicemail) 메뉴를 설계하는 과정에서 고객이 고객서비스 책임자(customer service representative)에게 접속할 수 있는 옵션을 포함시킨다.

⠿ 임시직원 혹은 부분적 직원의 역할을 수행하는 고객

고객들의 참여는 서비스 프로세스와 생산성, 그리고 품질에 영향을 줄 수 있기 때문에, 기업은 이러한 고객들을 임시직원 혹은 부분적 직원(partial employee)으로 간주할 필요가 있다. 서비스 생산에 능동적으로 참여할 기회를 제공받은 고객들은 실제 역할의 수행여부와 상관없이 자신이 선택할 기회를 제공받을 수 있다는 이유에서 그렇지 않은 고객들에 비해 더 만족할 수 있다. 그러나 동시에 고객들의 참여가 오히려 문제가 될 수 있는데, 한 조사에 따르면 서비스상의 문제로 인한 고객불만 가운데 1/3 정도는 고객자신 때문에 발생된다. 따라서 기업은 고객들이 임시직원 혹은 부분적인 직원의 역할을 잘 수행하도록 고객들의 참여를 효과적으로 관리하면서 서비스 실패를 예방하는데 초점을 맞추어야 한다.

임시직원으로서의 고객을 관리하는 것은 정규직원에 대한 인적자원관리와 동일하며, 다음의 4단계로 구성된다.

① 고객의 현재역할에 대해 직무분석을 실시하고, 이를 기업이 바라는 역할과 비교한다.

② 고객들이 자신이 수행해야 할 역할을 숙지하고 있는지, 그리고 기업이 요구하는 역할을 수행하는데 필요한 기술을 가지고 있는지를 파악한다. 고객이 더 많은 역할을 수행해야 한다면, 최선의 결과를 얻기 위해 역할수행 방법에 대한 더 많은 교육을 실시해야 할 것이다. 고객에 대한 교육은 다양한 방법을 통해 제공될 수 있는데, 브로셔(brochure)와 설명서의 동봉(posted instruction)이 흔히 사용되는 수단이다. 자동화 도구도 종종 자세한 운영안내서와 도표를 담고 있다. 많은 웹사이트들이 FAQ(Frequently Asked Questions) 섹션을 가지고 있는데, 이베이 웹사이트는 경매품목을 사이트에 올리는 방법과 구매하고 싶은 품목에 입찰하는 방법 등에 대해 자세한 설명서를 제공한다.

③ 역할을 잘 수행한 고객들에게 보상을 제공함으로써 고객들에게 동기부여를 제공한다(예: 더 나은 서비스 품질과 더 많은 맞춤서비스로 인한 고객만족도 제고, 서비스 프로세스에 직접 참여하는 과정에서 경험하는 즐거움, 자신의 높은 생산성이 서비스 프로세스의 속도를 높이고 비용을 절감시킨다는 믿음 등).

④ 고객의 성과를 정기적으로 평가한다. 고객의 성과가 만족스럽지 않다면, 그들의 역할과 고객의 참여절차에서 변화를 추구한다. 다른 대안으로 그들과의 거래관계를 정중한 방식으로 종식하고 새로운 고객을 탐색할 수 있다.

서비스 프로세스를 방해하는 불량고객

다른 고객들은 종종 서비스 전달과정에 영향을 미치는 주요요소이다. 사람들에게 제공되는 서비스(예: 병원의 진료서비스)의 경우, 다른 고객들도 서비스 접점에 함께 존재하며 고객은 그들과 서비스시설을 공유해야 한다. 따라서 다른 고객들의 행동은 특정의 서비스 전달과정이 원활하게 수행되는데 긍정적이거나 부정적인 영향을 미칠 수 있다. 비협조적이나 무례하게 행동하는 고객은 어떤 조직에서도 골칫거리이지만, 특히 서비스 공장 내에 다른 고객들이 함께 머무는 시간이 많은 서비스업종에서 해를 끼칠 가능성이 더 높다. 여러분들이 경험을 통해 알듯이, 다른 사람들의 행동이 여러분이 서비스를 즐기는데 영향을 줄 수 있다. 만약 당신이 고전음악을 좋아해 연주회에 참석했다면, 다른 청중들이 연주회 동안 잡음을 내지 않기를 기대한다. 고객의 불량행동에 효과적으로 대처하지 못하는 기업은 그 고객을 제외한 다른 모든 고객들과의 관계를 구축하는데 피해를 입을 수 있다. 미국의 대도시를 방문한 여행객들은 신호를 무시하고 무단으로 도로를 횡단하는 사람(jaywalker)을 흔히 목격한다. 이와 유사하게 경솔하거나 무례하게 행동해 기업, 종업원, 그리고 다른 고객들에게 피해를 주는 고객을 불량고객(jaycustomer)이라고 부른다.

어떤 서비스기업에게도 불량고객은 존재하게 마련이다. 이들에 대해 두 가지 상반되는 관점이 존재하는데, 그 하나는 '고객은 왕이고 항상 옳다'는 것이고 다른 하나는 '고객은 항상 옳은 것은 아니며 무례한 행동을 하는 고객들이 넘쳐난다'는 시각이다. 분명한 것은 '올바른 고객을 선별해 유지해야 하며 불량고객과는 지속적 관계를 유지하지 않는 것이 바람직하다.

불량고객은 기업과 다른 고객들에게 해가 되므로, 불량행동을 통제하거나 방지하는 보다 엄격한 조치를 취하거나 혹은 사전에 불량고객을 끌어들이지 않도록 해야 한다. 불량고객이 누구인지를 정의하는 것이 이에 대한 해결책을 강구하는데 있어 출발점이 된다. 서비스 제공자에게 해를 끼치는 불량고객은 크게 도둑형(thief), 규칙위반형(rule breaker), 호전형(belligerent), 불화형(family feuder), 파괴형(vandal), 신용불량형(deadbeat)의 6가지 유형으로 분류할 수 있다. 이하에서는 각 유형의 특징과 유형별 대응방안에 대해 설명하기로 한다.

• 도둑형 불량고객(thief jaycustomer) : 이러한 유형의 불량고객은 서비스 구입대금을 지불하지 않거나 상품과 서비스를 훔치는 사람을 말한다. 예를 들면 지하철에 무임승차하거나, 영화관에 몰래 들어가거나, 식사대금을 지불하지 않거나, 불법으로 음악을 다운로드 하거나, 소프트웨어를 복제하는 사람들이 흔한 유형의 도둑형 불량고객이다. 서비스 마케터는 도둑형 불량고객을 근절시키기 위한 방안을 도입함으로써 정직한 고객들이 제공받는 서비스의 품질이 저하되지 않도록 해야 한다. 최근 들어 많은 점포들이 상품에 전자태그를 부착하고 출구에 전자감식기를 설치함으로써 대금을 지불하지 않고 상품을 몰래 가져나가는 고객들을 퇴치시키고 있는 것도 한가지 방안이다.

• 규칙위반형 불량고객(rule breaker) : 사고예방을 위해 도로에서의 안전운행 규칙이 필요하듯이, 서비스기업들은 서비스 전달과정의 여러 단계에서 고객들이 안전하게 서비스를 경험하도록 종업원과 고객들의 행동에 대한 규칙을 설정할 필요가 있다.

이러한 규칙들 중 일부는 고객의 건강과 안전을 위해 정부기관에 의해 법적으로 도입되기도 한다. 예를 들면 항공사는 비행기 탑승객들에게 안전상의 여러 규칙들을 준수할 것을 요구한다. 이러한 법적 규정 이외에 서비스기업들은 시설 운영 및 잘못된 사용예방, 종업원에 대한 고객들의 무리한 요구 예방, 문제발생 시 법적인 보호, 그리고 개별 고객들의 불량행동 억제 등을 목적으로 자체적인 규칙들을 도입하고 있다. 예를 들어 스키 리조트는 부주의한 스키이용자들로 인한 사고와 다른 고객들에게 돌아가는 피해를 예방하기 위해 엄격한 규칙을 적용하는데, 덴버 근처에 위치한 윈터파크(Winter Park)는 위험한 행위로 인해 스키장 이용권을 압수당한 고객들이 그 이용권을 되돌려 받기 위해 45분 동안의 안전교육을 받아야 한다.

• 호전형 불량고객(belligerent) : 공항, 호텔, 식당 등에서 얼굴을 붉히면서 고함을 질러대고 욕과 위협적 행동을 하는 고객들을 종종 목격하게 된다. 실제로 형편없는 서비스의 제공이 원인이거나, 큰 문제가 아닌 경우에도 고객들은 종종 일선 종업원들에게 노여움을 표시하기도 한다. 이러한 상황에서 종업원이 문제를 해결할 권한을 가지고 있지 않을 경우, 이런 호전형 불량고객들은 신속하게 대처하지 못한 것에 대해 더욱 더 분개하며, 때로는 폭력을 행사하기도 한다. 화난 고객이 서비스 직원에게 고함을 칠 때 서비스 직원도 이에 맞대응함으로써 사태를 더욱 악화시키는 경우도 있다.

서비스 조직은 일선직원들이 호전형 불량고객에 잘 대처할 수 있는 여러 가지 기술을 습득하도록 교육시켜야 한다. 역할연기(role-playing)를 연습하는 것은 종업원들이 화가 난 호전형 고객에 대처하는데 필요한 자신감과 자기주장을 개발하는데 도움을 줄 수 있다. 종업원들은 또한 화를 진정시키는 방법, 걱정과 괴로움을 완화하는 방법 등도 배워야 한다.

공개적인 환경에서 사태를 진정시키려는 일선종업원의 노력을 무시하는 호전형 불량고객에 대해서는, 일단 호전형 불량고객을 다른 고객들로부터 분리시키려는 노력이 우선적으로 이루어져야 한다. 때에 따라 현장관리자가 고객과 종업원간의 논쟁을 중재하거나 종업원의 행동을 지원해야 할 경우도 있다. 만약 고객이 종업원에게 신체적 공격을 가한다면, 경비요원이나 경찰을 불러야 할 필요도 있다. 최근에는 전화상의 언어폭력(rudeness)이 서비스기업들에게 새로운 문제로 부각되고 있다. 서비스 종업원은 분노한 고객의 언어폭력에 대해 전화를 끊는 것으로 대응할 수 있지만, 이러한 행동이 문제를 해소시키지는 못한다. 따라서 기업별로 언어적 폭력을 계속 행사하는 고객들의 명단을 관리하거나 이에 대한 응대 매뉴얼을 갖고 대응하는 것이 효과적이다.

• 불화형 불량고객(family feuder) : 호전형 불량고객들 중에는 다른 고객들과 싸우거나 심지어 동행한 일행들과 싸우는 고객들이 있는데, 이들을 불화형 불량고객이라고 부른다. 종업원의 개입이 사태를 진정시킬 수도 있고 이를 더욱 악화시킬 수도 있다. 상황별로 자세한 분석과 신중하게 개발된 대응책을 필요로 하는 경우도 있지만, 때에 따라 즉각적인 조치가 필요한 상황(예: 고급식당에서 가족이 음식 때문에 서로 언쟁을 벌임)들도 있을 수 있다. 이러한 상황에서 서비스관리자는 즉석에서 생각하고 신속하게 조치를 취할 준비가 되어 있어야 한다.

• 파괴형 불량고객(vandal) : 어떤 고객들은 서비스 시설이나 장비에 대해 물리적 손상을 입히기도 한다. 은행의 ATM에 청량음료를 붓거나, 내·외부 벽에 흠집을 내거나, 다른 고객의 승용차에 흠집을 내는 것 등이 이에 해당된다. 파괴형 불량고객에 대한 최상의 대처방안은 이러한 행동이 발생되지 않도록 미연에 방지하는 것이다. 안전조치를 향상시키고 밝은 조명을 사용하는 것은 파괴행위를 줄이는 데 도움이 된다. 또한 고객을 기분 좋게 하면서 잘 파손되지 않는 표면재, 보호막을 씌운 장비, 튼튼한 가구 등을 선택할 수 있다. 고객에게 시설을 올바르게 사용하는 방법을 가르치고, 부서지기 쉬운 물건에 경고문을 부착하는 것도 서비스 시설과 장비를 거칠게 다루거나 부주의하게 다룰 가능성을 줄일 수 있다. 그리고 손상을 입힌 설비에 대해 고객이 보상하도록 동의서를 작성하거나 예치금을 맡기도록 하는 등 경제적 부담을 지우는 방법을 도입할 수도 있다.

이러한 예방노력에도 불구하고 고객이 의도적으로 시설물을 손상시켰을 경우, 현장관리자는 경고에서부터 고객의 비용부담에 이르기까지 다양한 형태의 조치를 취할 수 있다. 서비스 시설이나 장비가 손상되었을 때 기업은 다른 고객을 위해 이를 신속하게 수리해야 한다.

- 신용불량형 불량고객(deadbeat) : 처음부터 비용을 지불할 의도가 없는 고객들도 있지만, 다양한 이유로 인해 제공받은 서비스에 대해 대금을 제때에 지불하지 못하는 고객들도 존재한다. 신용불량형 고객에 대한 최상의 대처방안은 사후처리보다는 사전 예방조치를 취하는 것이다. 이에 따라 선불제를 요구하는 서비스기업의 수가 점차 늘어나고 있다. 대부분의 호텔들이 예약을 한 고객에게 신용카드 번호를 요구하거나 다이렉트 마케팅 기업들이 상품을 주문한 고객에게 신용카드번호를 요구하는 경우가 그 예이다. 다음으로 효과적인 방법은 서비스 전달이 완료된 시점에 곧바로 고객에게 청구서를 제공하는 것이다. 우편으로 청구서를 보내야 할 경우에는 아직 제공된 서비스가 고객의 마음속에 머물러 있을 동안에 가능한 한 신속하게 청구서를 발송해야 한다.

마케터가 유의해야 할 점은 체납고객이라고 해서 모두 회수가능성이 전혀 없는 신용불량 고객이 아니라는 것이다. 대금이 체납되는 충분한 이유가 있다면, 수용가능한 대금지불방법을 강구할 수 있다. 이 경우 고객의 상황에 맞춘 대금지불방법을 강구하는데 드는 비용이 대금회수 전문기관에 대금회수를 의뢰하는데 드는 비용보다 낮은지를 검토해야 한다. 만약 고객이 불가피한 상황으로 인해 대금을 체납한다면, 해당고객과의 관계를 유지함으로 인한 장기적 가치와 고객의 어려운 상황을 배려한다는 긍정적 호의(goodwill) 및 구전 등을 고려해 대금회수방법을 결정해야 한다.

고객의 불량행동은 전방부서 종업원, 다른 고객들, 그리고 서비스조직 자체에 부정적 영향을 미친다. 상대하는 종업원들은 단기적으로 기분이 상할 뿐 아니라 장기적으로도 심리적 상처를 입게 된다. 또한 종업원은 무례한 고객에게 보복적인 대응행동을 취할 수도 있다. 이로 인해 종업원의 사기가 저하되면, 이는 서비스 생산성과 품질에 부정적 영향을 미칠 수 있다.

다른 고객들에게 미치는 효과는 긍정적 측면과 부정적 측면이 함께 존재한다. 다른 고객들이 힘을 모아 모욕을 당하고 있는 종업원을 지원할 수 있다. 그러나 나쁜 행동은 전염성을 갖기 때문에 다른 고객들의 참여로 인해 사태가 더욱 악화될 수 있다. 대체로 부정적 사건에 노출되는 것이 많은 고객의 소비경험을 망칠 수 있기 때문에 다른 고객들도 해당 서비스를 더 이상 이용하지 않을 수 있다. 동기가 저하된 종업원들이 과거만큼 효율적이고 효과적으로 작업을 하지 못함으로 인해 기업의 경영성과가 나빠질 수 있다. 또한 도난당하거나 손상을 입은 서비스 설비의 복구, 사기성있는 고객 클레임에 대한 보상 등으로 인한 직접적인 재정손실이 발생되기도 한다.

고객들이 서비스 공장을 방문해 서비스 종업원 및 서비스 설비와 상호작용을 하는 과정에서 그들의 행동방식은 서비스 조직의 효과성과 수익성에 상당한 영향을 미친다. 많은 다른 고객들이 함께 존재하는, 고객간 접촉수준이 높은 서비스 환경의 경우, 이러한 가능성은 더욱 높아진다. 어떤 불량 고객행동은 상황적 요인에 의해 발생된다. 따라서 서비스 실패가 발생될 가능성을 최소화하고, 고객에게 부가가치를 제공하지 않는 서비스 전달 단계를 제거하고, 고객이 원하지 않는 대기상태를 방지하고, 그리고 쾌적한 물리적 환경을 유지할 수 있도록 서비스 프로세스를 설계하는 것은 고객의 분노와 좌절감을 유발시키는 요인들 가운데 일부를 줄이는 데 도움이 될 수 있다.

제 9 장

서비스 물리적 증거관리

복합쇼핑공간의 트렌디한 변신:

쇼핑에서 몰링으로

대한상공회의소는 2015년 주요 소비키워드 중 하나로 몰링(malling) 소비를 꼽고 있다. 몰링이란 쇼핑공간에서 쇼핑과 식사, 여가활동 등 다양한 복합문화활동을 동시에 즐기는 소비행태를 말하는 것으로 복합쇼핑센터가 등장하면서 전 세계적으로 자리 잡고 있는 소비 트렌드이다. 미국 미네소타 주에 위치한 '몰 오브아메리카(Mall of America)'에는 노드스트롬, 메이시스 등 4개 백화점과 멀티플렉스, 500여 개의 전문 매장, 어린이 캠프파크, 실내모형 골프장, 아쿠아리움 등이 들어서 있다. 1992년 오픈한 MOA는 연간 방문객 수가 미네소타 주의 총인구의 8배에 달하는 4천만 명에 이른다. 복합쇼핑몰들의 성공사례를 통해 몰링의 성공요인을 따라가 보자.

상품구매에서 즐거운 쇼핑으로

신세계 센텀시티 내 CGV에서 열려 큰 호응을 얻은 디즈니아트워크 특별전

쇼핑몰들이 즐거움보다는 상품구매에 지나치게 초점을 맞추다 보니 지속적인 운영에 어려움을 겪는 경우가 많다. 단순히 몰링 개념만을 강조하다 보면 10~20대들이 많이 찾는 의류 테마상가로 전락할 우려도 있다. 2009년 3월 문을 연 부산 해운대의 신세계 센텀시티점은 개점 6년 만에 매출 1조원을 돌파하면서 복합쇼핑공간으로의 성공을 알렸다. 센텀시티는 처음부터 경쟁대상을 기존의 백화점으로 한정하지 않았다. 신세계 관계자는 "쇼핑시설뿐만 아니라 스파랜드, 골프레인지, 아이스링크, 최신 영화관, 테마파크 쥬라지에 이르기까지 다양한 여가·레저시설을 갖췄다"며 "야구장이나 워터파크, 놀이공원과도 소비자 유치를 놓고 경쟁할 수 있도록 설계한 것이 성공요인"이라고 설명했다. 세계 최고의 럭셔리그룹 LVMH의 베르나르 아르노 회장은 현장을 찾아 "이토록 멋지고 재미있는 쇼핑센터를 본 적이 없다"고 감탄했을 정도이다.

걷고 싶은 공간의 여유, 몰링족을 배려한 공간설계

대형복합쇼핑몰들은 특화된 서비스와 이벤트를 제공하기 위해 넓은 공간의 아트리움(Atrium)이나 수십 명이 한꺼번에 지나가도 부대끼지 않을 만큼 넓은 통로를 설계하는 등 고객들의 여유로운 쇼핑을 배려하고 있다. 매출을 높이기 위해 매장 수백 개를 유치할 수 있는 공간을 고스란히 고객에게 내주고 있는 셈이다. 영등포에 문을 연 복합쇼핑몰 타임스퀘어에는 중형백화점 하나가 들어설 수 있는 공간이 아트리움으로 자리했다. 신세계 센텀시티도 초대형 보이드가 쾌적한 동선을 제공한다. 몰링 개념이 정착된 이후 쇼핑 외 시간도 몰에서 보낼 수 있도록 매장설계가 변화되고 있는 것이다. 여기에 복합쇼핑몰의 역사가 긴 미국, 일본 등지의 구매패턴 데이터를 바탕으로 뇌과학, 심리학 등 과학이론을 활용한 매장설계가 가능해졌다. 타임스퀘어의 경우 이러한 결과를 반영해 동선의 폭을 대폭 넓혀 매장을 설계했다. 타임스퀘어의 매장 MD 컨설팅을 맡은 일본 노무라 부동산의 계열사 '지오아카마츠' 측은 "동서양 복합쇼핑몰을 연구한 결과, 사람이 북적거려도 쇼핑하기 편하고 개방적인 느낌, 2층의 보이드 통로를 걷고 있어도 마주한 숍이 무엇인지 인식 가능한 거리는 16m"라며 "이 같은 데이터를 타임스퀘어에 적용했다"고 밝혔다.

타임스퀘어 1층 아트리움
공간과 넓은 동선

서비스 공간의 물리적 상징물을 활용

최근 잠실의 제2 롯데월드몰의 개장을 앞두고 석촌호수에 등장한 오리 '러버덕(rubber duck)'이 화제를 모았다. 네덜란드 공공미술작가 플로렌타인 호프만이 2007년부터 전세계에 걸쳐 설치한 작품을 잠실 롯데월드몰 개장을 앞두고 들여온 것인데 사람들의 반응이 폭발적이었다. 도심에 내려앉은 우주선 모양의 외형으로 유명한 동대문디자인플라자(DDP), 호텔 위 배모양 상징물로 유명한 싱가포르 마리나베이센즈 호텔 등 여러 성공사례에서 알 수 있듯이, 서비스공간을 대표하는 주요 물리적 상징물을 적절히 활용하는 것도 그 지역의 랜드마크로 거듭나기 위한 핵심요소이다.

롯데월드몰 개장에 등장한
러버덕

 1. 서울경제신문(2014.3.4.) 기사.
2. 한경비즈니스(2009.7.29.) 기사.
3. LUXMEN 스페셜리포트(2011.4.22.) 기사.

이 장에서는 성공적인 서비스 마케팅을 위한 물리적 증거(physical evidence)의 중요성에 대해 살펴본다. 여기서 물리적 증거라 함은 고객과 기업, 또는 종업원들이 상호교류를 통해 서비스를 제공하고 동시에 소비하는 서비스 현장의 물리적 환경을 의미한다. 이러한 서비스의 물리적 환경, 혹은 서비스 현장을 '서비스케이프(servicescape)'라고도 한다. '서비스'라는 말에 물리적 환경이나 경치를 의미하는 '랜스케이프(landscape)'라는 단어가 붙어 만들어진 합성어이다. 서비스는 기본적으로 무형적이고 체험속성이나 신뢰속성에 많이 의존하기 때문에 이러한 서비스케이프는 성공적인 서비스 제공을 위해 매우 중요하다.

9.1 서비스 물리적 환경

연말 동창모임을 준비하기 위해 식사장소를 예약하는 상황을 떠올려 보자. 음식의 맛, 가격, 종업원의 친절도 중요하지만, 의외로 많은 사람들은 그 식당의 분위기가 어떤지를 먼저 생각하게 된다. 소비자들은 서비스를 평가함에 있어서 서비스 그 자체(예: 음식 맛)도 중요하게 고려하지만, 서비스를 소비하는 과정에서 접하는 물리적인 환경들에 의해 많은 영향을 받기 때문이다. 이러한 서비스의 물리적 환경(physical environment)을 서비스 분위기(service atmospherics)라고도 하는데, 이러한 서비스 분위기는 크게 디자인 요소(design factors), 주변적 요소(ambient factors), 그리고 사회적인 요소(social factors)에 의해 결정된다.

여성 건축가 자하하디드(Zaha HADID)가 설계한
동대문디자인플라자(DDP) 야경

⠿ 디자인 요소

서비스 현장에서 가장 쉽게 접하게 되는 물리적인 증거들은 내부 인테리어(예: 실내 디자인, 레이아웃, 서비스 시설, 장식 등)와 외부시설(예: 건물 디자인, 주차장, 사인, 조경 등)들이다. 흔히 이러한 디자인 요소는 외부환경과 내부환경 요인으로 구분되기도 한다.

서비스 외부환경은 일차적으로 고객들의 주의와 관심을 끄는 강력한 요인이 된다. 최근 개장한 동대문디자인

플라자(DDP)는 독특한 건물 디자인으로 많은 사람들의 주목을 받으면서 서울지역 명소로 부상하였다. 이 외에도 전주 한옥마을, 싱가포르의 마리나베이샌즈 호텔 등 많은 서비스기업들이 차별화된 외부환경을 무기로 이미지를 창출함으로써 큰 성공을 거두고 있다.

한편 잘 설계된 내부동선, 쾌적한 편의시설, 실내장식과 같은 서비스 내부환경은 서비스를 이용하는 고객들의 편의성과 즐거움 등 서비스 체험에 직접적인 영향을 미치게 된다. 뿐만 아니라 이러한 내부환경은 서비스 종업원의 근무환경과도 밀접한 연관이 있기 때문에 종업원들의 만족이나 서비스 생산성에도 중요한 요소이다.

⠿ 주변적 요소

서비스는 체험이고 이러한 체험은 소비자들의 오감에 기초한다. 쇼핑센터를 거닐다 만나게 되는 좋은 음악과 향기, 호텔 로비의 분위기 있는 조명, 겨울철 실내공간의 적당한 온도, 색상 등이 서비스 소비자들의 오감을 자극하는 주변적 요소들이다. 이러한 주변적 요소들은 무엇보다 서비스를 이용하는 소비자들의 행동에 무의식적으로 영향을 미칠 수 있다.

색상을 테마로 한
팬톤(Pantone)호텔

최근에는 서비스기업들이 브랜드 이미지를 구축하기 위해 이러한 주변적 요소들을 적극 활용하기도 한다. 예를 들면 웨스틴 호텔은 전 세계 호텔들에 백차(white tea)향을 동일하게 사용하고 있는데, 고객들은 백차 향을 맡으면 웨스틴 호텔을 떠올릴 수 있다. 컬러기준을 설정한 것으로 유명한 팬톤(Pantone)사는 벨기에의 브뤼셀에 강렬한 색상을 테마로 한 호텔을 개장하였다. 한편 이러한 주변적 요소들은 경우에 따라서는 소비자들의 체험에 부정적인 영향을 미칠 수도 있다. 예를 들어 스타벅스의 차별화된 내부환경은 많은 고객들이 스타벅스를 찾는 이유이기도 하지만, 이로 인해 발생되는 소음은 오히려 긍정적인 서비스 체험을 방해하는 요소가 되기도 한다.

⠿ 사회적 요소

서비스의 물리적 환경을 결정하는 또 다른 요소는 사람과 관계가 있다. 고급 호텔에 들어서면서 처음 만나게 되는 종업원들의 외모나 호텔 로비를 지나가는 다른 고객들을

표 9-1	긍정적 효과	부정적 효과
다른 고객의 긍정적 부정적 효과	다른 고객과 나누는 대화/함께하는 즐거움 서비스 선택이나 구매에 직접적 도움(예: 조언) 긍정적인 혼잡도(예: 스포츠경기 관중들 열기) 서비스 이용과정에서의 간접 도움(예: 이용방법 관찰)	다른 고객들과의 직접적인 다툼(예: 자리 잡기) 다른 고객들로부터의 직접 피해(예: 복잡한 콘서트 장에서 옆 좌석 고객이 쏟은 맥주) 부정적인 혼잡도(무례함, 시끄러움 등)

자료원: Zhang, F, S. E. Betty, and D. Mothersbaugh (2010), "A CIT investigation of other customer's influence in services," *Journal of services Marketing*, 24(5). p. 393.

접하면서 우리는 호텔에 대한 첫인상을 갖게 된다. 서비스 종업원들의 외모(employee's appearance), 고객들의 유형(type of customers), 그리고 사람과 공간에 대한 복합적인 인식에 해당하는 혼잡성(crowding) 등이 바로 사회적인 환경요인들에 해당된다.

2장의 서비스 소비자행동에서도 살펴보았듯이 서비스의 물리적 환경을 결정하는 사회적 요소들 중 핵심은 바로 다른 고객들이다. 대부분의 서비스 접점에서 고객들은 서비스 제공자들뿐 아니라 다른 고객들과 상호작용을 할 수밖에 없기 때문이다. 장거리 기차여행에서 만나는 옆 좌석의 다른 승객, 대학병원에서 함께 진료순서를 기다리는 환자들, 식당 옆자리에서 시끄럽게 떠드는 손님들은 해당 서비스에 대해 긍정적인 경험뿐 아니라 부정적인 경험의 원인이 될 수 있다.

물론 서비스의 유형에 따라 이러한 물리적 환경이 매우 중요한 분야가 있고 덜 중요한 분야도 있으나 일반적으로 서비스의 물리적 환경은 소비자들의 서비스 체험에 지대한 영향을 미친다. 버스나 지하철과 같은 일상적 서비스뿐만 아니라 병원이나 학교, 리조트 등의 경우 물리적 환경이 소비자 체험의 흐름을 촉진시키고 이를 소비자 감성과 만족에 연결시키는 역할을 하는 것이다. 서비스 마케팅에 있어서 소비자 체험의 중요성이 강조됨에 따라 이에 큰 영향을 미치는 서비스케이프의 중요성도 함께 강조된다. 서비스케이프에 대한 관리야말로 서비스 마케팅의 성공을 결정하는 중요한 요소로 등장하고 있다.

스포츠경기의 즐거움을 더해주는 다른 고객들 효과

새로운 공간 혁명자들 '코피스족'

직장인 Y씨는 사무실에서 일을 하다 머리가 복잡해지면 노트북 하나만 들고 근처 커피숍으로 향한다. 창의적인 업무를 해야 하는 직업의 특성상 자리에 앉아 있기만 해서는 일이 되지 않기 때문이다. 다양한 사람들이 오가고 좋은 음악이 흘러나오며, 달콤한 케익과 향기 좋은 커피 한잔이 옆에 있으면 없던 아이디어들도 마구 떠오른다는 게 Y씨의 말이다.

Y씨와 같이 요새 커피숍에 가보면 노트북 하나로 몇 시간씩 자리에 앉아 무언가 열중하고 있는 사람들을 흔히 볼 수 있다. 이들을 일컬어 '코피스족'이라고 부르는 신조어도 출현했다. 코피스는 커피(Coffee)와 오피스(Office)의 합성어다. 미국 드라마와 유학생들의 영향으로 몇 년 전부터 물밀듯 들어온 커피체인점의 활성화가 이런 신조어를 탄생시켰다.

오피스 밀집 지역이나 대학가 근처 매장에서는 코피스족이 주류 고객으로 자리잡고 있어 이들을 잡기 위한 커피숍들의 서비스가 더욱 확대되고 있다. 네스카페, 카페베네, 스타벅스, 엔제리너스, 할리스, 탐앤탐스 등 국내 커피전문점들은 물론 뚜레쥬르와 같은 제과제빵업체들까지 각 통신사들의 근거리 무선 랜 서비스인 와이파이존을 운영하며 노트북 사용을 위한 콘센트 설치도 늘려가고 있다.

이러한 현상은 비단 커피를 선호하는 사람들이 늘어나고 있기 때문이라고도 볼 수 있으나, 시대의 트렌드와도 밀접한 연관성이 있다. IT강국인 우리나라는 디지털기술의 급속한 발전으로 휴대전화, 넷북 등 디지털 기반의 발전으로 젊은 세대와 직장인들 사이에 '디지털노마드'라는 신문화를 탄생시켰다. 언제 어디서나 일을 할 수 있는 기술적 진보와 더불어, 커피에 대한 높은 선호도라는 문화적 코드가 결합해 이러한 트렌드가 생겨난 것이다.

사실 코피스족이 생겨난 가장 큰 요인은 대부분의 커피전문점에서 무선 인터넷이 가능하다는 점을 꼽을 수 있다.

국내 유명 커피전문점들이 앞 다퉈 무료 무선인테넷을 제공함에 따라 노트북으로 카페에서 업무를 보는 사람들이 늘고 있는 것이다. 카페가 공부하는 학생이나 비즈니스가 잦은 직장인들에게 '제3의 공간'으로 활용되고 있는 셈이다. 커피전문점인 만큼 원하는 취향의 커피를 마음대로 주문해서 마실 수 있을 뿐만 아니라, 비즈니스 미팅을 좀 더 부드러운 분위기 속에서 할 수 있다는 점도 커피전문점이 각광받는 이유 중 하나다.

이런 모습은 외국인들에게도 신선하게 다가온다. 강남 신사동에 자리한 커피전문점을 찾은 일본인 관광객 나카야마 히로미 씨는 "노트북을 들고 여기저기 자유롭게 앉아 일에 몰두하고 있는 사람들 모습이 흥미롭다. 인터넷 강국인 한국의 힘을 이런 커피 전문점에서도 엿볼 수 있는 것 같다."고 말한다.

코피스족의 확대로 각 커피 전문점들은 차별화된 서비스를 선보이며 고객몰이에 한창이다. 노트북 전용 콘텐츠가 의자마다 설치되어 있는 곳이 있는가 하면, 무상 노트북 대여 서비스를 실시하기도 한다. 사무나 공부를 할 수 있도록 조명이나 의자, 인테리어 등에 각별히 신경 쓰는 곳도 있다. 5명 이상 회의나 미팅을 할 수 있는 공간을 따로 마련해 비즈니스 업무에도 손색이 없도록 꾸며 놓기도 한다. 물론 모든 커피 전문점이 코피스족을 위한 것은 아

니다. 와이파이존이 뜨지 않는 커피전문점도 있으니 이를 잘 파악하고 이용해야 한다.

　커피 전문점들마다 특색은 다양하지만 한 가지 중요한 사실은 이제 코피스족은 하나의 트렌드가 아니라 문화로 자리잡아 가고 있다는 것이다. 워크스마트 시대에 딱 맞는

현대인의 생활패턴 중 하나로 커피 전문점은 새로운 공간 혁명을 진행 중이다.

출처: 월간 혁신리더(2010.10.)
사진출처: 전자신문 etnews – http://www.etnews.com/

9.2 서비스 물리적 환경의 전략적 역할

　여기서는 서비스 현장에서 물리적 환경이 어떠한 역할을 하는지 구체적으로 살펴보자. 일반적으로 서비스의 물리적 환경, 즉 서비스케이프는 소비자들의 마음 속에 서비스를 포지셔닝하는데 있어 중요한 역할을 한다. 이러한 서비스케이프의 역할을 구체적으로 살펴보면서 이를 전략적으로 어떻게 관리해야 할 것인지에 대한 아이디어를 찾아보자.

⋮⋮⋮ 서비스 포장

　유형재를 팔기 위해 시장에 내놓을 때 이를 잘 포장해서 내놓아야 사람들의 눈길을 끌 수 있듯이 서비스케이프도 서비스 마케팅에 있어서 포장, 즉 패키지(package)의 역할을 한다. 홈페이지의 호텔 사진을 보고 해당 호텔의 서비스수준을 가늠해볼 수 있듯이, 서비스케이프는 소비자들이 서비스 콘텐츠를 미리 파악할 수 있게 한다. 잘 디자인된 제품 패키지가 소비자들의 구매욕구를 불러일으키듯이, 서비스케이프도 잘 구성이 되어 소비자들의 구매욕구를 불러일으키고 그들에게 좋은 체험을 제공하는데 도움을 줄 수 있어야 한다. 크리스마스 시즌을 준비해 잘 꾸며진 백화점의 디스플레이나 최신 시설로 리모델링하여 재개장하는 스포츠 경기장 등이 좋은 예이다.

　서비스케이프는 무형적인 서비스의 특성을 유형화하여 전달하는데 가장 좋은 시각적 은유물(visual metaphor)이라고 할 수 있다. 우리가 어떤 사람을 소개 받을 때 첫인상이 중요하듯이 소비자가 서비스를 선택할 때도 첫인상이 중요하다. 사람의 외모나 옷차림

애플스토어는 개방적이고
혁신적인 애플의 이미지를
구현하고 있다.

이 첫인상을 결정하는데 중요한 역할을 하듯이 서비스의 외형적 요소가 그 평가에 큰 영향을 미치기 때문이다. 애플스토어, 스타벅스, 페덱스, 메리엇 등과 같은 서비스기업은 그들의 물리적 환경을 브랜드 이미지와 연결시킴으로써 서비스를 포지셔닝하고자 노력한다.

⠿ 서비스 촉진

서비스케이프는 서비스 창출과 제공의 촉진제(facilitator) 역할을 한다. 서비스 환경이 어떻게 구성되었는가에 따라 서비스 프로세스가 더 쉬워질 수도 혹은 더 어려워질 수도 있다. 서비스 시설이 잘 디자인 되어 있으면 고객과 서비스 제공자가 목표를 달성하는 것이 쉬워지고, 그렇지 못하면 목표 달성이 어려워지는 것이다. 예를 들어 처음 가는 지역 공항에서 싸인물이나 안내센터가 제대로 되어 있지 않고, 내부 환기나 앉아서 쉬거나 음식을 먹을 휴게장소가 제대로 되어 있지 않다면 여행객들은 크게 고생할 것이다. 이러한 어려움은 해당 환경에서 일하는 공항 직원이나 항공사 직원들에게도 마찬가지이다.

인천공항은 환승객들의 동선을 고려하여 최적화된 편리한 환승절차와 편의시설들을 제공하여 좋은 평가를 받고 있다. 특히 인천공항은 환승객들이 남는 시간을 여유 있게 보낼 수 있도록 인터넷카페, 무료 샤워시설, 키즈존 등 다양한 편의시설과 서비스를 제공하고 있다. 이처럼 잘 디자인된 서비스케이프는 서비스 과정을 더욱 편리하게 만들고, 마치 고객들이 집에 머물고 있는 듯한 착각에 빠지게 한다.

인천국제공항은 환승고객들을 위한 다양한
편의시설을 제공하고 있다.

::: 서비스 관계설정

서비스케이프 디자인은 서비스 제공자와 고객 간의 관계와 기대역할을 설정하는 사회적 촉매제(socializer)의 기능을 수행한다. 예를 들어 새로 부임한 서비스기업의 사원이 자신이 일하는 서비스 현장의 주변만 살펴보아도 자신에게 맡겨진 일이 어떠한 일인지를 대강 짐작할 수 있다. 고객의 입장에서도 서비스케이프를 살펴보면 어디에 가서 어떤 서비스를 제공 받아야 하는지, 어디는 종업원들만 드나들 수 있는지 등을 알 수 있다.

커피전문점의 아늑한 공간

클럽메드(Club Med)의 경우, 고객들 간에 어울릴 수 있는 장소와 고객과 종업원 간의 상호교류를 할 수 있는 장소를 구분하고 있다. 스타벅스(Starbucks)는 고객들이 단순히 커피를 픽업해 가는 커피전문점이 아니라 사람들이 모여서 이야기하고 즐거운 시간을 갖는 장소로 변화해 나아가고 있다. 스타벅스의 서비스케이프를 보면 고객들이 편안하게 앉아서 대화를 나눌 수 있는 소파와 테이블, 부드러운 음악 등이 고객 간의 상호교류를 촉진시키고 있다. 스타벅스는 고객들이 집과 직장 외로 자주 드나들며 편하게 이용하는 '제3의 장소(Third Place)'가 되는 것을 목표로 하고 있다.

::: 서비스 차별화

서비스케이프 디자인은 서비스기업을 경쟁사와 차별화하고 목표시장을 정확히 알리는 차별화 기제(differentiator)의 역할을 한다. 따라서 서비스를 리포지셔닝 한다든지 목표시장을 변경하는 경우 서비스케이프부터 바꾸어 나아가야 하는 것이다. 쇼핑몰들의 경우, 인테리어, 데코레이션, 컬러, 표지판, 배경음악 등이 해당 쇼핑몰의 목표시장과 포지셔닝을 잘 표현해주고 있다.

미국의 움푸쿠아 은행은 일반 은행의 서비스케이프와는 전혀 다른 카페와 같은 공간 분위기와 안락한 편의시설을 제공한 결과, 고객들이 오랜 시간 은행에 머물고 은행상품에 대한 구매상담을 해옴으로써 큰 성공을 거두었다. 애완동물들이 호강을 하는 미국 펫츠마트(PetSmart)의 펫츠호텔(PetsHotel)이 있다. 이곳은 밤에만 동물을 돌보아주는 서비스가 있고 낮에 돌보아주는 서비스가 있는데 보통 애완동물 시설과는 크게 차별화되어 있다. 호텔에 로비도 있고, 다양한 인테리어의 놀이터도 있으며, 텔레비전도 준비되어 있고, 편안한 잠자리를 제공하고 있다. 이 정도면 강아지나 고양이의 특급호텔 수준 아닌가?

한편 서비스케이프는 한 서비스기업 내에서 장소의 차별화를 시도하는 데에도 활용이 된다. 예를 들어, 백화점이나 쇼핑몰에서는 일반음식점이 모여 영업을 하는 층과 고급음식점이 모인 층은 장소를 다르게 꾸며놓고 있다.

서비스케이프의 차별화로 재기에 성공한 움푸쿠아 은행

9.3 서비스의 물리적 환경이 소비자행동에 미치는 영향

서비스의 물리적 환경에 대한 전략적 결정을 위해서는 물리적 환경의 여러 요소가 서비스 현장에서 어떠한 역할을 하는지를 알아보는 것도 중요하지만, 이러한 요소들이 구체적으로 소비자행동에 어떠한 영향을 미치는지를 살펴보는 것이 중요하다. 따라서 이 장에서는 서비스의 물리적 환경이 소비자행동에 미치는 영향을 소비자행동에서 많이 쓰이는 자극 – 조직 – 반응(stimulus–organism–response)의 프레임워크에 기초하여 포괄적으로 설명하고 있다. 여기서 자극은 서비스의 물리적 환경의 여러 요소들을 의미하는데, 주로 객관적인 환경요인들인 디자인 요소와 주변적 요소에 초점을 두고 있다. 조직은 고객과 서비스 종업원의 내적 반응에 해당되며 이러한 내적 반응의 결과로 나타나는 서비스 현장에서의 여러 행동들을 최종적인 반응으로 규정하고 있다. 이 모형에서의 기본 가정은 서비스의 물리적 환경의 여러 차원과 요소들이 고객과 종업원의 심리에 영향을 미쳐 서비스 현장의 여러 행동과 반응을 발생시킨다는 것이다. 이러한 모형은 [그림 9–1]에 정리되어 있다. 이 모형을 자극-조직-반응의 차원에서 상세히 살펴보기로 한다.

그림 9-1

서비스의 물리적 환경에 대한
소비자행동 모형

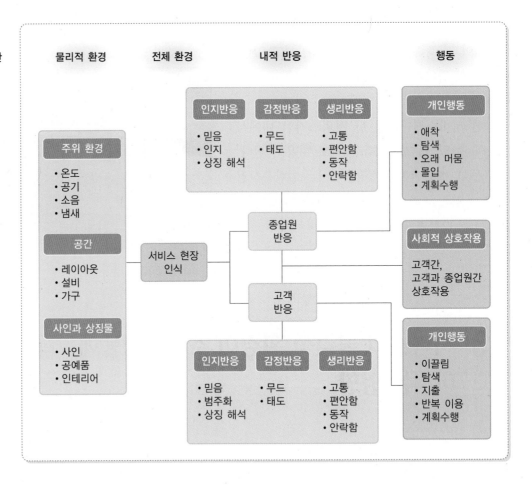

⠿ 자극: 서비스 물리적 환경 차원

여기서 물리적 환경은 기업이 서비스 제공과정을 촉진시키고 종업원과 고객의 원활한 상호작용을 이끌어내기 위해 사용하는 모든 객관적, 물리적 요소들을 말한다. 물리적 환경을 구성하는 요소들은 조명, 색채, 표지판, 소재의 질감과 품질, 가구와 소품, 레이아웃, 벽지, 실내 온도 등 수없이 많다. [그림 9-1]에서는 이러한 요소들을 주위 환경(ambient conditions), 공간 레이아웃과 기능성(spatial layout and functionality), 표지판과 소품(signs, symbols, and artifacts) 등 세 유형으로 제시하였다.

그러나 환경심리학자들은 사람들이 이러한 요소들 각각에 대해 반응하는 것이 아니라 이러한 요소들이 만들어내는 전체적인 기분과 분위기에 반응한다고 말하고 있다. 따라서 이러한 물리적 환경요소들이 만들어 내는 인식을 소비자행동 모형에서는 '지각된 현장인식' 또는 '지각된 서비스케이프(perceived servicescape)'라고 표현한다.

주위 환경

주위 환경은 실내온도, 조명, 소음, 음악, 냄새, 색채 등과 같은 환경의 주변적 요소들을 의미한다. 이러한 주위 환경은 주로 우리의 오감을 자극한다. 때로는 우리가 인지 못하는 저주파 사운드나 화학물질 등도 우리에게 영향을 미칠 수 있다. 이러한 요소들은 소비자의 기분과 생각, 그리고 행동에 큰 영향을 미치기 때문에 마케터의 입장에서 이를 잘 디자인 하는 것이 중요하다. 예를 들어 소비자행동 분야에서는 매장의 배경음악이 쇼핑고객들의 행동에 어떠한 영향을 미칠 것인가에 대한 연구가 많이 진행되어 왔다. 한 연구에 의하면, 매장에서 좋은 음악이 흘러나오는 경우가 그렇지 않은 경우에 비해서 소비자들이 쇼핑을 기다리지 않고 빨리 했다고 느낀다고 한다. 느긋하고 느린 음악이 흘러나오는 경우, 소비자들은 천천히 여유를 가지고 쇼핑을 하기 때문에 쇼핑에 좀더 돈을 많이 쓴다는 연구결과도 있다.

매장의 냄새 혹은 향기가 쇼핑 고객의 행동에 미치는 영향에 대한 연구도 있다. 커피숍이나 제과점에서 풍겨 나오는 구수한 커피 향 또는 빵 굽는 냄새를 그냥 스쳐 지나갈 사람은 많지 않을 것이다. 매장의 향기는 사람들을 끌어 모으는 집객효과가 있을 뿐만 아니라 매장 내에서 보내는 시간이 짧게 느껴지게 하며, 매장에 대한 호의적인 평가를 가져온다. 오감 마케팅으로 성공한 대표적인 서비스 업체인 스타벅스(Starbucks)의 사례를 살펴보라. 항상 풍겨 나오는 구수한 커피향과 느긋한 재즈 음악 등으로 소비자를 유혹하고 있지 않은가? 스타벅스에서는 항상 구수한 커피 냄새를 유지하기 위해 이곳에서 일하는 종업원들은 되도록 향수나 향기 나는 화장품, 샴푸 등을 사용하지 않기를 권장하고 있다고 한다.

공간 레이아웃과 기능성

서비스는 소비자들의 특정 욕구를 충족시키는 행위이기 때문에 서비스 공간의 레이아웃이나 기능성이 특히 중요하다. 공간 레이아웃은 서비스 제공을 위한 도구, 기기, 가구 등이 어떻게 배치되어 있는지, 그리고 그것들의 형태와 크기는 어떠한지를 의미한다. 기능성은 서비스의 물리적 요소들이 소비자와 종업원들의 목적을 달성하는데 도움을 줄 수 있는 능력을 의미한다. 공간 레이아웃과 기능성은 소매점, 병원, 리조트 등 공간중심의 서비스 뿐만 아니라, ATM, 셀프서비스 음식점, 인터넷 쇼핑몰과 같은 서비스의 경우에 특히 중요하다.

소품

물리적 환경의 특정 요소들은 서비스 현장에 대한 표지판 역할을 담당한다. 사인

버즈 알 아랍 호텔, 세계 최고급 이미지를 통한 서비스 관리

높이 321m, 하루 숙박료 1만 8,000달러, 입장료로 200 디르함(약 7만원)을 지불해야만 내부를 구경할 수 있는 호텔, 아랍에미리트연합 두바이에 위치한 '버즈 알 아랍(Burj Al Arab)' 호텔은 상상 그 이상의 호텔이다.

버즈 알 아랍 호텔은 '골프 황제' 타이거 우즈가 이 호텔 옥상의 헬기 착륙장에서 멋진 드라이브 샷을 날리는 사진이 공개되면서부터 전 세계의 주목을 받기 시작했다. 돛대 모양의 외형을 하고 있는 이 호텔은 '아랍의 탑'이라는 이름에 걸맞게 그 높이가 321m로 전 세계 호텔 가운데 가장 높다. 호텔 이용객들은 공항에서 이곳까지 롤스로이스나 헬리콥터를 타고 이동한다.

객실은 총 202개로 로열 스위트룸과 스위트룸으로 구성되고 있고, 단조로운 평면 형태가 아닌 메자닌 형식인 2층으로 설계되어 있다. 로열 스위트룸의 경우, 침대에서 조절

할 수 있는 조명 시스템의 개수만도 160개에 달하고, 개인 영화관이 따로 있으며, 객실 내부가 개인 엘리베이터로 연결되어 있다. 호텔 로비에는 6층 규모의 수족관이 있고 그 안에는 500여 종의 희귀한 동식물이 산다. 그밖에 아일랜드제 린넨, 영국제 오크, 시시스 유리, 스틸카마리오 대리석 등 최고급 재료를 사용했고, 22캐럿의 금을 총 2,000평 방미터에 이르는 벽과 기둥, 돔 장식에 사용했다.

버즈 알 아랍 호텔은 이렇듯 고급스럽고 화려한 시설을 통해 독특한 브랜드 개성을 만들어내면서 전 세계의 대표적인 칠성급 호텔로 자리매김하고 있다.

참고: 서용구(2006), 보이지 않는 기업성장 엔진, 삼성경제연구소
사진출처: http://www.kellogg.northwestern.edu/student/ club/meaba/mission.htm; http://luxury.affluence.org/?p=605

(sign)은 눈에 보이는 표지판을 이야기하는데 기업이나 부서의 명칭이나 출입구, 규칙 등을 표시해준다. 상징물(symbol)이나 소품(artifact) 등도 서비스 현장의 의미나 지켜야 할 일들을 고객들에게 전달해준다. 이러한 것들은 단순히 의미를 전달하는 것이 중요한 것이 아니라 아름답게 잘 디자인 되어야 하고 문화적인 의미를 담아서 서비스의 격을 소비

자들에게 알릴 수 있어야 한다. 표지판과 소품들은 소비자들이 서비스기업에 대한 첫인상을 형성하거나 서비스 콘셉트를 전달하는 데 지대한 역할을 하기 때문이다. 특히 서비스는 무형성이 강하기 때문에 특정 서비스를 처음 찾는 사람들은 이러한 유형적 단서에 의존할 수밖에 없다.

⠿ 조직: 서비스 물리적 환경에 대한 내적 반응

위에서 설명한 물리적 환경의 여러 자극들에 대해 서비스 종업원과 고객들은 생리적으로, 인지적으로, 그리고 감성적으로 반응한다. 이러한 반응이 결국 소비자행동 모형에서 설명하고 있는 사람들의 행동으로 발현된다. 이제 이러한 내적 반응들에 대해 개별적으로 살펴보겠지만, 각각의 반응들은 실지로는 상호의존적이고 동시다발적으로 발생한다는 사실을 기억하기 바란다. 예를 들어 치과 병원에 오는 환자들은 잘 정돈된 내부 시설을 보고 불안감을 감소시킬 것이며(감성적 반응), 동시에 의사가 능력이 있을 것이라 믿을 것이다(인지적 반응).

생리적 반응

지각된 서비스 현장인식(또는 지각된 서비스케이프)은 사람들로 하여금 즉각적인 생리적 반응을 야기시킨다. 예를 들어 지나친 소음은 사람들로 하여금 신체적 불편함을 느끼게 하고, 실내 온도가 너무 높거나 낮으면 사람들은 땀을 흘리거나 추위에 떤다. 따라서 서비스 현장의 물리적 조건은 사람들이 그곳에 계속 머무르며 서비스를 제공받고 그 시간을 즐길 수 있을 것인가, 아니면 그 장소를 떠날 것인가를 결정하는 중요한 요인이다. 패스트푸드 음식점의 딱딱한 의자는 사람들을 오래 머무를 수 없게 하지만, 커피전문점의 푹신한 소파나 의자는 사람들로 하여금 오래 머물고 싶게 한다.

엔지니어나 디자이너들은 인체공학(ergonomics)이나 인적요소 디자인(human factor design)이라는 영역에서 어떻게 하면 같은 물건이라 할지라도 사람들이 편하고 즐겁게 이용할 수 있도록 만들 것인가를 연구하고 있다. 미국의 한 호텔은 최근 실버층 고객들이 증가함에 주목하여 노인들이 이용하기 편리하게 그들의 호텔을 재설계 하였다. 방 안의 조명을 좀더 밝게 하였으며, 전화나 TV 리모트콘트롤의 자판을 크게 하고 샤워장에 손으로 잡을 수 있는 바를 설치하였다. 방 안의 스위치들도 어둠 속에서 볼 수 있게 불빛을 장치하였으며, 문 손잡이도 레버 핸들로 바꾸어 손가락 관절에 무리가 가지 않도록 배려하였다. 그 결과 이 호텔은 실버층 고객들이 자주 찾는 인기호텔이 되었다.

인지적 반응

서비스 현장의 이미지는 서비스에 대한 사람들의 생각이나 신념에 영향을 미친다. 서비스 현장의 고급 가구, 데코레이션, 종업원들의 옷차림 등은 고객들에게 신뢰감을 준다. 또한 서비스 현장의 이미지가 서비스에 대한 기대를 결정할 수도 있다. 패스트푸드 음식에서의 종업원 옷차림이나 매장 분위기와 고급 프랑스식 레스토랑에서의 그것을 비교해보라. 사람들의 서비스에 대한 기대수준의 차이를 금방 알 수 있지 않겠는가? 최근 병원들은 유능한 의료진을 갖추는 것 외에도 병원 내의 물리적인 진료환경 개선에 노력하고 있는데, 신뢰적 서비스속성이 강한 서비스 산업에서도 물리적 환경은 이용자들의 신뢰나 기대에 영향을 줄 수 있다.

감성적 반응

서비스 현장의 이미지는 사람들을 기쁘고 즐거우며 편안하게도 만들지만, 반면에 사람들을 슬프고 짜증나며 기분 상하게 만들기도 한다. 위에서 이야기한 서비스 현장의 각종 요소들이 사람들의 기분에 영향을 미치는 것이다. 예를 들어 병원의 약 냄새나 소음 등은 병원을 찾는 사람들을 불안하고 두렵게 만들 수 있다. 반면 나이트 클럽의 라이브 음악과 현란한 조명은 사람들을 기쁘고 흥분되게 만든다. 소비자들의 이러한 반응은 말로 설명되기 힘든 감성과 느낌이다. 시애틀에 본사를 두고 있는 아웃도어 용품점 REI의 경우, 사람들이 매장에서 옷을 입어보거나 신발을 신어보고 직접 산을 오른다든지 산책을 해보는 체험을 제공하고 있다. 그야말로 서비스 현장이 소비자들에게 기쁨과 즐거움을 주는 것이다.

⠿ 반응: 서비스 물리적 환경에서의 행동

물리적 환경이 인간 행동에 영향을 미친다는 것은 너무나 자명한 사실이다. 그러나 1960년대까지만 해도 인간 행동을 설명하던 심리학자들이 이러한 물리적 환경의 영향력을 간과하였다. 그 후 실로 많은 연구가 환경과 인간 행동의 관계를 설명하기 위해 이루어졌다. 최근 서비스 마케팅 분야에서도 물리적 공간 및 디자인이 고객 행동에 미치는 영향에 대해 많은 연구가 이루어지고 있다.

소비자 개인행동

환경심리학자들은 소비자들이 어떤 장소에 대해 접근(approach) 혹은 회피(avoidance) 행동을 보인다고 설명한다. 접근행동(approach behavior)은 어떤 장소에 대한 긍정적인 행동, 즉 그곳에 오래 머물고 싶고, 구경하기 원하며, 거기서 무엇인가를 하고 싶고, 나와의 관계를 쌓아가기 원하는 행동을 말한다. 회피행동(avoidance behavior)은 그와 반대로, 어떤 장소에 대한 부정적인 행동, 즉 그곳을 피하고 싶고, 빨리 떠나고 싶으며, 나와의 관련성을 지워버리고 싶어하는 행동을 이야기한다. 한 연구에 의하면, 쇼핑고객의 쇼핑몰에 대한 접근행동 혹은 회피행동은 쇼핑몰의 물리적 환경에 큰 영향을 받는다고 한다. 어느 편의점 주인이 매장에서 말썽을 자주 일으키는 젊은 층 고객을 쫓아내기 위해 항상 느긋한 옛날 음악만을 틀어놓았다고 한다. 고객으로 하여금 회피행동을 유발하기 위한 전술이 아니었나 생각된다. 소매점의 경우 소비자들이 쉽게 접근할 수 있도록 일단 매장입구의 교통정리, 편리한 주차시설 등을 갖추어야 하고, 눈에 띄는 표시판, 안내문구 등이 필요하다. 쇼핑고객들이 편리하게 이용할 수 있는 스낵코너, 음식점, 화장실 등도 매장 내에서의 고객 접근행동을 유발시킬 수 있는 중요한 환경요인들이다.

사회적 상호작용

서비스의 물리적 환경은 소비자 개인행동뿐만 아니라 고객-종업원 간의 상호교류에 영향을 미친다. 고객과 종업원 간의 물리적인 거리, 좌석 배치, 공간의 규모, 유동 가능성 등 물리적 변수가 사회적 상호작용을 결정하는 중요 요인이 되는 것이다. 은행을 이용하는 고객들이 여러 창구직원과 사람들이 듣고 보는 개방된 공간에서 은행원과 대화를 나눌 때와 칸막이가 된 공간이나 작은 회의실에서 그들과 상담을 할 때의 기분은 무척 다를 것이다. 그리고 그러한 기분이 서비스 직원에 대한 태도나 그들에 대한 행동, 그리고 서비스에 대한 만족도를 결정짓는 중요한 요인임은 두 말할 필요도 없을 것이다. 서비스 마케터들은 소비자들에게 서비스 현장에서 좋은 체험을 제공해주고 그들과 종업원 간의 상호교류를 촉진하기 위해 다양한 노력을 한다. REI, 나이키 타운(Nike Town), 애플 스토어(Apple Store)처럼 매장을 체험과 즐거움의 현장으로 꾸미는 사례도 있고, 스타벅스(Starbucks)나 커피빈(Coffee Bean)처럼 오감에 소구하는 사례도 있다.

9.4 서비스 물리적 증거관리에 대한 전략적 가이드라인

지금까지 서비스케이프에서 물리적 증거가 어떠한 효과를 발휘하는가를 이해하기 위한 개념과 프레임워크, 심리모형 등에 대해 설명하였다. 이제 여기서는 물리적 증거를 활용하기 위한 전략적 가이드라인을 제시한다.

⠿ 서비스기업의 목표와 비전을 이해하라

물리적 증거는 소비자들의 서비스에 대한 기대와 인식을 결정하는 데 중요한 역할을 한다. 이러한 물리적 증거의 효과를 인정하고 인식하는 것이 이를 전략적으로 활용하는 첫걸음임을 명심하자. 물리적 증거가 효과를 발휘하기 위해서는 이를 구성하는 요소 하나하나가 기업의 서비스 목표 및 비전과 연결되어 있어야 한다. 따라서 서비스케이프를 디자인 하는 사람은 그 기업의 목표를 우선 파악하고 어떠한 물리적 증거 전략으로써 그 목표를 달성할 수 있을지를 연구해야 한다. 최소한 기업의 서비스 개념과 목표시장을 파악해야 하고, 기업의 장기적 비전을 알고 시작해야 한다. 물리적 증거 디자인은 대개 많은 투자가 필요하고 그 효과가 오래 가기 때문에 이러한 의사결정은 신중히 하는 것이 좋다.

⠿ 물리적 증거에 대한 청사진(Blueprint)을 만들어라

그 다음 단계는 물리적 증거에 대한 상세한 계획을 세우는 것이다. 조직구성원 모두가 서비스 프로세스나 물리적 증거의 여러 요소들을 볼 수 있어야 한다. 서비스 증거를 디자인 하는 좋은 방법은 서비스 청사진을 기초로 하는 것이다. 서비스 청사진은 서비스의 모든 프로세스를 상세히 도식화한 계획도이다. 이러한 상세한 계획을 도식화 시켜서 보면 어떠한 물리적 증거를 어떠한 상황에 위치시켜야 효과적일지를 쉽게 판단할 수 있다. 청사진 안에서는 서비스 프로세스와 이에 관여된 사람들 및 물리적 증거 등을 모두 한 눈에 살펴볼 수 있다. 즉, 서비스 청사진을 보면 서비스 활동이 이루어지는 부분, 복잡한 서비스 프로세스, 그리고 종업원-고객 간의 상호교류가 이루어지는 부분 등을 명확히 파악할 수 있기 때문에 어떠한 물리적 증거가 어떠한 상황에 위치해야 하는지를 결정할 수 있는 것이다. 서비스 청사진을 이미지나, 사진, 비디오 자료 등으로 보완하면 더욱 유용해질 것이다.

서비스케이프의 전략적 역할을 분명히 하라

앞서 서비스케이프의 여러 가지 역할에 대해 설명하였다. 그런데 호텔이나 리조트, 학교나 유치원처럼 서비스케이프가 매우 중요한 서비스도 있지만, 텔레커뮤니케이션 회사나 전기 회사처럼 서비스케이프가 별로 중요하지 않은 서비스도 있다. 따라서 서비스케이프가 어떠한 상황에서 어떠한 역할을 하는지를 분명히 해야 적절한 물리적 증거에 대한 기회를 포착할 수 있고, 이를 디자인하기 위해 누구와 상의해야 할지를 결정할 수 있다. 이를 위해서는 소비자들에게 즐거운 체험을 안겨주는데 있어서 서비스케이프가 얼마나 중요한 역할을 하는지를 먼저 인식해야 한다.

물리적 증거 기회를 측정하고 포착하라

서비스케이프의 전략적 역할이 제대로 이해되었다면 현재의 상황에 어떠한 변화나 개선의 기회가 있는지를 생각해 보아야 한다. 혹시 생각하지 못했던 기회가 있겠는가? 아무리 서비스 청사진이 완벽해 보여도 잘 생각해보면 좋은 아이디어가 떠오를 수 있다. 예를 들어 겨울철 백화점 주차장에서 차를 빼는 동안 동반 고객들은 실내의 낮은 온도에 추워할 수 있다. 이때 별도의 대기공간을 마련하거나 따뜻한 난로를 설치하는 것은 기업이 제공하는 서비스의 가치를 높일 수 있는 좋은 기회를 제공해준다. 이러한 물리적 증거를 활용한 서비스의 기회는 서비스 청사진에 나와있지 않을 수 있다. 기본적으로 현재의 서비스케이프의 여러 요인들이 목표시장 소비자들의 욕구와 취향에 잘 맞는지를 점검하다 보면 물리적 증거를 변화시키고 개선할 수 있는 여러 기회를 잡을 수 있을 것이다.

물리적 증거를 항상 최신의 것으로 업데이트 하라

기업은 그들의 물리적 증거를 항상 최신의 것으로 업데이트 하고 개선해 나아가야 한다. 기업의 기본적 비전이나 목표는 변함이 없다 하더라도 시간의 흐름에 따라 물리적 증거는 점차 진부화되기 마련이다. 더불어 유행도 시간의 흐름에 따라 끊임없이 변해간

CGV, 세계 최대 규모의 스크린과 다양한 문화놀이터를 통한 복합문화서비스 제공

세계 최대 규모의 스크린을 보유한 CGV영등포가 오픈했다. 세계 최대 스크린을 보유한 '스타리움관'은 초고해상도 디지털 영사 및 11.2 채널의 입체음향 시스템을 갖추고 스크린 크기는 가로 31.38m, 세로 13.0m로 지금까지 세계에서 가장 큰 스크린으로 기네스 월드 레코드에 등재되어 있는 뉴질랜드 '호이츠 실비아 파크 시네마' 스크린 크기인 가로 30.63m, 세로12.29m를 넘어서는 것으로 알려졌다. 현재 '세계에서 가장 큰 스크린' 기네스 월드 레코드 기록 등재를 위한 실사작업을 끝마친 상태이다. 이 외에도 단순히 '보는 영화'를 넘어 특수 설비를 통해 진동과 바람, 습기, 냄새 등 영화 속 환경을 오감으로 체험할 수 있는 '4D 플렉스관'과 VIP를 위한 프리미엄 상영관 '골드 클래스' 등이 또 다른 자랑거리다. 특히 '4D플렉스관'은 땅으로 꺼지는 듯한 느낌을 받는 등의 상상하지 못한 화끈한 오감효과로 업그레이드할 계획이라 기대가 크다. 이뿐만 아니라, 다양한 이종문화 결합을 추구하는 젊은 세대를 위해 약 500석 규모의 전문 공연장인 'CGV아트홀'을 마련, 라이브 콘서트, 뮤지컬, 연극, 방송 프로그램 등을 기획함으로써 문화 예술의 모든 장르를 허물고 자유롭게 소통할 수 있는 문

화 놀이터를 마련한다. 또한 문화와 음식이 결합된 새로운 공간으로 각광 받고 있는 '씨네 드 쉐프'의 노하우를 바탕으로 기획된 '펍 프로젝트'는 "Eating, Drinking, Playing"을 캐치 프레이즈로 굽거나 찌는 방식의 건강한 조리법을 사용한 컴포트 푸드(comfort food)와 인디 공연과 전시가 함께하는 새로운 스타일의 복합 문화 공간을 제시한다.

출처: "세계 최대의 스크린, CGV영등포", 프라임경제(2009.9.14.)
사진출처: http://www.dcnews.in/news_list.php?code=entertainment&id=451903

다. 젊은층을 목표시장으로 하는 음식점의 예를 들어보자. 세월이 흐름에 따라 계속 새로운 사람들이 그 음식점을 드나들 것이고 그들의 취향이나 감각은 계속 변화해 나아갈 것이다. 따라서 그들의 감성에 맞게 환경을 변화시켜 나아가지 않으면 시장에서 도태될 것이다.

⠿ 타부서와 협동하라

물리적 증거에 대한 디자인이나 결정은 비교적 오랜 시간과 여러 부서를 거쳐 이루어지기 때문에 그 일관성을 유지한다는 것이 종종 어려운 일로 부각이 된다. 예를 들어 종

업원들의 유니폼을 만드는 결정은 인사부에서 할 수 있고, 인테리어 디자인은 시설관리부에서, 그리고 광고나 가격에 대한 결정은 마케팅 부서에서 하는 경우가 많다. 이렇게 서비스 물리적 증거에 대한 결정이 여러 부서에서 이루어지기 때문에 부서 간의 협력과 협동이 이루어지지 않으면 물리적 증거가 통합되고 일관성 있는 이미지를 발현하기 힘들다. 시설 계획과 관리는 공간(스페이스) 디자이너, 제품 디자이너, 소비자행동 전문가, 환경심리학자 등이 함께 일을 해 나아가야 한다.

제 **10** 장

서비스 인적자원관리

감정노동에 대처하는 서비스기업의 자세

최근 한국직업능력개발원에서는 우리나라 감정노동의 직업별 실태를 조사하여 발표하였다. 감정노동(emotional labor)이란 '많은 사람들의 눈에 보이는 얼굴표정이나 몸짓을 만들어 내기 위하여 감정을 관리하는 일'이라고 정의할 수 있는데, 고객을 항상 친절하게 대하고 미소를 잃지 않도록 교육받는 서비스업 종사 근로자들이 감정노동 현장의 대표적인 예이다.

어떤 직업군이 감정노동에 더 노출되어 있는가?

한국직업능력개발원의 「한국의 직업지표 연구(2012)」에 의하면 우리나라 직업군 중 감정노동을 가장 많이 수행하는 직업군은 음식서비스 관련직(4.13/5점 만점 기준)으로 조사되었다. 레스토랑, 패스트푸드 점 등 언제나 고객접점에서 대면하여 고객들에게 서비스를 제공하는 서비스 종사자들의 어려움이 그대로 반영된 결과이다. 이어서 영업 및 판매관련직, 미용·숙박·여행·오락·스포츠 관련직의 순으로 조사되었다. 〈표 10-1〉에서 보듯이 대부분의 강도 높은 감정노동 현장은 접점서비스를 수행하는 서비스에 집중되어 있음을 알 수 있다. 반면 교육 및 연구관련직, 문화·예술·디자인·방송 관련직, 농림어업 관련직은 감정노동에서 비교적 자유로운 것으로 조사되었다.

표 10-1 대한민국 직군별 감정노동 강도 순위(Top 5/5점 만점 기준)

순위	직군	감정노동 수준평균
1	음식서비스 관련직(조리사, 바텐더, 패스트푸드원, 웨이터 등)	4.13
2	영업 및 판매 관련직(텔레마케터, 홍보도우미, 매장 계산원 등)	4.10
3	미용·숙박·여행·오락·스포츠 관련직(항공기 승무원, 미용사 등)	4.04
4	사회복지 및 종교 관련직(사회복지사, 직업상담사, 보육교사 등)	4.02
5	보건·의료 관련직(의사, 약사, 간호사, 안마사, 영양사 등)	3.98

한편 감정노동을 가장 많이 수행하는 직업은 무엇일까? 조사에 따르면 항공기 객실승무원(4.70)이 감정노동에 가장 시달리고 있는 것으로 나타났다. 최근 사회적으로 이슈가 되었던 라면상무 사건이나 대한항공 회항사태에서 항공기 객실승무원들의 고충을 짐작할 수 있다. 직업순위로는 이어서 홍보 도우미 및 판촉원(4.60), 통신서비스 및 이동통신기 판매원(4.50)의 순으로 높게 나타났다.

서비스기업은 감정노동을 어떻게 대처할 것인가

감정노동을 장기적으로 수행한 근로자들 가운데 상당수가 정신적 스트레스가 누적되어 각종 정신적, 육체적 질병에 노출될 수 있다. 언제나 밝은 모습을 보여야 한다는 강박관념에 사로잡혀 얼굴은 웃지만 마음은 우울하여 심하면 자살에 이를 수 있는 '스마일 마스크 증후군'이 대표적이다. 서비스기업은 감정노동자들에 대해 적극적으로 대처할 필요가 있는데, 조사 결과에서 나타난 감정노동과 직업지표간의 상관관계 분석은 몇 가지 시사점을 전해준다.

먼저 감정노동은 예상한 바와 같이 육체적 스트레스 보다는 정신적 스트레스를 가중시키는 것으로 조사되었다. 임금이나 복리후생과 같은 물리적 보상은 감정노동과 상관이 없는 것으로 나타난 반면, 업무권한부여, 업무에 대한 전문지식, 업무자율성은 감정노동과 부의 관계를 보였다. 감정노동이 강한 서비스 업종에서는 종업원들에 대한 직무교육과 현장에서의 권한위임을 강화할 필요가 있음을 시사한다. 한가지 흥미로운 점은 대인관계나 의사소통에서 능력을 보이는 종업원일수록 오히려 감정노동을 더욱 높게 지각한다는 점이다. 감정노동은 기본적으로 타인과의 관계를 전제로 하기 때문인데, 기업에서는 개인의 능력이나 특성만을 생각해서 감정노동 현장에서 어려움을 겪고 있는 종업원들을 외면해서는 안될 것이다.

언제나 최고의 서비스를 지향해야만 하는 항공사 객실승무원들

서비스는 사람이 우선이다. 고객을 우선시해야 하고 종업원들을 배려해야 한다. 좋은 사람에서 좋은 서비스가 나온다. 고객우선주의가 자칫 종업원들의 인격과 감정을 고려하지 않는 우를 범하고 있지는 않은지 서비스기업들의 냉철한 분석과 대처를 기대해 본다.

참고 1. KRIVER Issue Brief 재구성, 2013. 26호. 한국직업능력개발원.

우리는 흔히 "서비스는 물건 장사가 아니라 사람 장사"라는 말을 듣는다. 서비스는 사람과 사람 사이의 상호교류에 의해 창출되고 제공되기 때문에 서비스를 제공하는 사람의 중요성을 강조하지 않을 수 없다. 결국 서비스 제공자의 수준이 서비스의 품질을 결정한다고 해도 과언이 아니다. 따라서 서비스기업의 성공은 소비자들을 직접 상대하는 접점요원, 즉 종업원들에 의해 좌우된다.

미용실, 은행, 병원 등 여러분이 직접 이용하는 서비스들을 생각해보라. 서비스를 제공하는 사람들이 곧 서비스 그 자체로 생각될 수 있다. 따라서 이러한 서비스 종업원들에 대한 투자는 상품의 품질을 높이기 위해 연구개발이나 디자인에 투자하는 것과 같다. 서비스 종업원, 특히 접점요원들은 우리 기업을 대변하는 대변인이자 마케터이며, 우리 기업의 브랜드임을 잊지 말자. 이 장에서는 서비스를 제공하는 서비스 직원과 인적자원관리에 대해 집중적으로 다루기로 한다.

10.1 서비스문화

서비스를 제공하는 직원의 책임을 논하기에 앞서 좀 더 큰 그림을 살필 필요가 있다. 회사 내 직원의 행동은 기업의 문화, 즉 기업의 규범과 가치에 의해 지대하게 영향을 받는다. 기업의 문화는 '기업의 구성원들이 공유하는 가치와 믿음으로서 구성원들에게 기업의 의미를 부여하고 기업에서의 행동에 대한 기준을 제공하는 것'이라고 정의할 수 있다. 문화는 쉽게 이야기하자면 '이곳에서 행해지는 일의 방식'이라고 할 수 있다. 기업문화를 이해하기 위해 어떤 조직, 예를 들면 교회, 협회, 학교 또는 단체에 대해 생각해보자. 여러분과 다른 사람들의 행동 방식은 예외 없이 근본적인 가치, 기준과 조직의 문화에 영향을 받고 있다는 것을 느낄 것이다. 직장을 얻기 위해 면접을 할 때에도 당신은 그 기업체 사람들과 대화를 통해, 그리고 관찰을 통해 그 기업의 문화를 이해할 수 있다. 직장을 얻게 되면 기업에서의 교육을 통하여 기업문화를 더 자세히 알 수 있다 고객을 중요시하는 문화를 가진 기업들은 항상 서비스를 생각할 때 고객 중심으로 생각할 것이다. 따라서 고객 중심, 서비스 중심의 문화를 잘만 구축할 수 있다면 누가 그 기업에서 일하게 되더라도 이러한 문화에 순응하고 적응해 나아갈 것이다. 결국 좋은 기업문화의 구축이 인적자원을 관리하는데 중요한 역할을 한다. 기업문화를 구축함에 있어서 관련된 몇 가지 이슈에 대해 살펴보자.

서비스 리더십의 발휘

강력한 서비스문화는 열정을 가지고 최고의 서비스를 달성하고자 노력하는 기업의 리더로부터 시작된다. 서비스 마케팅 학자 레너드 베리(Leonard Berry)는 성공한 서비스 기업의 리더들은 대체로 공통적인 핵심가치를 가지고 있다고 주장하고 있는데, 그것은 성실함(integrity)과 기쁨을 가지고 일함(joy), 그리고 고객을 존경함(respect) 등이라고 한다. 그리고 이러한 리더들은 이러한 핵심가치를 조직 내부에 불어넣는다고 한다. 리더십은 어떤 두꺼운 법률 책에서 내려오는 것이 아니라 자신이 중요하다고 생각하는 것을 남들에게 꾸준히 보여주는 것이다. 직원들은 리더들의 이러한 행동을 보고 배운다. 따라서 서비스 중심의 문화를 창출하기 위해 솔선수범하는 리더의 리더십이 매우 중요한 역할을 한다.

서비스문화의 개발

고객 중심의 서비스문화를 창출하기 위한 왕도는 없다. 문화는 하루아침에 형성되는 것이 아니기 때문에 기업이 서비스 중심의 문화를 키워 나아가기 위해서는 시작부터 일관성 있게, 매우 구체적인 핵심가치와 행동강령을 만들어 꾸준히 내부직원들에게 교육시키고 전파해서 조직에 뿌리를 내릴 수 있도록 해야 한다. 우리가 아는 성공적인 서비스기업들을 생각해보면 이들 모두 창업 당시

직원에 대한 애정과 투자로
유명한 페덱스의
프레드릭 스미스 회장

부터 굳건한 서비스문화가 있었고 이를 오랜 시간에 걸쳐 잘 가꾸고 조직구성원들의 몸에 배도록 교육시킨 점을 알 수 있다. 페덱스(Fedex)는 "기업의 이윤은 좋은 서비스에서 창출되며, 좋은 서비스는 좋은 사람들에게서 나온다"라는 사람(People)–서비스(Service)–이윤(Profit)의 서비스문화로 잘 알려져 있다. 이러한 페덱스의 확고한 철학은 오랜 세월동안 종업원들에 대한 교육투자 및 지원시스템 등을 통해 굳건하게 발전·계승되고 있다.

전 세계 어디서나 같은 비전을 공유하는 페덱스의 PSP

"모든 직원이 비전을 공유하기 전까지는 초우량 기업이 될 수 없다"

프레데릭 스미스 페덱스 창업자는 이렇게 말하며 개인의 비전과 회사의 비전을 함께 하는 것으로 유명하다. 페덱스는 '익일 화물배달 사업 창출'이란 비전을 갖고 1973년에 창업해, 선도업체들을 넘어서며 업계 선두회사가 된다.

페덱스의 성공요인으로는 직원을 중시한 경영, IT시스템, 차별 없는 승진시스템 등 다양한 요인들이 있다. 하지만 전 세계 어디서나 같은 비전을 공유하고 실현시켜나가고 있다는 점은 매우 중요한 의미를 지닌다. 물류 유통회사의 특성상 페덱스의 지점망은 세계 도처에 깔려 있고 '익일 화물배달 사업'이라는 업무 특성상 매우 긴밀하게 움직여야 하기 때문이다. 어느 한 곳에서라도 파업을 한다거나 문제가 발생한다면 전 세계를 대상으로 한 페덱스의 약속에 금이 갈 수도 있다.

페덱스에서는 말단 사원이 최고경영자가 된 경우가 많다. 이는 사람을 최우선으로 하는 PSP(People, Service, Profit)정책이란 철학이 있기 때문이다. 페덱스의 기업철학은 간단하지만 그 힘은 놀랄만하다. 이 P-S-P의 세 가지의 순서에는 다음과 같은 매우 중요한 뜻이 내포되어 있다.

"우리가 사람(종업원)들을 지성(至誠)으로 보살펴 주면 그들은 고객이 원하는 완벽한 서비스를 제공해 줄 것이다. 그러면 고객들은 회사의 미래를 확실하게 다지는데 필요한 이익을 가져다 줄 것이다."

페덱스는 이것이 단지 철학으로 끝나지 않도록 직원들에게 다양하고 공정한 업무 기회, 충분한 교육기회, 최고의 업무환경을 제공하기 위해 실천적인 노력을 기울이고 있다. 실제로 페덱스 전체 매니저 중에 일반 사원에서 시작해 승진한 사례가 90%로 관리직이 아닌 현장직에서 시작하더라도 임원이나 사장이 되는데 아무런 문제가 없다.

P-S-P철학의 첫 번째가 종업원(People are first)이다. 고객만족의 출발점은 종업원 만족이다. 품질의 서비스 측면을 이해하기 위해서는 무엇보다 품질의 인간적 측면을 이해하지 않으면 안 된다는 것이 스미스 회장의 지론이다. 페덱스가 지금껏 무해고 정책을 고수할 수 있는 것과 지금껏 노조가 없는 회사로 유명한 것도 종업원 제일주의의 덕분이다. 페덱스의 이러한 철학은 공정대우 보장 프로그램(GFTP)과 서베이-피드백-액션(SFA) 시스템에 의해 제도적으로 뒷받침되고 있다.

페덱스가 다양한 성과 복지제도를 제공하기 위해 가장 중요하게 생각하는 부분이 바로 직원과의 커뮤니케이션이다. 만약 근무 중 불공정한 대우 및 징계를 받았다고 생각되면 이에 대해 공식 조사를 요청할 수 있고, 매니저 및 경영진과 회사에 대한 평가를 통해 회사 서비스와 근무환경 개선을 할 수 있도록 SFA(Survey, Feedback, Action)제도를 매년 운영 중이다. 페덱스의 SFA(Survey, Feedback, Action)프로그램은 창업자의 경험에서 만들어진 제도다. 프레드 스미스는 베트남전에 해군으로 참전하여 전투를 했다. 그는 당시의 경험에서 많은 것을 느꼈고 기업 경영에서 느낀 점을 실천하기 위해 노력했다. 예컨대 모든 구성원들이 경영진의 결정에 대해 불만이 있으면 그것을 표현할 수 있는 기회를 가져야 한다는 점을 전쟁에서의 경험을 통해 확신하게 됐다고 한다. 특히 낮은 직급에서 일하는 사람일수록 그런 기회를 갖지 못하는 것이 현실이기 때문이다.

다양한 문화, 같은 비전을 품은 사람들

페덱스는 '절대적으로, 적극적으로 시간을 지킨다'는 그 유명한 비전을 바탕으로 스피드와 안전성에 초점을 맞춰 성장을 거듭해왔다. 페덱스는 전 세계 어디에서나 같은 비전을 공유하고 있지만 다양한 문화를 인정하고 배려해주는 것으로도 유명하다. 중동지역에서는 기도실을 설치하여 무

Ⓜarketing Ⓕocus

슬림 신자들이 종교적 의무를 다하도록 배려한다. 페덱스는 본국의 문화적 관행을 일률적으로 적용할 수 없음을 인식하고, 해외 지점이 설치된 국가의 문화를 고려하여 전략을 수정하고 있다. 물론 기업문화와 비전은 어디에서나 동일하지만 다양한 문화를 수용한 덕택에 페덱스는 미국뿐 아니라 유럽과 아시아 지역에서도 괄목할 만한 성장을 거듭하고 있다.

조직의 비전이 직원들에게 의미 있는 가치를 주지 못하고 단순히 생존만을 위한 것이라면, 이러한 기업과 장기적인 비전을 공유하고 싶은 직원들은 없을 것이다. 페덱스의 성공은 전 세계 어디에서나 같은 비전을 갖고 있는 직원들, 중간관리자들의 리더십으로 튼튼한 허리를 유지하고 있다

는 점, 탁월한 CEO의 리더십과 비전 등이 조화를 이루고 있기 때문에 가능했을 것이다.

출처: 월간 혁신리더(2010.2.)
사진출처: Fedex 홈페이지 – https://smallbusiness.fedex.com

⠿ 서비스문화의 전달

글로벌 기업에 있어서 기업의 문화를 다른 나라 지사에 전달하고 전파한다는 것은 쉬운 일이 아니다. 국가마다 문화가 다르기 때문에 한 나라의 가치를 그대로 다른 나라에 옮겨갈 수는 없는 경우가 많다. 따라서 기업은 국가를 초월해서 표준화될 수 있는 문화와 국가마다 다르게 가져가야 하는 문화나 서비스를 구분해 놓아야 한다. 예를 들어 포시즌즈 호텔(Four Seasons Hotel)은 전 세계적으로 똑같이 직원들에서 적용될 수 있는 서비스에 관한 기본법칙 7가지를 정하였다. 또한 국가마다 다르게 가져가야 할 서비스도 찾아내었다. 예를 들어 미국에서는 커피포트를 늘 호텔 식당에 배치하여 고객이 원한다면 언제든지 마실 수 있게 하였다. 그러나 프랑스에서는 자신의 커피를 자신이 따르는 것을 즐기지 않는 프랑스 사람들을 위해 커피포트를 호텔 식당에 두지 않기로 했다. 그 외 포시즌즈는 어떤 것에 대해서는 세계 어디를 가나 똑같이 준수한다. 예를 들어 그 달의 가장 훌륭한 직원을 뽑아서 상을 주는 '이 달의 직원(employee-of-the-month)' 제도는 꾸준히 실행한다. 서비스는 사람과 사람의 교류에 의해 창출되고 제공되기 때문에 다국적 기업의 경우 국가마다 있을 수 있는 문화적 차이를 인식하고 이에 대해 선행적인 전략과 서비스 기준을 마련해 놓아야 한다.

노드스트롬: 좋은 직장이 되는 길이 서비스 신화의 원천

1901년 미국 시애틀에서 최초로 설립된 노드스트롬 (Nordstrom) 백화점은 100년 전통의 탁월한 고객 서비스로 유명하다. 이러한 노드스트롬의 서비스 신화의 원천 중 하나로 노드스트롬 특유의 인력 관리를 들 수 있다. 노드스트롬은 2009년을 포함하여 '포춘(Fortune)' 지가 선정하는 '100대 최우수 직장'에 25년 동안 연속 선정되어왔을 정도로 '좋은' 직장이기도 하다. 고객이 가장 위에 위치하고 그 다음으로 일선 판매원들을 배치하고 맨 밑바닥을CEO가 차지하는 역피라미드 조직도는 판매직원에 대한 전사적인 지원을 지향하는 노드스트롬의 기업문화를 상징하는 것이다.

노드스트롬의 인력 관리의 출발은 올바른 사람들을 신입사원으로 채용하는 것이다. 노드스트롬의 신입사원 채용 기준은 판매를 좋아하고 패션에 관심이 있으며 고객에게 훌륭한 서비스를 제공하기를 원하는 사람을 뽑는 것으로서 어떠한 상황에도 일관되게 고객에게 친절하게 대할 수 있는 사람을 찾는다. 특히 노드스트롬은 내부 승진의 원칙을 갖고 있어서 장기적인 관점에서 주도면밀하게 신입사원을 선발한다. 관리자들은 피면접자들의 자질을 잘 파악할 수 있도록 인터뷰 기술을 훈련받는다. 이렇게 선발된 신입사원들은 노드스트롬의 문화에 익숙해지도록 코칭, 멘토링 및 지속적인 훈련을 제공받게 된다.

모든 노드스트롬 판매사원들은 그들의 성과를 반영하는 판매수수료에 근거하여 보수를 받는다. 능력에 따라 보수를 지급받기 때문에 판매사원들은 고객이 원하는 바에

귀 기울이고 고객이 원하는 상품을 전달하려는 동기가 자발적으로 부여된다. 또한 높은 판매실적을 달성한 사원들에 대한 각종 다양한 포상 제도가 마련되어있다. 이처럼 성과주의를 지향하면서도 나머지 다른 직원들의 경우 판매실적을 증가시키도록 격려하고 지원을 제공하기 때문에 직원들 간에 상호 협력하는 분위기가 조성되었다.

노드스트롬은 지속적인 코칭 및 멘토링 등의 지원을 통해 직원들에게 상당한 양의 훈련을 제공한다. 공식적인 훈련 프로그램도 있지만 가장 잘 알려진 프로그램은 '각자 한 명씩 가르친다(each one teach one)'라고 하는 접근방법이다. 즉, 모든 직원들은 멘토링과 코칭을 업무의 일부로 간주하며, 이를 통해 종업원들이 본인의 직업적 성장 및 발전에서 지속적으로 지원을 받을 수 있도록 한다.

특히 노드스트롬 인력 관리의 독특한 특징으로 종업원들에게 그 자신의 사업 영역에 대한 책임과 권한이 위임된다는 것을 들 수 있다. 노드스트롬의 판매사원들은 각자 자영업자 마인드로 업무에 임하도록 촉구된다. 고객의 요구나 상황에 대처하기 위해 판매 현장에서 의사결정을 내려야 할 때 적용되는 제1의 규칙은 "본인의 최선의 판단을 사용하라"는 것이다. 판매사원이 실수를 저지른다할지라도 학습의 기회로서 활용된다. 이러한 정책은 판매사원이 회사가 그들의 올바른 결정에 대해 신뢰한다는 자긍심을 느끼게 하였고 더욱 책임감 있게 업무에 임하게 하여 노드스트롬의 성공의 원동력이 되었다.

노드스트롬 백화점

출처: "고객 감동의 신화 – 노드스트롬", http://blog.naver.com/loka8210/80007675438; 위키피디아, http://en.wikipedia.org/wiki/Nordstrom; "100 Best Companies to Work For," http://money.cnn.com/magazines/fortune/bestcompanies/2008/snapshots/36.html; "Nordstrom-great service for over 100 years, best company for 25 years", http://www.greatplacetowork.com/best/100best-2009/2009-Best-Company-for-25-Years-Nordstrom.pdf

10.2 서비스 직원의 결정적 역할

앞에서 이야기한 바와 같이 서비스기업에서 가장 중요한 것은 사람, 즉 인적요소이다. 이 중 특히 매일 고객들을 서비스 현장에서 대하고 있는 접점요원(contact personnel)의 중요성은 아무리 강조를 해도 지나치지 않다. 이렇게 접점요원, 즉 일선직원들이 중요한 이유는 무엇일까? 그들이 곧 서비스이기 때문이다. 이제 이러한 서비스 직원들의 결정적 역할을 구체적으로 살펴보도록 하자.

⠿ 서비스 마케팅 역(逆) 삼각형

서비스 마케팅은 약속의 수행이다. 즉, 서비스 마케팅은 고객과 약속을 하고 그것을 잘 지켜 나아가는 과정이다. 서비스 프로모션관리에서 이러한 과정을 삼각형의 구조에서 설명한바 있는데 이를 서비스 마케팅 삼각형이라고 한다. 이 삼각형은 서비스를 개발하고, 촉진하고 전달하는 세 그룹을 연결시켜 설명한 것이다. 꼭짓점에는 각각 기업과 서비스 제공자, 그리고 고객이 있다. 우선 기업은 서비스 제공자(즉 직원)를 통해 약속을 가능하게 하는데, 이를 내부마케팅(internal marketing)이라 한다. 그와 동시에 기업은 고객과의 커뮤니케이션을 통하여 약속을 전달하는데, 이를 외부마케팅(external marketing)이라고 한다. 끝으로 직원들은 고객과의 상호작용을 통해 약속을 지켜 나가는데, 이를 상호작용 마케팅(interactive marketing)이라고 한다. 약속은 하는 것도 중요하지만 이를 성실히 지켜 나가는 것이 더욱 중요하다.

그런데 서비스 마케팅 삼각형에서 실지로 약속을 지켜주는 사람들은 누구인가? 바로 그들은 서비스 직원들이다. 따라서 성실한 직원이 없이는 이러한 삼각구도가 유지될 수 없다. 서비스에서 직원들이야 말로 기업의 성공에 결정적인 역할을 한다. 기업은 외부마케팅과 상호작용 마케팅 활동을 하기 전에 내부마케팅을 철저히 수행하여야 한다. 자신이 몸담고 있는 기업에 대해 확신이 없는 사람들이 서비스 현장에 투입되어 어떻게 기업의 얼굴 역할을 할 수 있겠는가? 따라서 기업은 접점요원에 대한 지식교육 뿐만 아니라 정신교육, 기업의 문화에 대한 교육 등을 통해 그들에게 동기를 부여해주고 항상 그들을 지원해주고 후원해 줌으로써 그들이 자신감과 자부심을 가지고 현장에 설 수 있게 해야 한다. 고객은 왕이라면 내부직원, 특히 현장직원은 황제이다. 내부직원조직이 튼

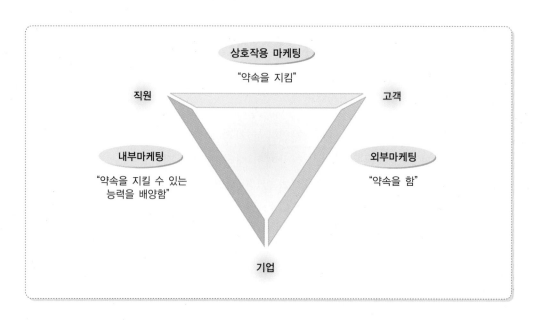

그림 10-1

서비스 마케팅 역(逆) 삼각형

상호작용 마케팅

"약속을 지킴"

직원

고객

내부마케팅

"약속을 지킬 수 있는
능력을 배양함"

외부마케팅

"약속을 함"

기업

틀하면 외부마케팅과 상호작용 마케팅은 자연스럽게 저절로 이루어질 수 있고, 비로소 고객지향적 또는 고객중심적인 서비스가 실현되는 것이다.

이러한 관점을 종합해보면 앞서 소개한 서비스 마케팅 삼각형도 [그림 10-1]과 같이 바뀌어야 한다. 즉, 서비스 종업원과 고객이 맨 위에 위치해야 한다. 그들 간의 상호작용이 훌륭한 서비스를 만들어 낼 수 있기 때문이다. 기업과 경영자는 맨 아래 위치해야 한다. 서비스 직원과 고객을 끊임없이 지원해주고 보조해 주어야 하기 때문이다. 따라서 서비스 마케팅 삼각형은 아래와 위가 바뀐, 거꾸로 된 형태가 되어야 한다. 이 서비스 마케팅의 역삼각형은 서비스 종업원과 고객, 즉 인간중심적이 되어야 한다는 의미를 시사하고 있다.

⠿ 종업원만족도, 고객만족도, 수익성 간의 관계

만족한 서비스 직원은 고객을 만족시킨다. 마음속에 있는 좋은 기분이 자연스럽게 고객에게 전달되기 때문이다. 이것은 억지로 되지는 않는다. 우리가 많은 사람을 상대하면서 상대방이 나에게 정말로 마음에서 우러나는 성의를 베풀고 있는지, 아니면 어떤 목표를 달성하기 위해 억지로 웃고 있는지 정도는 알 수 있다. 마케팅 분야의 연구결과에 따르면 서비스 종업원 자신이 불만에 차 있으면 고객을 절대 만족시킬 수 없다고 한다. 우리 속담에 "집에서 새는 바가지가 밖에서도 샌다"는 말이 있다. 자신의 문제가 해결이 되고 있지 않은데 어떻게 남의 문제를 돌볼 수 있겠는가? 이와는 반대로 고객을 만족시

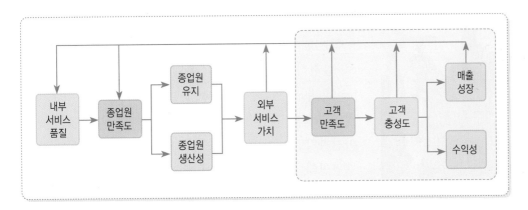

그림 10-2

종업원만족도, 고객만족도,
수익성 간의 관계

킬 수 있는 직원이라면 그 성취감에 그의 만족도도 더욱 높아진다고 한다. 즉, 직원만족
도와 고객만족도는 서로 상승작용이 있는 것이다.

고객만족도는 비용인가, 투자인가? 기업이 고객만족을 위해 쓰는 돈은 비용 처리되
어 흘러가는 돈인가? 아니면 나중에 기업에 수익을 안겨주는
투자의 개념인가? 많은 마케팅 연구의 결과에 의하면 고객만족
은 결국 기업에 대해 많은 수익을 올리게 해주는 훌륭한 투자
대상이라고 한다. 즉, 만족한 고객은 같은 기업을 통해 반복구
매를 하게 되어 고객충성도가 올라간다. 기업의 입장에서 이러
한 충성고객의 수가 늘어감에 따라 수익성이 높아진다. 충성고
객에 대해서는 고가 판매를 할 수 있고 이들을 유지하는데 들어
가는 비용도 크지 않으며, 이들이 기업에 대해 좋은 입소문을
내주기 때문이다. 결론적으로 종업원만족은 고객만족으로 직결
되고, 고객만족은 기업의 수익성을 높여준다. 이러한 관계가
[그림 10-2]에 잘 나타나 있다.

직원만족이 고객만족의
출발점이다. 아시아나 항공
직원만족 서비스 쿨썸머 행사

종업원 브랜드자산

일반적으로 서비스를 이용하는 고객들은 기업의 외부 브랜딩 활동(예: 광고)이나 과거
서비스 이용경험 등에 기초해서 해당 서비스 브랜드에 대한 기대를 형성하게 된다. 그리
고 이러한 고객들의 기대는 실제 서비스 경험과의 비교를 통해서 고객들의 만족 혹은 불
만족을 결정하게 된다. 따라서 실제 서비스를 수행하는 종업원들이 해당 브랜드가 추구
하는 혹은 약속한 가치를 얼마나 지지하고 그와 일관된 방식으로 현장에서 실천하는 가
의 여부가 무엇보다 중요하다.

직원들이 광고모델로 등장하여 브랜드 이미지를
전달하고 있다: 유니클로

최근 서비스 마케팅 연구에서는 종업원들이 브랜드가 추구하는 가치를 얼마나 지지하고, 동참하고, 일관된 방식으로 실천하는가의 정도를 종업원 브랜드자산(employee brand equity)이라는 개념으로 설명하고 있다. 우량고객을 많이 확보한 기업의 고객자산(customer equity)이 높은 것과 마찬가지로 내부 종업원들을 브랜드자산 관점에서 평가한 개념인데, 브랜드 관점에서 종업원들에 대한 철저한 교육과 역할부여 등이 중요한 과제로 부각되고 있다.

10.3 접점요원의 역할

이 장에서는 서비스 전달의 핵심주체인 접점요원의 역할에 대해 살펴보자. 서비스 현장에서 고객들과 직접 대면해서 서비스를 제공하는 사람들을 접점요원(contact personnel) 혹은 경계근무자(boundary spanner)라고 한다. 이들은 그들이 몸 담고 있는 기업과 고객 사이에서 연결고리 역할을 한다. 사실 서비스기업에서 보면 이들은 조직 피라미드의 가장 밑에 위치하고 있다. 프론트데스크 근무자, 웨이터, 웨이트리스, 항공사 승무원, 백화점 점원 등 기업의 말단에서 적은 임금으로 고객들과 상대하고 있다. 그들의 기술과 급여의 수준이 어떻든 접점요원들은 스트레스를 많이 받는다. 정신적 그리고 육체적 기술에 더하여 이러한 직업은 상당한 수준의 정신 노동과 사람 간의 갈등을 다루는 능력이 요구된다. 여기서 무리가 생기면 서비스 실패로 이어지게 된다.

⠿ 감정노동

감정노동(emotional labor)이라는 용어는 알리 혹스차일드(Arlie Hochschild)에 의해 처음 쓰여졌는데, 이는 높은 품질의 서비스 제공이 요구되는 상황에서 행해지는 육체적 또는 정신적 노동 이상의 것을 의미한다. 대개 이러한 상황에서 접점요원들은 그들의 감정을 서비스를 위해 요구되는 감정의 형태와 수준으로 맞추어야 한다. 이 경우, 고객에게 미소를 전달하며, 그들과 눈을 맞추고, 진실된 관심을 보이며, 처음 보는 사람 혹은 다시 볼 수 있을지 없을지 모르는 사람들과 친절하게 대화하는 것 등이 포함된다. 친절함, 정중함, 눈치, 개인적 관심, 그리고 고객요구에 대한 즉각적 대응 등은 회사의 운명을 어깨로 짊어진 일선직원으로부터 엄청난 양의 감정노동을 요구한다.

콜센터 직원들은 감정노동 현장에서 최선을 다하고 있다.

이러한 감정노동은 아무나 할 수 있는 것이 아닌 것 같다. 천성적으로 사람을 다룰 줄 알고, 긍정적이고 낙천적인 인생관을 가지고 있으며, 기쁘고 즐거운 마음으로 생활하는 사람들이 할 수 있는 일이다. 그렇지 않은 사람들에게는 아무리 교육 훈련을 철저히 한다고 해고 결국 언젠가는 어려워질 수 있다. 기업에서 접점요원을 배치할 때 이러한 사실을 잘 염두에 두고 실행해야 할 것이다.

⠿ 갈등근원에 대한 파악과 관리

사람을 다루는 임무를 담당한 서비스 일선직원들의 일과는 고되다. 항상 사람과 사람 사이에서, 혹은 사람과 조직 사이에서 갈등하고 번뇌하며 스트레스를 받기 마련이다. 일선직원들이 이러한 갈등과 스트레스의 원인을 잘 파악하고 이를 관리할 수 있은 방법을 개발하지 못한다면 아마도 그 자리에서 오래 견디지 못할 것이다. 여기서는 갈등의 원인과 관리방안에 대해 살펴보자.

역할 갈등

일선직원들은 그들에게 주어진 임무가 그들의 성격이나 가치관에 맞지 않을 때 역할 갈등을 느낀다. 사람들은 누구나 자신의 가치관과 자존심에 충실하여 살아가는데 마케팅에 있어서 "고객은 왕"이라는 말은 종종 일선직원에게 매우 부담스러운 요구사항으로 다가갈 수 있다. 어떤 이는 이스라엘의 버스 운전사의 사례를 들어 이 역할 갈등에 대해 설명하고 있다. 이스라엘에서는 버스 승객들로부터 요금을 운전사가 직접 걷는다. 운전사들은 손님들에게 요금을 걷기 위해 남들이 보면 마치 거지처럼 그들에게 손을 뻗어야 하는 경우가 많다. 심지어는 실수로 동전이 바닥에 떨어졌을 경우 이를 집어내기도 한다. 운전만 안전하게 시간을 어기지 않고 하면 된다고 생각하는 버스 운전사들은 이럴 경우 큰 역할 갈등과 모멸감까지 느끼고, "지금 내가 무엇을 해야 하고 무엇을 하고 있는가? 내가 지금 이런 것까지 해야 하는가?" 등 심한 심리적 회의와 갈등을 느낀다고 한다.

기업에서는 일선직원들의 역할갈등을 줄이기 위해 처음부터 주어진 책임과 임무에 대해 명백히 해야 하겠고 종업원들의 자존심을 해칠 수 있는 일은 가능하면 부과하지 않도록 해야 한다.

직장-고객 갈등

일선 서비스 직원이 느끼는 갈등의 원인 중 가장 흔한 것은 직장의 서비스 방침과 고객의 요구조건이 잘 안 맞을 때 오는 것이다. 예를 들어 백화점에서 세일 기간 중에 판매된 상품에 대해서는 환불 교환을 해주지 않는 방침이 있다고 하자. 이를 모르고 물건을 구입한 고객이 다시 찾아와서 점원에게 환불이나 교환을 해달라고 막무가내로 떼를 쓸 때, 이 점원은 큰 갈등을 느끼게 된다. 이러한 갈등을 최소화하기 위해서는 고객들에게 회사의 방침에 대해 미리 잘 알려주어야 한다. 그리고 제대로 된 서비스를 받기 위해 어떠한 절차와 조건이 요구되는지를 미리 설명해주어야 한다.

고객 간 갈등

일선직원이 상대하는 고객들 간의 갈등도 그들에게 큰 스트레스의 원인이 된다. 특히 서로 다른 욕구를 가지고 있는 많은 고객들을 상대로 할 때(예: 교사, 교수, 연예인 등) 이러한 갈등은 크게 나타나게 된다. 이러한 경우, 한 사람이 고객의 다양한 욕구를 모두 맞추어 나아가는 것은 역부족이다. 시장을 세분화하고 목표 시장을 정하여 그 목표 고객에 맞는 직원들을 매치하는 것이 이러한 갈등을 줄이는 최선의 방법이 된다. 물론 목표시장이 다수인 경우에는 서로 다른 서비스 능력과 소양을 가진 사람들을 각 시장에 맞게 배치함으로써 갈등을 줄일 수 있다.

10.4 서비스 인적자원 관리전략

그렇다면 이렇게 중요한 서비스 인적자원을 기업에서는 어떻게 관리해 나아가야 하는가? 이에 대해 다음과 같은 네 가지 중요한 가이드라인을 소개하고자 한다. 첫째, 서비스기업은 그들이 제공하는 서비스에 대해 최선의 적임자를 찾아 고용해야 한다. 즉, 좋은 사람을 찾는 일이 가장 급선무이다. 둘째, 서비스기업은 직원들에 대한 교육훈련

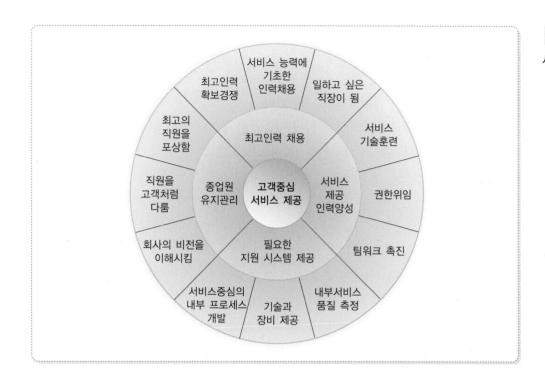

그림 10-3

서비스 인적자원 관리전략

과정을 통하여 그들의 능력을 최고의 수준으로 개발해야 한다. 셋째, 서비스기업은 최상의 서비스 제공을 위해 필요한 시스템을 지원해야 한다. 넷째, 서비스기업은 최상의 직원들을 잘 보존할 수 있어야 한다. 이를 도식화 한 것이 [그림 10-3]이다.

적임자 고용

최고의 서비스를 위해서는 최고의 인력이 필요하다. 따라서 기업에서는 이러한 인력을 확보하는 것이 급선무이다. 서비스 업무에 꼭 맞는 적임자를 구하는 것처럼 중요하고도 어려운 일이 없다. 이러한 일을 어떻게 해결해 나아가야 할까?

최고의 인력을 구하기 위해 경쟁하라

우리가 추구하는 서비스를 최고의 수준으로 수행할 수 있는 인력을 확보하기 위해서는 경쟁사와 치열한 경쟁을 해야만 한다. 이를 위해 많은 기업에서는 인력확보 담당자나 부서를 마련해서 이 일에 집중할 수 있도록 한다. 모 대기업에서는 부사장급에서 이러한 인력확보 노력이 이루어지고 있고, 우리가 잘 아는 사우스웨스트 항공사에서는 '인력담당부서(People Department)'를 설치하여 재능 있는 직원 확보에 열을 올리고 있다. 그들은 직장 내 모든 자리를 중요시하며 그 자리의 적임자를 찾기 위해 수십 명, 때로는 수백 명의 응모자들을 인터뷰 하는 데 시간과 노력을 경주하고 있다. 이렇게 서비스의 경우에는 좋은 사람들이 필요하기 때문에 기업은 오늘도 인력시장에서 인재확보 전쟁을 치르고 있는 것이다.

서비스 능력과 서비스 성향을 보고 고용하라

서비스에 적합한 최고의 인재를 골라내는데 있어 두 가지를 중점적으로 보아야 한다. 그것은 서비스 능력과 서비스 성향이다. 서비스 능력은 그 일을 하기 위해 필요한 지식과 기술이다. 교수, 의사, 변호사와 같은 전문서비스 직종을 위해서는 일에 맞는 특별한 학위나 자격증 등이 필수적이다. 물론 이러한 자격증이 특별히 필요하지 않은 서비스 업종도 많다. 문제는 그 사람이 우리가 원하는 일을 잘 수행해 나아갈 수 있는 능력과 기술을 가진 사람인지를 잘 살펴보아야 하는 것이다.

서비스기업에서 인재를 선발할 때 이보다 더 중요하게 보아야 하는 것은 바로 지원자의 서비스 성향이다. 아무리 서비스에 대한 지식과 기술을 갖춘 사람이라 할지라도 근본적으로 고객을 대하는 태도나 서비스 정신이 결여되어 있을 수 있다. 이러한 사람들은 서비스 현장에서 결국 오래가지 못하고 실패한다. 사람에 대한 진정한 애정과 대인 관계에 대한 철학이 없는 사람은 서비스 요원으로서 기본 소양과 적성을 갖춘 사람이라고 볼수 없다. 마음에서 우러나온 서비스가 아니라 훈련에 의해 강요된 억지 미소와 호의는 오래갈 수 없다. 따라서 가장 이상적으로는 지원자가 앞에서 이야기한 서비스에 대한 지식과 기술도 갖추고 있으면 이와 동시에 서비스에 대한 적성을 겸비한 경우라고 볼 수 있다.

기업은 이제 인력 선발에 있어서 지원자들의 서비스에 대한 능력만 보는 것이 아니라 서비스 성향과 적성을 중시한다. 예를 들어 사우스웨스트 항공사는 정이 많고, 상식이 있으며, 유모 감각이 있고, '할 수 있다'는 긍정적인 태도와 평등주의적 생각('나'보다는 '우리'의 입장에서 생각함)을 가진 사람을 찾는다. 기업에서 이러한 서비스 성향의 사람들을 선발하기 위해 지원자들의 그룹 인터뷰를 통해 서로 어떻게 상호 교류하는지를 살핀다. 서비스 기술뿐만 아니라 서비스 성향, 팀워크와 일에 대한 열정 등을 종합적으로 평가하기 위해서이다. 또한 어떤 기업에서는 모의실험을 통해 적성에 맞는 지원자들을 선발해내기도 한다. 즉, 지원자들을 실제 서비스 상황에서 서비스를 수행하게 함으로써 그들이 과연 서비스를 잘 수행해낼 수 있을 것인가를 평가하는 것이다. 이 과정에서 실지로 지원자들도 자신들이 그 서비스에 대해 적성에 맞는 일인지 맞지 않은 일인지를 깨닫게 되는 수도 있다.

서비스 능력과 자질을 갖춘
사람이 기용되어야 한다.

사람들이 일하고 싶어 하는 직장이 되어라

좋은 인력을 확보하기 위해서는 우리기업 자체가 훌륭한 기업으로 발전, 성장하는 것이 중요하다. 그렇게 되면 구직자들이 자원해서 우리기업에 지원할 것이고 지원자들 중에 최선의 인재들을 가려 뽑을 수 있을 것이다. 이렇게 기업이 인력시장에서 경쟁력을 확보하는 것이 훌륭한 인재를 확보하는 좋은 방법이다. 많은 기업들이 종업원이나 구직자들에게 인기 있는 기업이 되기 위해 노력하고 있다. 예를 들어 UPS는 이러한 경쟁력을 확보하기 위해 매년 종업원들을 통해 소위 '선택 받는 기업의 조건'이라는 서베이를 한다. 즉, 종업원들로부터 사랑 받는 기업이 좋은 인재들로부터 사랑 받는 기업이 될 수 있다는 가정 하에, 그렇게 되기 위해 어떠한 노력을 기울여야 하는지를 조사해서 정책을 수립하는 것이다.

포춘지에서 세계 최우수 기업 중 하나로 선정된 바 있는 구글(Google)은 회사에서 직원들을 최고 우선시한다고 한다. 캘리포니아 마운틴뷰에 본사를 두고 있는 구글은 종업원들을 위해 레크리에이션 시설은 물론 자동차 정비, 세차, 이발 등 각종 편의시설을 갖춤으로써 종업

각종 편의시설을 갖춤으로써 종업원의 인기를 얻고 있는 캘리포니아 구글 본사의 모습

원들의 인기를 얻고 있다. 또 세계 최우수 기업 중 하나인 매리엇 호텔(Marriott Hotel)도 사람들이 선호하는 기업이 되는 것을 목표로 하고 있다. 매리엇 인터내셔널 회장 빌 매리엇(Bill Marriott)은 "우리가 직원들을 잘 돌보면 그들은 고객들을 잘 돌볼 것이고, 그 고객들은 다시 우리 호텔을 찾을 것이다"라는 유명한 말을 하였는데 이것이 오늘날 내부 서비스 마케팅(internal service marketing)의 기본철학이 되었다. 즉, 서비스 품질을 향상시키고 좋은 서비스로 고객들을 끌어들이기 위해서는 우리 내부직원들에 대해 잘해야 한다는 것이다. 따라서 매리엇은 그동안 내부직원들을 위하여 여러 가지 인센티브와 편의제도 등을 제공해왔다.

전 세계에서 가장 일하기 좋은 직장들

1. 구글 Google

■ 위치 : 캘리포니아 주 마운틴 뷰 Mountain View*

■ 직원 : 4만 2,162명

구글 주가는 지난해 1,000달러 이상 올랐다. 전원 주식을 보유한 구글 직원들에게 기쁜 일이 아닐 수 없다. CEO 래리 페이지 Larry Page는 직원들에게 더 '대담'해질 것을 권고했다. 특히 자선활동에 대해 강조했다. 구글은 직원의 봉사활동 5시간당 50달러를 기부한다. 직원들은 작년에 새 프로그램의 일환으로 가나와 인도를 방문해 지역사회 프로젝트에 참여했다.

2. SAS

■ 위치 : 노스캐롤라이나 주 캐리 Cary

■ 직원 : 6,588

이 소프트웨어 개발회사의 직원들은 사내 의료센터를 무료로 이용한다. 가족들도 이용할 수 있다. 의료센터에는 임상 간호사 11명, 가정의학의 3명, 공인영양사 3명, 간호사 11명, 연구소 직원 5명, 심리학자, 물리치료사 3명 등 총 53명의 의료진과 지원인력이 있다.

• 특전 : 압축근무제, 직무분담, 사내 탁아소

3. 보스턴 컨설팅 그룹 Boston Consulting Group

■ 위치 : 보스턴 Boston

■ 직원 : 2,552

이 전략 컨설팅 기업은 지난해 6월 특별히 전 세계에 방송을 하며 50주년을 기념했다. 모든 직원은 설립자 브루스 헨더슨 Bruce Henderson이 자주 언급하는 문구에서 영감을 받은 책상 장식품을 받았다. "아르키메데스는 '충분히 긴 지렛대와 서 있을 장소가 있다면 세계를 옮길 수 있다'고 얘기했다. 우리에게도 그런 무대가 있다. 바로 BCG다."

• 특전 : 유급 안식휴가, 압축근무제, 직무분담

4. 에드워드 존스 Edward Jones

■ 위치 : 세인트루이스 St. Louis

■ 직원 : 38,015

지점 수에서 스타벅스와 맞먹는 미국 4번째 규모의 이 금융 서비스 회사는 작년 직원을 3,000명 더 늘렸다. 이들은 잠시 일하는 세무사와 금융설계사 네트워크에 가입했다. 이직률은 업계 최저 수준인 8%이며 투자 자문역 중 3분의 1 이상이 50세 이상이다.

• 특전 : 압축근무제, 직무분담

5. 퀴큰 론스 Quicken Loans

■ 위치 : 디트로이트 Detroit

■ 직원 : 8,386

이 주택 담보 대출업체는 미시건 Michigan으로의 두뇌 유출을 역전시키기 위해 노력 중이다. 최근 디트로이트 시내에서 취업 박람회가 열렸을 때, 500개의 일자리에 2,500명의 지원자가 몰렸다. 퀴큰 론스는 또 지역 기업들과 협력을 통해 디트로이트로 이사하려는 직원들에게 2만 달러의 상환면제가능(forgivable loan) 주택대출 등의 인센티브를 제공한다.

• 특전 : 압축근무제, 사내 탁아소

6. 제넨테크 Genentech

■ 위치 : 사우스 샌프란시스코 South San Francisco

■ 직원 : 11,998

이 거대 생명공학 기업의 직원들은 환자 이야기에서 동기를 부여 받는다. 작년 2월 새로운 유방암 치료제가 FDA 승인을 받자, 직원들은 그 약을 UCLA 메디컬 센터 UCLA Medical Center로 밤새 나르기 위해 고군분투했다. 그곳에 간절히 치료를 기다리는 세 명의 여성이 있다는 소식을 들었기 때문이다.

• 특전 : 유급 안식휴가, 압축근무제, 직무분담, 사내 탁아소

7. 세일즈포스닷컴 Salesforce.com

- 위치 : 샌프란시스코San Francisco
- 직원 : 6,739

클라우드 컴퓨팅 선도기업인 세일즈포스닷컴은 지난 2년간 직원 수를 5,000명에서 1만 명으로 두 배 늘렸다. 작년에는 정규직 자리도 1,264개 늘렸다. 신입 사원들은 보상 프로그램과 풍족한 인센티브를 제공하는 팀에 들어 갔다. 지난해 최고 판매사원은 부탄으로 2주 휴가를 받았다.

8. 인튜이트 Intuit

- 위치 : 사우스 샌프란시스코 South San Francisco
- 직원 : 11,998

이 거대 생명공학 기업의 직원들은 환자 이야기에서 동기를 부여 받는다. 작년 2월 새로운 유방암 치료제가 FDA 승인을 받자, 직원들은 그 약을 UCLA 메디컬 센터 UCLA Medical Center로 밤새 나르기 위해 고군분투했다. 그곳에 간절히 치료를 기다리는 세 명의 여성이 있다는 소식을 들었기 때문이다.

- 특전 : 유급 안식휴가, 압축근무제, 직무분담, 사내 탁아소

9. 로버트 W. 베어드 Robert W. Baird

- 위치 : 밀워키 Milwaukee
- 직원 : 2,704

주당 최대 37.5시간의 시간제 근로, 긴 근속연수(13%의 직원들이 15년 이상 일했다), 종업원 지주제도(고위 경영진이 아닌 직원들이 주식 80%를 소유한다) 등은 106개 지점을 가진 이 금융 회사의 특징적인 기업 문화다.

- 특전 : 압축근무제, 직무분담

10. DPR 건설 DPR Construction

- 위치 : 캘리포니아 주 레드우드 시티 Redwood City
- 직원 : 1,356

페이스북 Facebook, 픽사 Fixar, 제넨테크, 스탠퍼드 대학병원 등의 고객사들을 보유한 DPR은 현재 미국의 50대 종합 건설기업 중 하나다. 탁 트인 사무실, 피닉스 Phoenix 와 샌디에이고 San Diego에 위치한 넷제로에너지 (건물이 소비하는 에너지와 생산하는 에너지가 같은 상태) 사옥 두 채, 직책이 없는 명함, 직원들을 위한 '주식 시가지급 프로그램(phantom stock program)'을 자랑한다.

- 특전 : 유급 안식휴가, 압축근무제

출처: 포춘 코리아(2014.3.)

▦ 서비스 인력의 개발

훌륭한 수준의 서비스를 창출하고 전달하기 위해 서비스 인력의 개발이 필수적이다. 즉, 서비스 인력에 대한 교육 훈련을 통하여 그들의 능력을 계발하는 것이 중요하다.

서비스 기술과 대인능력 훈련

서비스 종업원들에게 가르쳐야 하는 가장 중요한 주제는 제공되는 서비스에 대한 전문적인 지식과 기술, 그리고 고객을 대하는 접객능력이다. 서비스는 그 종류에 따라 요구되는 절차와 능력이 매우 다르다. 예를 들어 호텔서비스와 의료서비스를 비교해보라. 그 절차가 얼마나 다른가? 패스트푸드 레스토랑의 경우에도 서비스를 제공 받기 위해 정해진 절차가 있다. 그리고 음식을 준비하기 위한 절차가 이미 마련되어 있다. 따라서 맥도날드의 경우, '햄버거 유니버시티'라고 하는 종업원 교육기관을 만들어 종업원들에

프랜차이즈 업체 BBQ에서 사내교육을 위해 운영하고 있는 치킨대학

게 맥도날드 서비스에 대한 전문적인 지식과 기술을 교육시키고 있다. 프랜차이즈 시스템에 있어서 서비스의 표준화와 일관성이 매우 중요하기 때문에 이러한 절차들을 공식화하여 종업원들의 몸에 밸 수 있도록 가르치는 것이다.

서비스 종업원들이 갖추어야 할 또 하나의 중요한 능력은 바로 대인능력이다. 서비스는 기계가 아닌 사람에 의해 제공된다. 따라서 일선직원이 고객들에 대해 공감대를 이끌어 내고 친절하게 인간적으로 서비스를 제공할 수 있어야 한다. 고객들을 그저 공장의 조립공정의 나사못 정도로만 의식한다면 그 서비스는 실패한 것이다. 서비스기업은 종업원들에게 접객의 기술을 훈련시키기 위해 여러 가지 방법을 동원한다. 예를 들어 일본 도쿄에 있는 임페리얼 호텔에서는 직원들에게 역할극을 활용한 서비스매너 훈련을 통하여 고객들과의 접촉, 서비스 에티켓 등을 가르친다. 아웃백스테이크 하우스에서는 직원들로 하여금 고객의 옆에 웅크리고 앉아 고객들과 대화를 나누도록 코치한다. 스타벅스에서는 '인사이드 아웃'이라는 보드 게임을 만들어 바리스타가 고객과 대화를 나누어가는 훈련을 실시한다. 리츠칼튼에서는 서비스 교육을 받은 모든 직원들이 주머니나 지갑에 코팅된 카드 한 장씩을 넣고 다니는데 여기에는 서비스의 세 단계와 그들의 모토, "우리는 신사, 숙녀에게 서비스하는 신사, 숙녀이다(We are ladies and gentlemen serving ladies and gentlemen)"라고 적혀 있다.

직원에게 권한위임

서비스는 기업이 개별 직원들을 통해서 제공되는 것으로 개별 일선직원들의 서비스 현장에의 역할과 활약이 매우 중요하다. 서비스 현장에서는 다양한 고객들이 다양한 상황에서 서비스를 주문하고 요청하기 때문에 이러한 것을 일일이 중앙에서 보고 받고 지시하며 통제하기는 매우 힘든 일이다. 따라서 많은 서비스기업의 경우, 종업원들을 잘 교육 훈련시켜서 서비스 현장으로 배치하고, 그들을 믿고 그들에게 권한을 이양해야 한다. 이렇게 함으로써 일선직원들은 어떠한 상황에서도 순발력 있게 고객 서비스에 대처해 나아갈 수 있는 것이다. 실지로 서비스의 권한 위임은 일선직원들로 하여금 서비스 현장에 대한 적응능력을 향상시키고, 스트레스 없이 일의 효율을 촉진시키며, 서비스의 성과도 향상되어 종업원들의 만족도를 증가시키는 효과를 가져온다고 한다. 그러나 무조건 서비스 직원들에게 마음대로 알아서 하라는 식은 곤란하다. 서비스 권한위임이 성공적으로 효과를 발휘할 수 있기 위해서는 일단 종업원들이 교육을 잘 받아서 순간적인 판단력과 훌륭한 대인기술을 갖추고 있어야 한다. 이러한 전제조건이 형성된다면, 서비스가 복잡하고 사업환경이 가변적일 수록 권한위임이 효과적으로 이용될 수 있다. 또한 서비스의 특성 자체가 종업원의 판단력을 요구할 정도로 차별화, 고객화 되어 있을 경우 (예: 헤어스타일리스, PB 센터 등), 권한에 대한 위양이 필요하고 이것이 효과적으로 활용될 수 있다.

팀워크 촉진

많은 서비스의 경우, 서비스 종업원들이 팀워크를 형성하여 함께 일함으로써 효과와 효율을 올릴 수 있고 소비자들의 만족도를 향상시킬 수 있다. 예를 들어 병원의 경우, 같은 환자에 대해 여러 종류의 서비스가 필요하다. 즉, 병을 진단, 진료하고, 검사를 하며, 치료를 하고, 약을 조제해 줄 수 있는 다양한 전문분야의 서비스가 필요한 것이다. 이러한 여러 분야에서 일하는 사람들이 잘 협동하고 원활히 커뮤니케이션 하여야 환자에 대해 최고의 치료서비스를 제공할 수 있는 것이다. 서비스 제공자가 팀워크를 이루어 함께 봉사하면 혼자서 일할 경우에 받을 수 있

서비스 팀워크가 중요하다

는 스트레스를 감소시킬 수 있고, 즐겁게 함께 일을 하다 보면 종업원들의 만족도도 증가한다. 따라서 기업에서는 고객만족을 위해, 그리고 종업원만족을 위해, 또한 최고의 서비스성과를 위해 종업원 간에 좋은 팀워크를 이룰 수 있도록 해야 한다.

좋은 팀워크를 조성해 나아가기 위해 기업에서는 종업원들에게 "모든 사람이 자신의 고객"이라는 마음가짐을 갖도록 교육시켜야 한다. 팀워크의 가장 큰 맹점은 고객이나 일을 서로 다른 사람에게 미루는 경향이다. 이렇게 서로 책임 회피를 하다 보면 팀워크가 깨어지게 된다. 모든 사람이 자신의 고객이라고 생각하고 항상 몸을 사리지 말고 적극적으로 서비스 과정에 참여하도록 해야 한다. 또한 기업에서는 인센티브 시스템을 팀 위주로 가져감으로써 팀워크를 키워 나아갈 수 있다. 개인 목적으로 수행한 작업에 비해 팀워크를 이루어 실행한 일에 대해 더 큰 비중을 두고 보상을 해준다면 자연스럽게 팀워크가 이루어질 것이다.

⠿ 서비스 지원시스템 제공

아무리 좋은 사람을 기용하고 그들을 잘 훈련시킨다고 해도 기업에서 내부적으로 그들을 충분히 지원해줄 수 있는 시스템이 없다면 좋은 서비스를 기대하기 힘들다. 서비스는 사람과 사람 간의 상호교류를 통해서 창출되고 제공되는데, 이때 서비스 과정에서 직원들의 서비스를 지원하기 위한 기술력과 도구가 필요하다. 이러한 것들이 기업에 의해 충분히 제공되어야 최상의 서비스가 만들어질 수 있는 것이다.

내부서비스 품질 측정

우선 서비스 기업은 내부적으로 그들의 종업원, 특히 일선직원들의 기업과 업무에 대한 만족도를 주기적으로 측정할 필요가 있다. 소비자들에게 외부적으로 제공되는 서비스 품질의 향상을 위해서는 종업원들에게 내부적으로 제공되는 서비스의 품질부터 관리할 필요가 있기 때문이다. 측정 없이는 관리가 불가능하다. 종업원들이 기업의 지원에 대해 만족하는지, 불만족하는지, 만일 불만족한다면 어떠한 점에서 불만족 하는지를 파악해내어 종업원에 대한 최상의 서비스를 구상하고 제공해야 한다. 이것이 서비스 지원시스템을 구축하는 기초가 된다. 매리엇 호텔의 경우, 호텔 투숙객들의 만족도 조사는 물론 내부직원들의 만족도를 주기적으로 조사하여 내부서비스 품질 향상에 늘 힘쓰는 모습을 보여준다.

기술과 장비의 지원

서비스를 효율적이고 효과적으로 수행하기 위해 종종 여러 가지 유형의 기술과 도구가 필요하다. 이러한 기술력과 최신의 장비 없이는 아무리 친절함을 갖춘 종업원이라 할지라도 좌절하고 만다. 예를 들어 의료서비스를 생각해보라. 의사가 최신의 의료기기 없이 의료 지식과 친절함만으로 환자에게 좋은 서비스를 제공할 수 있겠는가? 최첨단 건물과 장비 없이 항공사, 호텔, 렌터카 회사들이 생존할 수 있겠는가? 따라서 기술과 장비에 의존하는 서비스일수록 이러한 측면에서의 확실한 지원이 필요하다. 또한 서비스기업은 이러한 기술과 장비뿐만 아니라 서비스 프로세스 자체가 시스템적으로 직원들을 지원해주는 방향으로 설계되어야 한다. 기술과 장비는 이러한 프로세스의 일부에 불과한 것이다.

⁝⁝⁝ 최고의 직원 유지

성공적인 서비스기업에는 최고의 직원들이 있다. 기업은 그들을 잘 훈련시켜 능력을 향상시켜야 하며 이들을 잘 유지하기 위해 이들에 대한 지원을 아끼지 말아야 한다. 이들이 기업을 떠나기 시작하면 남은 직원의 사기에 큰 타격을 입히게 되어 서비스 품질을 깎아 내리게 되기 때문이다. 좋은 직원들을 결코 당연한 것으로 받아들여서는 안 된다. 최고의 직원을 유지하기 위해서는 다음과 같은 것들을 실천에 옮겨야 한다.

회사 비전을 직원들에게 이해시켜라

훌륭한 직원들을 회사에 남아있게 하기 위해서는 그들로 하여금 회사의 비전에 대해 잘 이해시키는 것이 필요하다. 매일 서비스 현장에서 일하는 사람들은 그들이 하는 일이 조직과 조직의 목표라고 하는 큰 그림에 어떻게 공헌하고 있는지에 대해 늘 궁금하게 생각하고 있다. 봉급이나 기타 혜택들이 그들에게 어느 정도 동기부여는 되지만 그들이 근본적으로 기업의 비전에 대한 신념이 없다면 다른 곳으로 쉽게 옮겨갈 수도 있는 것이다. 따라서 기업의 비전은 전직원들에게 분명하게 전달되고 이해되어야 한다. 직원들이 회사 비전에 대해 분명히 이해하고 이에 대한 신념을 갖게 된다면 그들이 현재 그 비전상의 어디에 있고 어느 방향으로 가고 있는지를 알 수 있기 때문에 일에 몰두하게 된다. 이렇게 되면 다른 기업으로 옮겨 새로이 일을 시작할 이유가 없게 되는 것이다.

직원을 고객처럼 취급하라

고객들이 기업 내에서 진실로 그 가치를 인정 받고 좋은 지원을 받는다면 다른 업체로 옮겨갈 이유가 없게 된다. 앞에서도 설명했지만 외부고객을 끌어들이고 그들에게 최상의 서비스를 제공하기 위해서는 내부고객, 즉 내부직원들에 대한 지원과 서비스를 게을리 해서는 안 된다. 내부고객들의 만족도가 외부고객들의 만족도로 그대로 연결이 된다. 이러한 이유 때문에 대기업에서는 종업원들의 만족도에 대한 서베이를 주기적으로 실시한다. 내부직원, 특히 서비스 접점요원들이 현 직장에 대해 만족하는지, 불만족한지, 만약 불만

고객의 가치와 행복을 실현하기 위한 신한카드의 대책은 바로 직원만족이다.

족하다면 어떠한 측면에서 불만족한지 등을 조사하여 내부직원들에 대한 지원을 향상시키고자 노력한다. 예를 들어 기업에서 종업원들을 위해 자녀교육비를 지원해준다든

지, 의료지원금을 제공해준다든지, 가정생활을 위해 직무시간에 유동성을 부여한다든지 등의 지원을 제공할 수 있다. 아메리칸 익스프레스(American Express)는 이러한 내부고객 지원사업을 통하여 미국 사람들이 가장 일하고 싶은 직장에 지속적으로 선발되는 영광을 안았다.

뛰어난 서비스직원에 대해 포상하라

만약 기업이 훌륭한 직원을 잡아두고 싶다면 그들의 성과에 대해 상을 주고 승진의 혜택을 주어야 한다. 사람들은 본능적으로 사회적으로 인정받고자 하는 욕망과 욕구가 있다. 아무리 열심히 해도, 아무리 성과가 좋아도 인정을 하지 않고 알아주지 않는 기업에 남아있고 싶어 하는 사람이 얼마나 있겠는가? 좋은 성과는 반드시 인정받아야 한다. 여기서 좋은 성과는 대개 생산성이나 매출 등을 통해 나타나고 측정된다. 포상 시스템은 기업의 비전과도 연계되어 있어야 한다. 즉, 좋은 성과라 함은 기업이 비전을 달성하는 데 공헌을 할 수 있는 성과를 의미하는 것이다. 포상은 다양한 형태를 띠는데, 전통적인 형태, 즉 봉급인상, 승진, 보너스, 상금부터 동료가 주는 상(peer award), 팀이나 그룹이 주는 상 등이 다양하게 존재한다.

훌륭한 서비스직원을 기업에서 유지하는 일은 매우 중요한 일이지만 결코 쉬운 일이 아니다. 위에서 이야기한 여러 수준의 노력에도 불구하고 종업원들의 이직은 현실적으로 충분히 있을 수 있는 일이기 때문이다. 직원들은 여러 이유에서 현재의 직장을 떠난다. 반드시 그 직장에 대해 불만이 있어서가 아니라 개인적인 이유에서 떠나는 경우도 많다. 이러할 경우 기업은 큰 피해를 입을 수 있다. 왜냐하면 직원이 떠남에 따라 그 직원이 모셨던 고객도 떠날 수 있기 때문이다. 직원이 다루고 있던 고객이 기업의 고정고객이었던 경우, 그 피해가 심하다. 따라서 기업에서는 훌륭한 직원들을 유지하기 위해서 위와 같은 직원 지원을 아끼지 않음과 동시에 그래도 직원이 떠나는 경우에 대비할 필요가 있다. 예를 들어 기업에서는 종종 보직순환을 통해 직원들의 역할이 순환될 수 있게 해야 한다. 이렇게 되면 한 고객이 다수의 직원과 컨택을 하게 되어 이 중 한 명이 직장을 떠나게 된다 하더라도 별 무리 없이 다른 직원이 그 임무를 대행할 수 있게 된다. 또 한 가지 방법은 고객을 팀 단위로 모시는 방법이다. 이렇게 되면 팀원 중 누구 하나가 이직을 하게 되어도 큰 영향을 받지 않게 된다. 물론 한 고객이 다수의 직원을 상대해야 하는 불편함은 있겠지만 기업의 입장에서 뜻하지 않았던 종업원의 이직에 대비할 수 있다.

제 **11** 장

서비스 품질관리

지방병원의 이유 있는 반란:

대전 선병원 서비스혁신

대전에 위치한 선병원이 요즘 의료서비스 업계에서 관심의 대상이다. 특히 외국인 환자유치에 관한 스타병원으로 인정을 받고 있는데, 전국 최고수준을 자랑하는 외국인 환자 증가율을 기록하면서 2012년 '글로벌 헬스케어 유공포상'에서 장관상을 수상하는 저력을 보였다. 1966년 20병상의 정형외과 의원으로 출발한 선병원은 현재 대전과 유성에 900병상을 둔 지방병원이지만, 이 병원의 고객서비스를 배우기 위해 다녀간 국내 종합병원만 해도 100여 개가 넘을 정도로 유명하다. 해외에서도 20개국 이상의 병원과 기관들이 벤치마킹하고 있는 선병원만의 서비스혁신 노하우를 습득해보자.

고객을 위해서라면 디테일로 승부한다.

신승훈 원장은 선병원의 저력에 대해 "무엇보다 디테일에 대한 집요함, 그리고 끊임없이 메모하고 매뉴얼화한 결과인 것 같다"고 말한다. 선병원 직원들은 매년 한두 차례 해외연수를 통해 다양한 경험을 한다. 서비스를 개선할 수 있는 아이디어를 얻을 수 있는 곳이라면 어디든지 갈 수 있다. 환자가 찾아오면 즉시 일어나 응대하는 '발딱응대'는 2005년 태국의 한 병원에서 간호사들이 의자에 앉아 있는 상대방과 눈높이를 맞추기 위해 무릎을 꿇는 것을 보고 벤치마킹한 것이다. 싱가포르의 6성급 호텔에서 보고 배운 고객관리기법을 적용하여 간호사들이 환자의 정보를 수첩에 적고 전산으로 관리하는 시스템을 도입하였다. 선병원의 진짜 저력은 이렇게 발견한 디테일한 사항들을 구체적으로 매뉴얼화함으로써 전체 서비스 직원들이 적극적으로 실천에 옮길 수 있도록 제도화한다는 점이다. 고객들의 작은 욕구나 수요를 간과하지 않고 이를 찾아낸 후 고객들에게 가치 있는 서비스로 전달하는 마이크로 밸류 마케팅의 진수를 선보이고 있다.

의료품질 향상을 위한 QI활동

고객지향적인 서비스 경영은 어느 한 사람 또는 한 부서만의 노력이나 외침으로 해결될 수 없다. 선병원 의료의 질과 서비스향상의 비결은 올해로 12년째 이어지고 있는 'QI(Quality Improvement) 경진대회'에서 찾아볼 수 있다. 단순히 친절에 그치는 의료서비스 개선이 아닌 실제 의료현장에서의 품질개선과 고객만족을 연결시키려는 노력이 빛을 발휘하고 있다. 예를 들어 2014년 QI대상을 차지한 물리치료실에서는 노령화 시대를 맞아 늘고 있는 인공관절 수술환자들의 수술 후 생활복귀를 위한 자가운동 프로그램을 제공하여 고객만족도를 크게 향상시켰다.

환자의 눈높이에 맞춘 고객지향적 서비스

선병원에서 운영중인 CCO(Chief Client Officer: 최고고객담당자) 제도도 눈여겨볼 만하다. 이 제도는 4명의 고객담당자가 환자를 하루 종일 따라 다니면서 환자들의 입장을 경험하게 하고, 이를 통해 환자들이 불편해하는 사항들을 개선하는 방식이다. CCO들이 밤에 침대에 환자와 함께 누웠다가 시계초침 소리가 크다는 점을 알고 병실의 모든 시계를 소리가 안 나는 시계로 바꾸기도 하였다. 고객의 입장에서 생각하고 개선을 해나가는 노력들은 선병원의 고객지향적인 서비스문화를 정착시키는데 크게 기여하고 있다. 환자의 입장에서 생각하는 선병원의 노력은 치과병원에서도 쉽게 찾아볼 수 있다. 선치과병원 5층의 소아치과센터는 아이들의 활동성을 고려해 대기실을 대폭 확장하고, 아이들의 정서와 심리적 안성에 초점을 둔 인테리어 및 놀이공간, 도서 등을 갖췄다. 대기실에서는 진료실을 들

선병원 QI 경진대회

여다 볼 수 있도록 배려해 보호자와 아이들이 분리 상태에서의 심리적 불안감을 해소할 수 있도록 했다. 30년 역사를 자랑하며 세계 최초로 검진센터 부문 JCI인증을 받은 국제검진센터의 맞춤서비스도 유명하다. 숙박검진을 위해 5성 호텔급 전용병실을 운영하고 있으며 해외환자를 위한 현지 의사 및 간호사 출신의 코디네이터를 통해 전담 서비스를 제공한다.

어린이 눈높이에 맞춘 선치과병원과
최신시설의 국제검진센터

참고
1. 조선비즈(2013.6.8.) 기사.
2. 후생신보(2014.11.21.) 기사.

소비자들의 욕구를 만족시킴에 있어서 가장 중요한 요소는 바로 품질(quality)이다. 품질은 한 상품이 제대로 만들어져 기대되는 역할을 훌륭히 수행해낼 수 있는 능력을 뜻한다. 신차를 구입한 고객들은 아마도 사후보증기간 동안 별다른 고장 없이 차를 이용할 수 있다면 대체로 품질이 좋다고 평가할 것이다. 이처럼 유형재의 경우 소비자들이 해당 제품의 품질을 평가하는 것이 상대적으로 수월할 수 있다. 그러나 무형적인 서비스의 경우에는 사정이 다르다. 소비자들은 서비스 제공자의 수행능력, 즉 품질을 평가하는 것이 쉽지 않을뿐더러 평가기준 역시 모호하거나 광범위해 보인다. 은행, 병원, 소매점의 서비스 품질(service quality)을 소비자들은 과연 어떤 기준으로 어떻게 평가할 수 있을까? 이 장에서는 서비스 차별화의 근간이 되는 서비스 품질의 여러 차원과 이를 기초로 한 서비스 마케팅전략에 대해 살펴보고자 한다.

11.1 지각된 서비스 품질

서비스 품질관리에서 중요한 것은 어떤 객관적인 평가지표상에서 계산된 상품의 품질이 아니라 고객에 의해 주관적으로 지각된 품질(perceived quality)을 다룬다는 점이다. 마케팅에서 고객의 지각 혹은 인식(customer perceptions)을 중요시하는 이유는 이것이 고객의 구매행동에 직접적인 영향을 미치기 때문이다. 즉, 소비자들은 본인이 주관적으로 평가하여 마음에 드는 제품이나 서비스를 구매한다. 그런데 여기서 중요한 것은 지각된 서비스 품질에 대한 평가방법인데, 대체로 다음과 같은 두 가지 견해가 있다. 먼저 지각된 성과품질과 사전기대감 간의 차이를 비교하는 불일치 모델로, 이 경우 고객의 서비스에 대한 사전기대가 높은 경우, 서비스 수행에 대한 지각이 이에 못 미치면 서비스 품질이 낮아질 수 있다. 이러한 의미에서 서비스 품질은 고객 만족도와 비슷한 개념으로 볼 수 있다. 다른 하나는 서비스 품질을 사전 기대와 지각의 차이로 평가하기 보다는 실제 서비스 제공자의 성과만으로 평가하는 지각모델이다.

⠿ 서비스 품질과 고객만족

위에서 언급된 바와 마찬가지로 우리가 서비스 품질을 논할 때 고객에 의해 주관적으로 지각된 품질을 말하기 때문에 이는 고객만족(customer satisfaction)과 유사한 개념으로 볼 수 있다. 그러나 두 개념은 공통점을 갖고 있지만 서로 다르다. 좀더 구체적으로 살펴보면 서비스 품질은 서비스 차원들에 대한 고객의 평가에 의해 지각되며, 고객만족을 결정하는 여러 요인들 가운데 하나이다. 본 장의 후반부에서 자세히 설명하겠지만, 서비스 품질은 유형성, 신뢰성, 응답성, 확신성, 공감성 등 다섯 가지 차원에 대한 평가에 의해 결정된다. 그런데 고객만족도는 서비스 품질뿐만 아니라 가격이나 여러 상황적·개인적 요인들의 영향을 받는다([그림 11-1] 참고). 나에게 아무리 높은 수준의 서비스로 다가온다고 해도 가격대가 너무 높다든지, 내가 이를 충분히 즐길 시간이나 상황이 마련되지 못했을 경우 만족도는 떨어질 수도 있는 것이다. 예를 들어 헬스클럽에 대한 만족도는 헬스클럽의 유형설비나 트레이너의 전문성, 친절성 등과 같은 서비스 품질 요인뿐만 아니라, 집에서 헬스클럽까지의 거리나 회비와 같은 비용적인 측면, 그리고 나의 감정상태나 시간적 여유 등 개인적·상황적 요인의 영향을 받는다.

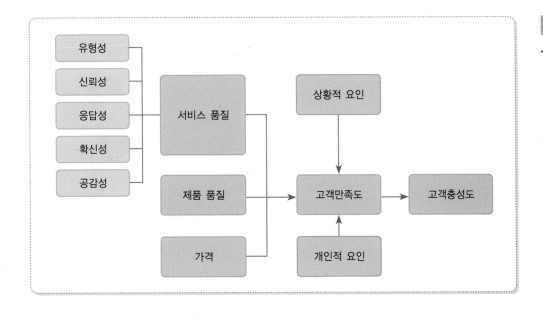

그림 11-1

서비스 품질과 고객만족

⠿ 거래품질과 누적품질

서비스 품질이 무엇인지를 이해함에 있어 어떤 특정한 시점의 거래나 서비스 이용에 대한 평가를 서비스품질로 이해할 수 있는 반면, 시간의 경과에 따라 여러 가능한 서비스 접점에서 반복적으로 이용하는 과정에서 누적된 체험에 대한 평가를 서비스품질로 이해할 수 있다. 여기서 전자를 거래품질(transaction quality), 후자를 누적품질(cumulative quality)이라고 한다. 전자는 특정거래에 한정된 구체적이고 미시적인 개념이고, 후자는 서비스 제공자에 대한 장기적이고 거시적인 평가이다. 예를 들어 우리가 은행을 이용함에 있어서, 특정 지점을 이용했을 때 그 거래에 대한 평가로 서비스의 품질을 판단할 수 있고, 비교적 장시간을 두고 이 지점의 창구직원뿐만 아니라 온라인 뱅킹이나 ATM을 이용하면서 그 은행에 대한 전반적인 서비스 품질을 평가할 수 있다. 마케터들에게 있어서 이 두 가지 차원에 대한 고객들의 평가가 매우 중요하다. 그들은 거래품질을 측정함으로써 당장 시정해야 할 이슈들을 판단할 수 있고, 누적품질을 밝혀냄으로써 기업의 장기적인 서비스전략, 이미지전략을 구축해 나아갈 수 있다.

Malcolm Baldrige Award: 최고의 품질상

"칭찬은 고래도 춤추게 한다"는 유명한 서적이 있다. 그만큼 관심과 격려, 칭찬이 중요하다는 것을 강조하고 있다. 이와 마찬가지로 소비자들에게 재화와 서비스를 제공하는 기업의 입장에서도 자신들의 노고를 칭찬해 준다면 그만큼 보람되고 가치 있는 일은 없을 것이다.

미국에 Malcolm Baldrige National Quality Award (MBNQA)라는 상이 있다. 이는 위에서 언급한 것과 같이 한해 동안 소비자들에게 우수한 품질의 제품과 서비스를 제공한 기업들에게 대통령이 직접 시상하는 권위 있는 상을 의미한다. 1987년 8월 20일, 당시 상무장관이었던 Malcolm Baldrige의 제안으로 행정부와 의회에 의해 제정되었다. 네 단계의 심사를 거쳐서 수상기업을 선정하며, 상을 수상한 기업은 향후 5년간 기업경영의 비결을 공개할 의무를 지니게 된다. 1,000점 만점의 평가는 7개의 주요항목과 세부문항으로 나누어서 이루어져 있는데, 그 7가지 항목은 리더십, 전략기획, 시장과 고객, 정보와 분석, 인적자원, 프로세스관리, 경영성과 등이다. 이에 대해 기업 당 300~1,000여 시간을 들여 철저히 평가하는 과정을 거쳐 수상기업을 결정한다.

이러한 MBNQA의 운영은 여러 측면에서 긍정적인 효과를 누리고 있음을 생각해볼 수 있다. 먼저 위에서 언급한 대로 수상을 한 기업은 향후 5년간 자신들의 경영 노하우를 공개하게 된다. 이를 통해, 미국이 겨냥했던 전반적인 기업들의 품질개선 효과를 얻을 수 있다. 또한 미국을 비롯한 많은 나라들이 MBNQA 모델을 표준으로 삼고 있기 때문에, 이를 수상하였다는 것은 주가를 비롯한 기업이미지 제고에도 바람직한 영향을 미칠 것을 생각해볼 수 있다. 따라서, 상을 수상하는 기업도, 상을 시상하는 정부에게도 바람직한 '윈-윈'의 상황을 이어가게 되는 것이다.

우리나라에서도 2000년도부터 '한국서비스대상'이라는 이름으로 각 기업들의 서비스 품질수준을 평가하여 시상하고 있다. 한국서비스대상의 평가방식은 MBNQA의 평가기준을 국내에 맞게 도입하여, 국내에서도 서비스 산업의 경쟁력 강화를 꾀하고 있다. 또한, 한국표준협회가 주관하고 지식경제부, 한국서비스경영학회, 한국서비스포럼 등의 후원으로 이루어져 상의 권위를 높이고 있다.

그러나 한국서비스대상은 앞으로 좀더 노력해야 할 개선점도 안고 있다. Malcolm Baldrige가 유럽, 남미, 일본,

Marketing Focus

싱가포르를 비롯하여 전 세계적인 기준으로 인정받고 있으며, 그 수상의 가치를 잘 알고 있기 때문에, 많은 기업이 참여하려는 의지를 보이는 반면, 한국서비스대상은 기업들의 참여가 매우 저조한 모습을 보이고 있다. 서비스 발전을 위한 공정한 경쟁의 문화를 확립하지 못하면 그 의미가 퇴색할 우려가 있다. 서비스 품질에 대한 꼼꼼하고 깐깐한 평가도 중요하지만, 다양한 업종의 많은 기업들이 참여할 수 없다면 상의 의미가 추락할 우려가 있으므로 보다 많은 참여자들에게 동기부여가 될 수 있는 방안의 개발도 추후 해결해야 할 과제로 생각된다.

모든 사업 군에 '서비스'의 개념이 포함되고 있고, 외국의 다양한 기업과의 경쟁도 불가피해지고 있는 것이 현실이다. 80년대 후반, 서비스 산업의 발전을 위한 MBNQA의 성공 사례에서부터 서비스 품질관리가 우수한 기업들과 어떻게 윈-윈 할 수 있는가의 문제를 지속적으로 고민해 볼 필요가 있다.

출처: "서비스 우수기업이 경영성과도 좋아",
http://www.hankyung.com, 2009.6.22.; "Malcolm Baldrige
National Quality Award", www.baldrige.nist.gov, 2008.11.25.
사진출처: http://www.baldrige.nist.gov/Guidelines.htm

11.2 서비스 품질의 종류와 주요차원

⦂⦂⦂ 서비스 품질의 종류

서비스 품질은 대개 다음과 같은 세 가지 측면에서 평가된다. 첫 번째는 결과품질(outcome quality)이다. 이는 서비스의 결과물, 즉 성과에 대한 평가이다. 예를 들어, 레스토랑에 갔을 때 소비자가 주문한 음식의 맛과 품질이 이에 해당한다. 두 번째는 과정품질(process quality)이다. 이는 서비스 과정에서 일어나는 종업원과의 상호교류(interaction)에 대한 평가이다. 음식점에서 종업원이 주문을 받고, 음식을 제공해주고, 계산을 해주는 과정이 이에 해당한다. 스웨덴의 유명한 학자인 그뢴루즈(Grönross)는 이러한 결과품질과 과정품질에 기초해서 기술적 품질(technical quality)과 기능적 품질(functional quality)의 2차원 품질모형을 제시하였다. 기술적 품질은 고객들이 서비스 제공자로부터 얻는 무엇(결과)에 해당하며 기능적 품질은 서비스 제공자가 전달하는 방법인 어떻게(과정)에 해당한다.

서비스 품질의 세 번째 차원은 바로 물리적 환경품질(physical environment quality)이다. 이는 서비스가 제공되는 현장의 물리적 환경과 분위기 등의 수준을 말한다. 브래디

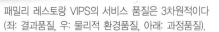
패밀리 레스토랑 VIPS의 서비스 품질은 3차원적이다
(좌: 결과품질, 우: 물리적 환경품질, 아래: 과정품질).

와 크로닌(Brandy & Cronin)은 최근 연구에서 3차원 서비스품질 모델을 제시하였는데, 결과품질, 상호작용품질(과정품질), 물리적 환경품질이 이에 해당된다. 대부분의 서비스의 경우, 이러한 세 가지 측면을 가지고 있으므로 소비자들이 서비스에 대한 품질을 평가할 때 이러한 부분들을 종합적으로 고려한다.

물론 서비스의 유형에 따라 이러한 측면들의 중요도는 다를 수 있다. 예를 들어, 병원이라든지 변호사와 같은 전문서비스의 경우, 서비스 과정보다는 결과가 중요하다. 병원의 경우, 의사나 간호사가 환자를 친절하게 맞이하고 치료해주는 것도 중요하지만, 환자는 궁극적으로 자신의 병이 치유되는가에 더 관심을 가질 것이다. 이와는 다른 상황을 상상해보자. 결혼을 앞둔 두 연인이 크리스마스를 맞아 분위기 좋은 레스토랑에서 저녁식사를 한다고 하자. 이 경우, 음식의 맛도 중요하겠지만, 레스토랑의 시설, 분위기, 종업원들의 친절한 태도 등에 더욱 신경을 쓸 것이다.

⠿ SERVQUAL: 서비스 품질차원

서비스 마케팅 분야에서는 소비자가 서비스 품질을 평가할 때 주로 고려하는 여러 차원에 대한 연구들이 많이 행하여졌다. 그 중에서 가장 널리 인정을 받은 것은 파라슈라만, 자이태멀, 베리(Parasuraman, Zeithaml, and Berry)가 공동연구하여 발표한 SERVQUAL이다. SERVQUAL은 물론 서비스 퀄리티(service quality)의 약어이다. 이들은 여러 유형의 서비스를 이용하는 일반 소비자들을 대상으로 하여 그들이 서비스 품질을 평가함에 고려하는 요인들을 추출해내었다. SERVQUAL은 다섯 차원으로 이루어져 있는데 이를 요약하면 〈표 11-1〉과 같다. 다음에서는 각각의 차원에 대해 살펴보기로 한다.

SERVQUAL 차원	내　　　　용
유형성(Tangibles)	유형설비나 서비스 장비의 외형과 종업원들의 차림새
신뢰성(Reliability)	약속한 서비스를 믿을 수 있고 정확하게 수행할 수 있는 종업원들의 능력
응답성 (Responsiveness)	즉각적인 서비스를 제공해 줄 수 있는 종업원들의 능력
확신성(Assurance)	종업원들의 지식과 예절, 고객들에게 신뢰와 자신감을 심어줄 수 있는 능력
공감성(Empathy)	고객 각각에 대한 개인적인 관심과 배려

표 11-1

SERVQUAL 차원

출처: Parasuraman, A., V. A. Zeithaml, and L. L. Berry(1988) "SERVQUAL: A Multiple Item Scale for Measuring Consumer Perceptions of Service Quality," *Journal of Retailing*, 64, 1, 12-40.

유형성(Tangibles)

유형성이란 서비스 장비의 외형과 종업원들의 차림새를 말한다. 서비스 자체는 대개 물리적 형태가 없기 때문에 소비자들이 그 품질을 구매 전, 사용 전에 판단하기 힘들다. 따라서 서비스 현장의 외형적인 측면을 우선 고려하게 된다. 이 책에서 서비스의 물리적인 환경을 중시하여 따로 설명한 이유도 이때문이다. 순수하게 전문적인 지식을 기반으로 고객들을 상대하는 서비스의 경우에는 이러한 시설적인 요소가 덜 중요하겠지만, 소매점, 음식점, 엔터테인먼트 서비스 등과 같이 유형적 요소도 중요한 서비스의 경우, 마케터들은 이러한 부분에 신경을 많이 써야 한다.

신뢰성(Reliability)

신뢰성이란 약속한 서비스를 믿을 수 있고 정확하게 수행할 수 있는 종업원들의 능력을 말한다. 소비자의 서비스 제공자에 대한 신뢰는 약속된 서비스가 제대로, 정확하게 제공되었을 때, 그리고 약속을 지속적으로 지켜나갈 때 축적되는 것이다. 연구결과에 의하면, 고객의 서비스 신뢰성은 SERVQUAL의 다섯 차원 중 가장 중요한 차원으로 드러났다. 여러분도 지금 현재 가장 친하게 지내는 친구를 생각해보라. 그 친구와 어떻게 그렇게 친하게 되었는가? 대부분의 경우, "그 친구라면 믿을 만하기 때문에" 친해진 것 아니겠는가? 이렇게 사람들끼리, 혹은 소비자와 기업 간에 서로 상호교류를 할 때 많은 약속이 행해지는데, 이러한 약속이 지속적으로 지켜지느냐 아니면 그렇게 못하느냐에 따라 신뢰관계(trust relationship)가 성립하기도 하고 깨어지기도 한다. 기업은 소비자와의 커뮤니케이션을 통해 많은 약속을 하게 된다. 이러한 약속을 제대로, 정확하게 지켜나아가는 일이야말로 서비스 품질 달성의 지름길이라고 할 수 있다.

응답성(Responsiveness)

응답성은 서비스 종업원이 고객의 요구사항이나 불만사항에 대해 얼마나 빨리, 즉각적으로 대응할 수 있는가 하는 것이다. 쉬운 말로 하면 서비스의 속도(speed of service)라고 할 수 있다. 여러분들도 아마 배달시간이 지난 음식이나 소포의 위치를 찾기 위해 음식점이나 택배회사에 전화를 해본 경험이 있을 것이다. 이때 약속한 배달시간에 배달이 되지 않은 것도 불만족스러운데, 빨리 전화를 받지 않아 기다려야 한다든지, 전화를 받긴 받았는데 기다리라고 한다든지 하면 얼마나 짜증나는가? 많은 사람들이 기다려야 하는 은행이나 공공서비스 기관에 대기번호표 발행기가 설치된 이유도 이때문이다. 사람들이 기다려야 하는 시간을 알고 기다릴 경우와 이를 모른 채 마냥 기다려야 할 경우, 만족도 수준은 천양지차이다. 사람들이 많이 밀리는 시간대에는 서비스 요원을 더 많이 배치하여 고객들의 기다리는 시간을 줄여줘야 하고, 사람들이 불가피하게 기다려야 할 경우에는 어느 정도를 기다려야 하는지를 알려줘야 하며, 대기장소에는 시간을 보낼 수 있는 TV, 신문, 잡지 등을 비치해 놓아야 한다.

확신성(Assurance)

확신성이란 종업원들의 지식과 예절, 고객들에게 신뢰와 자신감을 심어줄 수 있는 능력을 말한다. 확신성은 금융자산관리나 의료서비스와 같이 위험부담이 높은 서비스나 법률 또는 세무·회계서비스와 같이 전문적인 지식을 기반으로 한 서비스의 경우 특히 중요하다. 기업의 입장에서 이야기하자면, 이러한 서비스 제공자들은 고객들에 대해 신뢰와 자신감을 심어줄 수 있어야 한다는 것이다. 이것 없이는 고객들과의 좋은 관계를 구축해 나아가기 힘들다. 그러기 위해서는 서비스 제공자들은 자신의 분야에 대한 완벽한 전문지식을 갖추어야 하고 예절 바른 태도를 통해 고객에게 이러한 것이 전달되어야 한다. Allstate 보험의 슬로건, "Allstate와 함께 하니 안심하십시오(You're in good hands with Allstate)"라든지, Prudential 보험의 "튼튼한 바위를 가지세요(Own a piece of rock)" 등은 고객들에게 위험부담을 줄이고 편안한 마음과 자신감을 심어주기 위한 의도로 만들어졌다.

공감성(Empathy)

공감성이란 고객 각각에 대한 개인적인 관심과 배려를 의미한다. 같은 서비스를 이용하는 고객이라 할지라도 그들의 욕구와 취향은 모두 다르다. 예를 들어 우리는 음식에 대한 취향이 모두 다르고 같은 음식점에서도 각기 다른 메뉴를 주문한다. 공감성 차원은 서비스기업에서 고객을 공장에서 만드는 기계의 부품으로 취급하는 것이 아니라 정말 인간적으로 대우하며 고객의 욕구에 일일이 서비스를 맞춰줄 수 있는 능력을 의미한다. 다시 말하자면, 기업의 고객화(customization) 수준이나 능력과 일맥상통한다고 볼 수 있다. 고객은 자신만의 특별하고 특수한 욕구에 맞추어주는 서비스 제공자와 장기적으로 관계를 유지하고자 한다. 예를 들어, 우리는 자신만의 스타일을 이해해주고 잘 만들어주는 헤어스타일리스트를 계속 이용하게 된다. 이러한 맞춤 서비스가 필요한 분야(예: 전문가, 의료, 자산관리서비스 등)에서는 감정배려가 특히 중요한 차원이 된다.

지금까지 설명한 SERVQUAL 차원이 실제 서비스 품질 평가에 어떻게 적용될 수 있는지 아래의 〈표 11-2〉에서 예를 들어 설명한다.

서비스	유형성	신뢰성	응답성	확신성	공감성
자동차수리	수리시설, 대기실, 종업원 유니폼, 수리장비	문제가 바로 해결되었으며 약속시간을 잘 지킴	접근가능성, 짧은 대기시간, 요구에 즉각 응대	전문적 지식을 갖춘 수리기사	고객을 이름으로 기억함, 이전의 문제나 선호사항을 알고 있음
항공사	항공기, 티켓팅 카운터, 수하물 찾는 곳, 유니폼	정시출발 정시도착	티켓팅의 신속성, 수하물 처리	신뢰할 수 있는 이름과 안전기록, 능력있는 종업원	개인의 특수한 욕구 이해, 고객 욕구 예측능력
의료서비스	대기실, 검사실, 의료장비, 처방전	약속된 시간에 진료, 정확한 진단	접근가능성, 짧은 대기시간, 고객에 경청하는 자세	전문지식, 기술, 검증된 자격, 명성	환자를 인간적으로 대하고 이전 문제를 기억함, 고객 경청, 인내심
건설업	오피스, 리포트, 사업계획서, 청구서, 종업원 차림새	약속된 시간에 예산에 맞는 계획 실행	신속한 전화회신, 고객욕구 변화수용	검증된 자격, 명성, 전문지식과 기술	고객사와 고객이 속한 산업에 대한 이해, 고객의 특수 욕구사항 이해 및 수용

표 11-2

서비스 형태별 SERVQUAL 적용 예

SERVQUAL의 다섯 차원은 여러 다양한 서비스 카테고리에서 추출한 평가항목들이므로 범용성을 가진다. 따라서 어떠한 서비스에도 적용해 볼 수 있는 일반적인 품질평가 척도이다. 그러나 SERVQUAL은 다음과 같은 한계점이 있다. 첫째는 바로 그 범용성이다. 서비스는 그 유형에 따라 서로 다른 척도로 평가되어야 하는데 경우에 따라서는 이 SERVQUAL에 포함되지 않은 중요한 차원이 있을 수 있다. 예를 들어 소매점(할인점이나 백화점)을 생각해 보자. 우리가 소매점을 평가하고 선택함에 있어 대개 소매점의 위치라든지, 상품의 품질, 가격, 쾌적한 주차공간 등을 매우 중요시하는데, 이러한 항목들은 SERVQUAL에 포함이 되어 있지 않다.

둘째, SERVQUAL이 측정하고 있는 것은 과정품질과 물리적 환경품질이다. 따라서

브로드모어(Broadmoor) 리조트:
철저한 직원교육을 통한 서비스 품질관리

양질의 서비스를 소비자들에게 제공하기 위해서는 다양한 요소들이 필요하다. 서비스의 공급자가 많은 구성원을 가지고 있는 집단이라면, 집단내의 의사소통이나 집단의 문화를 공유하는 것이 매우 중요한 요소로 인식될 수 있다.

미국 Colorado에 있는 Broadmoor라는 리조트는 종업원들의 체계적인 관리로 소비자들이 만족할 수 있는 뛰어난 서비스를 제공함으로써 서비스 품질관리를 위한 효과적인 구성원 교육의 사례로 생각해볼 만한 점들을 시사해주고 있다.

Broadmoor는 1891년에 Colorado Springs의 카지노로 시작되었다. 1918년에 'Five-star, Five-diamond Service'를 표방하며, 현재의 그랜드리조트의 모습을 갖추기 시작하였다. Broadmoor는 41년간 연속으로 별점 5개를 받으며 그 서비스 우수성을 입증하였는데, Broadmoor의 서비스 만족제고를 위한 기본적인 전략을 다음과 같이 살펴볼 수 있다.

먼저 신뢰도의 측면을 생각해볼 수 있다. Broadmoor의 신입사원들은 접객을 하기 전에 철저한 사전교육을 통해 서비스 소비자들에게 높은 신뢰를 얻기 위해 노력하고 있다. 고객과의 약속 실천을 최우선 과제로 밝히고 모든 고객들이 받는 사소한 서비스들에도 완료시간을 알려주도록 교육하여 호텔에 묵는 투숙객들이 보다 편하게 서비스를 받도록

하고 있다.

확신성의 측면도 고려해볼 수 있다. 이는 신뢰

도의 증진 측면과 연결해서 생각해볼 수 있는데, Broadmoor는 직원들에게 일을 처리할 수 있는 권한을 부여함으로써, 서비스의 실패 상황에서 유동적이고 즉각적으로 보상 및 수정을 할 수 있도록 교육, 시행하고 있다. 따라서 예정에 없는 사항이 발생 시 확실하게 처리하여 소비자의 만족도를 높이고 있다.

물론, 면대면의 서비스뿐만 아니라 서비스의 물리적 시설이나 환경에도 신경을 쓰고 있음을 확인할 수 있다. 즉, Boardmoor는 지속적인 객실의 리노베이션 등에도 꾸준히 투자하고 있다.

또한 Broadmoor는 개인 맞춤형 대화를 생활화 하고 있다. 즉, 단순히 고객으로 호칭하는 것이 아니라 고객의 이름을 불러줌으로써 보다 친근하고 따뜻함을 느낄 수 있도록 배려하고 있다. 이 역시 직원들의 교육을 통해 시행되고 있으며, 호텔 내의 전화로 고객이 연락 시, 연결한 고객의 이름을 스크린에 띄워 전화를 받는 모든 직원들이 고객의 이름을 부를 수 있도록 하는 시스템까지 갖추고 있다. 고객들과의 대화를 어떻게 이끌어 갈 것인가에 관한 내용도 교육을 하고 있는데, 문제상황을 해결함에 있어서 고객을 어떻게 대해야 하는지를 모델화하고 있다.

이와 같이 간명한 모델화를 통한 체계적 교육의 사례는 호텔이나 리조트에 투숙하는 숙박 서비스의 경우 다양한 종업원들과 접할 기회가 많기 때문에 양질의 서비스 품질을 유지하기 위해서는 체계적인 구성원 교육이 필수적임을 시사하고 있다.

출처: Andrew J. Czaplewski, Eric M. Olson, and Stanley F. Slater(2002) "Applying the RATER Model for Service Success: Five Service Attributes Can Help Maintain Five Star Ratings", *Marketing Management*, January-February, pp. 14-20.
사진출처: http://www.broadmoor.com

성과품질이 빠져있다. 앞에서 예를 든 바와 같이 의사가 아무리 친절하고 병원 시설이 좋아도 나의 병을 치료해주지 못한다면 나에게는 좋은 서비스라고 할 수 없다. 레스토랑에서도 아무리 종업원이 따뜻하게 대해주고 분위기가 좋다고 해도 내가 주문한 스테이크가 맛이 없다면 나에게 소용이 없다. 따라서 위에서 설명한 서비스 품질의 세 가지 측면이 두루 측정되어야 한다.

셋째, SERVQUAL은 서비스의 품질척도이므로 서비스 가격이나 비용에 관련된 부분이 빠져있다. 고객만족에 정말로 영향을 미치는 변수는 서비스 품질에서 한 단계 더 나아간 서비스 가치(service value)이다. '가치'라고 하는 개념은 품질과 가격을 상호비교하여 계산된다. 즉, 상품가치＝상품품질/상품가격인 것이다. 아무리 품질이 좋아도 그에 비한 가격이 기대이상으로 높았다면 나의 만족도는 떨어질 것이다. 따라서 우리가 SERVQUAL을 이용하여 서비스 품질을 측정할 때, 서비스 가격/비용적인 측면도 동시에 측정하여 고객만족을 예측하여야 한다.

소매점의 경우 SERVQUAL 만으로는 서비스품질을 제대로 평가하기 힘들다. 가격, 상품구색 등 다양한 평가기준들이 있을 수 있다.

SERVQUAL은 이러한 한계점에도 불구하고 지금까지 서비스 품질 측정에 있어서 자주 활용되고 있다. 물론 앞에서 이야기한 한계점을 극복하기 위하여 평가대상 서비스의 성격에 맞게 측정항목들이 수정되어 이용되고 있다. 예를 들어 소매점이면 소매점 서비스에 맞게, 의료 서비스이면 의료 서비스에 맞게 SERVQUAL 항목들이 수정, 개발되어 온 것이다. 여기서는 그 한 예로서 요즘 큰 성장을 하고 있는 인터넷 서비스의 품질을 측정하기 위한 소위 e-SERVQUAL에 대해 소개한다.

⠿ e-SERVQUAL

SERVQUAL을 특정 서비스에 맞게 수정하여 이용하기 위해서는 심도 있는 연구가 필요하다. 측정항목의 타당성(validity)과 신뢰성(reliability)이 확보 되어야 하기 때문이다. 인터넷 쇼핑몰 서비스의 경우에는 일부 인터넷 연구기관에서 제공하는 척도도 있으나 그 타당성과 신뢰성이 확보되지 않은 상태이고, 국내에서는 다음의 〈표 11-3〉과 같은 항목들이 연구·제시되었다. 오프라인 서비스에 대한 SERVQUAL과 비교해보면 온라인 서비스에 대한 e-SERVQUAL은 시스템의 안정성이나 개인정보 보호와 같은 안전성이 중시되는 것을 알 수 있다.

인터넷 서비스에 대해서는 그에 맞는 서비스 품질 평가 기준이 필요하다.

표 11-3

e-SERVQUAL 척도

평가 차원	해당 항목	세부 설명
정보(Information)	상품 및 정보	• 상품과 서비스의 구색 • 상품 정보의 최신성, 정확성
거래(Transaction)	거래과정 배송 및 사후서비스	• 주문단계의 적절성 • 주문용이성 • 상품과 서비스의 가격 • 배송의 적절성 • 문제해결의 용이성
디자인(Interface)	사이트와의 상호작용 사이트 디자인	• 사이트 구조의 이해용이성 • 정황정보 제공여부 • 메뉴구조의 편리성 • 전체화면의 조화, 그림과 글의 아름다움 • 정보제공 형식의 일관성
의사소통(Communication)	이용자간 의사소통	• 기업과 이용자간, 혹은 이용자간의 의사소통 • 개인화 서비스
안전성(Security)	시스템 안정성 소비자 보호, 신뢰 보안	• 시스템 안정성, 이용속도, 화면전송 시간 • 개인정보 보호 • 거래 안전장치의 유무 • 거래 신뢰감

11.3 서비스 품질 관리전략

::: 서비스 품질 관리모형

서비스기업이 품질을 측정하는 이유는 분명하다. 품질측정을 통해 자사의 문제점들을 발견하고 이를 적극적으로 개선할 수 있는 전략을 마련하기 위함이다. 따라서 기업들은 단순히 다차원적인 품질의 측정에만 골몰하기 보다는 전략적인 시각을 갖고 측정·관리해 나가는 지혜가 필요하다. 이를 위해 다음의 서비스 품질 관리모형들에 대해 살펴보도록 하자.

갭(Gap) 분석모형

앞서 살펴보았듯이 고객들의 서비스 품질평가는 사전 기대와 성과평가의 차이에 기초하고 있다. 그렇다면 고객들의 최종적인 서비스 품질평가에서 이러한 차이의 인식은 어떻게 발생하는 것인가? 파라슈라만, 자이태멀, 베리(Parasuraman, Zeithaml &

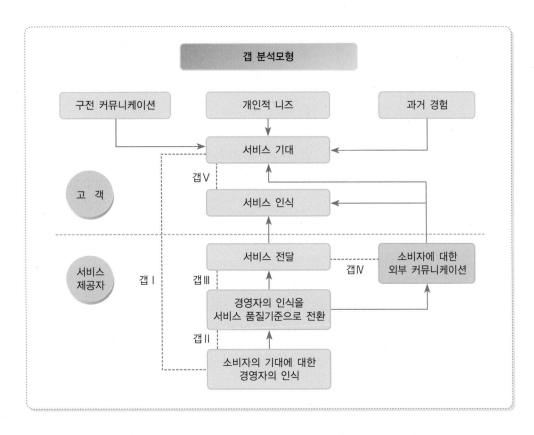

그림 11-2

서비스 품질
갭(GAP) 분석모형

갭 분석모형

| 구전 커뮤니케이션 | 개인적 니즈 | 과거 경험 |

서비스 기대

고 객

갭 V

서비스 인식

서비스
제공자

갭 I   갭 III

서비스 전달   갭 IV   소비자에 대한
외부 커뮤니케이션

경영자의 인식을
서비스 품질기준으로 전환

갭 II

소비자의 기대에 대한
경영자의 인식

Berry)는 이러한 질문에 대한 답을 생각하는데 유용한 서비스 품질의 갭(Gap) 분석모형
을 제시한 바 있다.

[그림 11-2]에서 보듯이, 서비스 이용고객들은 구전이나 커뮤니케이션, 개인의 욕구,
과거 경험들을 통해 특정 서비스에 대한 기대수준을 갖게
마련이다. 그리고 이러한 사전 기대와 서비스를 이용한 후
자신들의 서비스 인식과의 차이(Gap V)를 통해 해당 서비스
의 품질이 좋은지 또는 나쁜지를 평가하게 된다. 그렇다면
이러한 차이는 어디서 발생되는가? 모형에서는 서로 다른
네 가지의 차이(Gap I ~Gap IV)들이 원인이 된다고 설명하고
있다.

첫째, 서비스 경영진이 고객의 기대수준을 제대로 파악
하지 못할 수 있다(Gap I). 예를 들어, 특급호텔이 운영하는
비즈니스호텔의 경우에 고객들은 특급호텔의 명성에 걸 맞는 높은 수준의 서비스를 기
대할 수 있지만, 실제 호텔의 경영진들은 이를 잘 파악하지 못할 수 있다. 철저한 시장조

롯데시티호텔은 비즈니스
호텔이지만 서비스에 대한
고객들의 기대수준은 더
높을 수도 있다

제가 어디 한입으로
두말 할 사람입니까?

만기환급금이 없는 순수보장형
회사에서 정한 심사 절차를 거친 경우 보다 저렴한 보험에 가입 가능(50세~60세)
라이나
무배당 **OK실버보험**(갱신형) ☎ **1544-0023**

보험사들은 광고를 할 때 지나치게 고객의 기대수준을 높이지 않도록 유의해야 한다.

사, 고객접점 직원들과 경영진 사이의 상호 의사소통 등을 통해 경영진들이 고객의 기대수준을 제대로 파악하고 인지하려는 노력이 필요하다.

둘째, 서비스 경영진이 이해하는 고객기대와 서비스 품질기준에서 차이가 발생할 수 있다(Gap Ⅱ). 한마디로 고객의 기대수준을 제대로 반영하지 못한 품질기준을 마련한 것이 문제인데, 경영진들은 종종 자원의 부족이나 시장환경 등을 이유로 고객들의 높은 기대를 충족시키기 어렵다고 판단하기도 한다.

셋째, 실제 서비스 품질기준이 잘 마련되어 있는 경우라도 서비스 접점에서 종업원들에 의해 제대로 구현되지 않는 경우가 많다(Gap Ⅲ). 맥도널드는 매장청소, 햄버거 제조 등 여러 업무에서 표준화된 서비스 품질기준을 가지고 있지만 제대로 교육받지 못한 종업원들이라면 이를 소화해낼 수 없다. 적재적소에 걸 맞는 종업원의 선발과 배치, 교육, 보상 등이 중요한 이유이다.

넷째, 고객들에게 외부 커뮤니케이션을 통해 약속한 서비스를 제공하지 못할 수 있다(Gap Ⅳ). 보험회사들은 TV광고를 통해 고객들에게 사고발생시 완벽한 보장을 강조한다. 항공사들은 언제나 최신의 기종, 정시운행, 친절한 서비스를 강조하지만 실제 서비스전달은 이를 제대로 반영하지 못하는 경우가 많다. 고객과의 명확한 커뮤니케이션을 통해 과도한 약속이나 잘못된 기대를 형성하지 않도록 주의를 기울여야 한다.

카노(KANO) 모형

카노모형은 일본의 카노 노리아키(狩野紀昭) 교수에 의해 1980년대에 연구된 제품개발에 관련된 이론이다. 이 모형의 핵심은 선택과 집중에 있다. 예를 들어 어느 백화점이 고객서비스를 개선하기 위한 과제로 10가지 품질요소를 도출했다고 가정해 보자. 이들 모두를 적극적으로 개선하기 위해서는 해당 백화점은 많은 시간과 비용을 투자해야만 한다. 그러나 이들 모두가 동일한 정도로 고객들의 전반적인 품질평가나 만족에 영향을 미치는 것은 아니다. 또한 어떤 요인들은 고객들의 만족도 제고에 큰 영향을 미치지만, 반대로 어떤 요인들은 만족도 제고 보다는 불만감소에 영향을 미칠 수 있다. 그렇다면 이러한 상황에서 백화점은 여러 품질차원들의 특성과 역할 등을 잘 고려한 후, 현재 자사에 필요한 전략적 관점에서 품질차원을 선택하고 이에 집중할 필요가 있지 않을까?

인천국제공항 세계 공항서비스 평가 9연패

국토교통부에 따르면 인천공항은 캐나다 몬트리올에 있는 국제공항운영협의회(ACI)가 발표한 2013년 세계 공항서비스 평가(ASQ)에서 최고점을 받아 2005년부터 9년 연속 1위를 차지했다. 세계 공항서비스 평가(ASQ)는 세계 1800여개 공항의 협의체인 국제공항운영협의회(ACI)가 매월 일대일 면접조사 방식으로 출입국 심사, 세관심사, 보안검색 등 7개 서비스 분야와 식당, 화장실, 수하물 카트, 대기실, 주차시설 등 27개 시설·운영분야 등 총 34개 항목에 대해 항목별 5점 만점인 설문조사를 통해 순위를 결정한다.

인천공항은 이용객 설문조사에서 5점 만점에 4.97점을 받아, 2위 싱가포르 창이공항과 3위 중국 베이징 서우두공항을 제쳤다. 인천공항은 또한 아시아태평양지역 공항과 중대형 공항(연간 여객 2,500만~4,000만명) 부문에서도 9년 연속 1위로 선정됐다. 인천공항은 지난해 이용여객이 4,000만명을 넘어 4,148만명을 기록했다.

출입국 수속, 국제기준보다 3배 빨라, 스마트서비스 덕분

이번 ASQ 9연패는 지난해 연간 이용객이 4,000만 명을 돌파하는 등 여객 증가에 따른 시설포화와 협력사 노조 파업 등 어려운 환경 속에서 이룩한 성과란 점에서 의의가 있다고 인천공항공사는 강조했다. 특히 인천공항은 3단계 사업이 완료되는 2017년 전까지 여객수요 증가에 따른 혼잡 심화가 예상되는 상황에서도 관계기관과 유기적 협업을 통해 공항서비스 개선을 위한 다각적인 노력을 더했다. 셀프 체크인과 자동출입국 심사 등 IT·BT기술 활용을 통한 스마트 서비스를 확대하고 국제선 체크인 시설을 포함한 주요출입국시설 확충 등을 적기에 이뤄냈다.

이런 노하우로 전년 대비 6.5% 늘어난 여객수요에도 불구, 출·입국 수속시간은 국제기준(출국 60분·입국 45분)보다 3배 이상 빠른 수준(출국 19분·입국 11분)의 서비스를 제공하고 있다. 제3단계 사업이 끝나는 2017년까지는 시설포화로 혼잡해질 것으로 예상되는 가운데 셀프체크인과 자동출입국 심사 등을 확대하고 있다.

출처: 경제투데이(2014.2.)

그림 11-3

카노(KANO) 모형

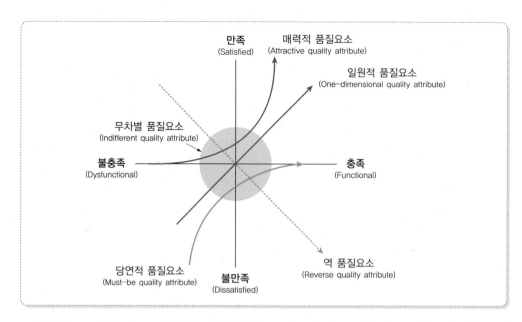

[그림 11-3]의 카노모형은 품질차원들을 크게 5가지로 구분하고 있다. 매력적 품질요소(attractive quality attribute)들은 충족되면 고객들에게 만족을 주지만, 없어도 크게 불만이 없는 것들이다. 고객들이 미처 기대하지 못했지만 제공되면 고객감동을 주기에 적합한 품질요소들이다. 가령, 레스토랑이 생일을 맞은 고객에게 친구나 가족과 함께 식사를 할 수 있는 할인 식사초대권을 우편이나 스마트폰으로 보내는 것이 한 예이다. 일원적 품질요소(one-dimensional quality attribute)들은 제공여부에 따라 고객들에게 만족 또는 불만족을 주는 가장 일반적인 품질요소들이다. 가령, 레스토랑에서 제공하는 발레서비스와 충분한 주차공간이 이에 해당한다. 당연적 품질요소(must-be quality attribute)는 반드시 제공되어야 할 기본적인 품질요소들로 특히 고객불만족 감소에 효과적이다. 예를 들어 레스토랑에서 좋은 음식맛, 종업원들의 친절한 고객응대가 이에 해당한다. 그리고 고객만족에는 아무 영향이 없는 무차별 품질요소(indifferent quality attribute)와 고객만족을 저해하는 역 품질요소(reverse quality attribute)들도 있음을 유의해서 살펴보자.

⠿ 서비스 실패와 복구

서비스는 사람이 제공하는 것이므로 항상 100% 완벽할 수가 없다. 즉, 서비스 제공자와 고객간의 상호작용에 의해 창출되고 소비되는 서비스의 경우 언제든지 예기치 못한 문제가 발생할 수 있다. 예를 들어, 레스토랑에서 종업원이 실수로 고객에게 물을 엎지를 수도 있고, 기상악화로 인해서 비행기가 연착할 수도 있는 것이다. 정밀한 기계로 제작되고 생산된 자동차나 가전제품의 경우에도 늘 불량품이 나올 수 있는 가능성이 존재한다. 하물며 사람이 제공하는 서비스의 경우 완벽을 기대할 수 있겠는가?

이렇게 서비스가 제대로 수행되지 않은 경우를 서비스 실패(service failure)라고 한다. 이는 유형재의 경우 불량품(defective product)에 비유될 수 있다. 물론 서비스 실패가 이렇게 자주 일어날 수 있다고 해서 서비스 제공자가 이를 당연한 것으로 여겨서는 안 된다. 서비스 실패로 인하여 불만을 가지고 있는 고객들에 대해 어떻게 하면 효과적인 방법으로 문제를 해결하고 부정적인 감정과 행동을 최소화할 수 있을 것인가를 연구하여 이를 시행해야 한다. 이렇게 서비스 실패에 의한 문제를 최소화하기 위한 노력을 서비스 복구(service recovery)라고 한다. 여기서는 서비스 실패의 유형과 결과, 그리고 서비스 복구전략에 대해 살펴보자.

서비스 실패의 유형

서비스 접점에서 발생하는 서비스 실패를 유형별로 살펴보면 종업원이 고객요구에 대해 즉각적으로 응대하지 못하였거나 혹은 제공된 서비스 결과물이 잘못된 경우 등 다양하다. 이러한 서비스 실패요인들을 서비스 품질 측면에서 구분하면 과정실패(process failure)와 결과실패(outcome failure)로 나누어볼 수 있다. 서비스 과정실패는 서비스의 핵심 결과물이 전달되는 과정에서 문제가 발생한 경우로서 핵심서비스가 제공되는 방법이 불완전하거나 결함이 있는 경우를 말한다. 예를 들어 서비스 종업원이 고객에게 불친절하게 대했다든지, 잘못된 정보를 제공했다든지 하는 경우이다. 결과실패는 고객이 서비스 비용의 대가로 기대하고 있는 서비스의 결과물이 제대로 창출되지 않은 경우를 말한다. 예를 들어 병원에서 병이 치료되지 않았다든지, 항공기가 정해진 시간에 도착하거나 출발하지 못하여 문제가 발생했다든지 하는 경우이다.

한편 이러한 서비스 실패는 고객들의 입장에서는 자신들이 치른 비용(서비스 가격과 노력)만큼 좋은 서비스를 제공받지 못했기 때문에 공정하지 못한 결과이다. 마케팅 학자들은 소비자와 기업 간의 거래를 공정성(equity) 혹은 정의(justice)의 관점에서 보고 있다. 클리머와 슈나이더(Clemmer & Schneider)는 서비스 접점에 대한 고객평가를 세 가지 정의 차원에서 설명하고 있다. 이는 첫째, 서비스 접점의 결과물, 즉 이득(gain)이 제대로 고객에게 제공되었는가를 의미하는 분배적 정의(distributive justice), 둘째, 기업이 서비스 절차를 제대로 관리하는가를 말하는 절차적 정의(procedural justice), 셋째, 기업이 서비스 접점에서 고객과 제대로 의사소통 하는가를 의미하는 상호작용적 정의(interactional justice) 등이다. 이 구분에 의하면 서비스 실패도 소비자 입장에서 생각하는 이러한 거래의 공정성과 정의가 훼손된 상황을 의미하므로 분배적 실패, 절차적 실패, 상호작용적 실패 등 세 가지 유형이 있을 수 있다. 분배적 실패는 앞서 살펴본 서비스 결과실패로,

그리고 절차적 실패와 상호작용적 실패는 서비스 과정실패로 볼 수 있다.

서비스 실패의 결과

서비스 실패는 소비자 입장에서뿐만 아니라 기업의 입장에서 많은 부정적 결과를 초래한다. 서비스 실패를 경험한 고객은 실망과 불만 등의 부정적 감정이 생기고, 이러한 감정은 부정적 행위로(이탈이나 부정적 구전 등) 연결이 되어 결국 기업의 이미지나 수익에 악영향을 미치기 때문이다.

서비스 실패가 발생하면 일단 소비자들은 이것이 누구의 잘못인지를 생각한다. 이러한 행위를 귀인행동(attribution behavior)이라고 하는데, 이때 고객 자신 때문이라고 생각하는 경우를 내적 귀인(internal attribution), 서비스 제공자의 잘못이라고 생각하는 경우를 외적 귀인(external attribution)이라고 한다. 예를 들어 음식점에서 내가 바쁜 스케줄이 있어서 종업원에게 주문한 음식을 몇 번 독촉한 상황에서, 종업원이 음식을 가져오다 테이블 모서리에 걸려 음식을 바닥에 쏟는 사태가 발생했다고 가정해보자. 이때 내가 너무 무리하게 독촉해서 종업원이 서두르다 이러한 일이 발생했다고 생각한다면 내적 귀인을 하는 것이고, 그래도 종업원이 서툴러서 혹은 서비스 공간이 비좁아서 이러한 상황이 발생했다고 생각한다면 외적 귀인을 하는 것이다.

내적 귀인은 주로 후회(regret)의 감정으로 연결된다. 여기서 후회는 소비자가 서비스 제공자를 잘못 선택하였다는 생각이나 감정을 의미한다. 반면 외적 귀인은 대개 실망(disappointment)으로 이어진다. 실망감은 소비자가 제공받은 서비스가 기대에 미치지 못했다는 생각과 감정을 말한다. 후회의 감정은 사람들이 그냥 마음속에 간직하거나 서비스 제공자를 다른 곳으로 옮겨버리는 서비스 전환행동(service switching)으로 이어진다. 그런데 서비스 제공자에 대한 실망감은 불만족(dissatisfaction), 화(anger), 분노(rage), 배신감(betrayal) 등으로 이어지고 종종 불평행동(complaint behavior)이나 부정적 구전행위(negative word-of-mouth)를 야기시킨다. 따라서 서비스 제공자의 잘못에 기인한 서비스 실패에 대해서는 즉각적인 조치가 취해져야 한다.

서비스 실패를 경험한 소비자는 대개 몇 가지 유형의 반응행동을 보인다. 위에서 설명한 바와 같이 사적으로 부정적 구전활동, 재구매와 재방문 거부 등을 할 수 있고, 공적으로 서비스의 재수행, 환불 등을 기업에 요구하거나 소비자 단체와 같은 제3자를 통해서 불평행동을 보일 수 있다. 이처럼 서비스 실패에 대한 보상을 목적으로 기업 책임자에게 직접적으로 또는 제3자를 통해 간접적으로 불만족한 사항을 표현하는 행동을 보상요구라고 한다. 어떤 사람들은 여기에서 한 단계 더 나아가 기업에 대해 보복행동을 하기도 한다. 따라서 서비스 실패에 따른 기업의 손실은 기업이 생각하는 수준 이상으로

서비스는 예기치 않게 실수나 실패가 있게 마련이다.

다가올 수 있다.

서비스 복구

서비스 복구(service recovery)란 제공된 서비스에 문제가 발생한 경우 제공자가 그 문제를 적극적으로 해결해주는 것을 의미하는데, 고객충성도와 호의적인 구전효과를 이끌어내는데 매우 중요한 수단으로 부각되고 있다. 반대로 문제가 발생했을 때 기업이 적극적으로 나서서 해결해 주지 않는다면 고객 불평이 더 증폭되고 이는 기업의 성과나 이미지에 큰 타격을 줄 수 있다.

소비자들은 기업의 부당한 서비스 제공에 대해 제 3자를 통해 적극적으로 대처한다 (사진: 소비자보호원 상담센터).

흔히 서비스에 대한 평가는 덧셈의 법칙이 아니라 곱셈의 법칙이 적용된다고 한다. 즉, 무형의 서비스는 서비스 제공자가 100가지를 잘 하다가 한 가지에서 잘못하여 0점을 받으면 공든탑이 무너지듯이 그동안 쌓아왔던 명성이 한 번에 무너진다는 의미이다. 어떤 수에 0을 곱해도 0이 되는 것과 같은 이치이다. 따라서 서비스 마케터는 그들이 제공하는 서비스의 과정과 성과면에서 어떤 실수나 실패가 발생하면 즉각적인 복구조치에 나서야 한다. "호미로 막을 것을 가래로 막는다"는 표현처럼 서비스 실패가 발생하였을 때 조기대응이 제대로 이루어지지 않은 채 시간이 흐르게 되면 나중에 복구작업이 더욱 힘들어진다.

그렇다면 서비스 실패를 복구하는 수단과 전략에는 어떠한 것이 있는지 살펴보자. 서비스는 그 과정과 결과가 중요하다. 서비스 복구수단 역시 그 과정과 결과가 똑같이 중요하다고 볼 수 있다. 서비스 복구수단은 기업이 서비스 실패에 대한 복구 시 소비자에게 '무엇'을 제공할지에 대한 것으로 기업의 입장에서는 서비스 복구노력의 결과물이며 소비자 입장에서는 기업으로부터 직접적으로 제공받는 것이다. 한편 서비스 복구과정이란 서비스 복구의 직접적인 결과물을 '어떻게' 전달할지에 대한 개념으로, 주로 서비스 제공자의 언행과 태도에 초점을 두고 있다. 이 개념은 기업의 입장에서는 복구수단을 제공하는 절차와 방법이고, 소비자 입장에서도 복구수단을 제공받는 절차이다. 이는 〈표 11-4〉에 요약이 되어 있다.

같은 사과와 해명, 환불과 보상이라 할지라도 누가, 얼마나 일찍, 어떠한 방식으로 소비자에게 전달했는가에 따라 그 효과는 다르게 나타날 수 있다. 따라서 어떠한 서비스 실패상황에서 어떠한 복구수단을 어떠한 절차와 방식으로 소비자에게 제공하는 것이 가장 효과적인가를 파악하는 일은 서비스 마케팅 분야에 있어서 매우 중요한 연구과제이고, 실무적으로도 그 해답을 추구해 나아가야 할 중대한 이슈이다.

표 11-4

서비스 복구수단과 복구과정

복구전략	개념적 정의	예 시
복구수단	• 소비자에게 직접적으로 제공되는 것 • 서비스 복구를 위해 기업이 소비자에게 직접적으로 전달하는 서비스 복구노력의 결과물 • 복구과정에 의해 그 효과가 달라질 수 있음	• 재수행(수정/대체) • 환불/보상 • 사과/해명
복구과정	• 서비스 복구를 제공하는 과정과 방법 • 소비자에게 복구결과물을 전달하는 절차상의 방법 • '언제', '누가', '어떠한 방식으로' 등이 이에 속함	• 복구주체(종업원/매니저/기업) • 복구속도 • 복구태도

제 **12** 장

서비스 수요공급관리

서비스와 모바일의 만남 우버링 혁신:

수요와 공급의 불균형 문제해결

서비스의 어려움 중 하나가 바로 수요와 공급의 불균형이다. 서비스 제공자 입장에서는 수요를 예측하여 적절한 공급수준을 결정하는 것이 매우 힘들고, 소비자 입장에서도 과잉수요에 따른 대기시간의 어려움을 겪을 수밖에 없다. 그런데 일상의 서비스들이 모바일과 결합하면서 이러한 수요와 공급의 문제들을 해결해주고 있다. 차량공유서비스인 우버(Uber)에서 아이디어를 차용하여 서비스의 수요와 공급을 모바일로 연결해 주는 새로운 서비스들이 등장하고 있는데, 이러한 현상을 우버링 혁신이라고 부르기도 한다.

스마트폰으로 의사의 진료를 받는다: 닥터 온 디멘드

굳이 병원에 가지 않고서도 집이나 여행지에서 스마트폰을 통해 의사와 영상으로 채팅을 하면서 진료를 받고 처방전을 받을 수 있는 서비스이다. 현재 미국 46개 주에서 서비스를 제공하고 있으며 약 1,400명의 의사가 가입되어 있다. 환자는 15분 정도 진료에 의사에게 40달러를 지불하고 닥터 온 디멘드는 10달러를 수수료로 가져간다. 암과 같은 중병이나 응급실을 찾아야 하는 긴박한 병은 진료하지 않는다. 모바일로 발급받은 처방전은 미국 내 대표적인 약국전산망인 '슈어스크립트'를 통해 가입된 약국을 통해 이용가능하며, 주변의 가까운 약국이 지도에 안내된다. 처방기간 후 의사는 닥터 온 디멘드를 통해 환자의 상태를 확인하고, 추가진료나 방문이 필요한 경우의 절차 등을 수행한다. 가벼운 질병을 중심으로 굳이 병원에 가지 않고도 의료서비스를 받을 수 있는 길이 열린 셈이다. 환자와 의사를 직접 연결시켜주는 우버링 방식의 서비스는 의료서비스에서의 수요와 공급의 불균형 문제들을 해결해 주고 있다.

닥터 온 디멘드 이용자 화면

일상을 파고드는 우버링 서비스

닥터 온 디멘드 외에도 다양한 서비스 업종에서 모바일이 수요와 공급을 연결시키고 있다. 캠블리는 원하는 시간에 영어강사를 선택해서 원어민 수업을 받을 수 있는 서비스를 제공한다. 사이드카는 역경매 방식의 차량운행 서비스를 제공한다. 사이드카에서는 이용구간에 따라 운전자와 차량, 시간, 요금이 제시된다. 워시리는 자동차를 주차해 놓은 틈새시간을

업　　종	방　　　　식
피자 배달	동네 피자가게와 소비자 연결
집 청소	청소부와 소비자 연결
잔디 제거	집 앞 잔디 청소
꽃 배달	동네 꽃가게를 모아 앱을 통해 배달
아이스크림	맞춤형 아이스크림 배달
택시	콜택시 앱
마사지	프로 마사지사와 수요자 연결
세탁소	동네 세탁소와 연계, 집까지 배달
의사	개업 의사와 환자 연결

표 12-1

일상을 파고드는
우버링 서비스

이용해 세차서비스를 제공한다. 다양한 서비스들이
모바일을 통해 고객과 연결되면서 적시에 적정의 서
비스를 제공함으로써 과잉수요 또는 과잉공급이라는
서비스의 문제를 해결해가고 있다.

참고 1. 미디어 잇(2014.8.7.) 기사.
2. MK뉴스(2014.10.30.) 기사.

영어학습자와 원어민 강사를
연결해주는 캠블리

서비스를 예술에 비유하자면 발레나 연극과 같은 시간예술, 공연예술이다. 레오나르도 다빈치의 모나리자와 같은 미술작품은 파리의 루브르 미술관에 늘 소장이 되어 있다. 따라서 지금 당장 시간과 여유가 없더라도 나중에 언제든지 기회가 되면 가서 볼 수 있는 것이다. 그러나 러시아 유명 발레단이 서울을 방문하여 펼치는 '백조의 호수' 공연은 사정이 좀 다르다. 지금 내가 그 공연시간에 바로 가서 보지 못하면 그 기회는 영원히 사리지는 것이다. 서비스의 경우도 마찬가지이다. 서비스는 저장을 할 수 없기 때문에 시간의 경과에 따라 영원히 사라진다. 따라서 수요(demand)와 공급(supply/service capacity)을 잘 조절하여 맞추어 나아가는 것은 서비스기업의 영원한 숙제이다. 일반 유형재의 경우에는 마케터가 비수기 때 팔리지 않은 물건을 창고에 저장해 두었다가 성수기 때 내어 놓으면 된다. 그러나 서비스의 경우에는 저장이 불가능하기 때문에 성수기에는 서비스 능력에 비해 수요과잉 상황이 생겨서 걱정이고, 비수기에는 오히려 수요에 비해 공급과잉이 발생하여 어려워진다. 실로 서비스의 특성 중 이러한 재고불능성(inventory problem, perishability)이야말로 서비스기업이 겪는 최대의 전략적 문제라고 할 수 있다. 본 장에서는 서비스의 수요와 공급(서비스 수용능력)을 어떻게 맞추어 나아갈 것인가에 초점을 맞추어 설명한다.

12.1 서비스 수요와 공급

서비스 마케팅에서 가장 근본적인 문제점 중의 하나는 서비스의 재고불능성 혹은 저장불능성이다. 극장의 빈 좌석, 비행기의 빈 좌석 등은 손님이 이용하지 않은 채 시간이 지나면 영원히 소멸되는 것이다. 다시 말하자면, 그러한 좌석의 생산성은 시간이 지남에 따라 다시 활용할 수 없고 없어져 버린다. 또한 서비스기업이 제공할 수 있는 능력과 시설은 정해져 있는데 시간에 따라 수요가 변화함으로써 기업은 어려움을 겪는다. [그림 12-1]에서는 이러한 어려움에 대해 설명하고 있다.

대부분의 경우, 서비스 능력(service capacity)은 정해져 있다. 서비스에 소요되는 인력과 시설은 단기간 내에 변경될 수 있는 것이 아니다. 따라서 서비스 제공능력, 즉 공급(supply)은 그림에서처럼 시간의 경과에 따라 긴 수평선으로 표시된다. 이에 비해 소비자들의 서비스에 대한 수요(demand)는 매우 가변적이다. 특히 수요의 계절성이 뚜렷한 관광관련 서비스(예: 항공사, 호텔, 리조트)의 경우, 수요곡선은 시간의 경과에 따라 도식에서처럼 커다란 물결 모양을 그리며 나아갈 수 있다. 성수기에는 과잉수요, 비수기에는 과잉공급현상이 발생하는 것이다. 이때 공급곡선과 수요곡선 간의 차이(gap)가 문제가 된다. 여기서 수요-공급 간의 관계로 발생할 수 있는 다음 네 가지 상황을 살펴보자.

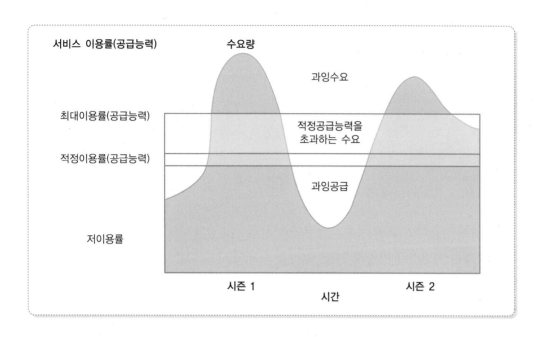

그림 12-1

서비스 공급에 대한
수요의 변화

서비스 이용률(공급능력)　　　　수요량

과잉수요

최대이용률(공급능력)

적정공급능력을
초과하는 수요

적정이용률(공급능력)

과잉공급

저이용률

시즌 1　　　　　　　시즌 2
시간

- 과잉수요(excess demand) : 이는 수요가 최대 공급능력을 초과하는 상황이다. 관광 성수기 때의 항공사나 호텔, 혹은 크게 히트한 영화를 상영하는 영화관 등에서 종종 볼 수 있다. 이러한 상황에서는 소비자들이 해당 서비스를 이용하기 위해 오더라도 모든 소비자들을 수용할 수 없다. 서비스 제공자의 능력은 한정적이기 때문이다. 이 경우 일부 고객들이 서비스를 구매하지 못하고 돌아가는 사태가 발생하기도 하는데, 기업의 입장에서 보면 이러한 모든 것이 비용요소가 된다. 즉, 기업이 실현시킬 수도 있었던 수익을 잃어버린 것이므로 일종의 기회비용(opportunity cost)이 발생되는 것이다.

- 수요가 적정공급량을 초과 : 이 경우는 서비스 제공자의 능력으로 높은 수준의 수요를 가까스로 맞출 수 있기 때문에 미 실현으로 인한 기회비용은 발생하지는 않는다. 그러나 같은 인력과 능력으로 많은 사람을 상대해야 하기 때문에 서비스의 질은 떨어질 수밖에 없다. 소비자가 몰리는 현상을 과밀현상(crowding)이라고 한다.

- 수요와 공급이 적정선에서 균형 : 이러한 상황이 가장 이상적이다. 서비스 공급자 입장에서도 무리하지 않고 편안하게 양질의 서비스를 제공할 수 있고, 소비자 입장에서도 오래 기다리지 않고 쾌적한 분위기에서 좋은 서비스를 받을 수 있다.

- 과잉공급(excess capacity) : 이는 수요가 공급에 미치지 않는 상황이다. 위에서 언급한 관광 서비스의 예에서 비수기 때 흔히 볼 수 있는 현상으로서, 기업이 가지고 있는 서비스 인력과 시설이 충분히 활용되지 못하는 경우이다. 기업의 입장에서 보면, 이미 투자하여 갖추어 놓은 능력을 충분히 활용하지 못하여 매몰비용(sunk cost)이 발생한다.

성수기에 스키장에 모인
인파

이렇게 볼 때 서비스의 경우는 수요가 많아도 혹은 적어도 문제이다. 서비스는 저장이 불가능하고 탄력적인 공급운영이 어렵기 때문에 성수기 때 수요와 비수기 때 수요의 격차가 큰 경우, 지속적인 비용발생으로 말미암아 기업운영 상의 큰 문제를 겪을 수 있다. 지금은 기억하기조차 싫은 2001년 911테러 사태가 발생하였을 때 세계적으로 크고 유명한 항공사들이 하나 둘 무너지기 시작한 것도 급작스럽게 감소한 수요에 따른 비용부담을 기업에서 감당해내기 힘들었기 때문이다.

물론 모든 서비스가 이렇게 변동 폭이 큰 수요에 따른 비용부담을 겪는 것은 아니다. 위에서 예로 든 관광서비스(여행사, 항공사, 호텔, 레스토랑 등)나 회계사, 세무사 등의 전문가 서비스의 경우에는 수요의 계절성 때문에 어려움이 많지만, 금융서비스(은행, 보험회사)나 변호사 등의 경우에는 특별히 성수기, 비수기의 구분이 없기 때문에 이러한 문제를 덜 겪는다. 서비스기업에서 수요-공급의 조화를 이루는 효과적인 전략을 수립하기 위해서는 그들이 현재 보유하고 있는 서비스 능력과 시설, 그리고 수요의 성격과 계절성 등의 패턴을 잘 이해하고 있어야 한다.

12.2 서비스 수요와 공급의 성격

서비스의 수요-공급을 일치시키기 위해 우선 서비스 마케터 자신이 서비스 수요와 공급의 성격을 잘 파악할 필요가 있다.

⠿ 서비스 공급의 한계성

서비스 공급, 즉 수용능력은 한정되어 있다. 변화무쌍한 수요에 맞추어 나아가기 힘든 이유가 여기에 있다. 그런데 서비스 마케터는 이러한 공급의 한정성이 어디에서 발생하는 것인지를 이해하는 것이 중요하다. 서비스의 한정된 공급은 여러 가지 요인에서 발생하는 것인데, 우선 시간(time)의 한정성을 들 수 있다. 변호사, 컨설턴트, 미용사, 배관

수리공, 심리치료사 등은 자신들의 시간을 판매한다. 따라서 이들은 자신들에게 주어진 한정된 근무시간을 어떻게 잘 활용하는가에 따라 성공과 실패가 달라진다. 예를 들어, 겨울철 이상한파로 인해 배관수리의 수요가 넘쳐날 때에도 배관수리공들이 시간을 낼 수 없다면 그 수요는 수익으로 실현되지 않은 채 영원히 사라지는 것이다.

명절 때는 몰려드는 택배 물량으로 업무량이 급증하게 된다.

둘째, 서비스 제공자의 경우 그들의 인력(labor)이 한정되어 있기 때문에 공급에 한계가 있다. 법률사무소(law firm)라든지 대학과 같은 교육기관, 세무사 업체, 아파트 인테리어 업체 등은 그들이 운용할 수 있는 전문인력에 한계가 있다. 이 경우, 일시적으로 수요가 증가한다고 해서 고급 전문가 인력을 채용하기 힘들다.

셋째, 어떤 서비스의 경우에는 장비(equipment)에 의존하기 때문에 이러한 장비로 생산할 수 있는 서비스의 양이 한정되어 있다. 예를 들어 항공사나 이삿짐 센터, 택배회사 등은 비행기나 트럭과 같은 운송수단을 이용하는데 이러한 장비의 능력에는 한계가 있다.

넷째, 시설(facility)에 의존하는 서비스는 시설의 한계에 따라 공급이 한정되어 있다. 호텔이나 레스토랑, 병원 입원실의 경우, 좌석이나 테이블, 혹은 룸의 수가 한정되어 있다. 이러한 경우에도 이미 설계되고 지어진 시설을 단기적으로 변경하기 힘들다.

⠿ 서비스의 적정활용도와 최대활용도

서비스의 적정활용도와 최대활용도의 차이를 이해하는 것도 중요하다. 서비스가 적정한 수준으로 활용되는 경우는 서비스 이용객들이 편안하고 쾌적한 분위기에서 기다리지 않고 좋은 서비스를 받을 수 있는 상황을 이야기한다. 반면에 서비스가 최대한의 수준으로 활용되는 경우는 서비스 이용객들이 비록 돌아가지 않고 이용할 수는 있지만 겨우 원하는 서비스를 받을 수 있는 상황을 말한다.

서비스가 어느 정도로 활용되었을 때 고객들에게 가장 바람직한가 하는 문제는 서비스의 유형에 따라 다르다. 예를 들어 대학교 교육에서 한 분반에 100명 이상이 되는 경우, 물론 교수가 대형 강의실에서 마이크를 이용하여 강의를 해 나아갈 수 있지만 강의 만족도나 교육의 질은 떨어진다. 이 경우에는 서비스가 적정한 수준으로 이용되는 것이

붉은 악마 응원단의
축구경기 응원 모습

바람직하다. 분위기를 중시하는 조용하고 품위 있는 레스토랑의 경우에도 마찬가지이다. 그런데 스포츠 이벤트(예: 야구 경기 관람)의 경우에는 오히려 관중석, 응원석이 입추의 여지없이 가득 차고 많은 관객들이 같은 경기를 보면서 소리쳐 응원하고 응원가를 부르는 등의 행위가 그 경기의 관람객들의 만족도를 높일 수 있다.

서비스 공급이 장비나 시설에 의해 결정되는 경우라면 서비스의 최대활용수준은 쉽게 이해할 수 있다. 고객을 위한 좌석이나 공간이 다 차는 경우, 더 이상은 서비스가 제공되지 못하기 때문이다. 그런데 서비스 공급이 서비스 제공자의 시간이나 능력(인력)에 의해 결정되는 경우, 서비스 최대활용수준은 확정 짓기 어려운 경우가 많다. 사람의 능력은 기계나 시설의 그것보다 유동적이기 때문이다. 이렇게 능력의 한계가 애매모호할 경우, 수요가 있는 한 기업에서는 서비스 직원들에게 다소 무리가 가더라도 그 수요에 대응할 것을 요구한다. 우리가 가지고 있는 서비스 시간과 능력이 최대한 활용되는데도 불구하고 계속 고객의 편의를 돌보아주어야 하는 경우, 서비스 품질은 점차 떨어지고 직원과 고객들의 불만은 쌓여간다. 이러한 상황이 지속되면 불만족한 고객들이 떠나게 되고 직원도 퇴사나 이직을 고려하게 된다. 이때 발생할 수 있는 막대한 비용을 생각할 때, 서비스 마케터는 그들의 공급의 한계와 성격을 미리 파악하여 직원들에 대해 과부하가 걸리지 않도록 신경을 써야 한다.

서비스 수요의 변동패턴

기업에서 서비스 수요에 잘 맞추어 공급량을 조정하기 위해서는 우선 서비스 수요의 변동 패턴을 잘 파악해야 한다. 이를 위해 서비스 직원의 감이나 주먹구구에 의존하는 것보다 시간의 경과에 따른 서비스 수요자료가 필요하다. 서비스의 수요는 시시각각 변한다. 하루 중에도 변동 패턴을 찾을 수 있고, 주간별로, 월별로, 혹은 계절별로 그 변동의 패턴을 파악할 수 있다. 예를 들어, 회사원들이 주로 찾는 도심의 음식점에 대한 수요는 하루 중에도 시간대 별로 변화하고, 주간별로, 월별로, 계절별로도 그 변화폭이 다르다. 물론 서비스 유형이나 관리의 목적에 따라 패턴 파악의 주기를 어느 정도로 잡아야 할지를 결정해야 한다.

수요의 패턴이 파악되면 그 변동의 요인을 밝혀내기 용이하다. 예를 들어 도심에 위치한 호텔의 경우, 수요의 계절변동은 날씨, 휴가철 등의 요인에 기인한 것이고, 주간별

변동은 비즈니스맨들의 근무일정에 기인한 것이라는 사실을 알 수 있다. 백화점, 휴대폰 서비스 회사 등 소비자를 상대하는 서비스 기업들은 그들의 수요 변동이 주말, 공휴일 등과 관련이 많다는 사실을 알고 있다.

수요가 계절의 영향을 받는 골프장

어떤 경우에는 날씨와 같이 미리 정해져 있지 않은 변수에 의해 큰 영향을 받는다. 날씨가 좋으면 사람들이 야외활동을 즐기려 하기 때문에 여행, 리조트, 테마파크 등에 대한 수요가 올라가고, 날씨가 좋지 않으면 사람들이 실내에 있기를 원하기 때문에 영화관, 연극 공연, 카센터 등의 수요가 올라간다. 물론 천재지변이나 전쟁, 큰 사고 등과 같이 거의 예측불허의 변수에 의해 서비스 수요가 결정되는 경우도 있다.

세분시장에 따라서도 다른 성격의 수요가 발생할 수 있다. 은행의 경우, 기업과 거래하는 기업금융서비스 수요는 비교적 예측가능하지만 일반 개인소비자와 거래하는 소매 금융서비스에 대한 수요는 예측하기 힘들다. 병원에서도 예약환자들에 대한 서비스는 예측할 수 있어도 응급환자에 대한 서비스 수요는 예측이 어렵다. 이러한 세분시장별 수요패턴의 성격을 잘 파악해야 공급과 매치시킬 수 있다. 구체적인 서비스 수요-공급 조화전략에 대해서는 다음 장에서 살펴보도록 하자.

12.3 수요-공급 조화전략

서비스기업은 소비자들의 수요 패턴과 자사의 공급성격을 잘 파악한 후 이들을 적절히 조화시킬 수 있는 전략을 구상한다. 수요-공급을 조화시켜 나아갈 수 있는 전략을 구축하는데는 기본적으로 두 가지 접근방법이 있을 수 있다. 첫 번째 방법은 수요의 변화를 감소시켜 공급량에 맞추는 것이고, 두 번째 방법은 공급 능력을 변화시킴으로써 수요에 맞추어 나아가는 것이다. 각 접근방법에 대해 구체적으로 살펴보면 다음과 같다.

⠿ 수요조정전략

여기서는 수요량의 조정이나 변화를 통해 공급량에 맞추어 나아가고자 하는 전략에 대해 이야기한다. 우선, 성수기의 초과수요가 비수기로 옮겨갈 수 있도록 조정할 수 있다. 물론 이것이 모든 고객들에 대해서 가능한 것은 아니다. 예를 들어 항공기 여객들 중에서 관광을 위해 개인적으로 여행하는 사람들의 경우에는 일정변경이 비교적 수월하겠지만 공무로 여행하는 경우 일정변경이 어려울 수 있다. 기업 입장에서는 보다 좋은 서비스를 제공하기 위해서 일정변경이 가능한 사람들에 대해서는 고객이 많을 때보다는 비교적 적을 때 서비스를 이용할 수 있도록 유도할 수 있다. 또한 수요량이 너무 적을 경우, 수요를 진작시켜 공급량에 맞추어 나아갈 수 있다. 비수기에 가격을 낮추어준다든지 고객들에게 무엇인가 혜택을 주어 수요를 끌어올릴 수 있다. 그러면 이러한 전략과 전술들을 성수기 수요감소전략과 비수기 수요진작전략으로 나누어 살펴보자.

성수기 수요감소전략

① 고객들과의 의사소통   기업은 고객들에게 성수기와 비수기를 알려주고, 성수기에 발생할 수 있는 고객 과밀현상이나 서비스 지연 등의 문제점들을 공지할 수 있다. 예를 들어, 은행이나 우체국에서는 하루 중에 제일 바쁜 시간대나 일주일 중 가장 바쁜 요일 등을 공지할 수 있다. 소비자들은 이러한 공지를 보고 가능한 대로 바쁜 시간대를 피해서 서비스를 이용할 수 있다. 전화로 서비스를 요청하는 고객들에 대해서는 자동응답시스템으로 어느 정도를 기다려야 소비자 상담원과의 연결이 가능한지, 언제 전화를 해야 지연 없이 서비스를 받을 수 있는지 등을 알려줄 수 있다. 고객들은 이를 통해 성수기 서비스 수요를 비교적 한산한 시간대로 옮겨갈 수 있다.

② 서비스 영업시간/장소 조정   일 년 중 성수기나 하루 중 고객들이 몰리는 시간대의 수요량을 적절한 수준으로 관리하기 위해서는 서비스 영업시간이나 장소를 조정할 수 있다. 은행의 경우, 오전 늦게 시작하여 오후 일찍 문을 닫는다면 영업시간에 고객들로 붐비는 과밀현상을 피할 길이 없다. 이 경우, 지점의 성격에 따라서 좀더 일찍 영업을 시작하거나 오후 늦게까지 영업시간을 연장 한다면 수요가 분산되어 고객들이 좀더 여유로운 분위기에서 서비스를 제공받을 수

은행들이 영업시간 파괴에 나서고 있다(직장인을 대상으로 오후 7-9시까지 영업하는 KB국민은행 애프터뱅크)

있다. 영업시간은 기본적으로 기업의 편의에 의해 일방적으로 결정하는 것보다 고객의 편의와 수요수준을 이해해서 고객중심적으로 정해야 한다. 서비스 장소를 분산시키는

것도 수요를 분산시키는 데 도움이 된다. 미국의 경우, 슈퍼마켓이나 할인점에 은행지점을 두어 고객들의 간단한 업무를 돕고 있다. ATM이나 온라인 뱅킹 등도 수요를 분산시키는 데 도움이 된다.

③ 비수기 인센티브 제공   비수기에 서비스를 이용하려는 고객들에게 다양한 인센티브를 제공한다면 성수기 수요를 비수기 쪽으로 분산시키는 데 도움이 된다. 수영장, 골프장, 스키장 등 리조트 시설에 대한 수요는 계절의 영향을 많이 받는다. 여름에 즐기는 시설에 대해 봄과 가을에 고객들에게 할인 혜택을 준다든지 그 반대의 시즌에 즐기는 스포츠에 대해서도 비수기에 인센티브를 제공하면 수요를 분산시키는데 도움이 될 것이다. 예를 들어, 스키장에서는 비교적 사람들이 덜 붐비는 시기에 리프트 티켓이나 스키렌털 할인권을 제공하는 방식으로 고객들을 유인할 수 있다.

④ 고객 우선순위 관리   성수기의 넘쳐나는 수요를 관리하기 위해 우선순위에 따라 고객들에게 서비스를 제공하는 것도 좋은 방법이다. 예를 들어, 서비스 마케터는 예약 없이 찾아오는 손님보다는 예약을 하고 찾아오는 고객을 먼저 돌보아준다든지, 유동고객보다는 충성고객에 더 우선권을 줄 수 있다. 서비스 필요도가 높은 고객을 우선 접수해 준다든지 등 서비스 차등화를 시도할 수도 있다. 서비스에 대한 필요성이나 시급성이 비교적 덜한 고객이나 일반 유동고객들은 바쁜 시기를 피해 서비스를 찾도록 유도하는 것이다.

⑤ 성수기 가격전액 부과   성수기 수요를 비수기로 끌어내리기 위해 비수기에 고객들에게 인센티브를 주는 방법도 있지만, 동시에 성수기 고객들에게는 할인혜택을 주지 않고 가격전액을 받는 것도 좋은 방법이다. 즉, 성수기에는 일종의 디마케팅(demarketing)을 하는 것이다. 예를 들어 항공사들은 연말연시나 추석 등의 성수기에는 고객들이 보너스 마일리지 할인혜택을 쓸 수 없게 하는 대신 가격전액을 지불하는 고객들에게 항공권에 대한 우선권을 줄 수 있다. 고객들은 성수기에 항공서비스를 이용하는 것이 비교적 비싸다는 사실을 알기 때문에 그들의 여행일정을 조정하게 된다.

비수기 수요진작전략

① 현재시장의 수요진작   일반 유형상품의 마케팅에서 흔히 쓰이는 시장침투전략(market penetration)과 유사하다. 즉, 기업이 현재시장에 대해 판매촉진과 광고 등을 강화하여 깊이 침투하는 방식인데, 현재 서비스를 이용하고 있는 고객들에 대해 그 서비스를 좀더 자주, 많이 이용하게끔 유도하는 것이다. 예를 들어, 카센터에서 오일교환을 하면 다음 오일교환시기가 언제인지를 알려주는 리마인드 스티커를 붙여줌으로써 그 고객을 다시 끌어들일 수 있다. 관광지에서는 비수기에 외국관광객을 상대로 한 광고보다

는 국내관광객을 대상으로 한 광고와 판매촉진을 시행한다. 서비스기업이 현 위치에서 수요를 끌어들일 수 있는 좋은 아이디어를 발굴하려는 노력이 필요하다.

② 가격 차등화　비수기 수요진작을 위해 가장 흔히 이용되는 방법은 서비스 가격 할인이다. 가격이 떨어지면 수요가 상승한다는 것은 경제학의 기초 논리이다. 그런데 이때 우리는 수요의 가격탄력성에 대해 이해할 필요가 있다. 즉, 어떤 경우에는 소비자들의 수요가 가격하락에 대해 민감하게 반응하는 반면, 어떤 경우에는 소비자들의 수요가 가격의 변동에 큰 영향을 받지 않는다. 예를 들어, 일반관광객들은 항공료나 호텔 비용의 하락에 큰 영향을 받지만, 비즈니스나 공무를 위해 꼭 출장을 해야 하는 사람들은 서비스 비용의 상승이나 하락에 큰 영향을 받지 않는다. 또한 일반 대중시장의 경우, 수요의 가격탄력성이 높은데 반해 소득수준이 높은 부자고객들은 가격탄력성이 비교적 낮다. 가격할인전략은 가격탄력성이 높은 시장에서는 빛을 발할 수 있으나 그렇지 않은 시장에서는 큰 효과를 보지 못할 수도 있다.

그런데 비수기 수요진작을 위해 가격할인만이 능사가 아님에 유의하자. 가격할인은 여러 가지 부작용을 동반할 수 있기 때문이다. 가격할인을 자주 하게 되면 경쟁사와의 가격경쟁에 휘말리게 되어, 나중에는 원가 이하로 서비스를 제공해야 하는 과당경쟁, 출혈경쟁에 치달을 수도 있다. 또한 원래 의도와는 달리 소비자들에게 저가, 저품질의 이미지를 심어주게 되어 기업이 장기적으로 성취하고자 하는 품위 있고 품질 좋은 서비스 이미지와 멀어지게 된다. 그리고 일단 저가에 익숙해진 고객들은 비수기가 아닌 다른 시기에도 저가를 기대하기 때문에 나중에 가격을 올렸을 때 문제가 된다. 결국 까다로운 소비자들을 양산하게 되어 기업 스스로 무덤을 파는 꼴이 된다. 기업은 이러한 가능성을 미리 알고 저가전략을 현명하게 활용해 나아가야 한다.

콜로라도 아스펜(Aspen)의
음악제 모습

③ 비수기 인센티브 제공　비수기에 인센티브를 제공하는 것은 앞에서도 설명된 바 있다. 소비자들에게 비수기에 여러 가지 혜택을 제공하게 되면 위에서 설명한 바와 같이 성수기 고객들이 비수기 쪽으로 움직이게 되는 효과도 있지만, 동시에 비수기 수요가 진작되는 결과도 기대할 수 있는 것이다. 영화관에서 조조할인이나 평일할인을 해줌으로써 관람객이 뜸한 시간대의 수요를 끌어올릴 수 있다. 통신 서비스기업에서 평일이나 비수기에 국제전화

요금을 할인해주면 고객들이 일정을 조정해가면서 이를 이용하고자 할 것이다.

④ 서비스 시설의 용도변경   비수기에는 서비스 시설의 새로운 용도를 개발하여 이용률을 높여야 한다. 계절에 의존하는 스키장, 골프장 등의 레져, 스포츠 시설은 비수기에 용도를 변경하여 사용할 수 있다. 콜로라도 로키 산맥에 자리 잡은 세계적인 스키장에서는 봄, 여름, 가을에 등산로를 개척하고 개방하여 등산객들을 끌어들이고 있고, 스키 슬로프에는 알파인 스키 시설을 설치하여 가족단위 관광객들을 유치하고 있다. 콜로라도의 세계유명 스키장 아스펜(Aspen)에서는 매년 여름 음악제와 음악학교를 열어 그 시설을 사시사철 이용한다. 비수기의 리조트 시설을 학회나 기업체 종업원들의 교육훈련 등에 대여해줄 수도 있다. 중요한 것은 성수기와 비수기 간의 수요의 격차를 줄이는 일이다

⑤ 서비스 상품의 다변화   서비스 시설의 용도변경과 유사한 방법으로서 서비스 상품의 다변화 전략을 들 수 있다. 이는 같은 서비스를 다른 용도, 다른 시장에 제공하고자 하는 것이다. 회계사들은 세금보고시기가 지나면 비교적 시간여유가 생기는데 이 때 세금이나 경영에 대한 자문활동을 할 수 있다. 한 장소에서 한 가지 음식으로 히트한 음식점이 여러 지역과 장소로 사업을 확장시키거나, 배달서비스를 제공하는 것도 잠재수요를 끌어올리는데 큰 도움이 될 것이다. 지금까지 논의한 수요조정전략을 요약하면 〈표 12-2〉와 같다.

성수기 수요감소전략	비수기 수요진작전략
고객들과의 의사소통	현재시장의 수요진작
서비스 영업시간/장소 조정	가격 차등화
비수기 인센티브 제공	비수기 인센티브 제공
고객 우선순위 관리	서비스 시설의 용도변경
성수기 가격전액 부과	서비스 상품의 다변화

표 12-2

수요조정전략

⠿ 공급조정전략

수요와 공급을 맞추어 나아가기 위한 두 번째 방법은 공급능력(capacity)을 변화시키는 것이다. 즉, 성수기에는 서비스의 기본적인 자원(시간, 종업원, 장비, 설비)을 확충시켜 늘어난 수요에 부응해야 하고 비수기에는 이를 잘 조정해서 자원의 낭비를 극소화해야 한다. 이러한 전략에 대해 살펴보자.

성수기 공급증대전략

① 노동시간/시설 확충   성수기에는 기본적으로 서비스 자원을 확충시켜 나아간다. 첫째, 한시적으로 서비스 영업시간(time)을 늘릴 수 있다. 개인병원은 겨울철 독감 시즌에 진료시간을 늘려서 연장근무를 할 수 있고, 유통업체는 연말연시에 영업시간을 늘려서 소비자들의 늘어난 쇼핑수요에 맞추어 나아갈 수 있다. 둘째, 서비스 직원 (people/labor)이 초과시간근무를 함으로써 넘쳐나는 성수기 수요에 부응할 수 있다. 관광서비스, 금융서비스, 자문서비스 등에 종사하는 서비스 요원들은 수요가 많을 때 연장근무를 할 수 있다. 셋째, 성수기에 컴퓨터장비, 통신장비, 교통장비, 유지보수장비

테마파크에서는 크리스마스 시즌 축제를 위해 야간개장 시간을 연장한다.

등 서비스 장비(equipment)를 한시적으로 확충시킬 수 있다. 넷째, 서비스 설비(facilities)를 확충시킬 수 있다. 영화관, 음식점, 회의실, 강의장 등은 사람이 많을 때 테이블과 의자를 더 놓음으로써 넘치는 수요에 부응해 나아갈 수 있다. 그런데 이러한 확충전략들이 장기적으로 이용되는 경우에 자칫 서비스의 질이 악화될 우려가 있다. 따라서 이러한 전략들은 성수기 공급증대를 위해 한시적으로 운용되어야 한다.

② 파트타임 종업원 기용   수요가 갑자기 늘게 되면 파트타임 종업원들을 기용하여 한시적으로 운용할 수 있다. 관광지, 음식점, 유통업체, 우체국 등에서는 성수기에 파트타이머를 기용한다. 정규직원과 교대근무도 가능하다. 그런데 이때 파트타임 종업원들도 기본적인 훈련을 받은 후 투입되어야 한다. 그렇지 않으면 서비스 품질을 저하시킬 수 있다.

③ 아웃소싱   전문성을 필요로 하지만(예: 기술지원, 웹디자인, 소프트웨어 관련 서비스 등) 그 수요가 한시적인 경우, 서비스기업은 아웃소싱을 고려할 수 있다. 물론 기업에서 자체적으로 인하우스 부서를 구축하여 담당인원을 선발하고 교육훈련 하여 활용할 수도 있지만, 그렇게 하기에는 시간과 비용부담이 너무 크기 때문이다. 이런 경우 전문업체로부터 서비스를 아웃소싱 해오는 것이 현명한 방법이다. 실제 많은 서비스기업들이 성수기에 그들의 본질적인 영역과는 거리가 있으나 꼭 필요한 전문서비스를 아웃소싱 하여 활용한다.

기업은 성수기에 필요한 인력뿐만 아니라 서비스에 필요한 설비나 장비들도 아웃소싱 해올 수 있다. 물론 이들을 구매할 필요는 없고 한시적 계약으로 임대하는 것이다. 예를 들어 이삿짐이나 택배회사에서 성수기에 트럭을 임대해서 이용할 수 있다.

④ 종업원 교차훈련   서비스기업에서는 한 종업원이 몇 가지 일들을 담당하여 처리할 수 있도록 융통성 있게 교육시킬 수 있다. 이를 교차훈련(cross-training)이라고 한다. 교차훈련을 받은 종업원은 업무수행의 유동성이 증가하여 바쁜 시기에 꼭 필요한 분야를 지원할 수 있다. 이렇게 되면 기업이 그들의 서비스 영역별로 인력자원을 고르게 배분함으로써 조직의 효율성을 증대시킬 수 있다. 예를 들어 항공사에서는 직원들을 교차훈련 시켜서 수요량에 맞게 발권, 게이트 카운터, 수하물서비스 파트 등에 순환근무를 하도록 한다. 패스트푸드점 직원들도 주문을 받는 일과 음식을 준비하는 일 등에 교차배치 되고, 슈퍼마켓 직원들도 계산대, 재고정리, 포장 등의 일을 할 수 있다.

비수기 공급조정전략

① 서비스 시설/장비 보수   비수기에는 고객 수는 줄어들지만 기업이 운용하고 있는 서비스 시설이나 장비 등을 유지 보수할 수 있는 좋은 시간과 기회를 제공해준다. 특히 시설이나 장비에 의존하는 서비스의 경우에는 더욱 그러하다. 관광지의 리조트 시설, 놀이공원의 각종 놀이기구 등은 비수기에 보수되어야 한다. 소프트웨어나 IT 기술에 의존하는 서비스들도 비수기는 이들을 업데이트할 수 있는 좋은 기회이다. 이렇게 시설과 장비가 업데이트 되고 보수되면 성수기에 최대한의 능력을 발휘할 수 있다.

컨벤션센터에서는 행사규모에 따라 행사장 규모를 조절하여 제공한다.

② 서비스 시설/장비 변경   서비스 시설이나 장비를 처음부터 성수기나 비수기에 맞추어 조정 가능하게 구축할 수 있다. 예를 들어 보잉 777 항공기는 좌석구조가 매우 유동적으로 만들어져 있어서 그때그때 승객의 수에 따라 몇 시간 안에 한 클래스에서 세 클래스(즉, 퍼스트 클래스, 비즈니스 클래스, 이코노미 클래스)로까지의 변경이 가능하다. 따라서 이 비행기는 수요에 맞게 공급을 바로 조정할 수 있다. 항공사에서 비행일정을 만들 때에도 수요량에 맞게 유동적으로 가져간다. 호텔에서도 객실의 구조를 변경 가능하게 만들어 성수기에는 룸 사이의 문을 닫아 한 룸을 두 개로 이용을 하다가 비수기에는 그 문을 터서 하나의 큰 스위트룸으로 활용하도록 할 수 있다.

③ 종업원 교육과 휴가   비수기를 활용하여 서비스 설비와 장비를 다시 갖추어 놓듯이 가장 중요한 서비스 종업원들 역시 재충전, 재정비를 해야 한다. 종업원들에 대한 업무훈련, 재교육 등도 중요하고, 그들에게 휴가를 줌으로써 공급량을 조정하고 그들이 정신적으로, 육체적으로 재충전되어 성수기에 최고의 능력을 발휘할 수 있도록 해야 한다. 지금까지 설명한 공급조정전략을 요약하면 〈표 12-3〉과 같다.

공급능력 극대화: IKEA

적은 투자로 공급능력을 확대하기 위해서 최근 셀프 서비스가 많이 사용되고 있다. 주유소에 가서 직접 기름을 주유하는 셀프 서비스 주유소가 등장하기 시작하였고 은행에서 ATM을 이용해서 입출금을 하고 것은 이제 너무나도 익숙한 일이다. 독일의 메트로 매장에서는 쇼핑하는 사람이 계산대에서 상품을 직접 스캔해서 결제를 하며 일본의 어떤 레스토랑에서는 손님이 음식을 직접 가져다 먹는 뷔페에서 한 단계 더 나아가 매장에서 직접 요리를 해서 먹기도 한다. 이러한 셀프서비스는 좁은 의미에서는 DIY (Do It Yourself) 상품류와 같이 반제품 상태로 된 부품을 구입해 직접 조립 제작하는 행위에서부터 넓은 의미로 '셀프 세차' '셀프 주유소' 등 경제생활에 소비자가 과정에 참여함으로써 자기 자신이나 업체 비용을 절약하는 서비스 형태를 포함한다.

스웨덴의 세계적인 가구 브랜드 IKEA는 셀프 서비스를 도입하여 성공한 대표적인 사례이다. IKEA가 처음 생겨난 1950년대만 해도 유럽 가구업체들은 '유럽풍 가구는 고전적이며 장중하고 내구성이 높은 고급가구여야 한다'고 생각했다. 부유층이 표적고객이다 보니 가구업체들은 매장 위치를 고를 때 화려한 번화가를 선호하게 됐으며 매장 규모는 비싼 임대료 부담 때문에 작아질 수밖에 없었다. 다른

가구업체보다 번화한 거리에 매장을 설치하기 위한 쟁탈전이 벌어졌고 영업사원에 대한 친절 교육 경쟁도 점입가경으로 치달았다. 이러한 과정을 거치면서 자연스럽게 가구 시장은 레드 오션으로 변해 가고 있었다. 하지만 IKEA는 기존의 가구업체들과는 시각으로 시장을 개척하였다. 젊은 층과 서민들에게 초점을 맞추고 제품생산의 비용 절감과 가치향상을 동시에 추진했다. 먼저 비용을 낮추기 위해 영업사원을 최소한으로 줄였다. 대신 고객이 직접 가구를 고르는 셀프 서비스 방식을 택했다. 가구전시 방식을 모든 제품을 진열하는 형태로 바꿨다. 각 가구들도 실제 사용될 때의 모습으로 배치했다. IKEA는 모든 제품을 전시할 수 있도록 대형매장을 운영했으며 매장위치도 임대료가 싼 도시 외곽을 선택했다.

이렇게 IKEA는 원가를 낮추는 동시에 구입 및 배달, 사용단계에서 셀프 서비스를 도입함으로써 투자대비 공급능력을 최대화하는 동시에 고객가치를 창출할 수 있었다. 셀프 서비스를 통한 DIY 가구의 개념을 도입한 IKEA는 기존 유럽 가구업체들이 버릇처럼 지켜왔던 게임의 법칙을 깨뜨리며 새로운 시장공간, 즉 블루오션을 창출한 것이다.

출처: "판 커지는 셀프 산업", 매경이코노미, 2006.7.5.; "이케아의 성공요인. 서민, 젊은층 공략", 한국경제(2006.6.26.)
사진출처: http://choibae2008.mugday.com/ta...595%2584

성수기 공급증대전략	비수기 공급조정전략
노동시간/시설 확충	서비스시설/장비 보수
– 영업시간 연장	서비스시설/장비 변경
– 종업원(노동력) 초과시간근무	종업원 교육
– 서비스장비 확대	종업원 휴가
– 서비스설비 확충	
파트타임 종업원 기용	
아웃소싱	
종업원 교차훈련	

표 12-3

공급조정전략

12.4 대기행렬 관리전략

지금까지 수요와 공급을 조정하여 조화시킬 수 있는 방법에 대해 이야기하였다. 그런데 이러한 방법들이 항상 가능하지는 않다. 성수기에 넘쳐나는 수요를 갑자기 줄일 수도 없을뿐더러 공급량을 당장 늘릴 수도 없다. 단기간 내에 비수기 수요를 끌어올리는 것역시 쉬운 일이 아니다. 특히 수요를 예측하는 것이 어려운 상황이거나 서비스 수용능력의 유동성이 낮은 경우에 이러한 문제가 심각해진다. 수요–공급의 부조화로 발생할 수있는 가장 흔한 모습은 고객 과밀현상(crowding), 긴 대기열 혹은 대기행렬(waiting line/queue)이다. 우리는 호텔이나 관공서, 은행이나 병원, 지하철이나 버스 정거장 등에서 길게 줄을 서서 기다리는 사람들을 종종 볼 수 있다. 물론 지금은 순번대기표 발행기를 제공하는 업체도 많아져서 예전처럼 줄을 서서 기다릴 필요는 없지만 고객이 기다려야 하는 것은 마찬가지이다.

고객들이 긴 대기열을 통해 오래 기다려야 할 경우 여러 가지 문제가 발생한다. 우선사람들은 바쁘게 돌아가는 세상에 아무 일도 하지 못한 채 가만히 기다리는 것에 대해매우 불만족스럽게 생각한다. 서비스 자체의 품질이 좋아도 오래 기다려야 할 경우, 서비스의 요구응대성이 떨어지고 전체적인 서비스의 질은 추락한다. 따라서 고객만족도와 충성도 역시 동반 하락한다. 예를 들어, 점심 위주의 어느 음식점에서 아무리 음식을맛있게 잘하고 종업원들이 친절하더라도 시간압박을 받고 있는 회사원들에게는 이용하는데 어려움이 따른다. 테마파크에서 인기 있는 놀이시설을 이용하기 위해 몇 시간 동안 줄을 서서 기다려본 사람들이라면 무작정 기다리는 일이 얼마나 불편한 일인지 잘 알 것이다. 기업의 입장에서도 이러한 고객이 하나 둘 멀어져 가면 기회손실이 발생하고 수익성이 악화된다. 불만고객들의 불평, 부정적 구전 등도 수익성에 무시하지 못할 악영향을 미친다. 고객들은 빠르고 효율적인 서비스를 원한다. 따라서 대기열을 잘 관리하는 것이 서비스 수요공급관리에서 매우 중요한 이슈이다. 여기서는 효과적인 대기열 관리 전략에 대해 알아본다.

⠿ 운영의 묘를 살려라

서비스 운영자는 고객이 서비스를 제공 받기 위해 밟아야 하는 전체적인 절차나 단계를 면밀히 검토하여 어떤 절차들이 고객들을 오래 기다리게 만드는지, 어느 단계에서 주로 서비스의 병목(bottleneck)이 존재하는지를 밝힌 뒤, 이를 해소할 수 있는 방안을 만들어 내어야 한다. 한 은행에서는 고객들로부터 자주 듣는 질문들(FAQ: Frequently Asked Questions)이나 요청사항은 매뉴얼화 하여 창구직원들이 빨리 처리할 수 있도록 하였으며, 가장 많이 이용되는 창구나 서비스에는 직원들을 더 많이 배치하고 연장근무를 하는 등 서비스 공급량을 늘려주고 있다. 또한 한 호텔에서는 미리 예약한 손님에 대해서는 체크인 과정을 생략하고 약속된 시간에 와서 로비에서 방 열쇠를 받아 바로 숙박을 할 수 있게 하고 있다. 비슷한 예로서, 미국의 교통안전국은 일정자격을 갖춘 사람들에 대해서 지정된 공항에서 지문이나 홍채 인식만으로 공항보안 시스템을 통과할 수 있도록 하고 있다.

고객들이 줄을 서서 기다리는 것이 불가피할 경우, 대기고객이 가장 빠른 시간 내에 자신의 순서가 되어 서비스를 받을 수 있도록 하는 것이 마케터의 목표이다. 고객들의 대기시간을 최소화하기 위하여 개발된 것이 대기행렬이론(queuing theory)이다. 이 이론은 고객과 서비스 제공자(혹은 설비)와의 관계를 확률이론을 적용하여 대기행렬의 모델을 작성하고, 고객의 도착상황에 잘 적응할 수 있는 서비스 규모나 수용력(공급수준)을 결정하고자 하는 것이다. 여기서는 이러한 통계적인 모형보다는 대기시간을 최소화할 수 있는 몇 가지 단순한 방법을 소개하고자 한다. 이들은 [그림 12-2]에 묘사되어 있다.

첫째는 다중행렬(multiple-queue system)이다. 서비스 창구를 여러 개 오픈해 놓음으로써 고객의 대기시간을 줄일 수 있다. 이 경우, 고객이 서비스 장소에 도착하여 본인의 판단에 의해 가장 짧은 줄에 대기한다. 물론 다른 줄이 더 빨리 줄어들면 그 쪽으로의 이동이 가능하다.

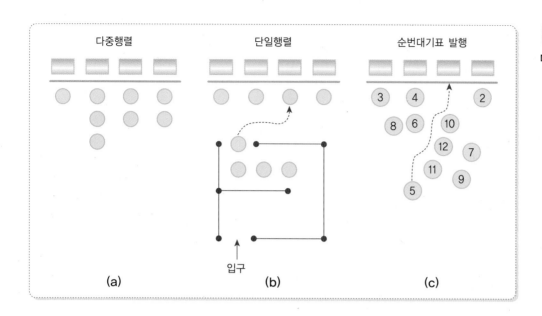

그림 12-2

대기행렬의 유형

다중행렬   단일행렬   순번대기표 발행

입구

(a)   (b)   (c)

둘째는 단일행렬(single-queue system)이다. 대기 고객이 순서에 따라 준비된 창구로 이동하여 서비스를 구매하는 것이다. 먼저 온 고객이 먼저 서비스를 받을 수 있기 때문에 공평성이 보장되고, 고객들의 평균대기시간을 줄일 수 있는 장점이 있다. 반면, 서비스 제공자를 고객이 선택할 수 없다는 단점은 있다.

셋째는 순번대기표 발행 시스템(take-a-number system)이다. 이 경우, 먼저 온 고객이 빠른 번호를 들고 기다리는 것이다. 이 방법의 최대의 장점은 고객이 번호표만 있으면 대기시간의 길이를 대충 짐작할 수 있다는 것이다. 그 시간 동안 원하는 일을 하며 기다릴 수 있다. 자신이 얼마나 기다려야 하는지 알고 기다릴 때와 그렇지 않고 마냥 기다려야 할 경우, 고객만족도의 차이는 천양지차이다. 그렇지만 자신의 번호(순서)가 지나가면 다시 기다려야 하기 때문에 대기자는 항상 대기장소에서 귀를 기울이며 기다려야 한다. 이 외에도 좀더 복잡한 상황에서 고객의 대기시간을 줄이기 위한 연구와 실무노력이 행하여지고 있다.

::: 예약을 받아라

고객들과의 시간약속, 즉 예약시스템에 의해 서비스를 운영하면 수요를 분산시키고 성수기에 대기시간을 줄이는 데 큰 도움이 된다. 현재 항공사, 호텔, 골프장, 극장, 병원 등 많은 서비스가 고객들의 예약으로 운영되고 있다. 고객들도 약속된 시간에 가서 기다림 없이 서비스를 받을 수 있기 때문에 만족도가 올라간다.

디즈니의 스마트밴드

세계적인 테마파크인 디즈니랜드가 올 봄부터 마이매직플러스(MyMagic+)라고 이름 붙인 새로운 관리시스템을 도입합니다. 현재 디즈니랜드에서는 파크를 찾은 사람들이 종이로 된 티켓을 사고 음식을 사먹을 때는 현금이나 신용카드로 결제를 하며 인기가 많은 놀이기구를 타기 위해서는 줄을 서서 기다려야 합니다. 하지만 마이매직플러스가 도입이 되면 고무로 만들어진 손목밴드(매직밴드)에 고객의 신용카드 정보가 담기게 되고 핫도그나 미키마우스 인형을 사고 싶으면 손목에 찬 밴드를 살짝 계산기에 갖다 대기만 하면 됩니다. 또 이와 함께 스마트폰 앱을 개발해서 특정 놀이기구를 줄을 서지 않고 언제 탈 수 있는지 알려주게 됩니다.

디즈니의 새로운 전략은 8~10억 달러의 예산이 소요될 것으로 예상되지만 이러한 새로운 기술을 테마파크에 도입하는 것이 소비자들의 만족도를 높이고 매출도 따라서 오를 것으로 디즈니 측은 예상하고 있습니다. 결제를 쉽게 해서 매출을 올리는 것 뿐만 아니라 전자 손목밴드는 디즈니

측에 고객이 풍선을 샀는지, 어떤 놀이기구를 많이 탔는지와 같은 중요한 소비자 정보를 제공해 고객 맞춤형으로 서비스를 강화하는 데 쓰일 예정입니다.

하지만 개인정보 침해에 관한 우려도 있습니다. 최근 미국 정부는 어린이의 신상에 관한 온라인 정보 수집 기준을 엄격하게 만들었습니다. 디즈니의 새로운 전략은 미국 정부의 방침에 어긋날 수도 있고 몇몇 부모들은 벌써 아이들의 정보가 노출되는 것을 두려워하고 있습니다. 전 세계적으로 매해 1억 214만 명이 다녀가고 129억 달러의 수익을 내는 디즈니의 이러한 새로운 시도는 다른 테마파크들의 운영에도 큰 영향을 미칠 것으로 예상됩니다.

출처: 뉴스페퍼민트(2013.1.)
사진출처: 디즈니랜드 – https://disneyworld.disney.go.com/plan/my-disney-experience/bands-cards/

그러나 예약시스템을 운영하는데 있어서 가장 큰 문제점은 고객이 약속한 시간에 나타나지 않을 경우("no show")이다. 실제로 항공사의 경우, 성수기에 예약을 위반하고 정해진 시간에 나타나지 않는 고객들 때문에 많은 손실이 발생하기도 한다. 그래서 예약시스템을 운영하고 있는 기업은 항상 전화나 이메일, 문자 메시지 등을 통해 고객들에게 약속시간을 지속적으로 리마인드 해준다. 그리고 예약취소방침(cancellation policy)을 미리 알려준다. 즉, 예약고객이 불가피한 사정이 생겼을 경우 언제까지 예약을 취소해야 패널티를 면할 수 있는지, 그 후에는 어느 정도의 패널티가 붙는지 등을 상세히 설명해준다. 예약위반률을 여러 번 조사하여 이를 감안해서 좌석 수 이상으로 예약 손님을 받는 경우(overbooking)도 있다. 그러나 조사가 부정확하여 과도하게 예약자를 받는 경우, 기업이 낭패를 당할 수도 있으니 주의하여야 한다.

⁞⁞⁞ 대기고객을 차등화하라

기업이 모든 고객을 공평하고 평등하게 맞는 것이 대원칙이다. 서비스의 경우, 먼저 온 고객이 먼저 서비스를 받는 것이 기본원칙이다. 그러나 기업의 수익성을 생각할 때 고객의 만족도와 충성도를 고려하지 않을 수 없다. 예를 들어, 다른 사람들보다 병이 심각하거나, 더 많은 비용을 낸 고객들, 그리고 그 병원만 찾는 충성고객들을 다른 환자들과 똑같이 대하게 되면 그들의 만족도와 충성도는 급락할 것이다. 따라서 서비스 제공자는 서비스 차등화를 통하여 서비스 품질을 향상시키고 수익성을 높일 수 있다.

우선 위에서 예를 든 바와 같이 서비스에 대한 필요성이 높은 고객들을 먼저 받는 방법이 있다. 병원의 응급실이 좋은 사례이다. 생명이 위독한 환자들은 기다림 없이 우선적으로 치료를 해야 한다. 그리고 나중에 좀 더 자세히 설명하겠지만, 고객이 기업에 대해 가져다주는 가치, 즉 고객가치가 높은 충성고객, VIP 고객들을 우선적으로 받아주어야 그들의 만족도와 충성도 수준을 유지할 수 있다. 기업은 정보기술, CRM(Customer Relationship Management) 기술을 활용하여 고객의 과거 구매데이터를 분석함으로써 그들의 가치를 계산해낸다. 즉, 고객의 서비스구매 최근성, 빈도, 양 등을 기초로 그들을 일반고객, 우량고객 등으로 분류할 수 있는 것이다. 이때 우량고객, 충성고객에 대해 무엇인가 차별화된 서비스를 제공해주지 않으면 그들의 충성도는 급락할 수밖에 없다. 실로 많은 서비스기업들이 우량고객, 충성고객들에 대해 차등화된 서비스를 제공하고 있다. 백화점에서도 VIP고객에 대해서는 기다림 없이 쇼핑을 즐길 수 있도록 발레파킹을 해주고 각종 혜택을 부여한다. 항공사에서도 퍼스트클래스 승객들에 대해서는 기다림 없이 체크인 할 수 있도록 도와준다.

그런데 일반고객들은 기업의 이러한 VIP 고객우대정책에 대해 항상 고운 시선으로 보는 것만은 아니다. 물론 고가고객들은 서비스 비용을 더 많이 내었기 때문에 우대받는 다는 사실을 이해는 하지만 자신이 차별대우 받는다는 것에 대해 불만을 가질 수 있다. 서비스 차등화를 실시하게 되면 고객 간에 위화감이 조성되고 일반고객들의 불만족이 쌓일 수 있다. 그래서 가장 좋은 방법은 서비스를 차별화해야 할 경우, 일반고객과 우량 고객을 시간이나 장소 면에서 구분하여 대하는 것이다. 금융기관에서 일반고객을 받는 은행과 VIP 고객을 대하는 PB(Private Banking) 센터를 구분하여 운영하는 것도 이 때문 이다. 문제는 이렇게 PB센터를 부유층이 사는 지역에 따로 만들기에는 막대한 투자와 비용이 들어간다는 사실이다. 따라서 은행에서는 PB센터의 시장성과 투자가치, 투자수 익률 등을 충분히 고려하여 입점을 계획해야 한다. 다른 방법으로 일반고객과 VIP 고객 에 대한 서비스를 시간을 달리해서 진행할 수도 있다. 예를 들어 백화점에서 유럽에서 직수입한 고급와인에 대한 마케팅 행사를 한다고 할 때, 일반고객에 대한 행사와 VIP 고객에 대한 그것을 분리해서 다른 날짜로 함으로써 위에서 설명한 부정적인 효과를 줄 일 수 있다.

⁙ 대기시간을 설명하고 고객을 즐겁게 하라

고객이 장시간 기다려야 할 때에는 대기시간에 대해 미리 알려주는 것도 도움이 된 다. 예를 들어 은행에 전화를 했는데 마침 전화 고객들이 많아 기다려야 한다고 하자. 이 때 지금부터 몇 분을 더 기다려야 할지를 종종 알려주는 것도 기다림에 많은 도움이 된 다. 놀이공원에서는 대기행렬 길을 따라 중간 중간에 그 곳부터 몇 분을 더 기다려야 하 는지를 표시판에 적어놓는다. 앞에서도 이야기했지만 대기시간을 알고 기다릴 때와 그 렇지 않을 경우의 만족도는 큰 차이가 난다.

서비스 직원이 고객들에게 대기시간을 알려주는 것에서 한 단계 더 나아가서 대기이 유에 대해 설명해준다면 대기에 따르는 지루함, 불안감, 짜증 등 부정적 감정이 줄어들 것이다. 예를 들어 항공사에서 비행기가 연발 혹은 연착이 될 경우, 기상상황 등의 이유 를 설명해준다든지, 병원에서 기다리는 환자들에게 방금 도착한 응급환자의 상황과 같 은 이유를 설명해준다면 기다리는 데 도움이 많이 된다.

여기서 한 단계 더 나아가 직원이 대기고객들을 즐겁게 해줄 수 있다면 얼마나 좋을 까? 영국의 어느 광고회사에서 냈다는 퀴즈에 이런 것이 있다. "에딘버러에서 런던까지 가는 가장 빠른 방법은?" 정답으로 채택된 것은 "사랑하는 사람과 함께 간다."였다. 좋 아하는 사람과 여행을 하면 시간가는 줄 모른다. 고객이 기다리는 시간에 무엇인가 즐겁게 할 수 있는 일이 있다면 지루하지 않게 시간이 빨리 가지 않을까?

이를 위해 서비스기업은 기다리는 사람들에게 무엇인가 할 일, 볼 것을 제공해 주어야 한다. 치과나 미용실에서 기다리는 고객들을 위해 신문이나 잡지를 제공하거나, 공항 대기실에서 TV를 보게 하는 것 등이 좋은 방법이다. 사우스웨스트 항공사나 아시아나 항공사에서는 승무원들이 기내 탑승객들의 무료함을 달래주기 위해 기내에서 여러 이벤트와 쇼를 한다.

서비스를 제공 받기 위해 기다리는 시간은 서비스를 제공 받으면서 기다리는 시간에 비해 더 길게 느껴진다. 즉, 서비스 제공 전 대기시간은 고객불만족의 원인이 되는 것이다. 이때 서비스 제공자가 고객들에게 신경을 써

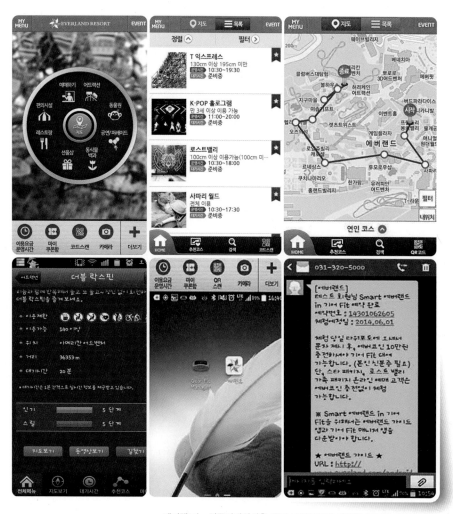

에버랜드는 어플리케이션을 통해 고객들에게 다양한 정보와 대기시간을 안내하고 있다.

서 서비스와 관련된 활동을 한다면 고객들은 그 서비스 수행이 이미 시작이 되었고 더 이상 기다리지 않는 것이라는 인식을 하게 될 것이다. 또 서비스가 실제로 시작되기 전에 고객을 준비시킨다는 의미도 있다. 예를 들어, 환자가 의사를 기다리는 동안 본인의 건강검진 문진표를 작성하도록 한다든지, 고객이 레스토랑에서 기다리는 동안 메뉴를 볼 수 있게 한다든지, 아니면 서비스 과정에 대한 비디오를 보게 하는 것도 고객을 교육시키고 기다림의 지루함을 더는 데 도움이 된다.

제 **13** 장

고객관계관리: 고객가치, 고객만족, 고객충성도의 창출

제조기업도 서비스 전쟁이다:

충성고객 확보를 위한 서비스 차별화

제품간 경쟁력의 차이가 줄어든 요즘, 제조기업의 고민은 깊어만 간다. 어떻게 하면 경쟁사에 비해 고객들에게 더 높은 가치를 제공함으로써 충성도가 높은 고객들을 확보하고 유지할 수 있을까? 최근 제조 브랜드들이 서비스 차별화에서 그 해답을 찾고자 노력하고 있다. 국내 대표브랜드인 현대ㆍ기아자동차와 삼성전자의 서비스 비결을 살펴보자.

자동차기업들 이제는 서비스로 고객의 마음을 잡는다

불과 몇 년 전까지만 해도 현대자동차의 독주로 대변되던 국내 자동차 시장이 최근에는 국산 대 수입자동차간 경쟁이 한층 치열해지고 있다. 국산 차 업계는 그동안 중대형 자동차 시장에서 수입차에 빼앗긴 시장을 되찾기 위해 노력하고 있으며, 수입차는 시장점유율을 더욱 끌어올리기 위해 맞서고 있다. 이를 위해 업계에서는 서비스 차별화로 승부를 걸고 있다. 목표는 바로 충성고객 확보이다.

먼저 현대ㆍ기아자동차는 고객체험을 강화하는 서비스에 집중하고 있다. 기아자동차는 전국의 정비센터를 '드라이빙 센터'로 업그레이드 하고 있다. 단순히 자동차를 수리하는 공간이 아닌 다양한 기아차 모델들을 시승해 볼 수 있는 복합 체험공간으로 변화시키는 작업이다. 지난 해 6월 문을 연 서울 강남의 기아차 드라이빙 센터는 올해 상반기까지 약 1만 7,400여명이 방문해 시승서비스를 이용했으며, 이 중 3,200여명(약 18%)이 실제로 차량을 구입하는 성과를 거두고 있다. 현대자동차는 제너시스와 에쿠스 고객들을 대상으로 '제너시스/에쿠스 오너스 초이스' 프로그램을 운영하고 있다. 특급호텔과 골프장, 가사서비스를 무료로 이용할 수 있는 프리미엄 멤버십 프로그램이다. 반면 수입자동차들은 그동안 국내 업계보다 취약하다고 지적되어 온 '에프터세일즈'에 집중하고 있다. 폭스바겐코리아는 사고 차량을 대상으로

전국 18곳에 문을 연
기아자동차 드라이빙센터

한 무상견인과 수리비 및 부품값 할인 프로그램을 시작했으며, BMW코리아도 올해 총 12곳의 서비스센터를 새로 열 계획이다.

삼성전자 글로벌 시장에서 서비스로 차별화한다

샤오미 등 중국 저가 스마트폰의 공세와 애플의 견제 속에 해외시장에서 부진을 거듭하던 삼성전자가 중국 및 미국에 이어 세계 3위 스마트폰 시장인 인도에서는 잘나가고 있다. 삼성전자 휴대폰 매출은 지난 5년 사이 8배 가까이 늘었다. 2013년 인도에서 팔린 스마트폰 대수는 4,920만 대인데, 10억 명이 넘는 전체 인구수를 감안하면 보급률이 아직 낮은 시장이다.

2010년 갤럭시S를 출시하며 인도시장 공략에 나선 삼성은 인도인 기호에 맞는 다양한 앱을 선보이면서 호평을 받았다. '클럽 삼성'이라는 앱을 통해 현지 언어가 지원되는 영화 5,000여 편, 음악 40만여 곡을 감상할 수 있도록 했다. 모바일 TV채널도 90개 이상 제공했는데, 도시가 아닌 지방에서는 영화 등을 볼 수 있는 시설이 적은 인도에서 콘텐츠에 대한 갈증을 해소해 준 것이 주효했다. 유통과 AS에도 수년간 공을 들였다. 현재 인도 내 삼성의 휴대폰 수리센터는 1800개인데 반해 중국이나 인도의 업체는 수리센터를 한 곳도 운영하고 있지 않은 곳이 많다. "소비자의 요청이 있으면 도로가 뚫리지 않은 곳도 낙타를 타고 가서 수리해 주기도 한다."고 강조하는 한 영업사원의 말에서 삼성의 인도시장 공략의 성공해법을 찾을 수 있다.

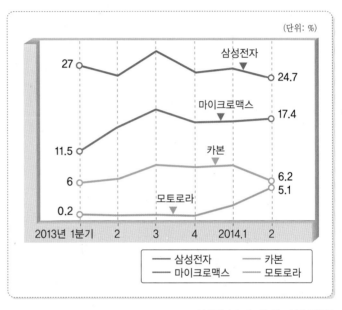

삼성전자 스마트폰 인도시장 점유율

참고 1. 서울경제신문(2014.8.25.) 기사.
　　　2. 한국경제신문(2014.11.7.) 기사.

기업이 고객욕구를 잘 이해하고 이를 바탕으로 탁월한 고객가치를 제공하는 서비스 제공물을 개발한다면, 서비스 상품의 판매는 매우 쉬워질 것이다. 경영학 분야의 석학이었던 피터 드러커(Peter Drucker)는 "마케팅의 목적은 판매 노력을 불필요하게 만드는 것이다"라고 제안했다. 서비스기업은 고객을 위해 가치를 창출하고 강한 고객관계를 구축함으로써 그 대가로 고객들로부터 상응한 가치를 얻도록 해야 한다. 즉, 기업은 고객을 위한 가치를 창출하기 위해 노력한 대가로 그들로부터 창출된 가치의 일부를 보상받게 되는데, 이는 높은 매출과 이익, 그리고 강력한 고객충성도에 기반한 고객자산구축의 형태를 띤다. 본 장에서는 고객가치창출과 고객만족, 그리고 장기적인 고객과의 관계를 구축하는 일이 서비스기업에게 왜 중요한지와 이를 실현하기 위한 방안에 대해 자세히 설명한다.

13.1 고객가치의 창출과 전달

고객을 단순히 기업의 이익창출원천이라고 믿는 경영자는 최고경영자가 맨 위에 있는 피라미드 형태의 전통적인 조직도를 생각한다. 그러나 고객지향적인 서비스기업들은 그 반대의 조직을 지향한다. 즉, 조직도의 가장 높은 곳에는 고객이 위치한다. 그 아래에는 고객을 만나고, 서비스를 제공하고, 만족시키는 일을 수행하는 현장직원이 있으며, 그 밑에 현장직원들이 고객들을 잘 응대할 수 있도록 지원하는 중간관리자가 위치한다. 최고경영자는 오히려 조직도의 맨 아래에 위치하여 우수한 중간관리자를 고용/지원하는 직무를 수행하는 것이다. 이것이 역(逆) 피라미드형 서비스 조직이다. 역(逆) 피라미드 조직도상의 모든 직원들은 언제나 고객들을 알고, 만나고, 서비스를 제공하는데 직접 관여해야 한다는 의미로 [그림 13-1b]의 옆 부분에 고객이 추가되어 있다.

고객지향적 서비스기업들은 고객들을 가장 높은 곳에 두고 고객옹호(customer advocacy)를 그들의 경쟁우위 전략으로 삼아왔다. 온라인 경매 사이트인 이베이(eBay)가 그 예다. 이베이에 대한 소비자 신뢰(consumer trust) 구축은 이 기업의 핵심성공요소로서, 수백만 명의 익명의 구매자와 판매자간의 상거래를 키우고 지원하는데 토대가 되었다. 이베이는 소비자 신뢰를 구축하기 위해 각 거래에서 이루어지는 피드백을 토대로 구매자와 판매자에 대한 평판을 추적하고 공표하며, 수백만 명의 열성 이용자들은 이 회사가 내리는 모든 주요결정들에 대해 자신들의 의견이 반영되도록 요구한다. 이베이는 고객의 의견을 경청하고, 이에 적응하고, 이를 실행에 옮기는 것을 주요역할로 삼는데, 이

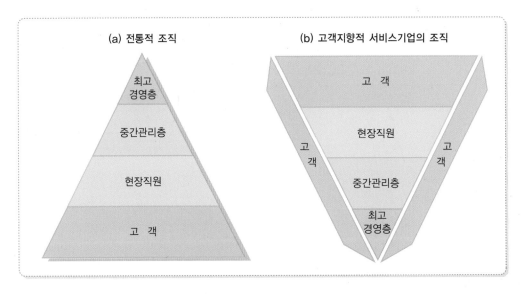

그림 13-1

전통적 기업조직과
고객지향적 서비스기업의
조직

(a) 전통적 조직

최고
경영층

중간관리층

현장직원

고 객

(b) 고객지향적 서비스기업의 조직

고 객

현장직원

중간관리층

최고
경영층

고객

고객

는 이 회사의 가장 소중한 도구의 하나인 고객의 소리(VOC: Voice of Customers) 프로그램에서 분명히 드러난다. 수개월에 한 번씩 이베이는 10명 이상의 판매자와 구매자를 초청해서 그들이 거래한 내용과 이베이가 추가적으로 해야 할 일들을 질문한다. 또한 이베이는 최소한 1주일에 2번씩 1시간 이상의 원격회의(teleconference)를 개최해 새로 도입되는 특성들과 방침에 대해 이용자의 의견을 듣는다. 이러한 노력의 결과로 이베이 고객들은 자기 자신을 이베이의 소유주 같이 느끼며, 새로운 사업영역으로 확장하는 것에 적극적으로 참여한다.

고객지향적 서비스를 통해
고객들과의 신뢰관계를
구축하고 있는 이베이

⠿ 지각된 고객가치

고객들은 자신들의 제약조건(예: 탐색비용, 제한된 제품지식, 이동성, 소득 등) 내에서 가치 극대화를 추구하려고 한다. 한마디로 고객은 최상의 지각된 가치를 전달하는 서비스 제공물을 선택한다([그림 13-2] 참조).

지각된 고객가치(customer perceived value)는 서비스 제공물의 모든 편익들에 대한 고객의 평가인 총고객가치와 그 제공물을 소유하는 데 드는 총비용간의 차이이다. 총고객가치(total customer value)는 고객이 특정의 서비스 제공물로부터 기대하는 경제적, 기능적, 심리적 편익들의 묶음에 대해 부여하는 지각된 화폐가치(perceived monetary value)이다. 총고객비용(total customer cost)은 특정의 제공물을 평가·구입·사용·처분하는데

그림 13-2

고객에게 제공되는 가치의
결정요인들

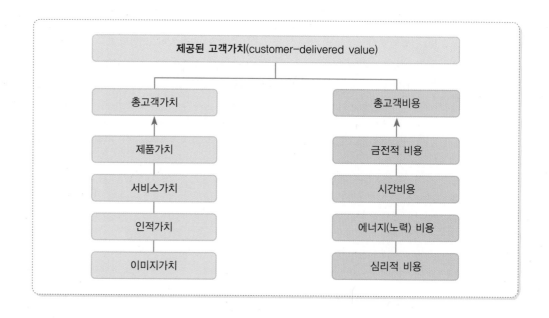

드는 예상비용들의 묶음으로, 이에는 금전적 비용, 시간·노력(에너지)·심리적 비용 등이 포함된다.

고객은 서비스 제공물로부터 기대되는 편익을 획득하는 과정에서 비용의 발생을 감수한다. 마케터는 기능적/정서적 편익이 늘어나도록 하거나 혹은 여러 유형의 비용들 가운데 하나 이상을 절감하는 방안들을 적절히 결합시켜 제공물의 가치를 높일 수 있다. 두 제공물 가운데 하나를 선택하려는 고객은 각 제공물의 지각된 가치인 V1과 V2의 비율(즉, V1 : V2)을 검토해서, 비율이 1보다 크면 V1을 선호하고, 비율이 1보다 작으면 V2를 선호하며, 그 비율이 1이면 두 대안에 대해 무차별할 것이다.

지각된 고객가치를 이해한 서비스 마케터들은 다음의 전략적 사항들을 유념하여 실천에 옮겨야 한다. 첫째, 자사의 서비스 제공물이 고객들의 마음속에서 어떻게 비교·평가되고 있는지를 알기 위해 각 경쟁사 제공물의 총고객가치와 총고객비용을 함께 추정해야 한다. 둘째, 지각된 고객가치에서 경쟁사보다 우위를 갖지 못하는 경우 다음의 2가지 대안을 고려해야 한다. 그 하나는 제공물의 제품편익, 서비스편익, 조직구성원(혹은 인적) 편익, 이미지편익을 강화하거나 추가하는 것이고, 다른 하나는 가격을 인하하거나, 주문 및 배달 과정을 단순화(간소화)시키거나 혹은 보증을 제공하여 구매자가 감수할 여러 위험을 줄여주는 것이다. 이를 통해 서비스 제공자는 고객에게 발생될 비용을 절감시킬 수 있다.

⠿ 높은 고객가치의 전달

소비자들은 특정의 브랜드, 점포, 기업에 대해 서로 다른 충성수준을 보인다. 올리버(Richard Oliver)는 고객충성도(customer loyalty)를 '전환행동을 유발시킬 잠재력을 가진 환경적 영향요인과 경쟁사의 마케팅 노력에도 불구하고 장래에도 선호하는 제품 혹은 서비스를 재구매하거나 재이용하겠다는 강한 의지'로 정의한다. 그리고 이러한 고객들의 이용의지, 즉 고객충성도를 창출하는 데 있어 핵심요소가 바로 높은 고객가치를 전달(제공)하는 것이다.

기업은 특정 세분시장을 표적으로 경쟁자보다 우수한 가치제안을 설계하고 탁월한 가치전달시스템(value delivery system)에 의해 실제로 이를 실행에 옮겨야 한다. 가치제안(value proposition)은 기업이 고객에게 전달하기로 약속한 편익들의 집합으로 구성되는데, 이는 제공물의 핵심 포지션 그 이상을 포괄하는 개념이다. 예를 들어, 볼보(Volvo)의 핵심 포지셔닝은 안전(safety)이지만, 구매자는 안전한 자동차 그 이상의 가치제안을 약속 받고 있으며, 이에는 내구성이 좋은 자동차, 좋은 서비스, 그리고 긴 보증기간 등의 다른 편익들이 포함된다. 기본적으로 가치제안은 기업이 전달하는 시장제공물이나 공급업자와의 관계로부터 고객들이 얻게 될 경험이 무엇인지를 서술한 것이다. 그리고 브랜드는 고객들이 기대할 수 있는 전체경험을 실제로 제공하겠다는 서비스기업의 약속을 대변하는 마케팅 도구이다. 그 약속이 실제로 지켜지느냐는 가치전달시스템을 관리할 수 있는 기업의 능력에 의해 좌우된다. 즉, 가치전달 시스템은 고객이 서비스 제공물을 획득·사용하는 과정에서 갖게 되는 모든 경험들을 포함한다. 브리티시에어웨이즈(BA: British Airways)와 아메리칸 항공(American Airlines)은 동일한 기종의 항공기로 뉴욕과 런던 간을 운항한다. 하지만 BA는 여행의 전 과정에서 탁월한 가치전달시스템을 통해 편의성과 안락함을 원하는 고객욕구를 충족시킴으로써 아메리칸 항공을 압도하고 있다. BA의 가치전달 시스템은 1등석 승객을 위한 별도의 특급 수속대와 보안점검, 시간에 쫓기는 경영자들이 기내식에 방해 받지 않고 충분히 잠을 잘 수 있도록 비행기 탑승 전에 1등석 라운지에서 익스프레스 식사서비스를 미리 제공받도록 하는 것 등을 포함한다. BA는 1등석 구역에 완전히 펼쳐서 침대로 사용할 수 있는 좌석을 도입한 최초의 항공사이며, 영국에서 바쁜 경영자들을 위해 세관수속을 빠르게 처리해준다.

한편 마케팅 현장에서는 너무 많은 기업들이 지각된 고객가치와 브랜드 가치(브랜드 약속) 간에 균형을 맞추지 못함으로써 문제를 발생시키고 있다. 브랜드 마케터들은 슬로건(예: "생각대로 T"), 독특한 판매제안(예: "은행에 가면 다이렉트 온라인 주식거래 수수료

탁월한 고객가치를 제공하는
슈퍼퀸

0.015%"), 또는 기본적 제
공물에 추가되는 부가
서비스의 개발 등을 통
해서 자사브랜드를 경
쟁사들과 차별화하려고
한다. 그러나 이 과정에서 많
은 브랜드 마케터들이 브랜드 이미지
구축에만 너무 초점을 맞추고 실제 서비스 성
과에는 충분한 노력을 기울이지 않기 때문에
고객가치전달에 실패하게 된다. 고객들이 약
속된 가치제안을 실제로 제공받을 수 있는지
는 가치제안을 실행하는 과정에서 주요 전달프로세스들을 잘 통제할 수 있는 마케터의
능력에 의해 좌우된다. 따라서 마케터들은 브랜드를 구축하는 데 투자하는 시간만큼 회
사의 서비스를 전달하는 핵심 프로세스들을 설계하고 실행하는데도 충분한 시간을 투
자해야 한다.

아일랜드의 가장 큰 슈퍼마켓 체인점인 슈퍼퀸(Superquinn)은 고객가치를 전달하는
데 탁월한 기업의 한 예이다. 점포입구에 대기하고 있는 접객원은 고객을 맞이하고 도
와주며, 심지어 커피를 제공하기도 한다. 또한 비가 올 때 우산을 제공하며 구입한 물건
들을 고객의 자동차까지 들어주는 서비스를 제공한다. 각 상품구역을 맡고 있는 관리자
들은 복도에 서서 고객들과 상호작용하고 질문에 응답한다. 고품질의 샐러드 바, 4시간
마다 새로 구어 제공되는 신선한 빵, 그리고 농산물이 도착한 시간과 그 상품을 재배한
농부의 사진을 담은 팻말 등도 제공된다. 슈퍼퀸은 어린이 보호센터를 운영하며, 구매
량에 따라, 그리고 움푹 들어간 캔이나 상한 토마토 등 점포 이미지를 해칠 수 있는 불
량상품들을 발견한 것에 대해 포인트를 부여하는 충성도 프로그램을 운영한다. 충성도
(포인트) 카드는 은행, 주유소 등 수십 개의 다른 협력업체들에 의해서도 취급되어, 그
시설물에서 구입한 상품에 대해 포인트를 제공한다. 모든 일이 일반적인 고객기대를 초
과하도록 행해지기 때문에 슈퍼퀸 점포들은 거의 숭배수준의 충성고객들을 보유하고
있다.

13.2 고객만족

고객중심적인 서비스기업들은 높은 고객만족을 창출하려고 노력하지만, 그렇다고 그것만이 궁극적인 목표는 아니다. 만약 기업이 가격을 낮추거나 서비스를 늘림으로써 고객만족을 증가시키려 한다면, 그 결과로 이윤이 감소될 수 있다. 또한 기업은 종업원, 유통업자, 공급업자, 주주 등을 포함한 여러 이해관계자들을 상대하고 있는데, 고객만족 증대를 위해 더 많은 자금을 지출하는 것은 다른 파트너들의 만족을 증대시키는 데 사용될 자금을 전용하는 것일 수 있다. 따라서 기업은 다른 이해관계자들에게도 수용가능한 수준의 만족을 제공한다는 전제하에 높은 수준의 고객만족을 전달하려 노력해야 한다.

⠿ 고객기대의 형성

구매 후 고객이 경험하는 만족의 정도는 구매자의 기대치와 지각된 서비스 제공물의 성과간의 차이에 의해 결정된다. 그렇다면 구매자는 어떻게 기대를 형성하는가? 고객들의 서비스 제공물 성과에 대한 기대는 과거 구매경험, 친구와 동료들의 의견, 마케터와 경쟁자들이 제공하는 정보와 약속 등에 기반하여 형성된다. 만약 마케터가 고객들의 기대를 지나치게 높이면 오히려 그 고객은 실제의 제공물 성과에 대해 실망할 가능성이 있다. 또한 고객의 기대치를 지나치게 낮게 설정하는 것도 충분한 수의 고객들을 유인하는 데 어려움을 준다. 가장 성공적인 기업들 가운데 일부는 고객의 기대를 높이면서도 이와 일치되는 성과를 잘 전달하고 있는데, 젯블루(JetBlue) 항공의 사례는 높은 고객만족이 기업에 주는 긍정적 효과를 잘 보여준다.

1999년 뉴욕에서 설립된 젯블루는 저가항공사에 대한 고객의 기대를 매우 높였다. 젯블루는 새로운 에어버스 제트기의 구입, 안락한 가죽좌석, 생방송 위성 TV, 무료로 제공되는 무선인터넷 접속, 그리고 다른 승객과 부딪치지 않도록 하는 소비자친화적 정책 등을 도입했다. 저가항공의 선도적 개척기업인 사우스웨스트 항공사와 마찬가지로 젯블루의 최고경영자 데이빗 닐먼(David Neeleman)은 종업원들이 어떻게 고객을 대하면 그들이 되돌아오

저가항공에 대한 고객기대를 높이고 그에 걸 맞는 서비스 개선으로 고객만족도를 높인 젯블루와 CEO 데이빗 닐먼

는지를 잘 안다. 그는 채용된 종업원들에게 '가치관(The Values)'이라는 사훈을 따르도록 요구하는데, 안전, 관심, 성실, 재미, 그리고 열정 등이 그것이다. 최고경영자인 닐먼과 조종사들까지도 다음 비행을 준비하기 위해 직접 비행기 좌석 사이의 쓰레기를 줍고 화장실을 청소한다. 모든 구성원들이 함께 열심히 준비함으로써 회항시간이 줄어들고, 더 많은 고객들이 젯블루를 이용한다. 그 증거는 고객의 수에서 나타나는데, 젯블루는 다른 항공사들보다 뉴욕(New York)과 포트 로더데일(Fort Lauderdale) 간 운항노선에서 더 많은 승객들을 수송하고 있다.

⠿ 고객만족의 측정

많은 기업들이 고객만족과 이의 결정요인들을 체계적으로 측정·관리하고 있다. 이를테면, IBM은 고객들로부터 그들이 접한 IBM 영업사원들에 대해 얼마나 만족하는지를 추적조사하며, 그 결과를 각 영업사원의 보상과 연계시키고 있다. 기업은 정기적으로 고객만족을 측정할 필요가 있는데, 그 이유는 고객유지(customer retention)의 주요 결정요인 중 하나가 고객만족이기 때문이다. 제록스(Xerox)의 경영자는 '완전히 (completely)' 만족한 고객은 '매우(very)' 만족한 고객보다 향후 18개월 동안 제록스 제품들을 재구매할 가능성이 6배 더 높다는 사실을 발견했다. 이처럼 크게 만족한 고객은 일반적으로 더 오랜 기간 동안 충성도를 유지하며, 신제품을 출시하거나 기존제품을 개선할 경우 이를 더 많이 구매하고, 우리 기업과 제품에 대해 호의적으로 이야기하며, 경쟁상표에 덜 관심을 보이고, 가격변화에 덜 민감하며, 제품이나 서비스 아이디어를 기업에게 제공하며, 거래가 일상적으로 이루어지므로 신규고객에 비해 거래비용이 적게 든다.

고객만족을 측정하는 방법은 다양하다. 먼저 기업은 주기적인 설문조사(periodic survey)를 통해 고객만족을 직접 추적조사할 수 있다. 이와 함께 응답자에게 재구매의향, 기업과 브랜드를 다른 사람들에게 추천할 의향을 측정하는 항목을 사용하여 추가적 질문을 할 수도 있다. 기업성과요소(예: 배송서비스)에 대한 만족도조사의 경우, 고객에 따라 그것(예: 우수한 배송서비스)이 의미하는 바를 다르게 해석한다는 것에 유의해야 한다. 즉 우수한 배송서비스가 고객들에 따라서는 조기 배송, 정시 배송, 주문의 완전성 등 서로 다른 의미일 수 있다. 따라서 고객만족도 조사에서 중요한 점은 응답자에게 올바

기업들은 고객만족도 조사결과를 자사의 홍보에 활용한다.

르고(적절한) 명확한 질문을 하는 것이다. 또한 기업은 자사 서비스 제공물에 대한 고객 만족을 추적조사해야 할 뿐 아니라, 경쟁자들의 고객만족 성과도 조사해야 한다. 예를 들어 어떤 기업은 고객의 80%가 만족했다고 응답했다는 사실을 발견하고 기뻐할 수 있 다. 그러나 동일 업계의 선도적 경쟁자가 90%의 고객만족 점수를 획득한 것을 알게 된 다면 어떻겠는가?

고객만족은 기업들이 고객상실률(customer loss rate)을 모니터하고, 자사제품의 구매 를 중지했거나 다른 공급업체로 전환한 고객들을 접촉해 그 이유를 파악하는 방법으로 도 측정할 수 있다. 또 다른 방법으로는 잠재구매자처럼 행동하는 위장 쇼핑객(mystery shopper)을 고용하여 자사제품과 경쟁제품을 구매하는 과정에서 경험한 강·약점을 보 고하도록 하는 것이 있다. 마지막으로 관리자들은 자사 및 경쟁자의 판매상황에 직접 고 객으로 투입되어 자신이 어떻게 대우받는지를 직접 경험해보거나 또는 걸려온 고객전 화를 어떻게 처리하는지를 파악하기 위해 자사에다 직접 전화를 해 질문을 하거나 불평 을 할 수 있다.

고객중심적 기업에게 있어 고객만족은 기업이 추구하는 목표이자 전략적 마케팅 도 구이다. 오늘날의 기업들은 고객만족수준에 특히 관심을 기울일 필요가 있는데, 그 이 유는 소비자들이 인터넷을 이용해 전 세계의 다른 사람들에게 긍정적 구전과 부정적 구 전을 퍼뜨리기 때문이다. 그리고 높은 고객만족점수를 받는 기업들은 그 정보를 목표시 장의 고객들에게 확실하게 알려야 한다. 실로 고객만족을 연구하는 여러 기관이나 컨설 팅업체에서는 고객만족을 결정하는 변수들을 밝혀내어, 이를 기초로 주기적으로 여러 서비스 기업에 대한 만족도를 평가하여 이러한 정보를 시장에 제공하고 있다. 미국 미시 건 대학교의 국가품질연구센터(National Quality Research Center)는 미국고객만족도지수 (ACSI: American Customer Satisfaction Index)를 개발하여 운용하고 있고, 국내에서는 이러 한 방법론을 원용하여 한국생산성본부에서 국가고객만족도지수(NCSI: National Customer Satisfaction Index)를 운용하고 있다. 한국능률협회의 한국고객만족도지수(KCSI: Korean Customer Satisfaction Index)와 한국표준협회의 한국표준서비스 품질지수(KS-SQI: Korean Standard-Service Quality Index)등도 그 이론적인 맥락을 같이하고 있다. 기업에서는 이러 한 고객만족도 평가를 수동적으로 받을 것이 아니라 그 평가기준이나 중요도 등을 미리 파악하여 능동적이고 적극적인 서비스전략으로 나아가야 한다. 이러한 지수평가에서 우수한 평점을 받게 되면 그 기업에 대한 홍보에 큰 도움이 된다.

⠿ 전사적 품질경영을 통한 고객만족 극대화

고객만족은 제품 품질과 서비스 품질에 의해 영향을 받는다. 이에 따라 고객만족을 극대화하기 위해 일부 기업들은 전사적 품질경영 원칙을 채택한다. 전사적 품질경영 (TQM: Total Quality Management)은 조직의 운영과정, 제품, 서비스 등 조직 내 모든 것의 품질을 지속적으로 향상시키기 위해 조직 전반적으로 노력하는 것이다. GE의 전회장이 었던 잭 웰치(Jack Welch)는 다음과 같이 말했다. "품질은 고객충성심(allegiance)을 낳는 가장 확실한 방법, 외국기업과의 경쟁에서 가장 강력한 방어책, 그리고 지속적인 성장과 이익을 내는 유일한 방도이다." 세계시장에서 탁월한 제품을 생산하려고 노력하는 일부 국가들은 최고의 품질을 실현하는 데 모범을 보인 기업들을 인정해주거나 수상하는데, 일본의 데밍 상(Deming Prize), 미국의 말컴볼드리지 국가품질상(Malcolm Baldridge National Quality Award), 유럽품질상(European Quality Award) 등이 그 예이다.

제품이나 서비스 품질, 고객만족, 그리고 기업수익성은 서로 밀접한 관계를 갖는다. 더 높은 수준의 품질은 더 높은 수준의 고객만족을 낳고, 이는 다시 더 높은 가격과 보다 낮은 원가를 실현시킨다. 여러 연구들에 의하면, 상대적 제품품질과 기업수익성 사이에는 높은 상관관계가 있는 것으로 나타난다.

그러나 TQM을 실현하는데 있어 일부 기업들은 서비스 전달(생산)과정과 사업을 수행하는 방법, 즉 운영효율성의 개선방안에만 너무 집중하는 문제점을 갖게 된다. 그들은 고객의 욕구가 무엇인지, 그리고 사업을 수행하는 이유가 무엇인지를 종종 망각한다. 경우에 따라 기업들은 최고의 품질표준을 성취하지만 엄청난 비용상승이 수반되기도 한다.

이러한 근시안적 행동을 피하기 위해 일부 기업들은 품질수익률(ROQ: Return on Quality)을 높이는 데 주력한다. 서비스 품질수익률 측정은 다음과 같은 가정에 기초하고 있는데, 품질은 투자이며 품질향상에 투입된 노력은 재무적 성과에 연결되어야 하며, 품질 차원에 대한 지출이 모두 타당한 것이 아니라는 점이다. ROQ 지지자들은 유형적 고객편익을 산출하고, 원가를 낮추며, 그리고 매출을 높이는 데 기여하는 서비스 영역에 대해서만 품질을 향상시킬 것을 주장한다.

마지막으로 품질경영에서 마케터의 역할에 대해 살펴보자. 마케터는 고품질의 제품과 서비스를 정의하고 이를 목표고객에게 전달하는데 있어 몇 가지 유용한 역할을 수행한다. 첫째, 마케터는 고객의 욕구와 요구사항을 정확히 파악하는 책임을 진다. 둘째, 그들은 고객의 기대를 제품 디자이너에게 적절하게 전달해야 한다. 셋째, 그들은 고객의 주문이 정확하게, 그리고 정시에 이행될 수 있도록 해야 한다. 넷째, 그들은 고객이

고객의 사랑이 증오로 바뀔 때

올해 초 KB국민·NH농협·롯데카드 등 카드 3사에서 1억 건이 넘는 고객 정보가 유출됐다는 소식이 전해져 소비자들이 분노했다. 2차 피해는 없다던 정부 발표와 달리 8,000만 건이 넘는 고객 정보가 대출 중개업자 등에게 흘러들어갔다는 사실이 최근 드러났다. 지난 2012년 870만 명의 개인정보 유출사고를 냈던 KT는 1200만 명의 개인정보를 또 털렸다. SK텔레콤에서는 보안 사고는 아니지만 이 달 들어서만 통신 장애가 두 차례 발생했다.

최근 논란을 일으킨 카드사, 통신사들 가운데 '고객 만족'을 중시하지 않는다고 말하는 기업은 없다. 하지만 일련의 사태를 보고 이들 기업의 진정성을 의심하는 고객들이 많아졌다.

디지털 시대를 맞아 소비자의 권력이 날로 진화하고 있다. 유튜브, 페이스북, 트위터 등 소셜미디어의 발달 덕택이다. 단 한 사람의 목소리도 소셜미디어를 거치면 순식간에 집단적 움직임으로 바뀔 수 있다. 불만과 분노의 강도 역시 기하급수적으로 증폭되는 건 물론이다.

고객의 분노는 해당 기업에 심각한 타격을 주는 보복 행위로까지 이어질 수 있다. 캐나다의 한 음악가가 제작해 유튜브에 올린 '유나이티드에선 기타를 망가뜨린다네(United Breaks Guitars)'라는 제목의 동영상이 좋은 예다. 수하물 담당자의 부주의로 자신의 기타가 파손된 데 대해 미국 유나이티드 항공에 수차례 배상을 요청했지만 항공사가 끝까지 배상을 거부하자 이에 분노한 음악가 승객이 자신의 경험담을 뮤직비디오로 만들어 전 세계에 공개했다. 2009년 동영상이 공개된 직후 유나이티드 항공은 비난 여론과 함께 주가 급락으로 큰 곤혹을 치렀다. 브랜드 가치가 크게 훼손된 건 말할 것도 없다.

성난 고객들이 분노를 표출하는 방식은 이외에도 다양하다. 특정 회사의 서비스가 엉망이라는 점을 많은 사람에게 알리기 위해 트위터 광고 상품(Promoted Tweet)을 직접 사는 이들도 있고, 심지어 소비자들의 불만 표출을 도와주는 전문 사이트(www.microsoftsucks.org,www.starbucked. com 등)까지 나왔다. 고객들의 분노와 이에 따른 공격적 행위에 제대로 대처하기 위해 적극적인 관심과 체계적 관리가 필요한 이유다.

이와 관련, 미국 워싱턴주립대 그레고어 교수와 캐나다 웨스턴 온타리오대 피셔 교수가 2008년에 발표한 연구를 눈여겨볼 필요가 있다. 이 연구에 따르면, 특정 기업과 높은 관계 품질(relationship quality, 고객이 서비스 제공자에 대해 갖는 신뢰, 만족감 등의 심리적 유대)을 갖는 고객이 배신감을 느끼면 고객의 사랑은 증오로 바뀌어 그 기업을 온갖 수단을 동원해 응징하려 한다. 이는 고객 충성도가 높을수록 기업의 잘못에 대해 상대적으로 더 관대해진다는 기존의 연구와 사뭇 다른 결과다. 단순히 고객 만족도를 높이는 것으로는 충분치 않으며 서비스 실패를 접한 고객들의 분노에 적절히 대응하는 게 무척 중요하다는 시사점을 주는 연구 결과다.

그렇다면 고객은 언제 배신감을 느낄까? 그레고어와 피셔 교수는 이를 공정성(fairness 혹은 justice)훼손 차원에서 분석했다. 즉, 자기 자신이 받은 보상이나 대우가 공정하지 못하다고 생각하면 배신감을 느끼게 되고, 그 결과 해당 기업에 대한 보복 욕구가 생긴다는 설명이다. 이와 관련, 미국 벤틀리대의 베크와티 교수와 럿거스대 모린 교수는 2003년 발표한 연구를 통해 보복에 대한 고객의 '욕구'가 실제 '행동'으로 이어지는 것은 분배적 정의(distributional justice, 환불, 가격 할인 등의 보상을 통해 문제가 해결됐는지 여부)보다 상호작용

측면의 정의(interactional justice, 문제를 바로잡는 과정에서 고객을 제대로 대우했는지 여부)가 제대로 실현되지 않았을 때라고 분석했다. 서비스 실패 발생 시 고객 불만을 최초로 접하는 직원들의 역할이 중요한 건 바로 이 때문이다. 성난 고객들이 보복하려는 '마음'을 가졌다 해도 회사 직원들이 성심 성의껏 친절하게 대해준다면 실제 보복 '행위'로까지 이어지지는 않을 수 있다. 최선을 다해 문제를

해결하려는 직원들의 진심이 전해지면 오히려 위기 상황이 고객 충성도를 높이는 기회가 될 수도 있다. 최고의 고객도 한 순간에 최악의 적군으로 돌변할 수 있다는 사실을 잊어서는 안 된다.

출처: 동아 비즈니스 리뷰(2014.4.)
사진출처: www.nbcchicago.com

제품을 잘 사용할 수 있도록 적절한 지도, 훈련, 그리고 기술적 지원을 받았는지 점검해야 한다. 다섯째, 그들은 판매 후에 고객이 만족했는지, 그리고 만족도가 유지되는지를 확인하기 위해 그들과 계속 접촉해야 한다. 여섯째, 제품 및 서비스를 향상시키기 위한 고객 아이디어를 수집해서 관련 부서에 전달해야 한다. 마케터가 이러한 역할들을 잘 수행할 때, 고객의 수익성, 기업 수익성, 전사적 품질경영, 그리고 고객만족에 크게 기여하게 된다.

13.3 높은 수익성을 제공하는 고객과의 관계구축을 통한 장기적 이익 극대화

⁞⁞⁞ 고객수익성 분석

마케팅은 수익성이 있는 고객을 유치·유지하려는 노력이다. 우리에게 익숙한 20:80 법칙은 고객들 중 상위 20%가 기업이익의 80%를 창출한다는 것을 의미한다. 한 전문가는 이 법칙을 20:80:30으로 수정할 것을 제안했는데, 그 이유는 고객들 중 상위 20%가 자사이익의 80%를 창출하지만 그 이익의 반은 이익을 내지 못하는 하위 30%의 고객들을 상대하는데 지출되기 때문이다. 이 법칙이 시사하는 바는 기업들이 일부 고객들과의 거래에서는 손해를 본다는 점이다. 따라서 최악의 고객들을 포기함으로써 자사이익을

향상시킬 수 있다는 것이다. 예를 들어 페덱스(FedEx)는 내부적으로 고객수익성을 토대로 자사고객들을 좋음(good), 나쁨(bad), 매우 나쁨(ugly)의 세 범주로 분류하고, 수익성이 좋은 고객과는 관계를 강화하기 위해 특별한 노력을 기울이고, 수익성이 나쁜 고객은 수익성이 좋은 고객으로 전환시키도록 노력하며, 수익성이 매우 나쁜 고객에 대해서는 거래량을 줄이는 방향으로 유도했다. 여기서 유의할 점은 규모가 큰 고객들이 반드시 가장 많은 이익을 낳는 것은 아니라는 점이다. 규모가 큰 기업고객들은 상당한 서비스를 요구하고 가장 높은 폭의 할인을 제공 받기 때문이다. 규모가 작은 기업고객들 역시 가격을 전액 지불하고 최소의 서비스를 제공받지만, 이들과 거래하는 비용이 높기 때문에 수익성을 감소시킨다. 오히려 중간규모의 기업고객들은 좋은 서비스를 받고 거의 정가를 지불하기 때문에 종종 가장 수익성이 높은 고객이 될 수 있다. 이러한 사실은 최근 많은 대기업들이 중간규모의 고객시장으로 침투하는 이유를 설명하는 데 도움이 된다. 예를 들어, 대형 항공특수화물 서비스업체들은 중소규모의 국제적 화주들을 무시해서는 안 된다는 것을 터득하고 있다. UPS(United Parcel Service)는 소규모 화주들의 편지와 소포를 수거하는 우체통(drop box) 네트워크를 도입했는데, 이를 이용하는 화주는 상당한 가격할인을 제공 받는다.

택배회사들은 고객수익성을 기초로 고객관계관리를 한다.

수익성이 있는 고객(profitable customer)이란 그 고객을 유인하여 판매하고 서비스를 제공하는 데 드는 비용보다 더 많은 수익을 계속해서 창출할 수 있는 사람, 가구, 혹은 기업을 말한다. 여기서 강조해야 할 것은 한 번의 거래에서 얻는 이익이 아니라 고객 평생에 걸쳐 발생되는 수입과 비용의 흐름이다. 고객수익성분석(customer profitability analysis)은 활동기반 원가계산(ABC: Activity-Based Costing)이라 불리는 회계기법에 그 기반을 두고 있다. 기업은 고객으로부터 얻은 총수입을 추정하고, 이 값에서 총비용을 차감한다. 총비용은 생산비용과 유통비용, 그리고 그 고객에게 봉사하는데 들어가는 모든 기업자원(예: 고객으로부터 걸려오는 전화, 고객방문을 위한 출장, 오락과 선물 등에 드는 비용 등)을 포함한다. 고객 수익성은 개별고객별로, 세분시장 별로, 유통경로 별로 평가될 수 있다.

서비스기업은 각 고객의 수익성을 분석하고 이에 따른 차별화된 대응방안을 개발·실행해야 한다. [그림 13-3]은 유용한 고객수익성 분석기법의 한 예를 보여준다. 고객들은 열, 제품은 행을 따라 배열되어 있다. 각 셀은 한 제품을 한 고객에게 판매하는 경우의 수익성을 보여준다. 고객 1은 세 가지의 수익성이 있는 제품 (P₁, P₂, P₄)을 구

그림 13-3

고객-제품 수익률 분석

고객군

	C₁	C₂	C₃	
P₁	+	+	+	高 수익제품
P₂	+			수익제품
P₃		−	−	손실제품
P₄	+		−	이익/손실 혼합제품
	高 수익고객	이익/손실 혼합	손실고객	

제품군

매하는 매우 수익성이 높은 고객이다. 고객 2는 수익성이 있는 한 제품과 그렇지 않은 한 제품을 구매하는 평균적인 고객이다. 고객 3은 수익성이 있는 한 제품과 그렇지 않은 두 제품을 구매하는 손실고객이다. 고객 2와 3에 대해 기업은 무엇을 해야 할까? 이에 대한 해답으로 다음의 두 가지를 들 수 있다. ① 손실이 나는 제품의 가격을 올리거나 그 제품을 제거한다. ② 수익이 나지 않는 고객에게 수익을 창출하는 제품을 판매하도록 시도 할 수 있다. 손실이 나는 고객의 이탈은 기업의 관심사가 되지 않아야 한다. 사실 기업은 이러한 고객들이 경쟁기업으로 전환하도록 유도하여야 한다.

기업은 각 고객의 수익성을 토대로 올바른 고객을 유치하여 최적의 고객 포트폴리오를 구성할 필요가 있다. 기업의 고객 포토폴리오 구성은 투자 포트폴리오를 구성하는 주식들에 비유해 설명될 수 있다. 일반적으로 투자자들은 하나의 자산에만 투자하지 않고 여러 개의 주식 또는 자산에 투자함으로써 각 투자에 따른 위험을 분산시키려고 한다. 이 개념을 서비스기업의 고객 포트폴리오에 적용할 수 있는데, 여기서 고객 포트폴리오란 서비스기업이 거래하고 있는 모든 고객들의 집합을 말한다. 만약 특정 유형의 고객이 제공하는 가치와 전체고객이 제공하는 총가치에서 차지하는 이들의 비율을 알 수 있다면, 서비스기업은 이들의 미래수익 흐름에 대한 예측을 기반으로 고객 포트폴리오를 구성할 수 있을 것이다. 투자 포트폴리오 분석과 마찬가지로, 기업은 개별고객의 베타(위험보상가치) 값을 계산해서 그 값을 고려해 고객 포트폴리오의 구성을 다양화하는 것이 중요하다. 이러한 관점에서 보면 기업은 부정적인 상관관계를 갖는 개별고객들로 고객 포트폴리오를 구성할 필요가 있다. 왜냐하면 특정시점에서 재정적 공헌도가 높은 고객이 다른 고객에 의해 발생된 손실을 상쇄시킴으로써 고객 포트폴리오의 위험반영(risk-adjusted) 생애가치를 극대화시킬 수 있기 때문이다.

⠿ 고객생애가치 측정

　장기적 고객수익성을 극대화시키는데 있어 기업은 고객생애가치라는 개념을 이해하고 활용해야 한다. 고객생애가치(CLV: Customer Lifetime Value)는 고객의 평생구매에서 예상되는 미래 이익흐름의 순 현재가치를 의미한다. 기업은 예상수익에서 고객을 유인·판매·봉사하는데 드는 예상비용을 차감한 후 적절한 할인율을 적용해 고객생애가치를 구한다(예: 자본비용과 위험에 대한 태도에 따라 10–20%의 할인율을 적용함).

　수익성이 높은 고객과 장기적 관계를 구축하기 위해 마케터는 먼저 각 고객의 장기적 수익성을 나타내는 고객생애가치를 계산해야 한다. 즉, 기업은 고객과 장기적 관계를 구축함으로써 얻게 될 잠재적 재무가치가 얼마이며, 그 고객을 상실할 경우에 발생될 재무적 손실이 얼마인지를 파악할 필요가 있는 것이다. 만약 기업이 고객을 상실함으로써 입게 될 재무적 손실이 얼마인지를 알 수 있다면, 그 고객을 유지하는 데 필요한 투자액을 산출할 수 있을 것이다. 타코 벨(Taco Bell's)의 경영자에 의하면, 비록 타코 제품의 원가가 개당 1달러 미만이지만, 반복구매를 하는 고객은 11,000달러 상당의 가치를 갖는다고 설명한다. 고객평생가치에 대한 이러한 추정치를 회사종업원들이 공유하도록 함으로써, 타코 벨 관리자들은 종업원들이 고객만족을 유지하는 것의 중요성을 이해하는 데 도움을 준다. CLV를 추정하는 한 가지 예를 살펴보기로 하자. 한 회사가 신규고객 확보비용을 다음과 같이 분석했다고 가정한다.

평균 고객방문(sales call) 비용(봉급, 수수료, 후생복지, 기타 비용 포함)	300,000원
평균적인 가망고객을 고객으로 전환시키는데 필요한 평균 고객방문횟수	4회
새로운 고객을 유인하는 데 드는 비용	1,200,000원

　이 액수는 과소추정된 것인데, 그 이유는 광고 및 촉진 비용이 제외되었고 영업사원이 접근한 모든 가망고객들 중 극히 부분만이 고객으로 전환된다는 사실도 반영되지 않았기 때문이다. 이제 기업이 평균 고객생애가치를 다음과 같이 추정했다고 가정하자.

고객으로부터 벌어들이는 연간 수입	500,000원
평균적인 충성유지기간	× 20년
기업의 마진율(Profit margin)	× 10%
고객평생가치	1,000,000원

　이 기업은 고객획득으로 얻게 될 가치에 비해 신규고객을 유인하는 데 더 많은 비용

을 지출하고 있다. 만약 이 기업이 더 적은 고객방문횟수로 신규고객을 유인할 수 없거나, 고객방문당 비용을 줄이지 못하거나, 신규고객의 연간 소비액을 높이도록 유도할 수 없거나, 고객을 더 오랜 기간 동안 유지할 수 없거나, 혹은 마진율이 높은 제품을 판매할 수 없다면, 파산으로 치닫게 될 것이다. 물론 평균적인 고객가치 추정치를 계산하는 것 이외에, 기업은 고객별로 얼마를 투자해야 할지를 결정하기 위해 개별고객의 고객생애가치를 추정하는 것도 필요하다.

CLV의 계산은 고객에 대한 투자를 계획하는데 필요한 공식적인 계량적 틀을 제공하며, 관리자들이 고객관계관리에서 장기적 관점을 취하는 데 도움을 준다. 그러나 CLV 개념을 적용하는데 있어 극복해야 할 과제는 신뢰성 있는 비용과 수익 추정치를 구할 수 있어야 한다는 것이다. 또한 CLV 개념을 기반으로 장기적 고객관계구축을 추구하더라도, 마케터들은 고객충성도를 증대시키는데 도움이 될 단기적인 브랜드 구축을 위한 마케팅 활동의 중요성도 망각하지 않도록 유의해야 한다.

13.4 서비스 수익체인

앞에서 설명한 지각된 서비스 가치, 서비스 품질과 고객만족, 고객충성도, 서비스 기업의 수익성 등과 같은 주요개념을 기반으로 해서 헤스킷, 새서, 슈레싱어(Heskett, Sasser & Schlesinger)는 초일류 서비스기업이 추구하는 수익모델인 서비스 수익체인(service profit chain)을 개발했다. 이 모델은 서비스기업의 수익증대와 매출성장을 실현하는데 있어 고객만족과 충성도, 지각된 서비스 가치, 서비스 생산성과 품질향상, 그리고 종업원 만족과 충성도가 어떻게 서로 연결되어 있는지를 보여준다.

⠿ 서비스 수익체인의 구성

[그림 13-4]를 보면 서비스기업의 수익성 증대는 충성스러운 고객에 의해 실현됨을 알 수 있다. 고객충성도는 지각된 서비스 가치를 높임에 따라 만족한 고객들에 의해 창출된다. 다시 높은 서비스 가치는 직무에 만족하고 능력 있으며 기업에 충성적인 종업원이 높은 서비스 생산성과 서비스 품질을 실현함으로써 창출된다. 만족감을 가지며 충성

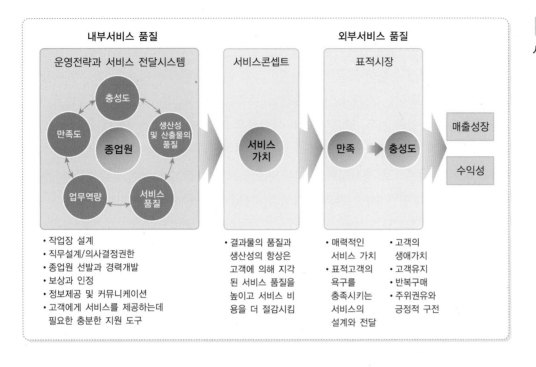

그림 13-4

서비스 수익체인

내부서비스 품질

운영전략과 서비스 전달시스템

- 충성도
- 만족도
- 종업원
- 생산성 및 산출물의 품질
- 업무역량
- 서비스 품질

• 작업장 설계
• 직무설계/의사결정권한
• 종업원 선발과 경력개발
• 보상과 인정
• 정보제공 및 커뮤니케이션
• 고객에게 서비스를 제공하는데 필요한 충분한 지원 도구

서비스콘셉트

서비스 가치

• 결과물의 품질과 생산성의 향상은 고객에 의해 지각된 서비스 품질을 높이고 서비스 비용을 더 절감시킴

외부서비스 품질

표적시장

만족 → 충성도

• 매력적인 서비스 가치
• 표적고객의 욕구를 충족시키는 서비스의 설계와 전달

• 고객의 생애가치
• 고객유지
• 반복구매
• 주위권유와 긍정적 구전

매출성장

수익성

스러운 종업원을 얻기 위해 서비스기업은 능력과 품성을 갖춘 종업원을 선발·훈련하는 것에서부터 고객서비스에 대한 자율적 의사결정이 이루어지도록 정보기술 및 다른 업무지원에 투자를 하는 것에 이르기까지 효과적이고 효율적인 서비스 운영전략과 서비스 전달시스템을 개발·실행해야 한다. 이하에서는 서비스 수익체인의 각 단계에 대해 설명하기로 한다.

• 내부서비스 품질이 종업원 만족을 결정한다. 내부서비스 품질은 종업원의 작업환경, 종업원의 선발과 경력개발, 우수한 종업원에 대

텍사스 샌안토니오의 USAA 보험회사는 미국 내 최고의 직장 중 하나로 뽑히기도 했다.

한 보상과 인정, 고객에게 서비스를 제공하는데 필요한 정보에 대한 접근용이성, 효율적 직무수행을 위한 기술적 지원, 직무설계 등을 포함한다. 예를 들어, 군인과 그 가족을 목표시장으로 하는 보험서비스회사 USAA(United Services Automobile Association)의 경우, 전화 보험서비스 담당자는 정교한 고객정보시스템의 지원을 받는다. 고객이 회원번호를 제공하면 이 정보시스템은 담당자의 모니터 상에 그 고객에 대한 완벽한 정보를 제공한다. 교육·훈련 시설은 미국 샌안토니오의 외곽에 위치하고 있는데, 마치 작은 대학캠퍼스를 연상시킨다. 75개의 교육장을 이용해 USAA는 종업원들이 보험서비스를 제공하는데 필요한 다양한 업무를 교육시킨다.

- 종업원 만족은 높은 종업원 유지율과 생산성 창출에 기여한다. 대부분의 서비스직종에서 종업원 이탈에 따른 실제비용은 생산성의 손실과 고객만족의 감소 등을 포함한다. 가령, 증권회사에서 유능한 브로커가 이직함으로 인해 발생되는 비용은 그 후임자가 고객관계를 새로 구축하는 기간 동안에 발생되는 수수료 손실 그 이상이다. 고객화된 서비스를 제공하는 기업의 경우, 낮은 종업원 이탈율은 높은 고객만족을 실현하는데 큰 영향을 미친다. 또한 종업원 만족은 생산성 향상에 공헌하는데, 사우스웨스트 항공은 높은 종업원 유지율 덕분으로 생산성에 기반한 지속적으로 가장 수익성이 높은 항공사가 되었다. 이 항공사의 연간 5% 미만의 종업원 이직률은 항공업계에서 최저수준이다.

- 높은 종업원 유지율과 생산성은 서비스 가치창출에 기여한다. 사우스웨스트 항공사의 경우 고객에게 지정좌석과 식사 및 음료를 제공하지 않고, 다른 항공사와 연계된 예약서비스 시스템을 가지고 있지 않음에도 불구하고 고객이 지각하는 서비스 가치는 매우 높다. 고객은 빈번한 출발항공편, 정시출발 서비스, 친절한 종업원, 그리고 저렴한 요금(다른 항공사에 비해 60-70% 싼 요금) 등에 대해 높은 가치를 부여한다. 이와 같이 저렴한 요금이 가능한 것은 부분적으로 매우 잘 교육받고 유연성을 지닌 종업원들이 여러 직무를 동시에 수행할 수 있고 15분 이내에 게이트에서 비행기가 출발할 수 있도록 준비할 수 있기 때문이다.

- 높은 서비스가치가 고객만족을 창출한다. 고객가치는 [고객에게 실제로 제공된 결과물+프로세스 품질]과 [고객이 지불한 가격+서비스 획득비용]을 비교함으로써 측정된다. 상해보험회사인 프로그레스브(Progressive)사는 보험가입자의 노력을 최소화시키면서 보험료 지불청구를 신속하게 처리해줌으로써 고객가치를 창출한다. 예를 들어, 프로그레시브 보험은 대형 참사현장에 보험처리팀을 급파해서 신속하게 보험금 청구를 처리하고, 지원서비스를 제공하며, 법률비용을 줄이고, 실질적으로 피해고객의 수중에 더 많은 보험금이 돌아가도록 함으로써 높은 고객만족을 창출했다.

- 높은 고객만족이 고객충성도를 창출한다. 제록스사는 '매우 불만족(1점)'에서 '매우 만족(5점)'의 5점 척도를 사용해 고객만족에 대한 설문조사를 실시했을 때, 매우 만족(5점)이라고 대답한 고객이 단순히 '만족(4점)'이라고 대답한 고객에 비해 제록스 제품을 재구입하려는 의사가 무려 6배 더 높은 것을 발견했다. 제록스사는 '매우 만족'이라고 대답한 고객을 '사도(apostles)'라고 불렀는데, 그 이유는 긍정적 구전을 통해 자사제품에 대한 경험이 없는 소비자를 자사제품 고객으로 전환시켰기 때문이다. '매우 불만족'이라고 대답한 고객을 테러리스

최근 공격적인 마케팅을 하고 있는 프로그레시브 보험의 광고모델, 스테파니 코트니(Stephanie Courtney)

트라고 불렀는데, 그 이유는 매우 불만족한 고객이 자사에 대해 부정적인 내용만을 떠들고 다니기 때문이다.

• 고객충성도는 높은 수익성과 성장을 창출한다. 고객충성도를 5% 증가시키는 것은 이익을 25%에서 85%까지 증가시키기 때문에, 자사의 전체고객 중에서 충성고객이 차지하고 있는 비중을 반영한 시장점유율 품질은 단순한 양적 지표인 시장점유율 못지 않게 관심을 기울일 가치가 있다. 예를 들어, 미국 오하이오주 콜럼버스에 위치한 수익성이 높은 은행인 뱅크원(BankOne)은 고객충성도를 추적하기 위한 정교한 시스템을 개발했는데, 이 은행은 이를 통해 고객이 이용하는 은행서비스의 횟수와 뱅크원과 고객간의 관계 정도를 측정한다.

⸭ 높은 서비스 가치에 기반한 경쟁우위 구축과 경쟁적 서비스전략

기업은 높은 수준의 고객가치를 창출하는 능력뿐 아니라 매우 낮은 비용으로 경쟁사에 비해 상대적으로 높은 고객가치를 창출하는 능력도 갖추어야 한다. 경쟁우위(competitive advantage)는 경쟁사가 대응할 수 없거나 혹은 대응하지 못할 방식으로 과업을 수행할 수 있는 기업능력이다. 마이클 포터(Michael Porter)는 기업이 높은 경영성과를 거두기 위해서는 지속적 경쟁우위를 구축해야 한다고 주장한다. 일반적으로 기업은 다양한 경쟁우위요소들 가운데 몇 가지 핵심역량에서만 지속적 경쟁우위를 가질 수 있는데, 지속적 경쟁우위를 확보한 기업은 이를 다양한 사업분야에서 활용할 수 있다. 경쟁우위는 고객들에게는 고객우위(customer advantage)로 인식되어야 한다. 가령, 배달전문 서비스기업이 경쟁자보다 더 빠르게 배달하더라도 고객이 배달속도를 가치 있게 여기지 않는다면 빠른 배달은 고객우위가 되지 않는다. 따라서 기업은 고객우위를 구축하는 데 집중해야 한다. 이를 통해 기업은 높은 고객가치와 고객만족을 실제로 전달할 수 있고, 이는 높은 반복구매와 높은 수익성을 가져다준다.

서비스기업은 경쟁자를 추월하기 위한 기본전략을 수립해야 하는데, 마이클 포터는 기업이 경쟁우위를 획득하기 위한 세 가지 본원적 전략으로 원가우위전략, 차별화전략, 집중화전략을 제시했다. 서비스기업은 세 가지 본원적 경쟁전략(generic strategy) 가운데 어떠한 것을 사용하더라도 고객에 초점을 맞추고 고객의 욕구를 충족시켜야만 고객충성도를 구축할 수 있음을 명심해야 한다. 이하에서는 각각의 본원적 전략유형에 대해 설명하기로 한다.

원가우위전략(cost leadership strategy)은 기술혁신, 효율적 규모의 시설과 설비, 철저한 원가관리를 기반으로 경쟁자들보다 원가에서 확실한 경쟁우위를 추구하는 것으로서,

서비스 표준화에 기반한
원가우위전략으로 성공한
H&R 블록(Block)

맥도널드, 월마트, 페덱스 등이 그 예이다. 원가우위전략이 성공을 거두기 위해 서비스기업은 최신장비에 대한 높은 투자비용, 공격적인 저가격정책, 높은 시장점유율 구축을 위한 초기 손실의 감수, 엄격한 원가관리 등을 필요로 한다.

다음은 원가우위전략을 추구하는 서비스기업이 고려할 수 있는 전략대안의 몇 가지 예이다. 첫째, 원가가 적게 드는 고객집단을 목표로 한다. 어떤 고객집단은 다른 고객들에 비해 더 적은 비용으로 서비스를 제공할 수 있다. 예를 들어, 대량구매와 셀프서비스를 원하는 소비자들을 목표로 성공을 거둔 할인소매상인 샘스 웨어하우스 클럽(Sam's Wholesale Club)과 코스코(Costco)가 이에 해당된다. USAA(United Services Automobile Association)는 보험사고가 발생될 위험성이 비교적 낮은 장교와 그들의 가족만을 대상으로 보험서비스를 제공함으로써 자동차 보험시장에서 확고한 위치를 구축했다. USAA는 상대적으로 근무지 이동이 빈번한 장교들에게 전화, 우편, 혹은 온라인을 통해 보험서비스를 제공하기 때문에 전통적인 보험회사들처럼 고비용의 서비스인력을 별로 필요로 하지 않는다.

둘째, 고객서비스를 표준화한다. H&R 블록(H&R Block)은 부가가치세, 근로소득세와 같이 정형화된 소득세를 신고하는 전국의 고객들을 대상으로 서비스를 제공함으로써 성공을 거두었다.

셋째, 서비스 프로세스에서 고객과 서비스 직원간의 상호작용을 줄이거나 제거한다. 서비스 전달과정에서 편리성이 증가하면 고객들은 거래과정에서 개인적인 상호작용이 줄어드는 것을 수용할 수 있다. 가령, 접근의 편리성을 제공하는 ATM의 도입은 은행직원의 수를 줄이고, 그 결과로 고객과의 거래비용을 감소시키는데 기여한다. 넷째, 네트워크를 구축하는데 드는 비용을 감소시킨다. 고객에게 높은 서비스 품질을 제공하기 위해 네트워크를 구축해야 하는 서비스기업(예: 전력회사와 통신회사)은 매우 높은 초기 투자비용을 필요로 하는데, 이에 대한 효율적 관리는 상당한 경쟁우위를 창출할 수 있다. 익일 소포배달 서비스의 선도기업인 페덱스는 거점과 지점(hub-and-spoke)간 물류네트워크를 구축함으로써 물류서비스 비용을 상당히 절감할 수 있었다.

차별화전략(differentiation strategy)은 경쟁자들이 모방하기 힘든 차별화된 서비스 제공물을 개발하고 이를 프리미엄 가격으로 판매하는 전략이다. 완벽한 여행서비스를 제공하는 AMEX 카드, 고객서비스로 명성이 높은 노드스트롬 백화점, 새로운 커피경험을 기반으로 차별적 브랜드이미지를 구축한 스타벅스 등이 그 예이다. 차별화전략은 서비스 산업 내의 전체 소비자들에게 경쟁자들이 제공하지 못하는 독특한 가치를 제공함으로써 경쟁우위를 확보하려고 한다. 이 전략을 추구하는 서비스기업은 매력적인 실내·외 디자인이나 광고를 통해 차별화된 브랜드 이미지를 구축하거나 높은 서비스 품질을 제공하는 데 경영의 초점을 맞춘다.

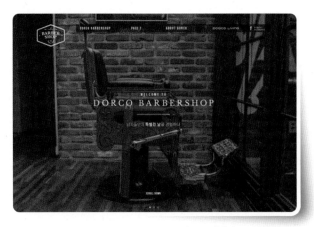

최근 국내에서도 남성전용 바버 샵들이 인기를 끌고 있다.

차별화전략을 추구하는 서비스기업이 고려할 수 있는 구체적인 전략대안에는 다음과 같은 것이 있다.

첫째, 서비스의 유형화 전략이다. 서비스가 갖는 무형성 때문에 서비스를 구매·소비한 고객은 어떠한 물리적 기억을 갖기 힘들다. 많은 호텔들이 고객들로 하여금 자신이 우리 호텔에 머문 것을 기억하도록 하기 위해 호텔 이름이 새겨진 무료 화장도구나 슬리퍼 등을 제공하는 것은 서비스의 무형적 요소를 유형화한 예이다.

둘째, 표준화된 서비스 제공물을 고객특성에 맞추어 개인화한다. 남성전용 헤어살롱들이 전통적인 이발소와 차별화하기 위해 개성적인 헤어스타일, 안락한 분위기, 무드 있는 음악, 음료수 바 등을 제공하는 것이 이러한 노력의 한 예이다.

셋째, 지각된 위험을 감소시킨다. 서비스의 무형성으로 인해 소비자들은 제공된 서비스의 품질과 성과에 대해 확신을 갖기 어렵다. 따라서 서비스기업이 제공된 서비스에 대해 충분한 정보를 제공하고 서비스 제공자와 고객간에 신뢰를 구축함으로써 고객의 지각된 위험을 감소시키려고 노력해야 한다. 가령, 자동차 수리와 같이 서비스 품질에 대해 불확실성이 높은 서비스는 고객에게 수행된 작업에 대해 추가시간을 내어 설명해주고, 깨끗하고 잘 정돈된 시설을 제공하고, 잘못된 작업에 대해 보증을 해주는 등의 노력을 기울여야 한다.

넷째, 서비스 종업원의 교육과 훈련에 많은 투자를 한다. 서비스 종업원의 교육과 훈련을 통해 전문성과 접객능력을 키우는 것은 지속적 경쟁우위 획득의 주요원천이 될 수 있다. 친절한 기내서비스로 명성이 높은 싱가포르 항공의 승무원과 명랑하고 쾌활한 디즈니의 구성원들도 싱가포르 항공과 디즈니가 강력한 경쟁우위를 획득하는 데 기여했다.

탈장환자들을 전문적으로 취급하는 숄디스 병원

마지막으로 집중화전략(focus strategy)은 서비스산업 내의 특정 세분시장에서 경쟁우위를 추구하는 것을 말하는데, 서비스기업은 비용우위을 토대로 저가 세분시장을 표적으로 할 수 있고 혹은 차별화 우위를 기반으로 고가, 고품질의 세분시장에 집중할 수 있다.

집중화전략을 추구하는 중소 규모의 기업은 넓은 시장을 대상으로 사업을 하는 대기업에 비해 고객욕구를 보다 효율적으로 충족시킬 수 있는 장점을 갖는다. 예를 들어, 탈장수술 환자들을 전문적으로 취급함으로써 일반외과병원들과 차별화를 추구하는 캐나다 토론토에 위치한 숄디스 병원(Shouldice Hospital)이나 주문피자를 원하는 고객만을 타깃으로 해 성공을 거둔 파파존스 피자나 도미노 피자 등이 집중화전략을 추구하는 기업의 예이다.

13.5 고객관계관리를 통한 강력한 고객충성도와 고객자산의 구축

강력한 고객충성도를 창출하기 위해 서비스기업은 고객관계관리를 도입·실천해야 한다. 이제 고객관계관리의 필요성에 대해 살펴보도록 하자.

⠿ 고객자산구축의 의미와 중요성

서비스기업이 고객관계관리에 역점을 두어야 하는 이유는 장기적 고객관계의 구축이 기업에게 높은 수익성을 유지할 수 있도록 하기 때문이다. 즉, 고객관계관리의 목표는 강력한 고객충성도를 구축하고, 이를 기반으로 높은 고객자산을 창출하는 데 있다. 고객자산은 개별고객의 생애가치를 현재가치로 할인하여 모든 고객에 걸쳐 합한 값인데, 러스트, 자이태믈, 레먼(Rust, Zeithaml, & Lemon)은 고객자산을 이끄는 주요 요소로서 가치자산, 브랜드 자산, 그리고 관계자산을 들고 있다.

- 가치자산(value equity)은 제공물의 원가(비용)에 비해 그 제공물이 고객에게 제공하

는 편익(혜택)의 상대적 크기를 토대로 하여 제공물의 효용을 객관적으로 평가한 것이다. 가치자산의 주요원천은 품질, 가격, 그리고 편의성 등이다. 각 산업은 가치자산을 개선·향상시키기 위해 주요원천의 핵심 구성요소를 잘 정의해야만 한다. 가령, 어떤 항공기 승객은 좌석의 넓이를 품질로 정의할 수 있지만, 호텔 투숙객은 방의 크기를 품질로 정의할 수 있다. 상품들이 성능에서 차별화되고, 평가가 복잡한 경우에는 다른 자산들에 비해 가치자산이 고객자산의 형성에 가장 크게 기여한다. 가치자산은 산업재 시장에서의 고객자산 창출에도 기여한다.

• 브랜드자산(brand equity)은 지각된 상품가치를 넘어서 브랜드에 대해 고객이 내린 주관적, 무형적 평가이다. 브랜드자산의 주요원천은 고객의 브랜드 인지도, 브랜드 태도, 그리고 브랜드 윤리에 대한 고객의 지각이다. 기업은 이러한 주요원천에 영향을 미치기 위해 광고, PR, 기타 마케팅커뮤니케이션 수단을 이용한다. 상품성능에서 덜 차별화되어 있거나 감성적 측면이 중요할 경우에(예: 패션제품), 브랜드자산은 고객자산에 영향을 미치는 다른 구성요소들보다 더 중요하다.

• 관계자산(relationship equity)은 브랜드가치에 대해 고객이 객관적, 주관적으로 평가한 것 이상으로 그 브랜드에 대해 애착을 보이는 성향이다. 관계자산의 주요원천에는 충성도 프로그램, 특별대우 프로그램, 공동체구축 프로그램, 지식구축 프로그램 등이 포함된다. 관계자산은 고객과의 개인적 관계가 중요하고 고객이 습관이나 관성에 의해 공급업자와 거래를 계속하는 경향이 있을 때 특히 중요하다.

기업은 고객에 초점을 맞추어 가치자산관리, 브랜드자산관리, 관계자산관리를 통합적으로 수행해야 하며, 최상의 성과를 거두기 위해 어떠한 요인을 강화해야 할지를 결정해야 한다. 고객자산이라는 개념은 더 넓은 범위로 그 의미가 확대될 수 있는데, 관계자산이 그 예이다. 관계자산(relational equity)을 기업의 고객, 파트너, 공급업자, 종업원, 투자자 등과의 관계 네트워크에 의해 형성된 누적가치로 그 의미를 확대해 정의한다면, 관계자산은 능력 있는 종업원, 고객, 투자자, 파트너 등을 유인·유지할 수 있는 능력에 의해 구축된다.

⠿ 고객관계육성(cultivating customer relationships)

고객가치를 극대화하기 위해 기업은 장기적으로 고객관계를 키워나가야 한다. 과거에는 생산업체들이 자신의 제공물을 개별고객의 욕구에 맞춤으로써 고객과의 관계를 구축·유지했다. 가령, 양복점은 고객의 치수에 맞추어 옷을 재단했고, 제화점은 개별

솔직한 맥도날드의 마케팅

맥도날드 감자 어디에서 가져와요? __ Fern L.

빅맥 안에 든 소스 뭐예요? 빅맥 안에는 어떤 게 들어가나요? __ Christine H.

맥도날드 초콜릿 머핀에 동물성 재료가 들어있나요? __ OMID E.

햄버거 패티를 왜 그릴에 굽나요? 전자레인지가 더 낫잖아요! __ Jeffry B.

가끔은 뜬금없이 질문을 하고 싶을 때가 있다. 어느 날 맛있는 음식을 먹다가 '이 음식 어떻게 만드는 거야?'라고 궁금할 때도 있고, 고민 고민해서 주문한 음식이 메뉴판에 나온 이미지와 다를 때 '왜 다른 거죠?'라며 주인에게 묻고 따지고 싶을 때가 있다. 하지만 대부분은 궁금증을 해결하지 못하고 지나는 말로 넘어갈 때도 있고, 묻고 따지고 싶어도 잘 그러지 못할 때가 많다.

그런데 맥도날드 캐나다(McDonald's Canada)에서는 시원하게 이야기할 수 있을 것 같다. 맥도날드 캐나다에서는 'Our food your questions'이라는 카피를 내세워 언제든 궁금한 것이 있으면 물어보라며 고객들의 작은 궁금증에 귀를 기울이니 말이다. 최근 이자벨이라는 캐나다 토론토에 사는 여성이 맥도날드에 올린 질문을 맥도날드 마케팅 매니저가 직접 동영상으로 대답해준다.

Q "Why does your food look different in the advertising than what is in the store?"

이자벨은 '왜 맥도날드 샵에서 파는 음식은 광고와 달라요?'라는 질문을 던졌고, 맥도날드 매니저는 직접 길거리에 있는 맥도날드를 방문해 쿼터 파운드 치즈(Quarter Pounder with Cheese)를 산다. 맥도날드 마케팅 매니저는 그 길로 포토 스튜디오로 향하고 도대체 광고 속 맥도날드의 사진들은 어떻게 만들어지는 것인지 그 과정을 소개한다. 맥도날드 햄버거 광고를 위해 푸드스타일리스트, 전문

포토그래퍼, 포토샵 전문가의 작업이 뒷받침되고, 왜 현실과 다른 쿼터 파운드 치즈버거의 사진이 나오는지의 과정을 고스란히 보여주는 것이다. 즉, 광고란 소비자에게 정보 전달과 상품을 홍보하기 위해 최상의 이미지로 만들어낸 작업물이라서 현실의 제품과 다를 수 있다는 것을 동영상을 통해 전달한다. 이 동영상이 이자벨의 질문에 대한 맥도날드의 답변인 것이다.

맥도날드는 이자벨에게 솔직했다. 맥도날드는 고객들의 질문에 대한 구체적이고 솔직한 답변을 함으로써, 고객들이 궁금해 하는 것에 속 시원히 답변을 한다. 가령, '맥도날드 제품에 GMO가 들어가 있나요?_William D'라는 질문에도 솔직하게 '몇 몇 재료에 들어가 있다'고 설명한다. '채식주의자를 위한 상품은 왜 안 나오는 거죠?_Ashley P'라는 질문에도 '다양한 상품을 만들기 위해 노력하고 있으니 조금만 기다려 달라. 좋은 제안 감사하다'라며 우회적으로 자신들의 브랜드 이미지를 강화하고 있다.

Q "Where do your potatoes come from? I am told your fires aren't from real potatoes?"

동영상에 나오는 맥도날드 직원들은 직접 감자 생산지로 찾아가서 농부를 만나는 수고도 아끼지 않는다. 또한 그들의 말투는 옆집 이웃처럼 친근하게 고객들을 대한다. 동영상 마지막 인사로는 '이자벨, 너의 질문에 좋은 답변이 되었길 바란다'라는 식의 진정성과 감성적으로 고객에게 다가간다.

질문을 통해 고객들이 정말 현실에서 맥도날드에게 궁금한 점이 무엇인지 들을 수 있어 맥도날드에게는 오히려 이익이다. 또한 이 이벤트는 페이스북, 트위터, 구글 플러스의 소셜 웹과 연동해 맥도날드를 향한 질문을 실시간으로 가능하게 함으로써 고객 질문과 답변을 소셜에서 확인 가능하고, 그의 친구들과도 공유할 수 있게 했다. 맥도날드

는 영리하다. 고객에게 솔직하고, 진정성 있는 답변으로 광고효과도 톡톡히 보고 있으니 말이다. 진정성 있는 질문의 답변으로 브랜드에 대한 신뢰감을 줄 뿐더러, 정보 전달도 가능하다.

또, 이번 맥도날드 마케팅 이벤트에서 발견한 재미있는 사실 한 가지는, 맥도날드는 고객들로부터 좋은 아이디어 컨텐츠를 얻고 있다는 사실이었다. 고객들과 오고 가는 질

문과 답변 사이의 내용이 맥도날드의 새로운 컨텐츠가 되는 것이다. 맥도날드가 소비자와 소통하고자 하는 방식은 솔직하다. 자신의 약점을 드러내고 '그렇다' 인정하는 마케팅. 이번 맥도날드 마케팅은 소셜 속에서 기업이 소비자에게 어떻게 다가갈 것인가에 대한 생각할 여지를 남긴다.

출처: Uxkorea – http://www.uxkorea.com/

고객의 발 사이즈에 맞추어 구두를 제작했다. 이러한 흐름은 산업혁명이 대량생산시대를 촉발시킴에 따라 달라졌는데, 기업은 규모의 경제를 실현하기 위해 주문에 앞서 표준화된 제품을 생산하고, 고객들로 하여금 생산된 제품에 자신을 맞추도록 했다.

그러나 IT기술의 발달에 따라 이제 기업은 마케팅 비용의 낭비가 심한 매스마케팅(mass marketing)으로부터 강력한 고객관계를 구축할 수 있도록 고안된 보다 정확성이 높은 마케팅으로 다시 이동하고 있다. 기업이 개별고객과 사업파트너(예: 공급업자, 물류회사, 소매상)에 대한 정보를 수집하는데 능숙해지고, 생산과정을 보다 유연하게 설계할 수 있게 됨에 따라, 시장제공물, 메시지, 그리고 매체를 저비용으로 개별고객의 요구와 특성에 맞추면서 높은 수익을 실현할 수 있는 대량고객화를 추구할 수 있게 되었다. 대량고객화(mass customization)는 개별고객들의 요구에 맞출 수 있는 기업의 능력, 즉 개별고객의 요구에 맞추어 개발된 제품, 서비스, 프로그램, 그리고 커뮤니케이션을 대량으로 준비할 수 있는 기업능력을 말한다.

고객관계관리

기업은 여러 이해관계자 집단들과의 파트너관계관리(PRM: Partner Relationship Management)에 추가해, 고객들과의 강력한 유대관계를 구축하기 위한 고객관계관리

(CRM: Customer Relationship Management)를 적극 도입하고 있다. 이는 고객충성도를 극대화하기 위해 개별고객의 세부정보를 관리하고, 고객과의 모든 접촉점을 신중하게 관리하는 과정이다.

고객접촉점(customer touch point)은 고객이 브랜드와 상품을 접하게 되는 모든 경우(상황)를 말하는데, 이는 실제 경험에서부터 인적 커뮤니케이션이나 대중매체 커뮤니케이션, 그리고 우연적인 관찰에 이르기까지 매우 다양하다. 호텔의 경우에 있어 고객접촉점은 예약, 입실 · 퇴실 수속, 투숙객 충성프로그램, 객실서비스, 비즈니스 서비스, 운동시설, 세탁서비스, 식당과 바 등을 포함한다. 가령, 포 시즌스 호텔(Four Seasons Hotel)은 고객관계관리를 함에 있어 인적접촉(personal touch)에 주로 의존하는데, 항상 고객의 이름을 부르는 호텔 스태프, 세련된 비즈니스 여행객의 욕구를 잘 이해하고 있는, 많은 권한을 부여 받은 종업원 등이 그것이다.

고객관계관리는 기업들이 개별고객의 정보를 효과적으로 이용함으로써 실시간으로 우수한 고객서비스를 제공할 수 있게 한다. 기업은 가치 있는 개별고객에 대한 정보를 바탕으로 시장제공물, 서비스, 프로그램, 메시지, 그리고 미디어 등을 고객화할 수 있다. CRM기법의 적용에 있어 선도기업 가운데 하나가 카지노 기업인 하라 엔터테인먼트(Harrah's Entertainment)이다. 1997년 라스베가스에 위치한 하라 엔터테인먼트는 모든 고객자료를 중앙 집중화된 데이터 웨어하우스에 통합하고, 고객에 대한 투자의 가치를 더 잘 이해하기 위한 정교한 분석을 실시했다. 현재 하라는 거의 실시간에 가까운 분석을 실행하기 위해 자사의 토털리워드 시스템(Total Reward System)을 작동시키고 있다. 즉, 고객들이 슬럿머신을 이용하거나, 카지노에 체크인하고 들어가거나(입장하거나), 혹은 음식물을 구입하면, 해당고객에 대한 예측 분석자료를 토대로 보상물들을 제공한다. 현재 이 회사는 2,500만 명 이상의 슬럿머신 이용자들을 수백 개의 고객 세분시장으로 분류하고 있다. 특정 고객 세분시장에 맞추어 제공물을 제시함으로써 하라는 2000년대 초 911 테러로 인한 시장불황기에도 시장점유율을 6%정도 높였으며 순이익을 12.4% 증가시켰다.

페퍼즈와 로저스(Don Peppers and Martha Rogers)는 그들의 저서에서 고객관계관리의 몇 가지 기본원리를 제시했다. 그들은 다음과 같이 CRM 마케팅에 적용될 수 있는 일대일 마케팅(one-to-one marketing)의 4단계 기본틀을 제시했다.

CRM을 통해 미국 카지노 시장에서 선두기업으로 부상한 하라 카지노

• 당신 회사의 유망고객과 고객을 파악하라. 모든 사람을 고객으

로 삼으려고 하지 마라. 모든 경로 및 고객접촉점에서 얻은 정보로 구성된 풍부한 고객 데이터베이스를 구축·유지하고 마이닝하라.

• 고객의 욕구 및 당신 회사에 기여하는 고객가치를 기반으로 고객들을 차별화시켜라. 가장 가치 있는 고객(MVC: Most Valuable Customer)에게 더 많은 마케팅 노력을 기울여라. 활동기반 원가회계(ABC: Activity-Based Costing)를 적용하고 고객평생가치를 계산하라. 고객의 구매량, 한계비용수준, 추천 등을 토대로 총 미래이익의 현재가치를 추정하고, 이 값에서 각 고객에게 서비스를 제공하는 데 드는 비용을 차감하라.

• 개별고객의 욕구에 대한 지식을 향상시키고 강력한 고객관계를 구축하기 위해 개별고객들과 상호작용하라. 개별고객에 맞추어 커뮤니케이션 되는 고객화된 제공물을 개발하라.

• 각 고객에 맞추어 시장제공물, 그리고 메시지를 고객화하라. 기업의 고객접촉센터와 웹사이트를 통해 고객-기업 상호작용이 원활하게 이루어지도록 하라. 〈표 13-1〉은 매스마케팅(mass marketing)과 일대일 마케팅(one-to-one marketing)의 주요 차이점을 보여준다.

한편 〈표 13-2〉는 CRM의 다섯 가지 기본원칙과 CRM 기술이 적용될 수 있는 영역을 정리한 것이다. 기업들이 고객과의 지속적인 접촉을 강화할 수 있는 다양한 기술들의 진보(예: 데이터베이스 소프트웨어, 웹 기술 등)가 없었다면 고객관계관리의 실천은 어려웠을 것이다. 그렇다고 CRM을 단순히 기술의 관점에서만 바라보아서는 안 된다. 전략적인

매스마케팅	일대일 마케팅
평균적인 고객	개별고객
익명의 고객	고객프로파일
표준화된 제품	고객화된 시장제공물
대량생산	고객화된 생산
대량유통	개별화된 유통
대량광고	개별화된 메시지
대량촉진	개별화된 인센티브
일방적 메시지	쌍방향 메시지
규모의 경제	범위의 경제
시장점유율	고객점유율
모든 고객들	이익이 나는 고객
고객유인	고객유지

표 13-1

매스마케팅과 일대일 마케팅의 비교

CRM의 원칙				
• 올바른 고객의 획득	• 올바른 가치제안의 개발	• 최적의 제품/서비스 전달과정의 개발	• 종업원에 대한 동기부여	• 고객유지를 위한 학습
각 원칙의 실행 지침				
• 가장 가치 있는 고객의 파악	• 자사고객의 제품/서비스에 대한 현재욕구와 미래욕구의 조사	• 고객들에게 자사 제품/서비스를 제공하는 데 최선의 방안을 연구함(예: 추구할 필요가 있는 제휴기관, 투자할 필요가 있는 기술, 개발/취득할 필요가 있는 서비스 역량 등)	• 고객관계를 강화하기 위해 종업원들이 필요로 하는 도구가 무엇인지를 파악	• 고객이 이탈하는 이유와 그들을 다시 돌아오게 하는 방법을 학습함
• 우리 회사의 제품과 서비스가 고객의 지갑에서 차지하는 점유율의 추정(계산)	• 경쟁사들이 현재와 미래에 제공하는 제품/서비스에 대한 조사 • 우리 회사가 제공해야 할 제품/서비스의 파악		• 종업원 충성도를 높이기 위해 개발해야 할 HR 시스템의 파악	• 자사의 고가치 고객을 유인하기 위해 경쟁사들이 무엇을 하는지를 분석함 • 상위 경영자들은 고객이탈 측정지표를 추적함
CRM기술이 도움을 줄 수 있는 영역				
• 현재 및 미래의 고가치 고객을 파악하기 위해 고객의 수익과 비용을 분석함	• 관련된 제품/서비스 행동자료의 취득	• 거래과정을 보다 신속하게 만듦	• 종업원 인센티브와 성과 측정간에 균형을 맞춤	• 고객이탈수준과 고객유지수준을 추적함
• 자사의 다이렉트 마케팅 노력을 더 잘 표적화함	• 새로운 유통채널의 창출 • 새로운 가격결정 모델의 개발 • 커뮤니티 구축	• 현장종업원들에게 더 나은 정보를 제공함 • 로지스틱스와 공급체인을 보다 효율적으로 관리함 • 공동의 협력적 상거래를 구함	• 지식관리시스템의 구축	• 고객서비스 만족 수준을 추적함

출처: Darrel K. Rigby, Frederick F. Reichheld, and Phil Schefter(2002), "Avoid the Four Perils of CRM," *Harvard Business Review*, February.

관점에서 CRM의 기본원칙을 분명히 이해해야 하며, 무엇보다 기업은 CRM에서 인적 구성요소의 중요성과 고객과의 실제 접촉상황에서 발생되는 일들의 중요성을 인식해야 한다. 스탠포드 대학의 경영학 거두 제프리 페퍼(Jeffrey Pfeffer)는 "최상의 기업은 현장 종업원들에게 고객을 돌보기 위해 필요한 조치를 취할 수 있도록 재량권을 부여하는 기업문화를 구축한다"라고 지적한다. 그는 SAS(Scandinavian Airline Systems)를 그 예로 들었는데, 이 회사는 고객의 기업에 대한 인상은 일련의 조그마한 상호작용들(체크인, 탑승, 기내식 등)에 의해 형성됨을 인식하고 이에 기반 한 기업성장전략을 추구했다.

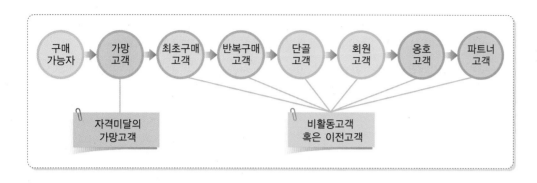

그림 13-5

고객개발 · 유지과정

고객의 유치(attracting), 유지(retaining), 그리고 육성(growing)

기업이 고객을 만족시키는 일이 갈수록 더 어려워지고 있다. 고객들은 과거에 비해 더 현명해 졌으며, 더 가격지향적이며, 기업들에게 더 많은 요구를 하고 있다. 이러한 상황에서 기업이 직면한 진정한 도전적 과제는 단순히 고객을 만족시키는 것이 아니라 감동받고 충성적인 고객을 만드는 것이다. [그림 13-5]는 고객을 유치 · 유지하는 과정상의 주요단계를 보여준다.

고객개발 · 유지과정의 출발점은 제품이나 서비스를 구매할 수 있을 것으로 생각되는 사람, 즉 구매가능고객(suspect)을 탐색하는 것이다. 기업은 이들 중에서 가장 가능성이 높은 유망(가망)고객(prospect)을 결정한 다음, 이들을 최초구매고객(first-time customer), 반복구매고객(repeat customer)으로 차례로 전환시키도록 노력하고, 다음 단계로 반복구매고객을 단골고객으로 전환시킨다. 여기서 단골고객(client)은 그들에 대한 지식을 기반으로 매우 특별한 대우를 하는 사람을 말한다. 그 다음 단계는 단골고객을 회원고객(member)으로 전환시키는 것인데, 이를 위해 회원으로 가입한 고객들에게 여러 혜택들을 제공하는 멤버십 프로그램을 도입한다. 회원고객은 다시 옹호고객(advocate)으로 전환시켜야 하는데, 옹호고객이란 거래기업과 그 기업의 제품과 서비스를 다른 사람들에게 열성적으로 추천하는 고객들이다. 기업의 궁극적 목표는 이들을 파트너고객(partner)으로 전환시키는 것이다.

한편 일부 고객들은 어쩔 수 없이 구매를 중단하거나 떨어져 나간다. 이에 따라 기업의 또 다른 도전적 과제는 서비스 복구전략을 통해 불만족한 고객들을 재활성화(부활) 시키는 것이다. 종종 신규고객을 찾는 것 보다 이전 고객들을 재유치하는 것이 더 쉬울 수 있다. 고객을 개발하고 유지하는데 있어서 성공을 거두는 기업들은 다음과 같은 전략을 탁월하게 실행함으로써 고객기반 가치를 향상시키고 있다.

- 고객이탈률(customer defection rate)을 줄인다. 천연식품과 유기농식품을 취급하는

세계최대의 소매업체인 홀 푸드(Whole Foods)는 최고의 식품을 시장에 내놓기 위해 헌신적 노력을 기울이고 있다. 종업원들에게 팀 개념을 교육함으로써 고객의 사랑을 얻기 위해 노력하며, 지식을 갖춘, 친근감이 있는 종업원을 선발하고 이들을 그렇게 훈련시킴으로써 고객들이 쇼핑과정에서 궁금해서 묻는 말에 만족스럽게 응답할 가능성을 높이고 있다.

라이헬드와 세서(Reichheld & Sasser)가 실증적으로 연구하여 하버드비즈니스리뷰(Harvard Business Review)에 실은 자료에 의하면 고객이탈률을 5%만 낮추어도 기업의 순이익에는 25-85%의 큰 증폭효과를 가져온다고 한다. 이탈하지 않고 남아있는 고정고객이 기업에 그만큼 많은 공헌을 하기 때문이다. 이를 로열티 효과(loyalty effect)라고 한다. 이처럼 고정고객이 기업의 매출과 수익성에 공헌하는 이유는 무엇인가? 고정고객일수록 가격에 대하여 비교적 덜 민감하고, 광고, 홍보 등의 마케팅 비용이 비교적 덜 들며, 그들의 입소문, 즉 구전효과(口傳效果: word-of-mouth effect)를 통하여 새로운 고객이 유인될 수 있기 때문이다. 이에 의하면 고객충성도가 기업의 생존뿐만 아니라 성장에도 관여한다는 사실을 알 수 있다.

• 고객과의 관계를 오랫동안 유지한다. 고객이 기업에 더 많이 관여할수록, 그 고객이 유지될 가능성이 높아진다. 어떤 기업들은 고객을 동반자(partner)로 대하는데, 특히 B2B 시장에서 그러하다. 그들은 신제품을 설계하거나 고객서비스를 개발하는 과정에서 고객들에게 도움을 요청한다. 미네소타주 챈하센(Chanhassen)에 있는 직접우편 인쇄업체 IWCO(Instant Web Companies)는 월간으로 운영되는 커스토머 스포트라이트(Customer Spotlight) 프로그램을 도입했는데, 이 프로그램에 초대된 기업들은 자신들의 사업과 직접우편 프로그램의 개요를 설명하고, IWCO의 업무관행, 제품, 서비스에 대한 조언을 한다. 이를 통해 IWCO의 직원들은 고객과의 접촉뿐 아니라 고객의 사업과 마케팅목표, 부가가치 창출방법, 그리고 고객이 구체적 목표를 성취하는 데 도움이 될 방안들을 파악하는 방법 등의 폭넓은 관점을 얻을 수 있다.

• 지갑점유율 제고, 교차판매(cross-selling) 및 고가제품 판매(up-selling)를 통해 각 고객의 성장잠재력을 높인다. 할리데이비슨은 모터사이클과 운전보조품(예: 장갑, 가죽재킷, 헬멧, 선글라스 등) 이외에 여러 제품을 판매한다. 할리 딜러들은 3,000 품목이상의 의상을 판매하는데, 어떤 딜러는 자체 가봉실까지 갖추고 있다. 다른 기업들에 의해 판매되는 라이선스 제품들에는 예상할 수 있는 것(예: 작은 유리잔, 큐(cue)볼, 지포(Zippo) 라이터 등)에서부터 예상하지 못한 품목들(향수, 인형, 무선전화기 등)에 이르기까지 광범위

하다.

• 저수익고객을 더 많은 이익이 나는 고객으로 만들거나 혹은 이들과의 거래관계를 종결한다. 서비스기업은 거래관계를 종식하겠다는 의사를 직접 고객에게 전달해야 하는 부담을 피하기 위해 이익이 나지 않는 고객들로 하여금 더 많이 구매하도록 하거나 특정의 서비스를 포기하게 만들거나 혹은 더 비싼 가격 또는 더 높은 수수료를 지불하도록 할 수 있다. 최근 들어 은행, 전화회사, 여행사 등은 최소한의 고객수입을 확보하기 위해 한때 무료로 제공하던 서비스에 대해 요금을 부과하는 것이 그 예이다.

질적인 혜택과 경제적 혜택을 결합한 보상프로그램을 도입한 시어즈 백화점

• 고가치고객에 대해서는 상당한 노력을 기울인다. 가장 가치 있는 고객들은 특별하게 대우받을 수 있다. 생일축하카드, 조그마한 선물, 또는 특별한 스포츠나 예술 행사에의 초대 등과 같은 사려 깊은 행위는 고객을 배려한다는 강력한 시그널이 될 수 있다. 시어즈(Sears) 백화점은 우량고객을 대상으로 조사를 실시했는데, 그들은 할인혜택이나 무료쿠폰과 같은 단순한 경제적 보상보다는 고객에 대한 배려(예: 수리 우선권 부여)에 더 높은 가치를 부여함을 발견했다. 따라서 시어즈사는 이들에게 '서비스 요청에 대한 24시간 내 해결 보증' 등과 같은 질적인 혜택과 경제적 혜택을 결합한 시어즈 베스트 커스토머(Sears Best Customer) 보상프로그램을 도입함으로써 고객유지율이 11% 이상 증가했다.

한편 서비스 시장은 장기적인 구매행위의 동태성과 고객의 진입과 철수가 얼마나 용이하고 빈번하게 이루어지는가에 따라 다음과 같이 분류할 수 있다.

• 평생고객시장(permanent capture market) : 한번 고객이 되면, 영원한 고객이 된다(예: 요양원, 신탁기금, 의료센터).
• 일시적 유지 고객시장(simple retention market) : 일정 기간 후 고객을 영원히 잃을 수 있다(예: 텔레콤, 케이블, 재무서비스, 기타 서비스, 구독신청).
• 이동고객시장(customer migration market) : 고객은 떠났다가 다시 돌아올 수 있다(예: 카탈로그, 소비재, 소매, 항공사).

고객을 개발하고 유지하는데 있어서 성공을 거두는 기업들은 다음과 같은 전략을 탁월하게 실행함으로써 고객기반 가치를 향상시키고 있다.

강력한 고객유대의 형성

베리와 파라슈라만(Berry & Parasuraman)은 고객과의 유대적 관계(relationship bonds)를 구축하기 위한 세 가지 접근방법을 제시했는데, 재무적 유대의 구축, 사회적 유대의 구축, 그리고 구조적 연계의 추가 등이 그것이다.

① 재무적 유대(financial bond)의 구축

재무적 유대의 구축은 많은 양을 구매하는 고객에게 낮은 가격을 제시하거나 오랜 기간 거래한 고객에게 가격할인 혜택을 제공하는 것과 같이 재무적 혜택의 제공을 통해 고객과의 관계를 유지하는 것으로, 우량고객우대 제도(frequency program)가 대표적이다.

우량고객우대 제도는 자주 대량으로 구매하는 고객들에게 보상을 제공하는 것이다. 우량고객우대 마케팅은 회사고객 중 20%가 사업의 80%를 차지한다는 사실을 반영한 것이다. 우량고객우대 프로그램은 우량고객들의 장기적 충성도를 구축하기 위한 방안의 하나인데, 기업은 그 과정에서 교차판매를 창출할 기회를 얻고자 한다.

어드밴티지(Advantage)라는 마일리지 프로그램을 도입해 성공을 거둔 아메리컨 항공사

아메리컨 에어라인(American Airlines)은 1980년대초 고객들에게 무료 마일리지 카드를 제공함으로써 우량고객우대 프로그램을 최초로 도입한 회사들 중 하나가 되었다. 이어서 다양한 서비스기업들이 이 제도를 도입했는데, 우수고객 프로그램(Honored Guest Program)을 도입한 매리엇 호텔이나 디스커버(Discover) 카드 소지자들에게 리베이트를 제공한 시어스 백화점 등이 그 예이다.

통상적으로 우량고객우대 프로그램을 처음으로 도입한 회사가 가장 큰 혜택을 얻게 되는데, 경쟁사들의 대응이 느릴 경우에 특히 그러하다. 경쟁사들이 이에 대응하게 되면, 우량고객우대 프로그램은 이 프로그램을 제공하는 모든 기업들에게 재정적 부담이 된다. 그러나 일부 기업들은 이 프로그램을 관리하는데 있어 더 효율적이고 창의적이다. 가령, 항공사들은 단계별 충성도 프로그램(tiered loyalty program)을 운영하는데, 이 프로그램은 여행객에 따라 서로 다른 수준의 보상을 제공한다. 가령, 항공사는 탑승 빈도가 낮은 여행객에 대해서는 마일당 1점을 제공하고, 우량고객에 대해서는 마일당 2점을 제공할 수 있다.

② 사회적 유대(social bonding)

기업구성원은 개별화된, 그리고 인간적인 고객관계를 구축함으로써 고객과의 사회적 유대감을 증대시키려고 한다. 이를 위해 클럽 멤버십 프로그램을 도입하는 기업들이 많다. 클럽 멤버십은 자사 제품이나 서비스를 구매하는 모든 사람에게 제공될 수도 있고,

유사(동호인)집단(affinity group)이나 소정의 수수료를 지불할 의사를 가진 사람들로 제한될 수 있다. 자격이 개방된 클럽제도는 데이터베이스를 구축하거나 경쟁사들로부터 고객을 끌어오는데 효과적이지만, 자격이 제한된 멤버십 클럽은 장기적 충성도를 구축하는데 보다 더 효과적이다. 수수료와 회원(멤버십)자격은 가입으로 얻게 될 혜택에만 일시적으로 관심을 보이는 사람들을 막는다. 멤버십 클럽은 사업상 가장 큰 비중을 차지하는 고객들만을 끌어들이고 유지한다. 세계적으로 유명한 모터사이클 제조회사인 할리데이비슨(Harley-Davidson)은 멤버십 클럽 프로그램을 잘 운영해 성공을 거둔 대표적 예이다. 할리데이비슨은 할리오너스그룹(HOG: Harley Owners Group)을 후원하는데, 할리오너스그룹은 1,200개 이상의 지역 HOG

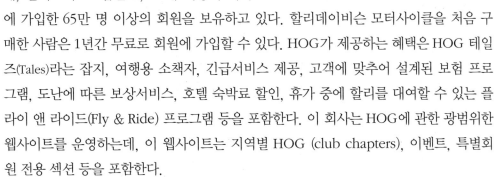

Harley Owners Group
회원들의 모습

에 가입한 65만 명 이상의 회원을 보유하고 있다. 할리데이비슨 모터사이클을 처음 구매한 사람은 1년간 무료로 회원에 가입할 수 있다. HOG가 제공하는 혜택은 HOG 테일즈(Tales)라는 잡지, 여행용 소책자, 긴급서비스 제공, 고객에 맞추어 설계된 보험 프로그램, 도난에 따른 보상서비스, 호텔 숙박료 할인, 휴가 중에 할리를 대여할 수 있는 플라이 앤 라이드(Fly & Ride) 프로그램 등을 포함한다. 이 회사는 HOG에 관한 광범위한 웹사이트를 운영하는데, 이 웹사이트는 지역별 HOG (club chapters), 이벤트, 특별회원 전용 섹션 등을 포함한다.

③ 구조적 연계(structural bonding)의 추가

기업은 고객들에게 이들이 주문, 급료 지불, 재고 등을 관리하는데 도움을 주는 전문설비 혹은 컴퓨터 링크(연결망)를 제공할 수 있다. 선도적인 의약품 도매상인 매키슨(McKesson Corporation)이 그 좋은 예인데, 이 회사는 개인 약국들이 재고, 주문입력과정, 진열대 등을 관리하는데 도움을 주기 위해 EDI를 구축하는데 수백만 달러 이상을 투자했다. 또 다른 예로 밀리킨 & 컴퍼니(Milliken & Company)를 들 수 있는데, 이 회사는 충성고객들에게 자사 전속의 소프트웨어 프로그램, 마케팅 조사, 판매원 교육, 판매유도(sales leads)등의 서비스를 제공한다.

레스터 운더먼(Lester Wunderman)은 충성고객을 만드는 노력에서 간과되는 부분이 있다고 생각한다. 사람들은 국가, 가족, 신념에 대해 충성적일 수 있지만 치약, 비누, 맥주에 대해서는 상대적으로 덜 충성적이다. 마케터의 목적은 우리 회사의 브랜드를 재구매

스타벅스의 페이스북 로열티 마케팅

스타벅스는 소셜미디어를 활용한 브랜드 로열티전략으로 성공을 거두고 있다. 스타벅스는 약 1천만 명 이상의 페이스북 팬들을 확보하고 있는데 이는 미국의 인기가수 레이디 가가(Lady Gaga)의 페이스북 팬보다 많은 숫자이다. 이렇게 충성고객 수가 많아지게 된 이유는 스타벅스가 페이스북을 통하여 늘 대대적인 쿠폰 행사를 하고 있고, 페이스북과 트위터를 통해 고객들과 상호교류하고 있기 때문이다. 고객들은 트위터를 통해 스타벅스 브랜드에 대한 정보를 주고 받는다.

또한 스타벅스는 포스퀘어(Foursquare)와 연계하여 고객들에게 여러 혜택을 제공하고 있다. 포스퀘어는 미국에서 만들어진 위치기반 소셜네트워크서비스(SNS: Social Network Service)이다. 이는 미국을 중심으로 세계 각지의 대도시 지역 중 100 곳에서만 제한적으로 서비스 되었는데, 2010년 모든 스마트폰에 애플리케이션을 제공하고 있으며, 현재 전세계적으로 500만 명 이상 가입되어 있다. 또한 다양한 서비스 제공 회사와 계약을 통해 수입을 창출하고 있다. 포스퀘어 서비스는 스마트폰을 이용하여 현재 내가 있는 장소에 발자취를 남길 수 있는데 그것을 "체크 인

(check-in)"한다고 한다. 체크인이 되면 GPS기능으로 트위터나 페이스북 등과 같은 SNS와 연계하여 자신의 위치를 친구에게 알릴 수 있게 된다. 체크인한 이용자는 체크인에 대한 보상으로 점수를 얻거나 뱃지(badge)를 받을 수 있다. 물론 방문 횟수에 따라 "시장(Mayor)"의 지위를 얻고 단골로서 인정받게 된다. 스타벅스는 시장들에게 바리스타 뱃지를 주고 커피에 대해 할인혜택을 제공한다. 바리스타 뱃지를 얻는 사람은 스타벅스의 단골고객이 됨은 말할 필요도 없다.

스타벅스의 페이스북

하려는 소비자성향을 증대시키는 것이어야 한다. 다음은 고객과의 구조적 연계를 창출하기 위한 운더먼의 제안이다.

• 장기적 계약을 창출한다. 신문구독은 매일 신문을 구매해야 할 필요를 대체한다. 20년짜리 주택담보대출(mortgage)은 매년 돈을 다시 빌려야 할 필요를 대체한다. 가정난방용 기름 공급계약은 주문을 갱신할 필요 없이 지속적인 배달을 보장한다.

• 대량 구매자에게 더 낮은 가격을 부과한다. 특정 브랜드를 지속적으로 구매하기로 합의한 사람에게 더 낮은 가격을 책정한다.

• 제품을 장기적 서비스로 전환시킨다. 개 사료 판매기업인 게인즈(Gaines)는 사료뿐 아니라 개사육장, 보험, 수의사의 진료 등을 포함하는 펫 케어(pet care) 서비스를 제공할 수 있다.

찾아보기

■ 영문 색인

안광호 교수는 현재 인하대학교 경영학부 정교수로 재직하고 있다. 그는 한국 외국어대학교 무역학과를 졸업하고 서울대 대학원 경영학과에서 석사과정을 수료한 다음 미국 NYU(New York University)에서 마케팅을 전공하여 경영학 석사와 박사학위(Ph. D.)를 취득했다. 그의 관심분야는 소비자행동, 브랜드 관리, 마케팅 커뮤니케이션, 마케팅 전략 등이며, 이러한 관심분야에서 활발한 연구 및 저술 활동을 하고 있다. 그는 Journal of International Retailing, Management Decision, 『마케팅 연구』, 『한국마케팅 저널』, 『소비자학 연구』, 『경영학 연구』, 『마케팅 관리연구』, 『광고학 연구』 등 국내외 유명 학술지에 100편 이상의 논문을 발표하였으며, 『마케팅원론』, 『마케팅–관리적 접근』, 『소비자 행동』, 『마케팅조사원론』, 『유통관리』, 『유통원론』, 『광고관리』, 『촉진관리』, 『전략적 브랜드 관리』, 『마케팅 전략』, 『사회과학 조사방법론』, 『패션마케팅』, 『패션 소비자행동』 등의 마케팅관련 저서와 『브랜드 파워』, 『브랜드의 힘을 읽는다』, 『SHOW』, 『정서 마케팅』, 『정서지배 소비자행동』, 『행동경제학 관점에서 본 소비자 의사결정』 등의 단행본을 출판하였다. 2013년에는 경영학분야의 세계적 석학인 Kotler 교수와의 공동 저술작업을 통해 글로벌 베스트셀러 대학교재인 『마케팅 입문(Marketing: An Introduction)』 한국어 판을 출간했다.

한국마케팅학회 학회장, 한국광고학회 학회장, 한국소비자학회 학술지 『소비자학 연구』의 편집위원장과 한국광고학회 학술지 『광고학 연구』의 편집위원장을 역임하였으며, 한국마케팅학회, 한국소비자학회, 한국경영학회, 한국소비문화학회, 한국마케팅관리학회, 한국광고학회의 부회장 및 상임이사를 역임하였다. 2001년 한국소비자학회 최우수 논문상을, 2009년 한국경제신문 학술자상을 수상했다. 그리고 2012년 한국조사연구학회 한국갤럽학술논문상을, 2013년 한국광고학회 제일기획 학술상과 동아일보 '2013 한국의 최고경영인상'에서 한국의 최고경영학자상을 수상했다. 그는 인하대학교에서 2003년 우수연구업적 교수상을 수상하기도 하였다.

평소 와인과 원두커피를 즐기며, 영화 보기를 좋아하고, 에릭 클랩튼과 빌리 조엘의 음악을 즐겨 듣는다. 방학이면 낯선 이국땅에서 배낭여행을 즐기며 잠시 일상에서 벗어난 시간을 갖곤 한다.

故 이문규 교수는 연세대학교 경영학과를 졸업하고 연세대학교 대학원 경영학과에서 경영학 석사학위(M.B.A)를 받았으며, 미국 University of Illinois at Urbana-Champaign에서 마케팅을 전공하여 경영학 석사(M.S)와 박사학위(Ph.D.)를 취득했다. 연세대학교 경영대학 교수와 경영대학 부학장, 경영학과 학과장을 역임했다. 연세대학교에 부임하기 전 그는 미국 University of Colorado에서 조교수로 재직하였다. 연세대학교 국제캠퍼스 글로벌교육원장과 사업추진단장을 역임하던 2014년 1월, 중국에서의 공무수행 중 유명을 달리했다.

생전 이교수의 관심분야는 소비자행동, 서비스 마케팅, 브랜드관리, 마케팅전략, 인터넷 마케팅 등이며, 이러한 관심분야에서 활발한 연구 및 저술활동을 수행한 바 있다. 그의 연구노력은 Journal of Business Research 등 국내외 유명 학술지에 실린 수십 편의 논문과 저서인 『크리에이티브마케터』, 『소비자행동의 이해』, 『소비자 이야기』, 『브랜드전략론』, 『디자인과 마케팅』, 『인터넷 마케팅』, 『마케팅 기본법칙』, 『마케팅원론』 등에 잘 반영되어 있다.

그는 미국 Journal of Business Research에서 수여하는 최고의 논문상, Steven J. Shaw Award를 수상하였다. 또한 그는 University of Colorado 재직 시 경영학과 최우수교수상을 받았으며, 미국 항공학회에서 수여하는 최고의 논문상, Sorenson Best Paper Award를 받았다. 국내에서는 한국 마케팅학회가 수여하는 최우수심사자상을 수상하기도 하였다. 연세대학교에서는 우수업적교수상, MBA 최우수강의상 등을 수상하였다. 국내에서 서비스마케팅학회를 창립하여 초대 회장을 역임하였으며 한국광고학회 회장을 역임하였다.

김해룡 교수는 현재 건국대학교 경영경제학부 정교수로 재직하고 있다. 그는 연세대학교 경영학과를 졸업하고 연세대학교 대학원 경영학과에서 마케팅을 전공하여 경영학 석사와 박사학위(Ph. D.)를 취득했다. 그의 관심분야는 소비자행동, 서비스 마케팅, 브랜드전략과 커뮤니케이션, 문화콘텐츠마케팅 등이며, 이러한 관심분야에서 활발한 연구 및 저술활동을 펼치고 있다. 그는 Journal of Business Ethics, Creativity and Innovation Management, Journal of Promotion Management, 『마케팅 연구』, 『소비자학 연구』, 『경영학 연구』, 『광고학 연구』 등 국내외 유명 학술지에 30편 이상의 논문을 발표하였으며, 『엔터테인먼트산업의 이해(공저)』, 『5Brand Rules』와 같은 실무에 입각한 단행본을 출간하였다.

故 이문규 교수와 함께 2008년 서비스마케팅학회 창립을 주도하여 학회 총무이사, 부회장 등을 역임하였으며, 한국경영학회 및 한국광고학회 상임이사, 한국마케팅학회 이사 등을 역임하였다. 또한 그는 서울시 시설관리공단 자문교수, 인터넷광고 심의위원, 한국콘텐츠진흥원 심사위원, 한국능률협회 심사위원 등을 수행하였으며 학계 및 실무에서 활발히 활동하고 있는 젊은 학자이다.

평소 자녀들과 시간을 보내는 것을 인생에서 가장 소중하게 생각하고 있으며, 영화보기와 만화책을 좋아하며 방학이면 집 주변 스타벅스에서 글쓰기를 즐겨한다.

서비스 마케팅

2015년   2월 20일   초판 발행
2016년   8월 12일   초판 2쇄 발행

편저자   안광호 · 이문규 · 김해룡
발행인   배 효 선
발행처   법 문 사
등 록   1957년 12월 12일/제 2-76호(윤)
주 소   (10881) 경기도 파주시 회동길 37-29
전 화   (031)955-6500~6 FAX (031)955-6525
E-mail   (영업)bms@bobmunsa.co.kr
          (편집)edit66@bobmunsa.co.kr
홈페이지   www.bobmunsa.co.kr

정가 30,000원

ISBN 978-89-18-08460-2